조선시대 왕의 생활 습관과 생로병사

전하, 옥체를 보존하소서!

● 김태균(가정의학과 전문의)

《전하, 옥체를 보존하소서!》는 현대를 살아가는 사람들의 필요 지침서
라는 생각을 다시 한번 하게 된다. 처음 이 책에서 조선 국왕들의 사망원
인이 현대사적 의미에서 어떤 질병에 해당하는지를 다시 한번 검토해 달
라는 저자의 부탁을 받고 바쁜 와중에도 차분한 마음으로 그동안의 의
학 지식을 총동원하여 검토에 들어갔다.

사실 의학 분야는 많은 전문지식을 요하고 경험이 없으면 질병에 대한
의견을 말하기 쉽지 않다. 하지만 저자는 이런 나의 지적과 달리 당시 실
록에서 조선 국왕들이 죽기 전까지 처방했던 한약이나 증상들을 사실
그대로 나열하고 이를 다시 현대의학에서 어떤 질병에 해당하는지를 묻
고 들어갔다. 그리고 사망원인을 성격이나, 생활습관, 즐겨 먹었던 음식
을 통해 결론을 내렸다. 특히 그들의 질병에 대한 원인에 대하여 심리학
적으로 매끄럽게 처리한 부분은 누구도 할 수 없는 심리학 전공자만이
할 수 있는 부분이라고 생각한다.

비록 작은 부분이지만 조선 국왕들의 질병에 대한 자문을 맡게 되어
보람을 느낀다. 그리고 오히려 이 책을 통해 위대한 조선왕들의 죽음의
원인과 결과를 알 수 있어 나 자신에게도 많은 배움이 되었다. 이렇게 훌
륭한 책이 완성된 것에 대하여 다시 한번 축하드린다.

● **김형준**(한의학 박사, 사랑의 한의원 원장)

　조선 국왕들에게 처방했던 한약제의 처방이 오늘날 어떤 질병과 유사한지, 그리고 당시 조선 국왕들의 사망원인을 현대의학적으로 해석하면서 잘못된 부분은 없는지, 다시 한번 자문해달라는 요청을 받고 처음 이 책과 마주하게 되었다.

　이 책의 저자와는 전에도《조선의 왕은 어떻게 죽었을까》라는 책을 집필할 때도 자문해준 경험이 있어 응당 자문에 응하면서 많은 생각을 하게 되었다. 한의학을 연구하고 처방하는 한의사로서 좀 더 많이 노력해야겠다는 것이었다. 저자의 경우 비록 의학이나 한의학 전공자는 아니지만, 많은 문헌을 통해 찾아낸 조선 국왕들에 대한 사망원인을 분석하면서 당시 처방했던 한약제 연구는 물론 약제의 효능을 찾기 위해《동의보감》,《본초강목》 등 한의학과 관련된 많은 서적을 탐구했다는 말을 듣고 놀라지 않을 수 없었다. 게다가 저자는 현대의학백과사전을 통독한 것은 물론이고 의학에 대한 상당한 지식을 가지고 있었다.

　최근의 한의학도 양학에 대한 연구를 같이 하고 한방과 양방을 겸하여 진료와 치료를 하고는 있지만, 이는 쉬운 일이 아니다. 이 책은 조선 국왕들의 질병을 치료하기 위해 사용했던 한약재에 대한 연구는 물론 당

시 질병이 현대의학적으로 어떤 병에 해당하는지를 군왕들의 생활습관
이나 심리상태, 그리고 당시 군왕이 처했던 상황 등을 분석하면서 재미
있게 서술하여 현재를 살아가는 많은 사람들에게 자신의 건강을 뒤돌아
볼 수 있는 계기가 될 것으로 보인다.

전하 옥체를 보존하소서!

조선왕조 궁중음식 / 수라상

왕과 왕비의 평상시의 밥상으로, 기본 음식 외에 12가지 찬품이 올려지는
12첩반상을 원칙으로 한다. 중요무형문화재 38호.
출처: 한국민족문화대백과

  조선시대의 의학 수준과 의료기술에 대한 그동안의 의학적 연구는 대체로 의료를 행한 인물을 중심으로 연구되거나, 제도사적인 접근을 통해 의료제도의 변천을 파악하거나 당시 일기문 등의 개인적 기록이나 의서의 내용을 바탕으로 의학의 발달과정과 질병관을 살펴보는 것이 전부였다.

  조선왕들의 사망원인은 그 시기에 편찬된 의서 그리고 《조선왕조실록》이나 《승정원일기》, 왕의 일기인 《일성록》 등을 살펴봄으로써 어느 정도 유추할 수 있다. 다만 《조선왕조실록》에서는 조선왕들의 질병에 대한 증상만을 기록하고 있어 정확한 사인을 밝히기는 어렵다.

  《조선왕조실록》을 통하여 밝혀진 왕들의 사망원인은 대부분 당뇨, 울화병, 불면증과 같은 성인병과 등창, 피부병, 성병과 같은 성인 질환, 그리고 폐결핵, 폐렴과 같은 선천성 유전병 등이다. 이런 병들은 흔히 무질서한 음식, 과음, 과색에 의한 것과 정치적 상황으로 인한 과중한 업무에서 발생한 것으로 보고 있다. 또한, 일부 학자들은 고단한 왕의 삶에서 받는 스트레스 때문이라고 말하기도 하고, 또 어떤 학자들은 부모로부터 물려받은 유전자에서 기인했다고 주장하기도 한다.

하지만 현대의학에서 사람의 유전자 전체를 분석하여 여러 가지 만성 질환과 관련성을 규명한 연구에서 타고난 유전자가 만성 질환의 표현형에 미치는 영향은 일반 사람들이 생각하는 것보다 매우 미미하다.

게다가 스트레스가 원인이라면 조선의 군왕들은 대부분 단명해야 맞지만, 태조, 선조, 숙종, 그리고 영조는 천수를 누리며 장수했다. 그렇다면 조선왕들의 사망원인은 무엇이고 그들을 죽음으로 몰고 간 질병의 원인은 무엇이었을까 궁금하다.

사실 조선왕들의 질병과 죽음과의 관계에 대한 수수께끼는 그 원인을 알 수 없을 정도로 끝이 없다. 특히 식생활 습관이나 타고난 성격이 왕의 수명과 어떤 관계가 있는지 찾는 일은 더더욱 힘들다.

《조선왕조실록》을 통하여 조선왕들의 음식과 질병, 그리고 사망의 원인을 밝히는 것은 매우 중요하다. 현대를 살아가는 사람들의 질병과 사망의 원인 또한 이와 다르지 않기 때문이다. 그러나 그동안 조선왕들에 대한 사망원인을 찾는 모든 연구는 사망에 이르게 된 질병의 원인만을 찾는 데 급급했다. 저자 또한 《조선의 왕은 어떻게 죽었을까》를 저술하면서 그와 같은 방법을 채택했다.

따라서 본 저서에서는 실록에 나타난 질병의 기록 외에도 조선왕들의 일상식과 그들이 즐겨 먹었던 음식들이 어떤 질병을 유발했는지, 그리고 고질적인 식습관은 질병에 어떤 영향을 미쳤는지를 살펴볼 것이다. 그리고 그러한 식습관을 불러온 가족사와 개인적인 성품 등이 질병과 어떤 관계가 있고, 당시의 질병이 현대의학적 관점에서 어떤 질병에 해당하는지도 살펴보았다.

전하 옥체를 보존하소서!

전하 옥체를 보존하소서!

전하 옥체를 보존하소서!

전하 옥체를 보존하소서!

제1장

조선왕의 대표적인
사망원인

조선의 왕들은 풍요로운 의식주 생활과 최고의 의료혜택을 누렸음에
도 불구하고 평균 수명이 50세를 넘지 못했다. 이러한 원인에 대하여 학
자마다 주장이 다르지만 크게 네 가지로 요약할 수 있다.

　첫째, 조선시대 왕들이 단명했던 이유는 당시 의학의 한계였다고 보는
견해가 있다. 조선왕들의 평소 질병과 사망원인 중 제일 많았던 것은 종
기(腫氣)였다. 멸균 소독약과 항생제가 없었던 시절에 종기는 생명을 위협
하는 무서운 질병이었다.

　잘못된 보건개념으로 인한 불결한 위생 습관은 질병이 발생하는 데 한
몫을 했다. 날씨가 쌀쌀할 때 옷을 벗으면 풍기(風氣)가 엄습하여 병이 생
긴다고 여겼다. 더구나 온수(溫水)에 목욕하는 온천욕은 진액(津液)이 크
게 빠져 원기(元氣)가 손상되어 해롭다고 생각했다.

　조선시대 국왕들은 이러한 잘못된 개념을 남들보다 더욱 철저히 지켰
을 가능성이 크다. 따라서 종기와 같은 감염증이 자주 발병하기 쉬웠으
며, 때때로 패혈증으로 진행되는 것을 막기에는 의학의 한계가 있었다.

　전하 옥체를 보존하소서!

둘째, 조선시대 왕들의 수명이 짧았던 또 다른 원인으로 궁중 생활의 결함을 지적하는 견해가 있다. 당시 왕들은 일반인과 비교해 오래 살았다고 보기 어렵다는 것이다. 제왕(帝王)의 50세는 곧 보통 사람의 60~70세에 해당한다는 말처럼, 이전부터 왕들은 건강하지 못하다는 인식이 있었던 것으로 보인다. 왕들이 단명한 이유로 정신적인 스트레스, 기름진 음식과 과도한 주색(酒色) 때문으로 보는 견해가 있다. 특히 조선왕들의 건강을 해쳤던 생활습관으로 기욕(嗜慾, 좋아하고 즐기려는 욕심)의 무절제, 지나친 호의호식과 그에 비해 운동이 부족했던 점을 들 수 있다.

과다한 영양 섭취로 인한 운동 부족은 비만으로 이어지고 과도한 비만은 혈액성 염증 질환을 야기한다. 혈액성 염증 질환은 고혈압, 고지혈, 신장마비 등을 일으켜 뇌출혈이나 심근경색으로 갑자기 사망에 이르게 한다.

셋째, 왕들이 자신의 건강에 해로울 정도로 과다한 성생활과 운동을 하지 않은 것도 건강상의 결점으로 보인다. 조선의 왕은 여러 후궁을 거느릴 수 있어, 여색에 빠지게 되어 피로가 누적되고 건강에 해로움을 줄 가능성이 컸다.

명종 때 좌찬성 이언적이 대왕대비(문정왕후)에게 서계(書啓)하기를 "대체로 활동과 휴식을 적절히 함으로써 몸을 보양하고, 음식과 기호 또한 알맞게 해서 지나침이 없도록 하는 것이 기체(氣體)를 보양하는 큰 근본이 되는 것입니다. 그런데 기욕(嗜慾) 중에서도 여색에 빠지기 쉬운데 혈기가 안정되기 전에 더욱 경계하여야 합니다. (중략) 공자는 '혈기가 안정되지 않았을 때는 색을 경계하라' 하였고 선유(先儒) 또한 '요사이 사람들은 혼인을 너무 일찍 하므로 요절하는 사람이 많다' 했으나 이는 참으로 옳은 말입니다." 하였다.

<표 1> 조선왕들의 병과 사망 나이

순번	왕명 (사망 나이)	가지고 있는 병	사망원인(문헌상)
1	태조 (74)	소갈(당뇨), 풍병(風病), 아들 태종과의 불화로 인한 화병	노환으로 인한 합병증(가래, 중풍, 당뇨 등)
2	정종 (63)	중풍, 설사병/자연사(비교적 오복을 누리고 살았음)	정확한 사망원인은 알 수 없음
3	태종 (56)	풍질, 통풍	풍질과 통풍 정확한 사망원인 알 수 없음
4	세종 (54)	당뇨병, 안질, 풍증, 수전증 등	육식과 운동 부족에서 온 비만과 당뇨 등
5	문종 (39)	등창, 피부병	살이 썩어들어가는 등창과 피부병
6	단종 (17)	세조에 의한 암살	독살(기록에는 자살로 기록)
7	세조 (52)	문둥병, 불면증	피부병, 종기
8	예종 (20)	족질(足疾)	복상사(안순왕후 한씨와 정사 중 사망)
9	성종 (38)	등창, 폐병	주색으로 인한 관련 병
10	연산군 (31)	번열증(煩熱症), 역질	주색과 역질에 의해 사망
11	중종 (57)	등창, 울화병, 노환	거머리로 등창을 치료하다 울화병으로 사망
12	인종 (31)	이질, 심열과 천식(중종의 사망으로 인한 슬픔)	(문정왕후에 의한 독살설도 있음)
13	명종 (57)	심열, 족통, 설사, 지나친 방사	본디 허약한 체질, 무수리 출신 장씨와 지나친 방사로 인한 급사설도 있음

진하 옥체를 보존하소서!

14	선조 (57)	심열 소식에서 온 원기 부족으로 인한 각종 성인병	위장의 기가 쇠하여 심열, 인음증, 인후증 등
15	광해군 (67)	종기와 두통(자연사)	비교적 건강하게 살다 자연사
16	인조 (55)	학질, 화병	화병(청나라에 항복한 후 발병)
17	효종 (41)	비만, 당뇨, 분노조절 실패	의료사고(과다출혈), 독살설도 있음
18	현종 (34)	학질, 안질, 종기	학질, 안질, 종기 등으로 사망
19	숙종 (60)	천연두 후유증, 노인병, 등창, 스트레스	인현왕후와 장희빈 사이의 스트레스
20	경종 (37)	심신허약, 성기능상실, 선천적으로 병약	급사(간장게장과 감을 먹고 사망)
21	영조 (83)	치매, 노인성 질환	노환으로 자연사
22	정조 (49)	종기, 흡연으로 면역력 감소	사망원인 불명, 등창(독살설도 있음)
23	순조 (45)	종기(매독 증상)	종기(매독3기로 사망)
24	헌종 (23)	기침으로 인한 폐결핵	술과 여자로 보내다 폐결핵 으로 사망설
25	철종 (33)	담증(폐결핵)	폐결핵으로 사망
26	고종 (67)	불면증, 심신허약, 위장장애 등	일제에 의한 독살 (기록에는 졸중풍)
27	순종 (53)	허약한 몸과 심장	몸이 허약하며, 1926년 라디오 들으면서 사망

■ 자료: 관련 문헌을 참고해 저자 재작성

이외에도 심한 스트레스와 독살설을 주장하는 학자가 있다. 어쨌든 지금까지 조선왕들의 사망원인은 의학의 한계, 비위생적인 생활습관, 영양의 과다섭취에 적은 운동량, 과로, 과색, 독살 등이 왕의 수명을 재촉했다. 조선왕들은 잘못된 생활습관 때문에 감염증과 성인병 같은 질병이 자주 발생할 수밖에 없는 상황이었고, 내의원의 엄격한 건강관리와 치료는 왕들이 무병장수하는 데 그다지 효과적이지 못했다. 그에 따라 조선의 왕들은 대부분 단명했다.

│ 취약한 의료기술의 한계

승정원일기(출처: 문화재청 국가문화유산포털)

조선시대 왕들이 단명했던 가장 큰 이유는 당시 의학의 한계였다고 보는 견해가 지배적이다.

《승정원일기》에 따르면 왕을 진료하는 방식은 크게 문안(問安)과 입진(入診) 두 가지였다. 문안은 기후(온도) 변화에 따른 불편함은 없는지, 병이 있다면 기존 증후(症候)가 어떻게 변화되고 있는지 확인하는 공식적이고 정례적인 절차였다. 국왕과 시대에 따라 여러 가지 방식으로 운용되었으나, 정조 때 5일 간격으로 한 달에 여섯 차례 하는 것으로 정례화되었다.

입진은 진찰 과정을 말하는데, 삼제조가 모두 모여 의례적인 문진을 한 뒤 내의원의 우두머리인 수의(首醫) 이하 의관들 2~3인이 진맥을 하고 삼제조[도제조(都提調), 제조(提調), 부제조(副提調)]와 어의들이 증후와 처방에 대한 의견을 모으는 방식으로 진행되었다. 이 입진은 '망문문절(望

전하 옥체를 보존하소서!

聞問切'이라는 네 가지 방법으로 진행되었다. 이것은 옥체, 즉 왕의 몸의 정보를 취합하는 것이었다.

그 첫 번째인 망진(望診)은 얼굴의 윤택함이나 건조함, 기색을 살펴보거나 종기의 색상, 얼굴의 색상을 관찰함으로써 오장육부 중 어디가 안 좋은지 판단하는 것이었다. 문진(聞診)은 왕의 목소리를 듣고 일상적인 감기나 가래 여부를 판단하는 것으로, 생명력을 가늠해 원기 상태까지 알아봤다. 문진(問診)은 식사는 잘하는지, 잠은 잘 자는지, 대소변은 잘 보는지 등을 구체적으로 물어보는 것이었다. 구체적인 정보를 얻을 수 있는 중요한 절차였고 여기까지는 대개 의관들보다 제조들이 주도했다. 의관들은 주로 절진(切診), 즉 맥을 짚는 진맥을 통해 왕을 진찰했다.

진맥은 본래 목, 손목, 발목을 짚어 맥의 가세를 알아내는 것이다. 그러다가 손목을 상·중·하로 나눠 짚음으로써 몸 전체 상태를 짐작하는 방식으로 진화했다. 물이 좁아지는 여울목을 지킴으로써 시냇물 전체를 파악하듯이 손목을 지나가는 기혈의 기세나 상태를 파악해 몸 전체를 일거에 파악하겠다는 발상이다.

전문가인 의원들과 유학자인 관료들이 결합해 있는 내의원 삼제조 시스템에 지나친 의존은 이 망문문절의 진찰 과정에서 종종 문제를 일으켰다. 특히 오진을 초래하는 경우가 많았다. 삼제조가 감시하는 경직된 분위기에서 의관들은 자신 있게 진찰하지 못했고, 이것이 조선왕들의 진료와 치료를 실패로 이끈 가장 큰 문제요인이었다(이상권, 2014).

조선시대에는 내의원의 문안과 입진을 통해 질병이 확인되면 다양한 방식을 두루 활용해 치료가 이루어졌다. 탕제와 다음(茶飮, 차와 음식)[1], 탕제와 환약 등을 같이 사용하는 경우가 많았고 침구치료도 병행했다. 영조는 특히 다음을 많이 활용했는데 속이 불편할 경우 삼귤다(蔘橘茶)나 삼령다(蔘苓茶)를 복용하고 감기 기운이 있으면 귤강다(橘薑茶)를 복용했다. 복용이 편리한 환약을 장기간 복용하는 경우에는 차와 음료를 병용하기도 했고, 탕약의 보조 수단으로 이용한 경우도 많았으며, 침이나 뜸을 놓을 때는 삼제조가 침의(鍼醫)를 모아 의론했다.

어떤 혈에 침이나 뜸을 놓을지 기록한 다음 삼제조가 의관을 인솔해 참여하고 수의가 어떤 혈에 침이나 뜸을 놓을지 왕에게 보고하고 재가를 받았다. 이때 만전을 기하기 위해 침 자리를 잡는 의관과 침을 잡는 의관을 원칙적으로 분리했다.

만약 어의나 의관들이 임금의 병을 치료하지 못하여 사망하거나 치료 도중 사망케 했다면 이는 실로 엄청난 죄다. 어의는 그 책임을 지고 귀양을 가거나 심지어 사형을 당하기도 하였다. 그만큼 임금의 병을 치료한다는 것은 큰 책임과 부담을 지는 일이었다. 그렇기에 어의들은 아무리 치료에 필요하다고 할지라도 독성이 있는 약제를 쓸 때는 실패한 뒤에 올 엄청난 문책을 각오해야만 했다. 치료를 위해 과감한 절개술이 필요할지라도, 자신의 목숨을 걸어야 감행할 수 있는 일이었다.

한 예로 경종 때에 활동한 이공윤은 민간에서 뛰어난 의술로 명성을 얻어, 당시 도제조로 있던 이광좌의 천거를 받아 내의원에 특채되었다.

---

[1] 한두 가지 약물을 엷게 달여서 마시는 보조 치료용 처방으로 지금의 차와는 다른 개념

전하 옥체를 보존하소서!

그런데 그는 대부분의 내의들과 사뭇 다른 처방을 구사했다. 준공제(峻攻劑)라고 하여, 병의 독소를 공격하여 대변이나 소변으로 세게 쏟아내게 하는 종류의 처방이었다. 그가 경종에게 처방한 도인승기탕(桃仁承氣湯)이나 감수산(甘遂散) 같은 것은 내의원 의관들이 평소에 잘 처방하지 않는 종류였다(방성혜, 2012).

결국, 경종의 사망이 그의 처방 때문이라는 오명을 쓰고 이공윤은 유배되어 그곳에서 죽었으며, 화가 난 영조가 그 아내와 아들들은 노비로 만들고 이공윤의 형제들은 북도로 유배 보내 한 집안을 몰락시켜버렸다. 이런 상황에서 누가 목숨을 걸고 소신껏 제대로 된 방법으로 왕을 치료할 수 있었을까. 또한, 급격히 변화하는 병을 치료하는 데 현재의 의학도 이를 못 따라가는데, 낙후된 조선의 의료기술로 판명되기는 더욱 힘들었을 것으로, 조선 왕실의 의료한계를 엿볼 수 있는 단면이기도 하다.

┃ 왕을 가장 많이 죽게 한 질병, 종기

조선왕조의 군왕 27명 중 절반에 가까운 12명이 종기(腫氣)를 앓았다. 종기로 말미암아 상당 기간 고통으로 신음한 임금도 있고, 종기로 말미암아 사망에 이른 임금도 있었다. 그 대표적인 왕으로는 문종, 성종, 연산군, 중종, 광해군, 효종, 현종, 숙종, 경종, 정조, 현종, 순조이다.

종기라는 말은 한자어로 부을 종(腫)자와 기운 기(氣)자를 쓴다. 즉 어딘가 '부어 있는 기'가 보인다는 뜻이다. 부어 있다는 것은, 요새 의사들이 사용하는 말로 염증이 생겼다는 말이다. 붓고 열나고 아프고 붉어지는 염증 상태가 되었다는 것인데 특히 시간이 지나면서 부었던 곳에 고름이 생겨날 때, 곧 화농(化膿)이 될 때 이를 종기라고 한다.

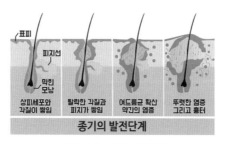

종기의 발전단계

자료출처: 우아미한의원

   나라의 쟁쟁한 의사들이 모여 임금의 질병을 치료하는 내의원에서 종기 치료는 짧다면 몇 달부터 길게는 몇 년이 걸렸던 것이다. 오늘날 같으면 항생제 주사 한 방으로 해결될 종기가 당시에는 생명을 위협하는 가장 무서운 질병이었다.

   당시 종기의 발병 원인은 임금들의 생활방식 때문이다. 임금의 병은 임금이라는 자리의 특수성 때문에 생기는 경우가 많다. 하루에 다섯 끼를 먹고, 몸을 움직이는 시간보다 가만히 앉아 있는 시간이 훨씬 더 많고, 아침에 눈을 떠서 밤에 잠들 때까지 하루 내내 격무에 시달려야 했다.

   항상 스트레스를 받기 쉬운 임금의 생활은 아무리 건강한 체질을 타고난 사람이라고 할지라도 병에 걸리지 않고 버티기가 어렵다. 임금이라는 자리 때문에 생긴 병은 그 자리를 박차고 나오지 않는 한 잘 낫지 않는다. 현대를 살아가는 현대인들도 많이 먹고, 운동 안 하고, 스트레스받는 생활을 계속해 온갖 질병에 시달리면서도 여전히 그 생활습관을 못 고치고 성인병에서 헤어 나오지 못하는데, 조선왕들은 그보다 더 했을 것이다.

   그리고 종기라는 병의 원인은 단지 피부에만 있는 것이 아니다. 피부의 염증은 피부에 난 상처로 세균이 침투해 발생하기도 하지만, 음식을 관장하는 오장육부와 정신적인 스트레스를 담당하고 있는 뇌의 이상과 기

전하 옥체를 보존하소서!

름지고 맵고 짠 음식을 섭취해도 종기가 발생할 수 있다. 조선시대에는 멸균 소독약과 항생제와 같은 의약품이 부재했고, 불결한 위생 습관이 종기가 발생하는 데 한몫을 했다(정승호·김수진, 2016).

다양한 종류의 세균이 종기를 일으킬 수 있지만, 가장 흔한 원인균으로 포도알균(staphylococcus)을 꼽는다. 포도알균은 건강한 사람의 피부에 정상적으로 존재하는 상재균이지만, 종기와 같은 피부 감염을 일으키는 병원균으로 작용할 수도 있다. 엉덩이에 자주 재발하는 종기는 산소부족균(anaerobic bacteria)에 의한 경우도 있다. 당뇨, 비만, 불결한 위생상태, 만성 포도알균 보균자, 면역 결핍 질환자에서 더 잘 생긴다. 단순한 종기의 경우 치료가 필요하지 않으며 보통 따뜻한 찜질을 해주면 병변의 고름이 쉽게 배출되어 증상을 완화할 수 있다.

그러나 종기가 심해지면 고름집(abscess), 농양으로 발전할 수 있다. 종기가 크면 백혈구증가증이 동반되기도 하고 발열과 같은 전신 증상으로 나타날 수도 있다. 예방 방법은 평소에 몸을 청결히 해야 하고 가볍고 꽉 조이지 않으며 통기성이 좋은 옷차림이 도움이 된다. 종기가 심하고 자주 발생하는 사람은 속옷을 자주 갈아입고, 따로 삶아 빨도록 해야 하며, 덥고 습도가 높은 환경보다는 시원하고 다소 건조한 환경이 좋다(서울대학교병원 의학정보).

특히 조선에서는 어느 부위가 되었건 간이 부으면서 염증이 생기고 고름이 나는 일체의 질병을 종기라고 했다. 이는 지금의 연부조직이 곪는 봉와직염도 되고, 림프선이 곪는 림프절염도 되고, 관절에 고름이 가득 차는 관절염도 되고, 뼈가 썩는 골수염도 되고, 때로는 장부(臟腑, 오장육부)가 썩는 암도 될 수 있다. 이렇게 다양하고도 무서운 병들을 단지 종기라고 불렀던 것이다(방성혜, 2012).

따라서 《조선왕조실록》에 나타난 왕들의 사망원인 중 종기로 사망했다는 기록은 오늘날 대부분의 암이나 골수염 등을 모두 지칭할 수 있는 병명이라 기록 그대로를 신뢰하기 어렵다.

무절제한 식욕과 성욕

조선왕들을 괴롭힌 종기와 같은 질병 대부분은 스트레스로 인한 것이다. 거기에다 육체적인 피로, 과로가 그들의 건강 악화를 부채질하여 조선의 왕들은 근본적으로 '내성외왕(內聖外王)'을 추구했다. 내적으로는 성인 같은 인격을 닦고, 외적으로는 왕 다운 왕 노릇을 하라는 것이었다. 성인이 되기 위해서 학문에 매진하는 것은 당연지사였고 여기서 더 나아가 왕의 성리학 경전공부를 제도화하여 하루 2회 실시하는 경연(經筵)제도는 엄청난 압박이었다.

조선왕들은 이런 피로와 스트레스를 회복시키기 위해 많은 영향 섭취와 좋은 보약을 입에 달고 살았다. 보약과 좋은 음식은 몸의 피로를 해소하는 역할을 하지만, 반대로 성욕을 불러일으키기도 한다. 조선왕들은 정신적인 피로를 해소하는 데 '식욕'보다는 '성욕'으로 달래려 했다.

식욕이란 음식을 먹고자 하는 욕구를 말하는데, 가장 강력한 욕구는 배고픔이고, 그다음 욕구는 스트레스의 해소이다. 배고프다는 욕구는 두 개의 경로를 통해 발생한다. 하나는 위장관이 비었을 때라고 생각할 수도 있지만, 사실은 아니다. 위암 수술로 위를 절제한 사람도 배고픔을 느끼기 때문에 위장 즉, 위가 비었다고 해서 배고픈 것은 아니다. 당뇨병 환자는 저혈당이 생기면 배고픔을 느끼는데, 이때 사탕을 먹으면 배고픔

전히 옥체를 보존히소서!

이 사라지는 것을 흔히 경험한다. 따라서 에너지 대사에 필요한 물질이 감소하면 배가 고프다는 것을 생각할 수 있다.

세포의 에너지 대사를 위해서는 혈중에 일정한 농도의 포도당과 지방산이 필요한데, 특히 포도당이 중요하다. 포도당이 뇌세포의 기본적인 에너지원이기 때문이다. 흔히 고기를 많이 먹어 배가 빵빵함에도 불구하고 밥이나 달콤한 디저트를 먹어야 비로소 포만감을 느끼는데, 이는 문화적인 요인이 많이 작용한 것이기도 하지만 탄수화물이 단백질인 고기에 비해 혈당을 급속히 상승시키기 때문이기도 하다.

혈중 탄수화물은 뇌에 자극을 주는데, 정확하게 말하면 혈당이 상승하면 시상하부의 포만중추를 자극해 음식량을 조절하게 된다. 이것이 미국 영양학자 진 메이어(J. Mayer)가 1955년에 제시한 혈당조절이론이다. 혈당조절이론은 시상하부에서 혈당을 감지하여 식욕과 포만감을 유발한다는 것이다.

그리고 뇌 자체는 과식하려는 경향이 있어 많은 양의 식사를 하도록 만든다. 개인의 잘못과는 무관하게 탐욕스러운 뇌는 식욕과 과욕을 유발하는데, 이는 스트레스를 받을 때 더욱 심해진다(후안, 2006). 우리 주변에 주체할 수 없을 정도로 살찐 사람들의 목소리를 들어보면 그 원인이 스트레스라고 많이들 말한다. 스트레스는 많은 에너지원을 소비하고 이를 보충하기 위해 뇌는 끊임없이 기름지고 원기를 충전할 음식을 요구하는 것이다. 그 결과 대부분의 왕들은 비만과 당뇨병에 시달려야 했다.

조선의 왕들은 종기나 비만, 당뇨병으로 시달리면서도 끊임없이 후궁들과 성관계를 했다. 실록에서는 후손을 잇기 위해서라고 말하고 있지만, 사실은 쾌락을 위해서였다. 그렇다면 왜 그들은 성욕에서 벗어나지 못했을까? 스트레스는 성욕과 어떤 관계가 있을까? 유감스럽게도 이런 해답을 제시하는 책과 논문은 거의 없다.

오늘날 우리는 섹스를 원하는 장기가 정확히 심장이 아니라는 사실을 알고 있다. 섹스의 욕구는 우선 먼저 사람의 눈을 찌른 후 뇌의 시상까지 깊게 뚫고 들어간다. 시상에서 처리된 시각적 메시지는 사람의 얼굴로 전달되고 얼굴은 곧 흥분의 표시를 보내 홍조를 띤다. 이 홍조는 얼굴 인식을 전담하고, 감정 경험을 조절하는 뇌의 편도체와 전전두엽의 피질에 연결되어 있다. 이러한 피질을 자극하는 물질은 바로 도파민이라는 호르몬에 의해 욕구, 즉 흥분을 일으키는 것이다.

도파민이 방출되면 안 먹어도 배고프지 않고, 수많은 궁녀와 잠자리를 해도 전혀 피곤해하지 않는다. 뇌에는 '보상체계'라는 즐거움만을 전담하는 중추가 있다. 보상체계는 감각적 기쁨의 오래된 목적이 진화한 것이며 뇌에서 가장 중요한 부분으로 여겨져 온 원시적인 장치다. 그리고 인간에게만 존재하는 것이 아니라 벌, 쥐, 개, 코끼리 등도 가지고 있다. 보상체계가 제대로 가동할 경우, 음식을 먹는 것이나 섹스를 하는 것 같은 필수적인 행동들을 만족스럽게 경험하기 때문에 반복 가능성이 커진다(Hammer, 1993).

뇌의 피질에 흐르는 도파민이라는 호르몬은 분비되면 보상 자체의 즐거움도 있지만, 그보다는 보상을 기대하는 희망적인 순간과 관련되어 있다. 이를테면 섹스에 대한 기대 같은 것이다. 속이 다 비치는 칸막이 뒤에 있는 암컷 쥐를 보여주고 수컷 쥐를 유혹했을 때, 수컷 쥐의 도파민 수치는 암컷 쥐와 교미를 한 수컷 쥐의 도파민 수치보다 급상승했다(Fiorino 외, 1997).

전하 육체를 보존하소서!

조선의 왕 중에 해로울 정도로 과다한 성생활과 운동 부족으로 혈액성 염증 질환과 성인병(성병)에 시달렸던 인물은 세종이 대표적이다. 세종은 우리 역사상 가장 위대한 성군으로 알려졌지만, 돌아다니는 종합병원이기도 했다. 척추 관절의 인대와 힘줄이 유연성을 잃고 굳으면서 잘 움직일 수 없는 강직성 척추염을 앓았고, 이로 인해 눈의 공막염, 포도막염, 홍채염을 유발했다. 결국, 제대로 걷지도 못하고 잘 보이지도 않는 상태에서 고기를 좋아하고 온갖 보약으로 몸을 보호하려다 소갈증, 즉 당뇨까지 유발하고 만다. 게다가 몸이 약한 상태에서 많은 자식까지 만들다 보니 임질로도 고생한다.

한의학자들은 '임질'이란 소변을 자주 보지만 시원하지 않은 증상이라고 말한다. 임질은 신경을 많이 쓰거나 체력이 떨어지면서 소변을 물총처럼 짜내는 힘이 떨어져 아랫배 근육이 켕기는 증상이다. 현대의학에서 말하는 전립선과 유사하기도 하고 호사가들이 말하는 염증성 성병 후유증이기도 하다.

세종뿐만 아니라 태종을 비롯해 성종, 연산군, 숙종, 영조, 헌종, 철종은 호색가로 알려져 있다. 특히 야사에 따르면 헌종은 녹용을 수천 첩 복용하고도 요절했다고 한다. 철종도 한약을 입에 달고 살았으며, 후사를 보기 위해 녹용이 들어간 정력제 말고도 음식으로 몸을 보하는 식보 처방도 이루어졌지만, 한창 나이인 33세에 요절하고 만다.

조선시대 국왕들의 부인 수는 태종과 성종이 12명, 중종이 10명, 정종, 선조가 8명이었고, 자식 수는 태종이 29명(12남 17녀), 성종이 28명(16남 12녀), 선조가 22명(14남 11녀), 정종이 23명(15남 8녀), 세종이 22명(14남 4녀)이나 된다. 다산(多産)으로 왕실의 번성시키는 것이 군주의 덕목이었던 시절 군주는 종마로 살아야 하는 불쌍한 왕인 동시에, 자신이 마음에 두는 여인을 마음껏 취하여 성욕을 즐길 수 있는 특권을 가지고 있었다.

조선 역사와 국왕에 대한 정통성을 주장하는 학자들은 대부분 '왕비의 왕자 생산은 국가적 관심사였고, 왕실의 최대 책임은 후계자를 생산해 하늘의 뜻을 이은 핏줄을 통해 정통성을 계승하는 것'이라고 대변한다. 그래서 시중에 나와 있는 서적이나 방송에는 대체로 조선왕에 대한 사망원인을 '성병에 의한 죽음'이라고 명기하는 대목은 하나도 없다. 성인성 질환 즉 성병은 '후사를 만들기 위해', '경전공부에 열중하여' 혹은 '백성을 위해' 사망했다는 식으로 미화되고 있다. 역사를 배우는 목적이 '반면교사' 즉 잘못된 역사는 교훈으로 삼는다는 취지를 벗어나도 한참을 벗어난 것이다.

《중추원일기》를 살펴보아도 피부병 혹은 등창과 같은 증세는 대부분 오늘날 성인성 질환이나 과다한 영양 섭취로 인한 혈액성 염증 질환의 증상과 유사한 것으로 보인다. 성인성 질환(성병)의 종류와 증상은 매우 다양하나 왕 대부분이 피부병, 등창, 종기 등으로 고생하여 온천욕과 정기적인 치료에도 불구하고 호전되지 않았다는 《조선왕조실록》을 살펴볼 때 성인성 질환 중 임질이나 매독이나 질염으로 추측할 수 있다.

우리나라에서 가장 오래된 성병 중 하나인 임질균은 점막의 접촉을 통해 전염되는 세균으로 건조한 곳에서는 금방 죽어버리기 때문에 화장실 변기나 문손잡이, 수건 같은 것을 통해서는 옮지 않는다. 그러나 조선왕들의 경우 밖이 아닌 실내에서 대소변을 해결하고 성관계 이후 물로 씻지 않고 물수건으로 세정(洗淨)을 하였기 때문에 잠재한 성균에 의하여 왕비들에게 쉽게 전염되었을 것이다. 합병증으로는 남자는 부고환, 전립, 정낭 등에 염증을 일으킬 수 있고 요도가 좁아지는 요도 협착이 생긴다. 남성의 경우 10%가 전혀 증상이 나타나지 않아 자신이 감염된 사실을 모르고 상대 여성에게 전염시킬 수 있다. 매독의 경우는 가장 심각한 성인성 질환으로 심할 경우 사망으로 이어진다.

당시 성인성 질환 증상들은 모두 종기나 피부병으로 묘사되었는데, 이러한 증상을 보였던 왕으로 세종, 세조, 성종, 중종, 숙종, 정조, 순조, 현종이 있지만, 그 증상이 반드시 성병이라고 판단할 수 없다.

| 성인병을 부르는 과식

조선왕들을 죽음에 이르게 한 성인병의 원천은 음식에 있다. 이는 현재를 살아가는 현대인들도 마찬가지이다. 그렇다면 조선왕들의 수라상은 어떻게 구성되있는지를 살펴볼 필요가 있다.

조선왕조를 지탱하고 있었던 유학은 지나친 사치를 경계하는 금욕주의(禁慾主義)적인 면이 강했다. 따라서 임금도 검소한 식생활로 백성을 생각하였다고 주장하고 있지만, 사실은 달랐던 것으로 보인다.

◉ 왕과 왕족의 하루 식사량

조선시대의 사회조직은 엄격한 신분제도에 의한 계급구조의 질서 속에서 유지되었다. 즉, 왕과 왕족 양반, 중인, 상민, 천민 등으로 나누어진 종적인 신분 차이 그리고 장유(長幼)의 차례, 남녀의 구별, 적서(嫡庶)의 차별 등 횡적으로 구분된 신분의 차이가 얽혀서 유지된 것이 조선시대의 문화적 특징이다. 엄격한 신분 차이만큼이나 음식의 차이도 심하게 났는데, 조선 영조대의 학자 이익(1681~1763)은 《성호사설(星湖僿說)》 식소(食少)에서 다음과 같이 말하고 있다.

"요즘 사람들은 새벽에 일찍 일어나 흰죽 먹는 것을 조반이라 하고, 한낮에 배불리 먹는 것을 점심이라 한다. 부유하거나 귀한 집에서는 하루에 일곱 차례 먹는데 술과 고기가 넉넉하고 진수성찬이 가득하니 하루에 소비하는 것으로 백 사람을 먹일 수 있다. 옛날 하증(何曾)[2]처럼 집집마다 사치하니, 민생이 어찌 곤궁하지 않겠는가? 매우 탄식할 만한 일이다."

– 《성호사설》, 이익(최석기 옮김, 1999)

아마도 이익이 지적한 부유한 집은 돈이 많은 집안이며, 귀한 집은 왕족을 지칭한 것으로 보인다. 과연 이익의 말처럼 조선 왕족들은 하루 7끼를 먹었을까? 하루 7끼라면 비만을 넘어 온갖 질병을 달고 살았을 테고, 백성들로부터 비난을 면치 못했을 것이다. 당시 조선의 백성들은 하루 2끼도 먹기 어려운 시절이었기 때문이다.

《영접도감의궤》(1643)에 따르면 명나라 사신 접대 때에도 하루 7식을 접대했는데, 4월 3일에 사신들을 위해 차린 상차림을 예로 들면 '조반(早飯)·조반(朝飯)·다담(茶啖)·중반(中飯)·별다담(別茶飯)·석반(夕飯)·다담(茶啖)'을 합해 일곱 끼니를 접대하고 있다.

7끼 식사를 하려면 하루 대부분을 밥과 간식 그리고 술상을 받아야 하는데 명나라 사신에 대한 예우 차원에서 그만큼 제공했을 수도 있다.

---

2) 하증은 중국 진나라 때 사람으로 하루에 1만 전(錢)의 음식을 소비했다고 한다.

전하 옥체를 부존하소서

그러나 명나라 사신에게 제공되었던 일곱 끼니는 정조대왕의 어머니 혜경궁 홍씨를 위한 환갑연 때도 제공되었다. 이러한 기록은 《원행을묘정리의궤》에 자세하게 기록되어 있는데 여기에는 왕(정조)과 자궁(慈宮: 혜경궁 홍씨)과 여형제들이 한성 경복궁을 출발하여 화성에 가서 진찬(進饌)을 베풀고 다시 환궁할 때까지 8일간의 식단이 권4 찬품(饌品)조에 자세히 실려 있다.

반면에 《영조실록》에는 "궁궐에서 왕족의 식사는 고래로 하루에 다섯 번이다."라고 적혀 있으나, 영조는 검박(儉朴)하여 오식(午食)과 야식(夜食)을 줄여서 하루 3회로 한정하였다고 한다. 그런 소식 때문에 영조는 83세까지 장수할 수 있었는지도 모른다. 그리고 혜경궁 홍씨가 쓴 《한중록》에 의하면 정조는 아침, 저녁 수라에 찬품 서너 그릇에 더하지 아니하고 작은 접시에 많이 담지 못하게 하였다고 기록하고 있다.

이외에도 1971년 작성된 《조선왕조 궁중음식》 문화새 조사보고서에는 고종과 순조시대 수라상에 관한 설명과 궁중음식과 기명, 상차림에 관해 기록되어 있는데, 조선시대 말기의 궁중에서는 평상시 일상식으로 다섯 번의 식사를 올렸다고 기록되어 있다.

이상과 같은 기록을 살펴보건대, 조선왕들은 명의 사신과 왕의 아버지인 부왕(혹은 상왕)이나 어머니인 왕대비의 경우, 명나라 사신의 접대, 즉 상전에 대한 대우 차원에서 특별히 하루 7식을 올린 것으로 보인다. 그외 조선의 국왕은 하루에 5번의 식사를 한 것으로 보인다. 이른 아침 7시 전에 초조반(初朝飯)을 올렸고, 수라는 두 번인데, 오전 10시 이후 조반(朝飯), 점심때에는 낮것상을 올렸고, 오후 5시경 석반(夕飯)을 그리고 밤중에는 야참(夜食)을 올렸다. 그러나 일부 식탐이 있던 국왕들은 7끼의 식사를 했을 것으로 보인다.

● 수라상의 반찬 가짓수

왕과 왕족 일상식 상차림은 음식이 왕의 성인병에 어떠한 영향을 미쳤는지를 알기 위한 매우 중요한 부분이다. 하지만 이를 알 수 있는 문헌의 내용은 드물다. 학자들 대부분은 《원행을묘정리의궤》에 기록된 1795년 2월 15일 정조의 아침 수라와 왕족에 속한 내빈의 조반·주반·석반을 근거로 왕의 일상식 상차림은 흑칠원족반을 사용해 유기에 음식을 담아 7기 첩(7가지 반찬)을 차리고 있다고 주장한다. 이런 해석에 따라 정조대왕의 어머님이신 혜경궁 홍씨의 환갑연 전후에 차렸던 상이 7기(7첩)인 점을 감안한다면 최상층의 일상식은 7기(7첩)였을 거라 추측하는 것이다.

예를 들어 《조선시대의 음식문화》의 저자 김상보(2008)는 《세종실록》(1420)과 성종 때에 나온 《해동제국기(海東諸國記)》(1471), 광해군 때에 나온 《영접도감의궤(迎接都監儀軌)》(1609), 정조 때에 나온 《원행을묘정리의궤》(1795) 등에서부터 1902년의 《진찬의궤(進饌儀軌)》까지는 음식상 차림의 규모를 장을 제외하고 '7첩(7기) 반상'이었음을 주장한다. 즉, 세종 2년(1420), 세종은 아버지 태종을 위한 수륙재 때에 왕명의 출납을 맡았던 승정원의 정3품 벼슬인 대언(代言)의 밥상은 5첩을 넘지 않게 차리도록 명하고, 일본사신 접대에도 7기(첩)를 넘지 않도록 차렸음을 볼 때 일상식의 상차림은 가장 잘 차린 경우라도 7기(첩)였고, 혜경궁 홍씨의 환갑잔치 때 정조대왕의 수라도 7기(첩)인 점을 감안한다면, 앞서 《원행을묘정리의궤》에 나타난 정조대왕의 수라는 아마 당시 가장 화려했던 조선왕들의 일상식 상차림이었을 것이라 주장하는 것이다.

선하 옥체를 보존하소서!

대상	상의 명칭	찬품(음식)	가짓수	비고
임금	조수라(아침) 주수라(점심) 석수라(저녁)	반, 탕, 조치, 좌반, 해적, 침채, 장3	7기 (첩)	• 반(飯): 백반, 또는 흰밥과 팥물로 밥을 지은 붉은 밥 • 갱(羹): 육탕만이 아니라 채소, 생선 등을 주재료로 만든 다양한 탕(동물성과 식물성) • 조치(助致): 생선, 닭을 찜으로 하거나 전복이나 죽합, 굴 등을 국물이 있게 볶거나 조리하는방법(찜형태)
왕족	조반(아침) 주반(점심) 석반(저녁)	반, 탕, 조치, 자반, 해적, 침채, 장	7기 (첩)	• 좌반(佐飯): 밥을 잘 먹을 수 있게 해주는 간이 센 밑반찬으로 생선알, 새우, 전복, 꿩, 쇠고기 등을 소금에 절이거나 말린 반찬 • 침채(沈菜): 무김치, 배추김치, 미나리김치, 교침채(交沈菜, 무와 배추를 섞어만든김치), 동과초(겨울오이) • 해(醢): 생선이나 조개, 생선알 등을 소금에 넣어 오랜 시간 발효시켜 먹는 젓갈 • 구이(灸伊): 소, 돼지, 갈비, 닭, 꿩과 생선 조개류를 꼬치에 끼워 굽거나 지지는 방법으로 잡산적, 각색화양적, 설야적, 산적 등이 있다.

＊ 관련 문헌을 참고로 논자 재작성. 위 표에서는 장(간장, 초장, 고추장, 꿀, 겨자)은 반찬의 가짓수에 넣지 않았으며, 구이나 좌반의 경우는 종류 불문 1종류로 취급함.

　　1970년 11월 당시 문화재 전문위원이었던 황혜성이 1971년 작성한《조선왕조 궁중음식》문화재 조사보고서에는 수라상에 관한 설명과 궁중음식과 기명, 상차림에 대한 내용이 기록되어 있다. 이 보고서에는 조선시대 말기 즉, 고종과 순조 때에는 평상시 일상식으로 다섯 번의 식사를 올렸다고 기록되어 있다. 이러한 기록은 영조실록에서 기록된 "궁궐에서 왕족의 식사는 고래로 하루에 다섯 번이다."라는 내용과 일치한다. 보고

서에는 이른 아침 7시 전에 초조반(初朝飯)을 올렸고, 수라상은 두 번인데, 오전 10시 이후 조반(朝飯), 오후 5시경 석반(夕飯)을 올렸다. 이외에 점심때는 낮것상을 올렸고, 밤중에는 야참(夜食)을 올린 것으로 나와《원행을묘정리의궤》에 나온 정조의 수라상과 일치하고 있다.

왕과 왕비는 각각 동온돌과 서온돌에서 상을 받았고, 결코 겸상하는 법은 없었다. 그리고 대왕 대비전과 세자전은 각각의 전각에서 따로 살림을 하며, 부속 주방에서 직접 만들어 올렸다(한식재단, 2014).

반찬 수에 대해서는 김상보를 비롯한 기존의 학자들이 반상법에 따라 3첩·5첩·7첩·9첩 반상을 주장한 데 반해 황혜성은 한 걸음 더 나아가 밥·탕·조치·침채장을 제외하고 찬의 가짓수만으로 수라상이 12기(첩) 반상이라고 주장한다.

이에 대해 김상보와 다른 학자들은 임금의 일상식 상차림이 12첩이라는 주장의 배경으로는 임오군란(1882) 이후 갑자기 많아진 청나라 상인과 군인들, 대한제국 황제 등극 이후 보수파들에 의한 청 문화 유입 등으로 청나라의 탁자 요리 중 접시의 수가 통상 12첩으로 정해져 있었기 때문에 이를 황혜성이 인용한 것이라고 주장한다. 그래서 조선왕조의 일상식 반찬 차림이 12첩 반상이라고 주장하는 데에는 문헌적 근거나 사실적 자료를 찾아볼 수는 없다는 것이다(김상보, 2005).

이런 연유로 수라상이 7기(첩)였다고 주장하는 학자들이 내세운 명분은 조선왕조의 정통성에 근거한 성군으로서의 표상이었다. 조선의 왕들은 몸소 근검절약을 실천하고 특히 나라가 어지러울 때는 일상식의 찬품(饌品, 음식) 가짓수를 줄였으며, 고기반찬을 먹지 않고 소선(素膳)을 하였

전하 옥체를 보손하소서!

으므로 '임금의 일상식이 12첩 반상'이라는 주장, 다시 말해 임금의 수라상은 장(醬)을 제외하고 무려 21기나 된다는 황혜성의 주장은 극단적으로 말하면 근검절약을 몸소 실천하려고 했던 조선왕조의 통치 철학 자체도 부정하는 일이라고 반박했다.

그럼에도 불구하고 황혜성의 말처럼 임금의 일상식이 12첩 반상이라고 주장한다면 그것은 일본에 의해 강제로 개혁이 이루어졌던 갑오경장(1894) 이후 한말에 일시적으로 이루어진 경우라고 할 수 있다.

그러나 수라상이 7기(器)라고 주장하는 학자들은 밥과 국을 1기(器)로 하고, 장을 기(器)에서 제외하였으며, 반찬의 가짓수를 기준으로 한 것이 아니라 대분류 속에 들어가는 여러 가지의 반찬이라도 한 종류로 묶어 한 가지 기(器)로 기준을 삼고 있으므로 그 주장이 옳다고는 할 수 없다.

이와는 달리 황혜성의 12첩 주장은 어느 정도 타당성을 함유하고 있는데, 예를 들어 '12'라는 숫자에는 '황도12궁', '12간지', '12달' 등과 같은 용어를 보면 알 수 있듯이 '12'라는 숫자에는 '완전한 우주의 질서'라는 뜻이 함축되어 있다. 즉, '12'는 우주의 질서를 의미하는 '완전한 수'라는 개념과 음양오행에 충실한 식단을 마련한다는 것은 '임금이 하늘'이라는 뜻에서 임금의 수라상에 우주의 질서를 재현했다는 것과 일맥상통하기 때문이다(김성은, 2012).

오늘날 고급한식당이나 전라도 지역의 밥상을 살펴보면 반찬의 가짓수가 12첩 이상은 기본으로 나온다. 산해진미를 찾아 몸에 좋다면 명과 청나라까지 사람을 보내 산해진미를 추구했던 절대권력자 조선의 군왕들이 백성을 위해 소식을 하기 위해 7첩을 지켰다는 주장은 왠지 궁색해 보인다. 태조와 태종 그리고 세종은 고기 없으면 밥을 먹지 못했고, 영조는 사슴 꼬리를 별미로 즐겼으며, 연산군은 몸에 좋다고 하여 백마의 생식기까지 먹었다. 이외에도 중종, 숙종이나 성종, 현종이나 철종과 고종 등이 식탐이 있었다는 기록을 살펴볼 때 정조나 문종을 제외한 대부분의 조선 국왕들은 12첩 이상으로 호의호식했을 것으로 추측된다.

결론적으로 국과 장 등을 제외한 7첩이든 이들을 포함한 12첩이든 임금의 수라상이 진수성찬이라는 사실은 변함없다. 현대인들이 만약 이런 수라상을 매일 받았다면, 아마 '고도 비만' 상태로 온갖 질병을 달고 살았을 것이다.

〈표 3〉 조선왕조의 궁중음식

상차림규모	기본						찬											
종류	장	밥	갱	조치	잡채	담침체	구이	자반	해	전	회	채	편육	장과	조림	쌈	수란	
7기(7첩)	(1)	1	1	1	1		1	1	1									7
12기(12첩)	(4)	2	2	2		3	2	1	1	1	1	2	1	1	1		1	21

■자료: 관련 문헌을 참고로 논자 재작성

특히 성인병의 하나인 고지혈증으로 인한 혈액성 염증 질환의 원인은 소기름, 돼지기름 등의 모든 동물성 기름과 버터, 쇼트닝, 코코넛 기름과 팜유 등의 포화지방, 트랜스지방, 고열량 음식이 콜레스테롤 수치를 증가시키기 때문이다. 특히 탄수화물을 지나치게 많이 섭취할 경우, 탄수화물중독에 걸려 중성지방이 증가하고, HDL 콜레스테롤은 감소할 수 있다.

전하 옥체를 보존하쇼서!

● 과식에서 오는 혈액성 염증 질환

혈액성 염증 질환은 유전적 요인의 경우도 있으나 대부분 과식으로 인해 발생할 수 있다. 유전적 요인으로 혈중의 콜레스테롤이 높기도 한데, 5백 명 중의 1명 정도가 가족성 고지혈증이라는 유전 질환을 앓고 있다.

콜레스테롤은 나이가 많을수록 증가한다. 남자의 경우 20~50세까지는 증가하고 그 이후부터 약간 감소하는 경향이 있으나, 여자는 20세부터 증가하여 남자보다는 낮은 수치로 폐경 전까지 유지된다. 폐경 후에는 콜레스테롤 수치가 더 높다. 이것은 여성 호르몬인 에스트로겐과 함께 HDL이 감소하기 때문이다. 그리고 임신과 피임약이 혈중 콜레스테롤 수치를 증가시키기도 한다.

혈액성 염증의 발생 원인 중 비만의 경우 총콜레스테롤 수치가 더 높고, HDL 콜레스테롤 수치는 낮다. 운동 부족은 결과적으로 비만을 초래하여 콜레스테롤의 양이 증가된다. 유산소 운동은 HDL을 증가시켜 혈액성 염증을 예방할 수 있으나, 조선의 왕들은 대부분 과다한 업무와 스트레스로 인해 운동을 거의 하지 않고 정원을 산책하는 정도였다. 술은 총콜레스테롤 수치를 증가시키지만, HDL 콜레스테롤을 감소시키지는 못하고 중성지방을 증가시킨다. 스트레스의 경우 정확한 기전은 알 수 없으나 스트레스, 긴장 등이 총콜레스테롤 수치를 증가시킨다.

혈중 콜레스테롤이나 중성지방 증가로 인한 고지혈증은 동맥경화, 고혈압, 심혈관계 질환 등의 위험요인이 되므로 합병증이 발생하면 위험하다. 대부분 무증상이나 유전적 소인에 의한 가족성 고지혈증이 있는 경우 황색종, 황색판종, 하지의 아킬레스건과 같은 신체의 다양한 힘줄 부위, 피부에 콜레스테롤 침적으로 생기는 황색종, 눈꺼풀에 생기는 황색판종이 생긴다. 인지질과 콜레스테롤이 침착되어 각막 주위 백색의 각막

환, 간이나 비장 비대 등이 나타날 수 있다.

조선 27대 왕 중 사망원인이 소갈증(당뇨)이나 등창, 피부병, 노인성 질환으로 기록되어 있는 태조, 세종, 문종, 세조, 성종, 중종, 숙종, 경종, 영조 등은 대부분 과식과 고지방성 음식 섭취로 인한 혈액성 염증 질환을 앓고 있었던 것으로 추측된다.

혈액성 염증은 고지방, 고칼로리 음식이 원인이다. 활동량에 비해 음식을 너무 많이 먹으면 신체균형이 깨진다. 가령 당뇨병 환자가 지방을 많이 섭취하면 혈중 내 독소(endotoxin)가 증가하면서 체내에 염증을 촉진해 심장병 같은 당뇨합병증이 나타날 수 있다.

고혈압이나 당뇨를 앓고 있는 사람, 콜레스테롤 수치가 높은 사람, 비만인 사람, 스트레스가 심한 사람, 40세 이상인 사람, 일상생활 중 고혈당, 고혈압, 스트레스 등 다양한 원인으로 몸과 마음이 혹사당하면 염증성 단백질이 아주 조금씩 꾸준히 만들어진다. 염증성 단백질이 온몸에 퍼져 쌓이면 온갖 만성, 중증 질환을 유발한다.

내장지방이 몸 안에 쌓이거나 혈액 속 당, 지질이 많을 때도 염증 반응이 유발된다. 내장지방 자체가 염증 물질을 분비한다. 당지질을 없애려는 과정과 당지질이 혈관을 손상시키는 과정에서 염증 물질이 나온다. 아마 살쪄본 경험이 있는 사람들은 온몸이 가렵고 염증도 자주 발생했던 것을 기억할 것이다.

조선왕들의 영정을 살펴보면 모두 배가 나오고 덩치가 큰 것으로 보아 비만에 의한 성인병을 앓고 있었던 것으로 보인다.

혈액을 깨끗이 하는 데 가장 효과적인 방법은 운동이다. 혈액은 흐르

전하 옥체를 보존하소서!

는 강물과 같아 천천히 흐르거나 한곳에 정체해 있으면 안 된다. 운동으로 온몸을 순환하면 혈액 내 나쁜 물질은 걸러지고 좋은 물질은 늘어난다.

우리가 막연하게 생각했던 스트레스와 암과의 관계도 바로 이러한 염증 요인으로 해석된다. 인간이 살아가면서 느끼는 감정의 극한, 정서적 상처(트라우마), 공포, 극도의 분노 등은 우리 몸속에 노르아드레날인이나 코티솔과 같은 호르몬을 다량으로 분비되게 하며 이들 호르몬은 몸의 상처에 대비해 조기 회복에 필요한 염증 요인을 즉각적으로 자극한다.

이러한 염증을 유발시키는 식품류에는 포화지방산, 전이지방(트랜스 지방) 또한 기름을 가열했을 때 발생하는 아라키돈산 등이 대표적이다.

결국, 이러한 기름진 고열량 음식으로 형성된 조선왕들의 수라상은 혈액성 염증 질환을 일으키는 주요한 원인이라고 할 수 있다. 특히 세종과 같이 고기를 좋아하고 운동을 하지 않은 경우, 혈액성 염증 질환은 곧바로 당뇨로 이어져 그와 관련된 합병증이 출현할 수 있다.

왕의 식사는 '약식동원(藥食同源)과 음양오행(陰陽五行)'이라는 원리에 엄격히 따랐다. 약식동원은 '음식과 약은 한 뿌리다' 즉 '음식이 약이 된다'는 뜻이다. 약이 되는 음식을 통칭하여 약선(藥膳)음식이라고 일컫는다. 약식동원은 단지 '약이 되는 음식'이라는 의미를 넘어 절제된 식생활이라는 의미까지 포함한다. 수라상에 오르는 음식은 또 오색, 오미, 오향 음식의 음양조화를 통해 왕의 신체 기능을 증진시키기 위한 방편이 바로 음양오행에 충실한 음식이다. 요즘 식으로 말하면 궁중요리는 웰빙 식품이자 슬로푸드인 셈이다. 그럼에도 불구하고 조선왕 대부분이 성인병으로 고생한 원인을 묻는다면 아무리 몸에 좋고 음양오행에 따라 만든 음식이라도 과하면 병이 된다는 사실이다.

| 독살로 인한 사망

일부 학자들은 임금이 약하고 신하가 강한 군약신강(君弱臣强)이라는 구조로 바뀌게 되는 조선왕조 500년을 통틀어 일어난 두 개의 사건을 계기로 독살설의 근거가 형성되었다고 주장한다. 그들에 따르면 조선 전기는 수양대군이 어린 단종을 왕위에서 빼앗고 즉위한 계유정난(癸西靖難)이고, 조선 후기는 율곡 이이를 종주로 삼는 서인(노론)들이 광해군을 내쫓고 집권한 인조반정이 그것이다. 그리고 언제 그런 일이 있었냐는 듯 정국은 다시 공신집단과 서인(노론) 중심으로 회귀했다. 이 구조는 노론의 마지막 당수 이완용이 대한제국을 일제에 팔아먹고 조선이 망할 때까지 계속되었다. 일제에 맞서는 마지막 저항수단으로 중국 망명을 선택했던 고종 또한 독살설로 최후를 마쳤던 구조 역시 여기에 있다.

학자들의 주장대로라면 조선의 왕 27명의 임금 중에서 10명 전후의 왕들이 독살된 셈이다. 의학자나 한의학자들도 《조선왕조실록》이나 《승정원일기》, 《일성록》 등에 기초하여 기록에 나타난 왕들의 질병과 치료 방법, 처방했던 약재 등을 기초로 《본초강목》이나 《동의보감》 등에 기록된 한약재의 성분과 비교하여 독살설을 주장하기도 했다.

독살은 주로 음식에 독을 사용하는 방법을 사용했다. 과연 왕의 음식에까지 독을 넣는다는 게 가능했을까?

조선 왕실 특히 국왕의 식사를 담당했던 사옹원(司饔院)은 궁중의 음식을 맡아 운영하는 기관이었다. 여기에는 총 책임자인 제거가 있었고, 제거 밑에는 재부(宰夫)·선부(膳夫)·조부(調夫)·임부(飪夫)·팽부(烹夫)가 있어서 조리 관련의 일을 담당했으며, 이들 밑에는 잡역에 동원되는 노비로

조선시대 사옹원(출처: 〈선묘조제재경수연도〉, 1605년 그림)

구성된 자비(差備)들이 있었다. 대전과 왕비전 수라간을 담당한 재부(종6품)는 오늘날 주방장에 해당하는 것으로 보이며, 선부(종7품)는 부주방장, 조부·임부·팽부(종8품에서 종9품)는 이른바 조리사로서 음식을 조리하고, 삶고, 끓이는 일을 맡은 책임자였다.

국왕의 음식에 관한 총괄 책임자는 환관에 속한 내시부(內侍府)의 상선이었고 상선은 종2품이다. 이는 사옹원의 총책임자인 제거(정3품)보다 한 단계 높은 계급으로 제거는 아마 상선의 명령에 따랐을 것으로 보인다. 아울러 내시부 소속에는 '사리'라는 자가 있어 각 궁(宮)과 전(殿)에 붙여 곁에서 시중드는 일을 맡겼는데, 정4품인 상전에서부터 정6품인 상세(尙洗) 직까지 존재했던 것으로 볼 때 이들 중 일부는 임금의 음식 시중을 들었을 것으로 판단한다. 그리고 내시부에는 상선 외에 술과 다과를 전적으로 관장하는 상온과 상다가 상선 밑에 배치되어 있어 사옹원과는 별개의 조직에서 술을 제조하고 다과를 만들었다.

그리고 내명부의 상식이 도와 내시부의 상선이 계획해서 짠 식단(찬품단자)을 참고하여 각각의 주방에서 음식을 만들어내면, 대전에는 사리가 국왕에게 진지를 올렸다. 그전에 수라상의 음식을 맛보는 기미 상궁을 거쳐야 했다. 이런 구조라면 조선왕조에서 조리를 담당했던 최고 책임자가 기미 상궁과 짜고 언제든 왕을 시해하려는 역적들과 역모를 통하여 음식에 독을 넣을 수 있었을 것이다.

게다가 형제, 또는 가족이나 최측근이 왕의 건강을 위해 손수 음식을 만들어 올릴 경우, 대부분의 국왕들은 의심 없이 음식을 받아먹었다. 영조가 세제 시절 경종에게 올린 게와 감이나, 측근 궁녀 김개시가 선조에게 올린 찹쌀밥 등이 바로 대표적인 경우이다.

조선왕을 둘러싼 궁중과 조정의 치열한 권력 다툼을 생각한다면 조선왕 독살설도 신빙성이 있다. 하지만 조선왕을 포함해 한 인간의 생로병사는 정치적 권력 관계나 사회 경제적 구조만으로 설명되지 않는다. 따라서 왕의 죽음을 정치적 권력 관계와 시대 상황만으로 환원시켜 독살이라고 추론하는 것은 무리가 있다. 조선 왕이 어떤 삶을 살았고 그 삶이 그의 몸에 어떤 영향을 끼쳤으며 그 영향이 어떤 질병을 낳았는지, 거시적인 프레임으로 짚어보지 않으면 안 된다고 주장하는 학자도 있다(이상곤, 2014).

일부 한의학자들은 당시 처방했던 기록들을 근거로 독살의 주장을 정당화한다. 그러나 이미 수백 년 전에 죽어버린 조선왕들의 기록만을 근거로 왕의 죽음을 완전히 해독하는 것은 문제가 있다. 한의학은 질병 치료보다는 몸의 상태를 유지하려는 예방 차원의 처방이어서 진료 측면에서는 탁월하겠지만, 각종 세균성, 즉 바이러스성 질환이나 암과 같은 질병의 원인과 치료를 원천적으로 막지 못한다는 한계를 가지고 있다. 따라서 각종 기록에 나타난 왕의 죽음은 현대의학적 측면에서 살펴볼 필요가 있고, 그러한 질병이 식생활 때문인지, 자라온 환경 탓인지, 뇌 질환이나 심장마비로 인해 갑자기 사망한 것인지를 종합적으로 검토한 후 그 원인을 밝히는 게 중요하다.

전하 옥체를 보존하쇼서!

당시 왕과 신하 혹은 왕위를 물려받는 세자 간의 정치적 상황은 조선에서는 매우 중요한 것이었다. 한 예로 선조는 광해군의 측근 궁녀인 김개시가 올린 독 든 찹쌀밥(약밥이나 떡이라는 기록도 있다)을 먹고 죽었다. 당시 정치적 상황으로 선조가 자신에게 왕위를 양위할 마음이 없다고 판단한 광해군이 이에 불안을 느껴 선조를 독살했다는 것이 일부 학자들의 주장이다. 이것을 의학자나 한의학자 측면에서 실록의 질병 및 치료 기록을 근거로 검토해 본다면 뇌내출혈 또는 뇌경색을 앓던 선조가 찹쌀떡을 먹고 급체로 죽었다고 추정하는 게 합리적이라고 할 수 있다. 선조는 그 전부터 잠자리에서 일어나 의식을 잃고 쓰러지는 등 중풍을 앓아왔기 때문이다.

　어쩌면 둘 다 맞는 주장이지만 한 가지 간과한 것이 있다. 사람이 분노를 품으면 언제든 누구를 막론하고 독살할 수 있다는 것이다. 태종이나 광해군처럼 자신이 왕위에 앉지 못하면 죽을 수도 있는 상황에서 상대를 죽이지 않는다면 자신이 죽는 것을 기다리고만 있을 사람은 없기 때문이다.

　인조는 청나라에 볼모로 잡혀있던 아들 소현세자가 조선으로 돌아오면 청나라에 의해 왕으로 추대되어 자신이 쫓겨날 수도 있다는 의심 때문에 아들과 며느리 그리고 손자들까지 죽음으로 내몰았다. 세조는 자신이 내쫓은 조카 단종이 추종자들에 의해 복위운동을 벌이자 사육신을 비롯하여 단종까지 교살했다. 그뿐 아니라 중종과 그를 왕위에 앉히려는 자들은 연산군을 내쫓고 유배 보낸 뒤 살해했다. 자신의 권력을 위해 혹은 자신이 상대방으로부터 살해당하지 않기 위해, 상대방이 설사 조선의 국왕이라 할지라도 언제든 살해할 수 있는 것이었다. 그래서 독살설은 가능, 불가능을 넘어 신중하고 또 신중해야 한다.

전하 옥체를 보존하소서!

제2장

조선 군왕들의
건강과 질병

태조

1335~1408
재위 1392. 7~1398. 9

| 나라를 세운 강인한 무장이자 애처가

태조 이성계는 비교적 늦은 나이에 왕위에 올라 1392년 7월부터 1398년 9월까지 7년이라는 짧은 기간에 왕권을 차지한 국왕이었다.

이성계에게는 모두 여섯 명의 여인이 있었다. 그중 두 명은 왕이 되기 전에 정식으로 결혼한 부인이었고, 나머지 네 명은 첩이거나 후궁이었다. 이성계의 첫 부인(신의왕후)은 안변의 호족 한경의 딸이었고, 둘째 부인 강씨(신덕왕후)는 문하찬성사 벼슬을 지낸 강윤성의 딸이었다.

이성계는 첫 부인 한씨에게서 6남 2녀를 얻었는데, 맏아들 진안대군과 막내 덕안대군은 태조가 즉위하기 전에 죽었으나 방과(정종), 방의, 방간, 방원(태종) 등의 4명의 아들과 두 딸이 남아 있었다. 불행히도 한씨는 조선 건국 전인 1391년 10월 21일에 지병인 위장병이 악화하여 쉰다섯을 일기로 생을 마감했다. 그녀는 조선이 개국한 뒤에 절비로 추존되었다가 둘째 아들 방과(정종)가 왕위에 오른 뒤에 신의왕후로 추존되었다.

전하 옥체를 보존하시소서!

두 번째 부인 강씨(신덕왕후)와는 2남 1녀를 두었다. 방번, 방석이 있었고 외동딸인 경순공주가 있었다. 그리고 조선 건국 후에는 그녀를 왕비로 삼고 그녀 소생인 막내 방석을 세자로 삼았다. 이후 그녀의 소생 방번과 막내 방석이 방원(태종)에게 살해당했다. 그 때문인지 강씨는 1396년, 마흔 살 젊은 나이로 생을 마감했다. 그녀의 죽음은 이성계에게는 크나큰 슬픔으로 이어져 그동안 치밀하게 준비했던 북벌 정책까지 포기하게 만들었다.

태조 이성계의 건강이 악화된 것은 크게 세 가지 요인으로 볼 수 있다. 첫째는 바로 부인 강씨의 죽음과 관련 있고, 두 번째는 사랑하는 어린 자식들의 죽음과 외동딸 경순공주가 이방원(태종)에게 위협을 받고 비구니가 된 일 때문이었다. 그리고 세 번째는 자신을 허수아비 상왕으로 만든 원수 같은 아들 방원에 대한 분노였다. 결국, 이성계의 질병과 사망원인은 모두 당시의 부인 강씨와 관련하여 얻게 된 후천적인 스트레스와 분노에 의해 나타난 증상이라고 할 수 있다.

통상 한 사람의 건강을 살필 때는 그 사람의 관상이나 얼굴의 상태, 눈동자, 혀의 색깔, 맥박, 비만의 여부 등을 통하여 종합적으로 판단한다. 수백 년 전에 죽은 태조 이성계를 다시 불러올 수도 없는 일이니, 당시 이성계가 어떤 인물인지부터 살펴볼 필요가 있다. 《조선왕조실록》 총서의 다음 구절을 보면 그가 어떤 인물인지 쉽게 알 수 있다.

"태조는 나면서부터 총명하고 우뚝한 콧마루와 임금다운 용안으로, 정신은 영특하고 풍채는 준수했으며, 지략과 용맹은 남보다 월등하게 뛰어났다.

어릴 때 화령(영흥)과 함주(함흥) 사이에서 놀았는데, 북방 사람 중에 매를 구하는 사람들이 흔히 말하길, 이성계와 같이 뛰어나게 걸출한 매를 얻고 싶다.”

이 기록은 아들 정종대에 쓰인 것이라 확실치는 않지만 다른 기록들을 통해 태조 이성계의 성품과 생활습관을 엿볼 수 있다.

어진에 묘사된 태조 이성계는 머리카락과 수염이 모두 희고 주름살도 선명한 노인의 얼굴을 하고 있다. 어진 속에 표현된 이성계는 다소 풍채가 있고, 콧대는 높으며 콧방울은 뚜렷하나 작은 편이다.

그리고 귀는 크고, 특히 귓불이 매우 넓다. 하지만 눈은 다소 작은 편이고, 입은 크지 않으며 입술은 두껍지 않다. 마치 어머니의 고향 원나라 사람들의 외모와 비슷한 측면이 있다.[3] 이는 전체적으로 넉넉한 풍채에 너그러운 인상을 준다.

《용비어천가》에서는 태조의 외모에 대해 “키는 커서 우뚝하고 곧으며 귀가 큰 것이 특별히 달랐다.” 하였다. 특히 귀가 큰 것은 확실하게 드러난다. 대개 관상학에서는 귀가 크고 귓불이 넓으면 성격이 너그럽고 남의 말을 경청하며, 겸손한 인품을 지닌 사람으로 판단한다. 또 “태조는 엄중하고 말수가 적고 신중하며 평상시에는 항상 눈을 감고 앉아 있었으

---

3) 이성계의 어머니는 원나라 선수천호(宣授千戶) 조조(趙祚)의 딸이다.

므로 바라보기가 두려웠으나 사람을 대하게 되면 혼연히 한 덩어리의 온화한 기운으로 화합하였기에 사람들이 모두 두려워하면서도 사랑하였다."고 하고 있다.

이성계는 《용비어천가》의 표현대로 말이 많지 않고 신중했으며, 되도록 적을 만들지 않고 화합을 좋아하는 너그럽고 친화적인 성품이었다. 이를 증명하는 기록이 보이는데, 고려 말 당시 장수들이 이끌던 군대는 대부분 사병이었다. 이성계의 군대는 유독 싸울 때 지는 법이 없었고, 전투 중에 사상자도 극히 적었으며, 충성심이 그 어느 부대보다도 높았다. 이는 모두 이성계의 온화한 품성에서 나온 포용력이다. 이성계의 이런 성격은 기록 곳곳에서 나오고 있다.

조선이 개국한 지 한 달 남짓한 태조 1년 신하들이 모두 땅에 엎드려 움직이지 않았다. 태조 이성계가 몇 차례나 일어나라고 권해도 꿈짝하지 않았다.

이성계는 즉위한 후에도 늘 서서 신하들과 조회를 받았다. 겸양의 의미였다. 신하들은 임금이 서서 조회를 받는 것이 불편했다. 그래서 태조가 어좌에 앉기 전까지는 절대 땅에 엎드려서 일어서지 말자고 결의했다. 성화를 이기지 못한 이성계가 비로소 어좌에 앉았다.

이처럼 이성계는 겸양이 몸에 배어 있었다. 비록 그것이 겉과 속이 다른 처세술일지라도 사람들의 눈에 이성계는 겸손해 보였다. 이것은 그의 성공 비결 중 하나였다. 《동각잡기(東閣雜記)》에도 이성계의 겸손함을 보여주는 여러 이야기가 실려 있다. 이성계가 부하들을 예의로 대접해 아무도 욕하는 자가 없었고, 서로 이성계 부대에 소속되고 싶어 했다는 것이다. 활을 쏠 때도 상대편의 실력을 봐서 비슷하게 맞히다가 권하는 이가 있으면 한 번쯤 더 맞히는 데 지나지 않았다. 태조의 성품에 대해 《실록》의 태조 총서에는 이런 구절이 나온다.

> "태조는 본디부터 유술(儒術, 유학)을 존중하여, 비록 군중(軍中)에 있더라도 늘 창을 던지고 휴식할 동안에는 유학자 유경(劉敬) 등을 인접하여 경사를 토론하였으며, 더욱이 진덕수의 《대학연의》를 가까이 두었는데 이는 다른 학문과는 달리 제왕들이 읽는 제왕학으로서 실천을 강조한 책이기 때문이다."

정도전은 《조선경국전》 '조회(朝會)'에서 이성계의 모습을 이렇게 그렸다.

> "우리 주상이 정전에 단정히 앉아 있으면, 그 모습은 바라보기에 황황(皇皇, 아름답고 성대함)스럽다. (중략) 그 모습이 엄숙하면서 태연하고, 온화하면서 장중하고 울연(蔚然, 크게 성함)하고 찬연(燦然, 산뜻하고 조촐함)하여 숭상하고 경하할 만하니, 마땅히 한 시대의 법전으로 만들어 후세에 길이 밝게 보여주는 것이 마땅하다."

이성계는 자기 인내가 강한 사람이었다. 나쁘게 말하면 겉과 속이 다르고 대의를 위해 혹은 더 큰 것을 얻기 위해 머리를 숙일 줄도 알았다. 정도전이 처음 북방 함주로 동북면 병마사 이성계를 만나 이성계 군사를 보고 "훌륭합니다. 이 군대로 무슨 일인들 못 하겠습니까?"라고 말하자 비범함을 한 번에 알아보고 정도전을 얻어 '역성혁명(易姓革命)' 대업을 이루고자 자신보다 어린 정도전을 왕사로 삼았다. 이성계가 가진 친병과

전하 옥체를 보존하소서!

정도전이 가진 병법의 만남이 천하를 손에 넣게 된 것이다.

한편으로 이성계는 잔인할 정도로 냉정한 사람이었다. 정도전은 우왕과 창왕은 본래부터 왕 씨가 아니라 신돈과 반야 사이에서 태어난 신 씨이니 가짜 왕인 그들을 폐하고 진짜 왕을 세워야 한다는 '폐가입진'의 논리를 내세우며 공양왕을 겁박했다. 그리고 그날로 지신사(知申事) 이행에게 교지를 내려 정당문학 서균형(徐鈞衡)을 강릉으로 보내 우왕을 죽이고, 예문관 대제학(藝文館 大提學) 유구(柳珣)를 강화로 보내 창왕을 죽여버렸다.

그리고 3년 후 이성계는 공양왕을 폐위시키고 두 아들과 함께 원주로 귀향 보내 그곳에서 모두 교살(絞殺, 끈으로 목을 얽은 후 양쪽에서 잡아당겨 죽이는 형)했다.

육식파 무사를 덮친 당뇨

태조 이성계는 전쟁을 떠도는 무사로서 강인한 체질과 정신으로 무장한 사람이었다. 게다가 이성계는 수시로 전쟁터로 나가 전투를 치렀기 때문에 음식은 비교적 고기류를 많이 먹은 것으로 보인다. 말을 잘 타고 활을 잘 쏘며 신기에 가까운 격구 솜씨로 개경 사람들의 혼을 빼놓았다. 그래서 그런지 태조의 질병 및 치료에 관련된 기록은 태조의 나이 59세가 되던 해 최초로 나온다. 조선왕들의 평균 수명이 47세라고 볼 때 59세는 곧 지금 사람들의 70세에 해당하는 만큼 태조는 건강한 편이었다.

태조 7년 기록에 "한간(韓幹)이 수정포도(水精葡萄)를 구해 바치므로 임금이 기뻐 쌀 10석을 내려주었으며 매번 목마를 때 한두 개를 맛보니 병이 이로부터 회복되었다."는 기록이 나온다. 이 부분은 태조가 목마를 때 수정포도를 맛보고 이로부터 병이 회복되었음을 말하고 있다. 추측건대 당시 고기를 좋아하고 몸이 비대한 태조가 중년이 되면서 소갈증의 일종을 앓았던 것은 아닌지 의심해 볼 수 있다.

실록에서 태조 이성계가 앓았다는 소갈은 오늘날의 당뇨병에 해당하는데 통상 성인의 경우 40대 후반부터 체력관리와 식사 조절을 하지 못할 경우에 발생한다. 당뇨병은 대사증후군(당뇨, 비만, 고지혈, 고혈압)의 한 종류로 발병 원인은 잘 알려지지 않았지만, 가장 큰 원인은 인슐린 저항성 때문이다.

인슐린 저항성은 환경 및 유전적인 요인이 모두 관여하여 발생한다. 환경적 요인으로는 주로 비만이나 운동 부족과 같이 생활습관에 관련된 것이 잘 알려져 있고, 유전적인 요인은 아직 밝혀지지 않았다.

당뇨병은 대개 무증상이지만 대사 증후군의 각 구성 요소에 따른 증상이 나타날 수 있다. 즉 고혈당이 심할 경우 당뇨병의 증상이 나타날 수 있고, 대사 증후군과 동반된 동맥경화가 나타날 수 있다. 통상 대사증후군은 ① 서양인 기준 남자의 경우 허리둘레가 102㎝, 여자의 경우 허리둘레가 88㎝를 초과한 경우, 한국인을 포함한 동양인의 경우 대개 남자 허리둘레 90㎝ 여자 80㎝ 이상의 중심 비만(central obesity)이 있거나, ② 남자의 경우 40㎎/㎗ 이상 고밀도지단백 콜레스테롤(HDL-cholesterol)이 낮을 경우 ③ 수축기 혈압이 130㎜Hg 이상인 경우 등을 말한다.

즉 비만으로 인해 40대 중반부터 찾아오는 증세들이다. 합병증으로 심혈관계 질환의 발병이 증가할 수 있다. 당뇨병이 없는 경우 정상인에 비

전하 옥체를 보존하소서!

해 심혈관계 질환에 걸릴 확률이 평균 1.5~3배 정도 높다. 당뇨병이 생길 확률은 3~5배 가까이 증가한다. 그 외에도 지방간이나 폐쇄성 수면 무호흡증 등의 질환이 발생하기도 한다.

식이요법으로는 칼로리 섭취를 줄이는 것이 가장 중요한데, 평소 섭취했던 열량에서 500~1000kcal 정도 줄일 것을 권장하고 있다. 무엇보다 운동으로 체중을 줄이는 것이 중요하다. 당시 조선왕들이 하루 5끼 진수성찬을 먹었다는 기록을 볼 때 비만과 당뇨와 같은 증상이 복합된 대사증후군 증세를 달고 살았을 가능성이 크다.

| 아내를 잃은 슬픔이 부른 우울증과 치매

태조 5년(1396) 8월 13일 이성계가 사랑하던 신덕왕후 강씨가 세상을 떠났다. 당시 신덕왕후는 40세였고 태조 이성계는 61세였다. 향처(鄕妻, 고향에서 결혼한 부인) 한씨는 이미 1391년 10월에 이미 사망하고 난 후라 태조 이성계는 신덕왕후 강씨가 낳은 방번, 방석 그리고 어린 외동딸 경순공주와 행복한 생활을 살고 있었다. 그런데 강씨가 갑자기 사망하면서 태조 이성계는 치명적인 정신적 타격을 입었다.

당시 강씨가 사망하기 1년 전, 그러니까 1396년 2월부터 태조 이성계와 정도전은 북벌계획을 세우면서 명나라 정복을 계획하고 있을 때였다. 이때만 하더라도 태조 이성계의 건강은 실록을 찾아봐도 이렇다 할 잔병도 없었다.

그런데 갑자기 신덕왕후 강씨가 사망해 버린 것이다. 이성계는 통곡하면서 슬퍼했다. 조정의 조회와 시작을 열흘 동안 닫게 하고 금주령까지 내렸다. 왕비 강씨의 대상재에 너무 심신을 쏟은 탓인지 그다음 날 이성계는 몸져누웠다. 그러자 왕자들과 개국 공신들이 이성계의 쾌유를 비는 기도를 올렸다. 그때 태조의 넷째 아들 이방원(李芳遠)이 이 기회를 놓치지 않고 자신의 부인 민씨와 그의 오빠들의 도움을 받아 대대적인 살육을 벌였다.

태조 7년(1398) 8월 26일 방원은 태조 이성계의 책사이자 북벌을 주장했던 정도전의 목을 베었다. 제1차 왕자의 난을 일으켜 신덕왕후 강씨의 외동딸 경순공주의 남편이자 개국 1등 공신 이제를 죽이고, 병이 나 누워 있는 이성계를 겁박하여 신덕왕후 사이에 낳은 어린 아들 방번, 방석을 방에서 끌어내 죽여버린 지 얼마 되지 않은 시기였다. 이때 방석은 아들을 낳은 지 채 한 달도 안 되었을 때였고, 방번의 나이는 18세밖에 되지 않았다.

이성계는 자신이 종이호랑이로 전락했다는 사실을 받아들이고, 왕위에서 물러났다. 빼앗긴 왕위도 왕위지만 비명횡사한 어린 아들들이 불쌍해서 견딜 수가 없었다. 눈에 넣어도 아프지 않던 늦둥이들에 대한 늙은 아비의 마음이자 먼저 떠나보낸 젊은 아내(신덕왕후)에 대한 그리움으로 이성계는 자리에 눕고 말았다.

그렇게 태조 이성계에게 우울증과 치매 증상이 나타났다. 왕권을 어쩔 수 없이 아들 방원에게 양위하고 고향 함흥으로 가 있을 때 그 아들 태종이 보낸 사신을 잡아두기도 하고 혹은 죽이기도 하여 돌려보내지 않았다. 이때 태종의 특정한 임무를 주어 파견했던 사신을 '차사(差使)'라고 하는데 함흥에만 보내면 소식이 없다고 하여 '함흥차사'라는 말이 생겨날 정도였다.

전하 옥체를 보존하소서!

태조 이성계는 그 뒤에도 '조사의 난'에도 개입하여 아들 태종을 죽이려 했다. 그러나 시간이 지나면서 자신으로서는 태종의 왕위를 인정할 수밖에 없다는 사실을 인정하면서 분노는 사라지고 우울증으로 빠져들었다.

실록의 기록에는 태상왕 이성계가 안변부사 조사위 난에 개입한 것이 치매 때문에 정신이 나간 듯하다고 한다(이한우, 2005). 고독함에서 오는 정신질환일 수도 있다. 그래서 그 무렵에는 고기를 먹으면 다른 세상에서 머리 없는 곤충으로 태어난다며 고기 먹기를 거부하기도 하고, 자신을 부처님처럼 모신다면 태종을 용서하겠다는 등의 엉뚱한 소리를 해대기도 했다. 또 반란군을 어느 정도 제압해 가던 12월에는 평양에 머물면서 "왜 내가 동북면에 있을 때나 평양에 머물 때 사람을 보내지 않느냐? 방원이 나에게 좋지 않은 감정이 있기 때문이 아니냐?"며 떼를 쓰기도 했다.

이상과 같은 태상왕 이성계의 증상은, 현대의학적 측면에서 노환으로 다가온 우울증과 알츠하이머병으로 볼 수 있다.

우선 알츠하이머병을 살펴보면 이병은 치매의 가장 원인이 되는 질병으로 플라크(판)가 형성되어 뇌를 손상시켜 점차 퇴행하는 것이 특징이다. 이 병이 60세 이전에 발생하는 경우는 드물지만, 60세가 지나면 발생 가능성이 점차 커진다. 이 질환은 대부분 규정할 수 없는 원인으로 발생한다. 몇 가지 유전자 돌연변이가 생기는 것과도 관련 있지만, 이 병이 초기에 발병하는 드문 경우(60세 이전)에는 특히 유전적인 요인이 강하게 작용하는 경우가 많다.

태조 이성계처럼 60세 이후 발병하는 경우에는 혈액 단백질의 일종인 아포리포 단백질 E를 생성하는 유전자에 돌연변이가 생기는 것과 관련이 있다. 이 유전자에 돌연변이가 생기면 베타아밀로이드는 단백질이 뇌에 축적되면서 하나의 플로크를 형성하고 결국 뉴런(neuron)의 괴사로 이어진다.

신경전달물질인 아세틸콜린의 양이 감소하는 것도 알츠하이머병과 관련이 있다. 또 칼슘 이온이 뉴런으로 유입되는 과정을 제어하는 기전에 문제가 발생하여 과량의 칼슘이 신경으로 유입되고, 이로 인해 다른 뉴런에서 전해온 자극을 받지 못하는 것도 원인이 되는 것으로 보인다. 알츠하이머병의 증상 및 진행단계는 사람마다 다양하게 나타난다. 그러나 질병이 점차 진행되면서 증상은 점점 더 심각해지고 뇌의 더 많은 부분이 손상되는 공통점이 있다.

일부 환자는 일정 기간 증상이 호전되는 양상을 보이기도 하지만, 일반적으로 알츠하이머병은 크게 세 단계로 나누어 진행된다. 1단계는 기억력이 크게 감소하는데, 이런 문제는 근심과 우울증을 유발할 수 있다. 그러나 기억력 감퇴는 정상적인 노화의 특징이며 이 자체만으로는 알츠하이머병인지를 판단할 수 없다.

2단계는 심각한 수준의 기억 상실 증상이 나타난다. 특히 최근 일을 기억하지 못하여 시간 또는 장소를 혼동한다. 집중력 감소, 언어 상실 등 기분이 바뀌고 성격 변화 등의 증상도 함께 나타난다. 3단계가 되면 의식 착란이 심각한 수준에 이른다. 또한, 망막, 환각 등 정신병 증상도 나타날 수 있다. 비정상적인 반사작용이 나타나고 요실금 증상이 동반될 수 있다.

이성계의 증상은 치매 2단계인 것으로 보인다. 그다음으로 고려되는 우울증 증세도 자주 나타났다. 자신의 왕비인 신덕왕후가 세상을 떠나자

전하 옥체를 보존하소서!

흥천사를 창건하고 절에 틀어박혀 강씨의 명복을 빌었고, 자식에게 왕위를 빼앗기고 비명횡사한 어린 아들들이 불쌍해서 견딜 수가 없어 개경 백운사(白雲寺)에서 슬피 울며 노승 신강에게 이렇게 한탄했다.

"방번 방석이 다 죽었다. 아무리 잊으려 해도 잊을 수가 없다."

그 뒤에도 개경으로 돌아온 이성계는 덕수궁에서 은거하며 누구도 만나는 것을 꺼렸다. 이런 상태를 짐작건대, 태상왕 이성계는 아들 방원에 대한 분노를 넘어 자신의 동반자인 부인 강씨마저 죽고 난 후 심한 우울증에 빠진 것으로 볼 수 있다. 우울증은 극심한 슬픔, 전망, 삶에 대한 의욕 상실이 지속되는 상태로 일상생활에 지장을 주는 질환이다.

다리오 마에스트리피에리(Dario Maestripieri)는 "결혼은 꽤나 스트레스를 주지만 생활 속에서 다른 스트레스 요인을 쉽게 극복하게 한다."라고 말했다. 독신으로 만족하는 사람도 있지만, 대부분 사랑하는 사람과 나누는 친밀한 관계를 열망한다.

인간은 생물학적으로 짝을 짓게 되어 있고, 행복한 결혼생활을 하는 사람들이 입증하는 긍정적인 건강효과를 주변에서 많이 관철해왔다. 이성계와 같이 배우자와 사이가 좋은 사람에게 결혼생활은 그 어떤 보약보다도 훌륭한 약이 된다. 오하이오주립대학에서 실험한 《영국의학저널(British Medical Journal)》에 실린 연구(2011)에서 입증되었듯이 불행한 결혼생활은 건강을 해친다. 연구자들이 유방암 환자 100명을 조사한 결과, 행복한 결혼생활을 하는 사람보다 불행한 결혼생활을 하는 사람들의 회복률이 훨씬 낮았다.

사회적인 고립과 외로움이 인체에 미치는 영향을 평생 연구해온 심리학자 존 카시오포(John Cacioppo)는 외로움을 치유하는 일이 금연만큼 건강에 이롭다는 점에 동의한다. 카시오포에 의하면, 고독한 사람들은 코르티솔 표시유전자, 염증 반응, 면역 체계 수치에서 사회적으로 강한 유대감을 공유하는 사람과 차이를 보였다(Cacioppo 외, 2002). 외로운 사람들은 면역반응이 바뀌며 스트레스 상황에서 확장기 혈압이 더 올라가고 인체에 나쁜 코르티솔이 더 많이 분비된다(Steptoe 외, 2004).

외로운 사람들은 또한 심장병과 유방암, 알츠하이머병의 발병률이 높고 자살을 더 많이 생각한다. 외로움은 관상동맥 우회술 후 사망률에도 영향을 미친다. 심장 수술한 1,290명의 환자를 조사한 스웨덴의 연구에 따르면, '외로움을 느낀다'는 항목에 동의한 환자들은 수술 후 사망률이 훨씬 더 높았다(Herlitz 외, 1998).

외로운 사람들과 외롭지 않은 사람들을 비교한 연구에 따르면, 외로운 사람들은 혈압과 혈관의 말초 저항이 높고, 혈관을 이완하는 일산화탄소 수치가 낮으며, 인체가 위험에 처했을 때처럼 심장박동수와 심수축성이 변하는 등 심혈관 기능에 변화가 있었다.

연구자들은 또한 외로운 사람들이 잠을 잘 자지 못한다고 생각하는데, 수면 시간이 충분하지 못하면 포도당 내성이 낮아지고. 코르티솔 수치가 올라가며, 교감신경계가 흥분해 투쟁 또는 도피 반응이 유발된다. 이는 정성적인 노화 과정에서 나타나는 반응으로, 외로운 사람들이 신체적으로 고통받는 이유를 설명해 준다.

이런 외로움을 이겨내는 방법은 사람들과 어울리고, 혼자 있는 시간을

전하 옥체를 보존하소서!

줄이는 것이다. 그리고 항상 범사에 만족하고 자기 자신을 통제하며 기쁜 마음으로 사는 것이다.

하지만 나약한 인간이 그런 것들을 초월하는 것은 그리 쉬운 일이 아니다. 하물며 나이가 많은 사람에게는 한 번의 외로움과 슬픔이 사망으로 이어지는 무서운 질병이나 마찬가지기 때문에 조심해야 한다.

| 정신이 무너지면 육체도 병들고 만다

태조 이성계의 질병을 일으킨 가장 큰 원인은 자식 방원에 대한 분노와 부인 강씨의 죽음에 대한 슬픔이었다. 즉, 마음의 병이 깊어지면서 마음도, 정신도 육체도 무너져 내린 것이었다.

특히 방원에 대한 분노는 극에 달했는데, 분노는 억제하기 힘든 아주 강력한 본성의 힘이다. 그 힘은 자신의 건강은 물론이고 타인까지 살상할 수 있는 아주 무서운 감정인 것이다. 사람들은 잘못된 대접을 받을 때, 무시당했다는 느낌이 들 때, 누군가가 자신을 화나게 하거나 특정 행동을 참을 수 없을 때 분노를 표출한다. 분노로 인해 피해를 당하는 입장에서 보면 두려움일지 몰라도 분노를 표현하는 당사자 입장에서는 자신을 보호하는 수단이기도 하다. 자신에게 무언가 해로운 일이 발생하기 전에 선제 방어 반응으로 작용하기도 한다.

공포, 불안, 분노, 좌절감 그 밖의 부정적인 감정은 뇌의 시상하부 뇌하수체 부신피질 축을 자극한다(Dienstbier, 1989). 실제로 몸이 위험에 처했는지와는 상관없이 마음은 위험에 처했다고 믿어 버린다. 그러면 시상하부가 활성화되어 신경계에 부신피질자극호르몬 방출인자(CRF)를 내보낸다.

뇌하수체 호르몬

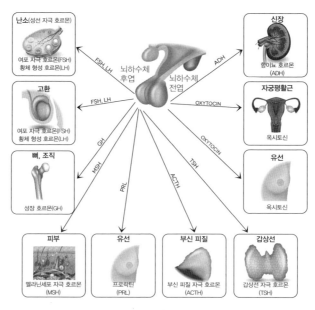

부신피질자극호르몬 방출인자는 뇌하수체를 자극해 프로락틴 호르몬, 성장 호르몬, 부신피질자극호르몬을 내보내고 이것이 부신을 자극해 코르티솔이 방출되어, 결과적으로 뇌가 위협 신호를 보낼 때 인체의 항상성을 유지할 수 있게 된다.

또한, 시상하부가 활성화되면 자율신경계를 자극해(투쟁 혹은 도피 반응) 부신이 에피네프린(epinephrine)과 노르에피네프린(norepinephrine)을 분비한다. 이는 심장박동과 혈압을 증가시켜 다른 생리 반응에 영향을 준다. 이런 호르몬들이 분비되면 몸 전체의 대사에 여러 가지 변화가 일어난다(프로체로, 2013).

그런가 하면 혈액이 긴급 상황에서 벗어나는 데 도움을 주는 기관들로

전하 옥체를 보존하소서!

쏠려 위장관, 손, 발로 흐르는 혈관이 수축되고 심장, 대근육군, 뇌로 흐르는 혈관은 확대된다. 더 많은 빛이 들어올 수 있도록 동공이 확대된다. 몸에 기운을 힘껏 불어넣기 위해 대사 속도가 빨라지는데, 이때 저장된 지방이 분해되고 포도당이 혈류로 보내진다. 산소가 더 많이 들어오도록 호흡률이 올라가고 기관지가 확대되며, 근육이 긴장해 위험으로부터 도망칠 준비를 한다. 위산을 비롯한 모든 소화효소가 감소해 식도 수축이나 설사, 변비 등이 나타난다. 코르티솔은 부상으로 인한 염증을 줄이기 위해 면역계를 억제한다.

이런 상황에서 기본적으로 인체는 수면, 소화, 생식을 무시하는 대신 안전을 위해 달리기, 호흡, 산소와 에너지의 전달에 집중한다.

신체적인 위협에 직면했을 때는 이런 몸의 변화로 위협과 싸우거나 도망칠 수 있다. 하지만 위협이 마음 안에만 존재할 때도 몸은 신체적 위험이 없다는 것을 깨닫지 못한다. 오랜 시간 이런 스트레스 반응이 반복적으로 유발되면 인체의 생리 반응은 실제 득보다 해가 되는 면이 많다.

결과적으로 몸이 자기회복 기능을 유지하지 못하면 긴장을 풀 수 없어 '질병 전 단계'에서 스스로 치유할 수 없다. 즉 우리 몸의 어느 부분이든 기관이 손상되고 만다.

대표적인 것으로 인체에서 매일 만들어져 보통 면역계에 의해 근절되는 암세포가 급증한다. 암세포에 의해 다른 세포의 손상이 길어지면 인체는 큰 타격을 받아 결국 병이 나고 만다. 물론 이런 결과가 반드시 나타나는 것은 아니다. 사람의 성격이 온순한지, 아니면 다혈질인지에 따라 병의 깊이는 차이가 난다. 그리고 우리 인체는 이완작용을 통해 스스로 이완하는 방법을 안다.

'이완작용'으로 입증된 증상과 질환은 협심증, 심장부정맥, 알레르기성 피부 반응, 불안, 중등도 이하의 우울증, 기관지천식, 단순 포진, 기침, 변비, 당뇨병, 십이지장궤양, 어지럼증, 피로, 고혈압, 불면증, 신경질, 요통, 두통, 복통, 근육통, 팔·목·다리 통증 등이다.

의식적인 앞뇌가 긍정적인 생각을 하고 사랑, 유대감, 친밀감, 기쁨, 희망 같은 감정을 느끼면 시상하부는 스트레스 반응을 멈춘다. 긍정적이고 희망적이거나, 사랑받고 지원받는다고 느끼거나, 직업이나 창업 활동에서 몰입의 즐거움을 맛보거나, 정신적으로 풍요롭거나, 누군가와 성적으로 연결되어 있다면 스트레스 반응이 아닌 이완반응이 일어난다. 그러면 교감신경이 작용을 멈춘다. 그리고 몸에 안 좋은 코르티솔과 아드레날린 수치가 떨어진다. 부교감신경이 살아나고 면역계가 다시 가동한다.

그러면 몸의 자기회복 기능이 회복되어 질병을 예방하고 이미 생긴 질병을 퇴치하려 노력한다. 결국 밝고 긍정적인 삶을 살아간다면 충분히 살 만큼 살 수 있다는 것이다.

하지만 우울증에 걸린 사람들 대부분은 깊은 수렁에 빠진 것처럼 계속해서 자신만의 세계에 갇혀 있어 빠져나오기가 쉽지 않다.

흔히 의사들은 건강의 비결이 단지 균형 잡힌 식사를 하고, 매일 운동을 하며, 적정 체중을 유지하고, 하루 8시간 잠을 자며, 각종 비타민을 복용하고, 호르몬 균형을 유지하며, 꼬박꼬박 검진을 받는 일에 있다고 말한다.

과연 그럴까? 우리는 주변에서 건강했던 사람들이 갑자기 사망했다는 안타까운 소식을 들은 적이 있을 것이다. 이런 사람들의 사망원인은 대

전하 옥체를 보존하소서!

개 두 가지로 분석한다. 하나는 심장마비일 가능성이고 두 번째는 형언할 수 없는 정신적 충격을 받고 갑자기 쓰러진 경우이다.

사랑하는 사람이 사망하거나 믿었던 지인으로부터 배신을 당하거나, 하루아침에 사업이 망가져 평생 살던 집과 재산에 압류가 들어와 길바닥으로 쫓겨난다면 건강을 유지할 수 있는 사람이 몇이나 있을까? 이런 충격은 그 어떤 약으로도 고칠 수 없다.

불행은 부나 가난, 권력을 가진 자나 미천한 자에게 언제든 찾아오는 불청객이다. 이런 불행한 일은 곧바로 건강으로 나타난다.

그런데 단지 생각과 기분을 바꾸는 것으로 질병을 치유하는 능력이 우리 인간에게 있다면 어떻게 할 것인가? 사실 마음과 정신이 치유력을 지녔다는 생각은 많은 의사에게 위협적이다. 의사들은 사람의 몸을 좌지우지하는 방법을 배우는 데 10년 정도를 소비한다. 그리고 의사가 되기 위해 쏟아부은 시간과 돈, 에너지가 절대 낭비가 아니라고 생각한다. 그리고 의사들은 사람들의 몸을 그들 자신보다 더 잘 안다고 믿는다. 의료체계는 그런 개념을 기반으로 형성됐다. 그리고 의사가 아닌 대부분의 사람 역시 불만 없이 이런 인식 체계를 받아들인다.

하지만 이 생각이 완전히 틀렸다면 어찌할 것인가? 인체는 저절로 회복할 수도 있고 정신 즉 마음에 의해 한순간 사망할 수도, 살릴 수도 있는 자기치유 기능을 타고났다면 어찌할 것인가?

우리는 종종 과학으로 설명할 수 없는 일들을 목격한다. 예를 들면 방사선 치료를 받는 도중 암이 감쪽같이 사라진 여인의 이야기가 있다. 그런데 나중에야 방사선 기계가 고장 났다는 사실이 밝혀졌다. 그 여인은 실제로 방사선을 한 줄기도 쏘이지 않았지만 쏘였다고 믿었고 실제로 병이 나았다고 한다(랭킨, 2015).

그런가 하면 수술을 받지 않으면 사망할 한 환자가 수술을 거부한 채 식단을 바꾸고, 운동을 시작하고, 요가를 하고, 매일 명상을 하고, 그룹 치료 과정에 참석한 후 '불치'였던 막힌 관상동맥이 뚫린 사례도 있다.

소크라테스(Socrates)는 "마음과 연관되지 않은 몸의 질병은 없다."라고 말했다. 누구나 스트레스가 모호하고 알 수 없는 방식으로 나쁜 영향을 끼친다는 것을 안다. 하지만 주변에서 심한 스트레스로 쓰러지는 사람은 보기 힘들다. 분명한 것은 마음이 겪는 스트레스와 신체 건강의 연관성을 부정할 수 없다는 것이다.

외로움, 일로 인한 좌절감, 과거에 겪은 트라우마에 대한 분노, 걱정, 공포 같은 정서적 스트레스 요인이 병을 일으킨다는 것은 흔한 진리가 되었다. 이런 좌절감과 우울증은 노화나 치매 증상을 더욱 부채질한다. 이 모든 질병이 정신적, 정서적 불안에서 온다면 반대로 정신적, 정서적 안정을 찾으면 될 일이다.

행복하고 정신적, 정서적으로 안정된 사람이 그렇지 않은 사람보다 건강한 것은 분명한 사실이다. 결국, 행복과 건강은 복잡하게 연결되어 있다는 것이다. 달라이 라마(Dalai Lama)는 "행복은 미리 만들어지는 것이 아니라 우리 행동에서 온다."라고 말했다. 행복은 '자신의 삶 전체에 대체로 감사하는 것'이라 말한다.

본질적으로 행복은 자신의 인생을 얼마나 사랑하며 매일 아침 눈을 떴을 때 얼마나 열정을 느끼냐에 달린 문제다. 이미 행복에 대한 연구에서도 행복하지 않은 사람이 신체적으로 병이 날 확률이 높은 건 증명됐다. 이뿐만이 아니다. 행복은 기대수명까지 늘린다. '주관적인 행복감'이 높은 사람은 그렇지 않은 사람보다 10년 더 오래 산다(Diner & Chan, 2011).

실제로 행복과 그와 관련된 정신상태는 심장병, 폐병, 당뇨병, 고혈압, 우울증 등의 위험을 낮추고 병세를 누그러뜨린다. 네덜란드에서 노인환자들을 9년간 연구한 결과, 낙관적인 정신상태를 지닌 노인들의 사망 위험이 50% 감소했다고 한다(Lemonick, 2005).

만약 태조 이성계가 사랑하는 부인 강씨와 어린 아들 방번, 방석과 행복하게 생을 마감했더라면 아마 그는 100살을 넘게 살았을 것이다.

정종

1357~1419
재위 1398. 9~1400. 11

| 상왕으로 19년, 마음이 편해야 오래 산다

정종은 태조 이성계와 신의왕후 한씨의 2남으로 고려 공민왕 6년(1357
년)에 태어나 1419년 63세를 일기로 승하하였다. 임금으로 지낸 기간은
햇수로 3년에 불과하지만, 상왕으로 지낸 세월은 19년이었다. 권력을 동
생 방원(태종)에게 물려주고 비교적 편안한 노후를 보낸 것이다.

《태조실록》에는 정종의 성품에 대해서 이렇게 말하고 있다.

"왕세자 이방과는 몸이 적장의 처지에 있고 일찍부터 인효(仁孝, 너그럽고 효도
함)를 나타냈습니다. 또한, 개국 초기에 도운 일이 많으므로, 이에 왕위를 오
르기를 명하여 효사(孝祀, 조상의 제사)를 받들게 하니, 감히 이를 밝게 하고자
합니다."

이렇듯 정종은 어질고 아버지 태조에게 효를 다하는 임금이었다.
《정종실록》에는 "전하는 백성들에게 너그럽고 어질다."는 식의 표현이

전하 옥체를 보존하소서!

자주 등장한다. 사실 정종은 모든 정사를 적극적으로 임한 편이었다. 또한, 정사에 임하면 그 누구 못지않은 인군(仁君)의 자질을 보였다.

재위 1년에는 한양 궁성의 지붕 덮개가 완성되지 않아 지방 백성들이 올라와서 역사(役事, 부역하는 것)해야 했다. 그런데 충청도 감사 이지(李至)가 오래전부터 백성들의 역사를 감해줘야 한다며 역사를 중단할 것을 요청했다. 전년에 가뭄이 들었고, 또 추운 겨울에 역사하는 것은 백성들에게 크게 해가 될 것이라는 이유에서였다.

정종은 마치 이런 말이 나오길 기다렸다는 듯이 즉각 받아들였다.

"내가 생각하기에 중외(中外, 지방)의 백성들은 가난하니 양식을 싸서 가져올 수 없고, 나라도 저축한 것이 없어 식량을 줄 수 없으니 지붕을 덮는 일을 교대하는 데 그 폐해가 작지 않을 것이다. 이것은 우리 백성들을 해치는 것이다. 이러한 때는 일체의 영선(營繕, 건축)을 그만두어야 마땅한데, 하물며 궁성의 지붕 덮개라고 예외겠는가."

정종은 백성들의 노고를 깊이 생각할 줄 아는 어진 군주였다. 또한, 정종은 백성이 수행하는 역사 중에서 가장 힘든 것이 배를 만들고 타는 선군(船軍)이라는 사실을 잘 알았다. 그래서 경연에서 이렇게 말했다.

"생민(生民)의 괴로움 중 배 타는 것보다 심한 것은 없다. 부모 처자 봉양을 포기해야 하고 휴식할 시간도 없으니 참으로 통석(痛惜)하다. 근래 왜구가 조용하여 변경이 조금 편안하니, 마땅히 3분의 1은 파하고, 윤번으로 교대하며 수자리하게 하라."

그러자 대사헌 조박이 정종을 칭송했다.

"전하께서 소의간식(宵衣旰食, 해 뜨기 전 옷을 입고, 해진 후 식사를 함)하시면서 백성
을 편하게 하시는 것만 염려하시니 신들은 기쁨을 이기지 못하겠습니다."

이렇듯 정종은 흠잡을 데 없는 임금이었다. 이외에도 정종은 좋은 관
계를 만드는 데도 인색하지 않았다. 경연에 사관(史官)이 입시하는 것을
제도화한 임금도 정종이고 분경(奔競)⁴⁾을 금지하는 하교를 내린 것도 정
종이었다.

재위 시절 정종은 일부러 정사를 멀리했지만, 민생 문제만큼은 무심하
지 않았다.

태종 2년(1402) 7월, 가뭄이 들어서 비상이 걸렸다. 태종은 대궐 안의
술그릇을 모두 간수해 두라고 명했다. 음주를 금한 것이다. 나아가 수라
상의 반찬 가짓수를 줄이고 2죄 이하 죄수를 석방시켰다. 그러나 상왕인
자신에게 올리는 공상(供上, 위로 바치는 것)까지 줄이지 않았다. 이를 안 정
종이 환관을 시켜 태종에게 말을 전했다.

"내게 사사 창고가 있어 쓸씀이가 족하니, 두 창고의 공상을 모두 정
지하라."

이렇듯 정종은 백성을 사랑하는 인군이자 처세술이 뛰어난 사람이었

---

4) 고관대작의 집에 찾아다니며 버슬자리를 청탁하는 것

전하 옥체를 보존하소서!

다. 자신의 안위를 위해 권력을 포기하는 사람은 많지 않다. 그 권력을 이용해 방원(태종)을 제거하려 하지도 않았다. 권력과 안녕이라는 두 가지 선택 중에 안녕을 택했으나 그는 63세에 사망하면서 아버지 태조 이성계보다 오래 살지 못했다.

이씨 조선을 만든 이성계는 전쟁터를 누비던 무사 출신으로 당시로써는 상상할 수 없을 정도로 장수했다. 그 때문인지 이성계의 아들 방과 정종 역시 상당히 건강한 체질이었다.

《조선왕조실록》에는 정종이 아버지 태조 이성계를 따라 전쟁터를 누비고 격구로 몸을 단련하는가 하면 고기와 술을 마신 기록이 보인다. 이로 보아 정종은 부친을 닮아 무인 기질이 강했던 것으로 보인다. 그래서 사냥을 즐겼고 이를 말리는 신하들의 간쟁도 너그럽게 받아들였다.

정종은 왕의 자리를 만들어준 방원과 그의 동지들을 향한 불안감이 있었다. 정사에 몰두하지 않는 모습을 그들에게 보이기 위해 격구(擊毬)에 내달린 것도 있지만 자신의 병 때문에도 즐긴 것으로 보인다.

정종 1년, 왕이 너무 격구를 좋아한다는 논란이 일자 정종은 다음과 같이 말했다.

"과인이 병이 있어 수족이 저리고 아프니, 때로는 격구로 몸을 움직여서 기운을 통하게 하려고 한다."

이에 지경연사 조박이,

"기운을 통하게 하는 놀이라면 그만두시라고 할 수 없겠습니다. 다만 환시(宦寺, 환관)나 간사한 소인의 무리와는 함께하지 마시길 청합니다."

조박의 간쟁에도 정종은 격구를 계속 즐겼다. 결국, 조박은 이를 다시 제지했고 정종은 이렇게 말했다.

> "과인은 본래 병이 있어서 잠저(潛邸)⁵⁾에 머물 때부터 마음이 번잡해서 밤이 이슥하도록 자지 못했고 새벽에야 겨우 잠이 들어 늘 늦게 일어났다. 그래서 여러 숙부(叔父)와 형제들이 게으르다고 하였다. 즉위한 이래로 경계하고 삼가는 마음을 품어서 병이 있는 것을 알지 못하였는데 근일(近日)에 다시 병이 생겨서 마음과 기운이 어둡고 나른하며, 피부가 날로 여위어진다. 또 무가(武家)에서 자랐기 때문에 산을 타고 물가에서 자며 말을 달리는 것이 습관이 되어서 오랫동안 밖에 나가지 않으면 반드시 병이 생길 것이다. 그래서 잠시 격구 놀이로 기운과 몸을 기르려는 것뿐이다."

재위 1년에는 정종은 종친들을 거느리고 강음현(江陰縣, 황해도 금천) 원중포에서 노루를 사냥했다. 그런데 문화부에서 사냥을 중지할 것을 청하자 "그 말은 맞는 말"이라면서 "다만 내가 오랫동안 몸을 움직이지 못해서 병이 생겼으므로 한번 밖에 나가 놀면서 울울하게 맺힌 기운을 풀려고 하는 것이다."라고 답한다.

정종이 격구와 사냥을 즐긴 기록으로 보아 비교적 건강한 체력을 가진 것으로 보인다. 다만 불면증에 시달려온 것으로 보이며, 상당히 예민한 성격을 가진 것으로 생각된다.

정종에 대한 질병의 기록은 《조선왕조실록》에 약 16회에 걸쳐 기록되어 나온다.

---

5) 임금이 왕위에 오르기 전에 살았던 집

전하 옥체를 보존하소서!

정종 1년(1399) 기록에는 '임금이 편치 못하였다'고 기록하고 있고 6일 후에는 '임금의 병이 회복되었다'고 기록하고 있다. 또 같은 해 7월 16일에는 '임금이 편치 못하였다' 하고 5일 후인 7월 21일에는 '임금의 병이 회복되었다'고 기록하고 있다. 아울러 8월 25일에는 '임금이 바람에 상하여 편치 못하였다'고 기록하고 있으며, 하루가 지난 동년 8월 26일에는 '임금의 병이 조금 회복되었다'고 기록하고 있다.

또한, 10월 8일의 기록에는 정종의 설사병(泄瀉病)에 대한 기록이 보인다. 태상왕 태조의 탄신일(誕辰日)에 정종이 헌수를 드리고자 하였으나 설사병이 나서 거행하지 못하였고, 이에 태상왕 이성계가 '오늘 오지 못한 것을 걱정하지 말고 빨리 설사병을 치료하도록 하라'고 권하는 내용이다. 이로 보건대 아버지 이성계의 일이라면 만사 제쳐두고 달려가는 효자였던 정종이 부왕의 탄신을 축하하는 행사에 나서지도 못할 정도로 설사병이 심했다는 것을 알 수 있다.

그러나 어떤 병 때문에 편치 못했는지, 구체적 증상과 병명을 기록해 놓지 않고 있어 어떠한 질환을 앓고 있었는지는 추론(推論)하기 어렵다. 한의학자 김훈과 맹웅재는 〈조선전기 군왕의 질병에 관한 연구〉에서 실록의 기록을 토대로 정종의 나이는 40대 초반에 지나지 않아 아직은 건강하고 활동적인 시기가 되어야 하나 그렇지 못하였고, 기록을 보건대 젊었을 때부터 상당히 허약했던 것으로 보았다.

정종은 나이 63세에 병이 든 지 한 달 열흘 만에 승하(昇遐)하였다고 기록하고 있는데, 정확한 질병이나 병명을 기록하여 놓지 않아 정종이 어떠한 병으로 사망하게 되었는지 추론하기 쉽지 않다.

다만 기록을 토대로 정종의 병을 자세히 살펴보면 세종 1년(1419) 8월,

정종은 병에 걸려 주위에서 치료법으로 피병을 권했다. 거처를 옮기면 병이 따라오지 못할 것이라고 생각한 데서 나온 치료법이다. 독실한 불교 신자였던 정종은 천태종(天台宗) 경고(京庫)로 피병했는데, 태종이 문병을 가서 완쾌를 빌기도 했다. 그래도 병이 낫지 않자 12일 서강에 사는 전 사직(司直) 박인(朴因)의 집으로 옮겨 피병했다.

동년 9월 14일에는 태종이 내시를 서강으로 보내 노상왕 정종의 완쾌를 빌고 고기를 바쳤다. 또 9월 18일에는 노상왕의 병세가 위중하다는 보고를 들은 태종은 서강에 직접 행차해서 문병했고, 세종도 자비령 등 여러 곳에 사람을 보내 노상왕이 낫기를 빌었다. 그러나 별 차도가 없어서 노상왕은 20일 다시 인덕궁으로 돌아왔다. 민간에서 노상왕을 돌아가게 할 수는 없었기 때문이다.

그 뒤 노상왕은 세종 1년 인덕궁(仁德宮)의 정침(正寢)에서 세상을 떠났다. 병 발생 기간이 9일간이라는 점과 43세 당시의 양위동기를 중풍으로 빙자한 것도 사인과의 연계성을 믿게끔 하여 필경 뇌출혈(腦出血)로 사망하였다고 말하는 학자도 있다(홍성범, 1991).

정종은 임금으로 지낸 것은 2년에 불과하지만, 상왕으로 지낸 세월은 무려 19년이었다. 왕위를 물려주고 그만큼 마음이 편했다는 뜻이다. 무욕의 처세술로 왕위를 동생 방원에게 물려주고 형제들 사이에 피비린내가 났던 격변의 와중에도 천수를 다 누렸다.

일상을 힘들게 하는 과민성 장 질환

정종의 설사병은 동생 방원에 대한 두려움과 왕위를 둘러싼 동생들의

전하 옥체를 보존하소서!

싸움으로 인한 스트레스성 과민성 대장 질환으로 추측된다.

정종은 아버지 이성계가 걱정할 정도로 만성적인 설사병에 시달렸다. 설사병의 원인은 약으로 처방이 어려운 과민성 장, 소화 과정을 방해하는 효소의 부족, 염증성 장 질환(궤양성 대장염, 크론병)으로 보인다.

우선 과민성 혹은 염증성 장 질환의 경우 설사가 만성적이지만 간헐적이어서 어떤 날은 대변이 정상적이다가 또 어떤 날은 물과 같은 설사를 하게 된다. 아버지 태조의 탄신일에 헌수를 올리지 못할 정도로 설사병이 났다면 정종은 물과 같은 설사를 했음이 틀림없다. 과민성 장 질환의 경우 대변에 맑은 점액이 섞여 나오며, 궤양성 대장염에서는 실제로 농이 있다. 점액이 있거나 혹은 없지만 혈액이 보인다는 것은 과민성 장 질환 및 염증성 장 질환에서부터 만성적인 이질, 암, 용종 그리고 게실염(장의 염증으로 통증이 동반한 경우)까지 어떤 병의 한 징후다.

설사싱 번에 농이나 혈액이 포함되어 있지 않다면 단지 과민성 장 질환이 있는 것이다. 만약 하루에 6번 이하라면 아마 소장의 흡수 불량 때문일 것이다. 만약 6번 이상이고, 매번 급하게 화장실로 달려가야 한다면 아래쪽, 즉 대장이나 직장의 어딘가에 원인이 있는 것이다.

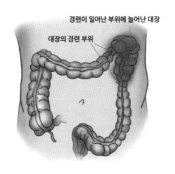

경련이 일어난 부위에 늘어난 대장
대장의 경련 부위

아침에 대개 무른 변을 볼 때 과민성 혹은 신경성일 가능성이 크다. 그리고 설사가 미끈미끈하게 보이고 역겨운 냄새가 나면서 물에 뜬다면 거의 확실히 지방을 너무 많이 함유하고 있는 것이다. 소장의 흡수 기능이 불량한 결과다(로젠펠트, 2014).

정종의 대변 색깔과 성질을 보지 못해 알 수 없지만, 정종은 아마 과민성 혹은 신경성 대장염일 가능성이 크다고 볼 수 있다.

기록은 없지만, 정종이 불면증에 시달렸을 가능성도 있다. 그는 밤늦은 시간에 소격전에서 아버지 태조의 건강을 비는 철야기도를 자주 하곤 했다. 이는 효성이 지극한 행동이기도 하지만, 밤잠이 없다는 말과도 상통한다. 통상 숙면을 방해하는 몇 가지 환경적이고 습관적인 상황이 있다. 환경적인 상황으로는 공기가 너무 탁하거나, 덥거나, 건조한 상태를 들 수 있다. 습관적인 상황으로는 잠잘 시간에 일하는 습관이 붙어 불을 끈 후에도 생각이 꼬리를 물고 이어져 잠들지 못하는 것이다. 그것도 아니라면 슬픔이나 걱정, 불안, 노환으로 생기는 질환 등과 같은 감정적 기복이 있을 경우가 대표적인 예이다.

정종의 경우 동생 방원에 의해 언제 왕위에서 쫓겨나 쥐도 새도 모르게 죽을 수 있다는 불안과 스트레스, 그로 인해 생겨난 과민성 대장염으로 인한 설사병 등으로 불면증에 시달렸을 것이다. 그럼에도 불구하고 어릴 때부터 말 달리고 활 잡기를 좋아해서 건강한 편이었으니 당시 장수를 했다고 볼 수 있다.

그렇다면 정종의 설사는 치료할 수 없었을까? 사실 불안한 마음으로 왕위에 앉아 있는 동안 정종의 설사병은 낫기 힘들었을 것이다. 설사는 불안 때문에 온 것이고 이러한 불안의 원인은 바로 동생 방원이다.

설사에 좋은 음식으로 우선 사과를 들 수 있는데 사과는 소화기관에 좋은 음식이다. 사과의 주요한 효능을 내는 펙틴 성분은 장의 나쁜 세균을 없애주기 때문에 장 기능을 활성화시키고 장 건강을 좋게 하여 설사 증상을 개선시켜 준다. 이 펙틴 성분은 특히 사과의 껍질 부분에 많기 때문에 깨끗이 씻어 껍질 채 먹는 게 좋다.

다음으로 설사에 좋은 음식으로 매실이 있다. 매실은 소화기관에 매우 좋기로 소문이 나 있다. 매실은 특히 뛰어난 해독작용으로 장의 독소나 노폐물을 배출해주는 탁월한 효능이 있다. 소화 기능을 좋게 하고 장 운동을 촉진하여 설사 증상을 완화할 수 있다. 매실은 원액을 마시는 것이 좋다. 정종도 매실을 복용했을 가능성이 크지만, 유감스럽게도 《정종실록》에는 그러한 기록을 찾을 수 없다.

장에 좋은 또 다른 음식으로 연근을 들 수 있다. 연근은 혈관과 건강을 지켜 주어 장의 손상된 부분을 회복시켜 주는 탁월한 효능이 있다. 특히 장의 점막에 작용하여 손상된 장 세포를 보호해 주는데 반찬으로 만들어 먹어도 아주 좋다. 혹은 연근을 달이거나 즙을 내어 따뜻하게 마셔도 좋다. 연근과 마찬가지로 뮤신 성분이 많은 마 역시 설사에 좋은 음식이다. 뮤신 성분은 장의 건강에 필요한 유익균을 늘려주는 한편 장의 건강을 해치는 해로운 균은 살균한다.

그리고 흔히 알고 있는 감의 탄닌 성분은 변의 무름을 잡아준다. 감의 탄닌 성분이 변을 단단하게 만들기 때문에 설사 시에는 굉장히 좋은 음식이지만, 너무 많이 먹으면 변비를 야기할 수도 있다.

꿀도 설사에 좋은 음식이라 할 수 있다. 꿀이 지닌 살균작용은 대장의 유해균을 없애고 유익균은 늘려 대장의 건강을 지켜 준다. 결과적으로 잦은 설사를 예방해 주는 것이다. 설사가 멈추지 않는다면 꿀을 한 술씩 먹는 것도 좋다.

이외에도 설사에 좋은 음식으로 밤도 빠질 수 없다. 밤에 함유된 5대 영양소는 소화 기능을 향상시키고 장의 건강을 좋게 해준다. 그리고 밤 자체가 따뜻한 성질을 지녔기 때문에 위나 장의 기능을 보호해 주면서 설사를 멎게 한다. 《동의보감》에서도 밤은 배탈과 설사에 효과가 있다고 기록하고 있다.

▎두려움과 불안은 만병을 불러온다

정종의 두려움과 불안은 도대체 얼마나 심했길래 자신의 동생 방원(태종)에게 왕권을 양위하고 상왕으로 스스로 물러났을까? 무엇이 두려워 아버지 태조 이성계의 회갑연까지 참석하지 못했을까? 당시 회갑연이라면 대부분 사람의 생애 마지막 잔치라고 할 수 있는데, 설사 때문에 불효까지 범한 원인이 혹 동생 태종에 대한 두려움 때문은 아니었을지 의심해 본다.

우선 사람의 두려움과 불안은 어떻게 다른지 살펴볼 필요가 있다. 그러나 그 차이는 별로 없다. 두려움 때문에 불안이 오는 건지, 불안 때문에 두려움이 오는 건지에 대한 순차적 문제만 있는 것이지 사실상 우리의 뇌에서는 같은 반응으로 받아들인다. 과학적 측면에서는 보편적이고, 측정 가능하고, 재현 가능한 사실을 바탕으로 하여 세운 감정이라는 구조물의 겉모습을 보여주는 반면, 인간의 직접적인 감정 경험은 그 구조물 안에서 살아가는 것과 비슷하다. 결국, 인간의 감정인 두려움과 불안은 과학적으로 설명하기가 어렵다.

두려움은 인간의 기본적인 감정 중 하나이고, 지금까지 실험실에서 가

전하 옥체를 보존하소서!

장 광범위하게 연구된 감정이다. 고전적으로 '두려움은 임박한 위협에 대한 반응'으로 정의된다. 우리가 두려움을 갖고 있다고 할 때는 대개 구체적인 무엇, 이를테면 사자나 뱀 등에 대한 경계를 말한다. 두려움은 인간의 감각을 예리하게 하고, 신체가 갑작스러운 위험에 직면할 수 있게 준비시킨다. 만약 두려움을 느끼지 못하는 사람이 있다면 그 사람의 운명은 죽음밖에 없다. 사자에 대한 두려움이 없다면 십중팔구 사자에게 죽임을 당할 게 뻔하기 때문이다.

정종이 자신의 동생 방원에게 왕권을 양위하지 않고 버텼다면 십중팔구 목숨을 잃었을 것이다. 그래서 재빠르게 위험을 알아채고 왕권을 내놓은 것이다.

찰스 다윈은 "두려움은 종국적으로 놀람 뒤에 생기는 놀람과 아주 비슷하기 때문에 두려움과 놀람 모두 시각과 청각을 곧바로 각성시킨다."고 말한다. "놀란 사람은 처음에는 숨을 멈추고 동상처럼 서 있거나 본능적으로 들키지 않으려는 것처럼 쭈그리고 앉는다", "심장이 빠르고 격렬하게 뛰기 때문에 심장이 두근거리거나 갈비뼈에 부딪히는 듯하다", "현기증이 느껴지기 시작하면 땀이 나고 피부는 창백해진다"라고 말한다. 또한, 눈동자가 커지고, 뱃속이 뒤틀리고 호흡이 얇아지고, 가끔 머리카락까지 곤두선다. 또 어떤 사람은 두려움이 심할 경우 바지에 대변을 보거나 오줌을 싸기도 한다.

이 모든 반응은 무의식적으로, 그리고 1,000분의 1초 만에 일어난다. 미국 심리학자 윌리엄 제임스(William James)는 1884년에 발표한 〈감정이란 무엇인가(Wath is an emotion?)〉라는 제목의 논문에서 이 사실을 명확하게 밝혀냈다. 그는 이 논문에서 인간이 어떻게 '감정을 느끼는지'에 대해 당시의 지배적인 감정 이론에 따라 '감정이란 어떤 사실이나 환경변화에 대한 반응을 인식하는 일종의 정신상태이고, 이러한 정신의 자각이 일련의 신체적 반응을 일으킨다'고 밝혔다.

그는 인간이 이 순서로 감정을 느낀다고 확신했기 때문에 감정에서 신체 증상을 빼면 아무것도 남는 게 없다고까지 주장했다. 냉정하고 중립적인 지적 인식 상태만 남는다는 얘기다. 즉, 두려움으로 인한 신체 반응은 그대로 진행되지만, 정신만은 이런 신체 반응에 대하여 인지하지 못하고 다만 어떻게 대처할 것인가만 인식하고 있다는 얘기가 된다. 이런 주장을 뒷받침할 수 있는 근거는 대소변을 못 가리는 노인들 대부분에게 자주 나타난다. 노인들은 의식이 없어 대소변을 지리는 것이 아니라 자신의 의지와 관계없이 그냥 바지에 싼다는 것이다.

따라서 정종은 자신의 동생 방원(태종)이 아버지까지 상왕으로 물러나게 하고 사실상 권력을 쥐고 형제들까지 무참하게 죽이는 살육을 펼치자 자신도 언젠가 쥐도 새도 모르게 죽을 수도 있다는 두려움에 과민성 대장염으로 설사를 계속해 왔고, 아버지 태조 이성계의 회갑연에도 참석하지 못하는 상황까지 직면하게 된 것이다.

불안에 대한 이유는 본인이 밝히지 않는 이상 그 이유를 정확히 알기 힘들다. 하지만 정종의 불안은 시대적 상황이나 당시 실록의 기록들을 살펴보면 누구나 알 수 있는 일이다.

현대를 살아가는 사람들 대부분은 불안을 몸에 달고 살아간다. 생활고부터 더 나은 삶을 위해 당면하는 문제들에 대하여 매일같이 선택과 결정을 내려야 하는 상황에 직면하다 보니 불안을 달고 살아간다. 이제는 불안이 습관이 되었는지 강아지가 제때 밥을 먹지 않는 것으로도 불

전하 옥체를 보존하소서!

안해한다.

불안의 주요 증상은 불편한 뱃속과 두통, 신경통, 전신피로이다. 미국의 조지 비어드(George Beard)라는 의사는 신경기관의 과다흥분이나 탈진을 가리키기 위해 이 질환을 '신경쇠약(neurasthenia)이라고 불렀다. 그는 미국 사회가 유럽 사회보다 신경기관의 흥분을 훨씬 더 많이 불러일으킨다고 지적하면서 이 병이 특히 미국인들에게 흔하다고 생각했다(Beard, 1889).

당시 미국은 유럽보다는 가난했기 때문에 잘살기 위해 노력해야 할 때였다. 즉 부유한 나라나 부자보다는 가난하고 못사는 사람들이 불안과 신경쇠약에 취약하다는 것이다.

안타까운 얘기지만, 불안은 초인종을 누르고 다소곳이 기다리고 있다가 주인이 문을 열면 들어오는 손님이 아니다. 어딘가 숨어 있다가 우리가 아무런 예상도 하고 있지 않을 때 공격한다. 이런 불안에 사로잡히지 않는 방법은 없을까? 물론 있다.

우리의 뇌와 뇌의 뉴런은 놀라울 정도로 가소성이 뛰어나다. 아무리 작더라도 변화를 향한 의도적인 행동은 새로운 행동 패턴과 불안 반응을 우회하는 기본적인 신경회로를 강화해준다. 그리고 일단 자리 잡은 그 우회로는 충격을 받아도 금세 복구된다. 이것이 바로 가소성이다.

인간은 스스로를 길들여서 행동을 바로잡고 불안의 희생양이 되는 길을 피할 수 있다. 두려워하지 않는 전략은 서서히 뇌에서 선호되는 신경 경로로 자리 잡을 것이고, 그 결과 불안이 닥쳐오더라도 더 잘 준비되어 있을 것이다. 그러면 불안이 나를 완벽하게 사로잡기 전에 대체 경로로 바꿀 수 있다.

윌리엄 제임스는 감정을 통제하는 방법에 대해 명확히 밝힌 바 있다. "자기 자신에게서 바람직하지 못한 감정적 성향을 이겨내고 싶다면 우선은 부지런히, 그리고 냉혹하게 자신이 키우고 싶은 반대 성향의 외적 동작을 철저히 조사해야 한다."

불안을 키우는 성향이 있는 사람은 그 불안을 차분하고 긍정적으로 없애는 능력을 부지런히 발휘해야 한다는 것이다. 즉 불안을 이겨내는 방법을 찾아 끝없이 자신을 변화시켜야 한다는 것이다. 불안은 남이 어떻게 해줄 수 없는 자기 자신의 감정이자 극복해야 하는 자기 감정이다.

태종

1367~1422
재위 1400. 11~1418. 8

| 왕권 강화에 힘쓰다

태종은 고려 공민왕 16년인 1367년 5월 태조 이성계와 신의왕후 한씨의 5남으로 태어나 세종 4년 1422년 5월 10일에 56세로 승하했다. 이름은 이방원이며, 조선이 개국하자 아버지 태조 이성계의 아들이라 정안대군(靜安大君)에 봉해졌다. 재위 기간은 1400년 11월부터 1418년 8월 9일까지 모두 17년 10개월에 이르러 비교적 긴 시간 동안 왕위에 머물렀지만, 그리 길지 않은 53세의 생애를 살았다.

이방원은 제1차 왕자의 난을 일으켜 강씨의 소생이자 자신의 이복동생인 이방번과 이방석을 죽이고 실권을 장악했다. 이에 불만을 품은 방원의 형 방간이 아들 이맹종과 지중추원사(知中樞院事) 박포 등과 함께 난을 일으켰으나 방원에 의해 진압되었고, 이방간 부자는 목숨을 건져 황해도 토산군으로 귀양을 가야 했다. 이것이 2차 왕자의 난이다.

2차 왕자의 난 직후 방원의 측근들은 노골적으로 세자 자리를 요구했고 이어 정종의 왕위까지 빼앗았다. 그리고 34세의 이방원이 마침내 임금의 자리에 올랐다.

《태종실록》은 이방원의 품성과 자질에 대해 이렇게 표현한다. "태종은 나면서부터 신비하게 남달랐고, 조금 자라매 영명과 예지에 출중하고, 글 읽기를 좋아하여 학문이 날로 진보하였다." 이 내용을 한마디로 줄이면 똑똑했다는 뜻이다. 예나 지금이나 똑똑하다는 것은 공부를 잘한다는 뜻인데, 태종은 어릴 때부터 책을 좋아하고 공부를 잘했다는 것이다. 《동각잡기》의 다음 이야기는 그 점을 잘 보여주고 있다.

> "태조는 본시 유학을 좋아하여 비록 군대를 거느리고 있는 중에도 창을 놓고 쉴 때면 유명한 선비를 청하여 경서와 사시를 논의하느라고 밤중까지 자지 않는 때가 많았다. 가문에 유학하는 사람이 없었으므로 태종을 학문 길에 나아가게 하였더니, 태종이 글 읽기를 게을리하지 않았다. 고려 우왕 때 태종이 과거에 급제하였는데, 태조가 대궐에 나가 절을 하며 감사 인사를 하고는 감격에 겨워서 눈물을 흘렸다."

그렇다면 태종은 어떤 성격이었을까? 대부분 왕조실록을 비롯한 역사서에는 태종 이방원은 유학적 정신세계로 무장한 인물이라 평한다. 일찍 과거에 급제하여 신흥세력, 특히 주자학적 세계관으로 무장한 젊은 지식인들과 어울렸다. 그러면서도 그는 문인이면서 무인이었다고 한다.

태종이 즉위했을 때 그의 나이는 34세였다. 이복동생을 죽이고 아버지 이성계를 왕위에서 끌어내린 그의 주도면밀한 성격을 보면 그는 대단히 논리적이고 잔인한 사람이었음을 알 수 있다.

이런 사람은 자신이 옳다고 생각하면 자신의 소신대로 무슨 일이든 밀

전하 옥체를 보존하소서

어붙이며, 남 말은 들은 척만 하면서 뒤에서는 보복을 마다하지 않는다. 머리는 영특할지 몰라도 잔머리에 능숙하며, 학자라기보다 정치가라고 하는 것이 옳을 것이다.

태조와 정적인 계모 강씨가 방석을 세자로 책봉하는 과정에서 태종의 성격이 가장 잘 드러난다. 당시 방원(태종)이 가장 무서워하던 인물이 계모 강씨였다. 그녀는 정도전, 남은, 심효생 등의 개국 공신들은 물론이고 태조마저도 자기 뜻대로 움직이는 주장이 강하고 야망도 강한 여자였다.

그런 그녀였기에 이방원은 몹시 몸을 사리며 세자 책봉에 대한 어떤 불만도 드러내지 않았고, 정치적 야심을 드러내지도 않았다. 오히려 그는 그녀가 장악하고 있던 조정에 철저히 협조했다. 심지어 명나라 주원장이 이성계의 친아들을 명나라 조정에 입조시키라고 할 때도 그는 주저 없이 명나라로 갔다. 당시 중국을 다녀오는 일은 몹시 고달프고 힘든 일이었다. 그런데도 방원은 거부하지 않았다. 목적은 단 하나, 강씨에게 자신의 속내를 드러내지 않고 야심을 숨기기 위해서였다.

이방원은 이렇듯 음흉한 구석이 있는 인물이었다. 기회를 잡을 때까지는 속내를 드러내지 않고 기다릴 줄 알았다. 그 때란 곧 계모와 아버지가 동시에 힘을 잃는 순간이었다. 기회가 오자 놓치지 않고 행동으로 옮겼다. 또 적을 공격할 때는 다시는 일어나지 못하도록 무참히 죽이는 잔인한 구석도 있었다. 정몽주를 척살한 사건에서 알 수 있듯, 그는 적이라고 판단하면 반드시 목숨을 끊어놓아야 직성이 풀렸다.

사실 보통 사람은 언제 올지 모르는 적정 시기를 기다리기 힘들어한다. 사람의 감정이란 그렇게 참는다고 참아지는 게 아니기 때문이다. 또 혼자 그런 결심을 한다고 모든 일이 뜻대로 되지 않는다.

다행히 하늘은 그의 편이었다. 그의 최대 정적인 강씨가 자주 앓아눕기 시작한 것이다. 1395년 7월 아예 병상에서 생활하는 신세가 된 강씨는 1398년 8월 마침내 사망하고 말았다. 그리고 강씨의 사망 소식을 전해 들은 아버지 태조마저 병상에 누워 며칠째 일어나지 못했다.

1398년 8월 26일 그는 6년간의 숨기고 있던 야망을 가차 없이 드러냈다. 우선 자신의 사병혁파에 앞장선 정도전과 뜻을 같이하던 남은을 죽이고, 세자 방석과 세자의 형 방번과 그들의 매형 이제도 죽여버렸다. 이 모든 일이 하루에 벌어진 일이었다. 6년 동안 숨기고 있던 야망이 드러나는 순간, 정적들의 목을 한꺼번에 날려버린 것이다.

태종은 스스로 피비린내 나는 권력의 길을 걸었다. 만백성에게 금실 좋은 부부의 모범도 이루지 못했고, 성군으로서의 의무도 다하지 못했다. 그는 오로지 왕권 강화와 자신의 뒤를 이을 아들 세종의 왕권을 지키기 위해 권력을 키웠다.

좋게 말하면 영리한 것이고, 나쁘게 표현하면 영악하고 야비한 품성을 지닌 왕이었다.

조선 건국을 위해 악역을 마다하지 않았고, 건국 이후에도 왕권 중심의 권력 체제를 세우기 위해 피의 숙청을 단행했던 태종은 의외로 허약한 체질을 가진 소심한 사람이었다. 태조 3년(1394) 명나라 황제의 조선에 대한 의구심을 풀기 위해 사신으로 떠나는 이방원에게 태조 이성계는 눈물을 글썽거리며 이렇게 말한다.

"너의 체질이 파리하고 허약해서 만 리의 길을 탈 없이 갔다가 올 수 있겠느냐?"

전하 옥체를 보존하소서!

여말 선초 격변의 건국 현장을 누비며 정도전과 노련한 건국 공신들을 숙청하고 친형제인 경영자들을 물리치고 왕위에 오른 태종이 의외로 파리하고 허약한 체질이었음을 아비(이성계)의 말로 확인할 수 있다. 또 태종 2년에는 "금년에는 종기가 열 번이나 났다. 의자(醫者) 양홍달에게 물으니 말하기를 '깊은 궁중에 있으면서 외출하지 아니하여, 기운이 막혀 그런 것이니, 탕욕을 해야 한다'고 말한다. 외출하지 못해 종기가 날 정도로 몸이 근질거린다는 말이다.

태종 8년(1408)의 기록은 태종이 말을 아주 잘 탔음을 보여준다 "태상왕(태조 이성계)이 갑자기 풍질을 얻었는데 임금(태종)이 침구(鍼灸)의 잘못으로 몸을 움직이지 못하다가 이 소식을 듣고 놀라고 두려워하여 곧 편복으로 대궐 동쪽 작은 문을 나와 말을 달려가니, 시위하는 자들이 모두 미치지 못했다." 아픈 상태에서도 이 정도였으니 그 승마 실력을 알만하나.

세종 2년(1420)의 기록을 살펴보면 태종의 성격은 강명(剛明)했다고 적고 있다. 강(剛)은 성격이 칼처럼 날카롭다는 이야기고 명(明)은 머리가 명철했다는 뜻이다. "일찍이 의원 원학이 상왕전에서 시종했으므로, 상왕(태종)이 종하가 의술에 매우 능하다는 말을 듣고 (중략) 원학을 보내어 종하를 부르니, 종하가 상왕의 강명함을 꺼려서 가까이 모시기를 원하지 아니하고 자신할 만한 경험이 없다 하여 나가지 아니하니 (중략) 곧 의금부에 내려 신문한즉 종하가 말하기를 '상감께서 명철하온데 만일에 방서(方書, 의학서적)를 물으시면 어찌 대답하오리까, 그래서 가지 못했나이다' 하므로 곧 대역죄로 논죄하여 참형에 처하고 그 가신을 적몰했다."고 기록하고 있다.

이런 기록을 근거로 볼 때 태종은 매우 신경질적이며, 자신이 많은 사람을 죽였기 때문에 언젠가 자신도 그런 운명에 처할 수 있다는 생각 때문에 왕권에 도전하는 사람들을 과감히 처결했던 것으로 보인다.

또한, 성격은 매우 사악하여 조강지처와 그의 처가 식구들을 모조리 귀향 보내거나 사약을 내려 죽게 하였으며, 자신이 목표로 삼는 일에는 물불을 가리지 않는 군왕이었다.

| 발톱을 숨긴 호랑이를 괴롭힌 폐병

처방약을 살펴보면 폐병이나 결핵의 증상이 있었던 것으로 보인다. 여자를 좋아하고 색을 밝혔다고 하니 종기의 증상들이 성인성 질환(성병)으로 의심되기도 한다.

태종 8년(1408) 태종의 나이 42세에 종기가 났다고 하였으며, 태종 13년(1413)의 기록에는 태종이 말하기를 "본디 풍질이 있어 근일에 다시 발작해 통풍이 심하다."라고 하였는데 이때는 태종의 나이 47세였다. 이전에 태종이 풍질을 가지고 있다가 이 무렵에 심해졌던 것이 아닌가 생각해 볼 수 있다. 또한, 같은 47세인 태종 13년의 기록에는 "손이 불편하여 회복되지 못해 홀을 잡기가 어렵다."고 적고 있고, 6년 뒤인 세종 1년에는 태종의 오른팔이 시고 아리며 손가락을 펴고 구부리는 것에 차도가 있어 속히 돌아갈 것을 명했다는 기록이 나온다.

세종 1년(1418) 5월에는 상왕(태종)이 목이 뻐근하고 아파서 돌아가는 길에 관원들이 나타나지 말 것을 부탁한다. 이 증상들을 종합하자면 태종의 풍질은 지금의 목디스크와 유사한 질환이었다. 《황제내경(黃帝內經)》을

전하 옥체를 보존하소서!

보면 '풍(風)이 기(氣)와 하나인데 빠르고 다급하면 풍이 되고 천천히 질서가 있을 때는 기가 된다'라고 나와 있다. 여기서 기는 두 가지가 있다. 자연에서 흐르는 대기(大氣)와 인체 내부에서 흐르는 원기(元氣)가 그것이다.

자연의 기(氣)가 풍이 되면 뇌혈관 질환이나 관절염 같은 풍병을 일으킨다. 인체 내부의 원기가 풍이 되었다면 이 풍은 오장육부 중 어떤 장기와 관계가 있는지에 대해서는 편작이 지었다는 《난경》에 잘 나타나 있다. 《난경》에 따르면 풍은 간과 관계가 있으며 끈기 있게 술을 많이 하거나 화를 자주 내고 기가 흥분해 가라앉지 않으면 간의 혈이 허해지면서 신경통, 신경마비, 오십견 등의 절육통(節肉痛)이 생긴다고 한다. 애간장을 태우는 것이 풍의 원인이 된다는 뜻이다. 태종이 왕권을 손에 쥐기 위해 수없이 태웠을 애간장이 마음과 몸속에 축적되어 이러한 병이 생겼을 것이다.

태종은 춘추(春秋) 56살인 세종 4년(1422)에 승하하였는데 실록에서는 병이 위독해진 지 8일 만에 죽게 되었음을 기록하고 있다. 승하 하루 전 기록을 살펴보면 세종 4년 태상왕(太上)과 세종은 철원 고석정 등지에서 사냥을 했다. 이날 태종은 활을 쏘아 노루와 산돼지를 잡았다. 이튿날은 갈마재에서 사냥했는데, 이날도 태종은 사슴 두 마리를 쏘아 잡았다. 이때 평강 사람 전언(全彦)의 집에 불이 났다는 소식을 듣자 태종은 의복을 내려주면서 위로했다. 이처럼 태종은 무예도 능했으며 상당히 건강한 편이었다.

4월 5일에도 종현산에서 사냥하면서 사슴과 산돼지를 한 마리씩 쏘아 잡았다. 이때만 해도 무슨 별다른 일이 생길 것이라는 조짐은 전혀 없었다. 17일에는 통사(通事) 김시우가 요동에서 돌아와 영락제의 동향을 보고했다. 18일에는 명나라 사람 열세 명이 평안도 어연군으로 피난을 왔다. 그러나 태종은 명나라와 분쟁이 빚어질 것을 우려해 그들을 요동으로 돌려보냈다. 그러던 세종 4년(1422) 태종과 세종은 동교에 나가 매사냥을 구경하고 왔는데 갑작스럽게 태종의 몸이 불편해지면서 위중해졌다.

세종은 4월 25일부터 고기반찬을 사양하면서 부왕의 쾌유를 빌었다. 그래도 태종의 병이 낫지 않자 도교와 도전(道殿)과 불교의 불우(佛宇, 부처를 모신 집)와 명산에 사람을 보내 기도를 올리게 했다. 26일에는 한양과 지방에서 2죄 이하의 죄로 갇힌 죄수들이나 재판 중인 사람들을 모두 석방했다. 또한, 경기도 광주에 있는 양녕대군 이제를 불러 태상왕(태종)의 병을 간호하게 했다. 그래도 차도가 없자 종묘와 하늘에 제사 지내는 소격전에 사람을 보내 기도하게 했다. 그러던 4월 30일 태종의 병세가 점점 더 위독해지자 세종은 신하들의 문안을 금지시키고 태종이 투병하는 천달방 신궁을 엄하게 호위하게 했다.

당황한 아들 세종은 5월 2일 한양과 지방의 1죄, 즉 사형수까지 석방시키고 다음 날에는 군사들에게 신궁을 엄하게 지키게 했다. 이런 정성 때문인지 5월 4일 태종의 병세가 조금 차도를 보이는 것 같았지만 이내 다시 심해졌다. 5월 8일 세종은 태상왕을 모시고 연화방(蓮花坊) 신궁(新宮)으로 옮겼다. 투병 장소를 옮겨 병이 따라오지 못하게 하는 피병이었다.

그러나 5월 10일, 태상왕은 연화방 신궁에서 세상을 떠났다. 정종과 마찬가지로 태종도 사망의 원인이 되는 질환을 정확하게 기술해 놓지 않아 태종이 어떤 병으로 고생하다가 사망했는지 설명이 없다. 실록에 기록된 세종의 하교를 보면 태종의 병환은 갑자기 생긴 것이 아니라 오래

전하 옥체를 보존하소서!

전부터 이어져 온 것으로 보인다. 조선 후기처럼 《승정원일기》 같은 기록이 남아 있었다면 사망의 원인을 간접적으로 추적할 수 있었겠지만, 왜란과 호란, 궁궐의 화재 등으로 조선 전기 국왕들의 왕실 의료기록이 소실되어 확인하기 힘든 게 아쉽다.

목디스크로 추정되는 태종의 풍질

실록을 보면 태종 13년까지 태종의 질병 이름이 구체적으로 나오지는 않는다. 종기가 났다가 없어졌다 한 것 말고는 특기할 만한 큰 병이 없었기 때문이다. 그러나 태종의 병은 태종 8년(1408)부터 은밀하게 자라고 있었다.

태종이 앓았던 질환을 살펴보면 종기(腫氣), 풍질(風疾), 이질(痢疾), 편비통(編臂痛), 팔이 시리고 아픈 것, 목이 뻐근한 증상 등을 이야기하고 있는데, 이러한 질환을 치료하기 위해 복약(服藥)과 침구 이외에 도교의 제사, 온천행, 대사면령(대규모로 죄인들에게 죄를 용서하여 형벌을 면제함), 피접(避接) 등을 행했던 것을 살펴볼 수 있다.

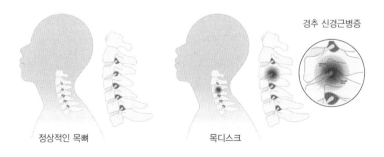

경추 신경근병증

정상적인 목뼈   목디스크

정상적인 목뼈와 목디스크

당시 태종에게 수시로 찾아왔던 통증은 팔이 시리고 목이 뻐근하다는 증상이다. 목과 팔은 사실 하나로 연결되어 있다. 상반신을 관장하는 모든 핏줄은 목에서 관장하고 허리 아래 즉 다리의 근육을 관장하는 것은 척추이기 때문이다. 다리가 저리는 이유는 허리를 다쳤기 때문이고, 손이 저리고 시린 것은 바로 목에 문제가 있기 때문이다. 사람의 목은 진화라는 긴 시간 동안 크고 무거운 머리를 지탱해 왔다. 다만 줄곧 지속적으로 굽히고 비틀고 또 돌리다 보니 특히 아픔을 잘 느낄 수밖에 없다. 또한, 팔의 개념은 어깨부터 손목까지를 이른다. 태종의 증상은 목의 근육 경축으로 추정되는데, 근육 경축은 마치 누가 목 뒤의 근육들을 꽉 움켜쥐고 비틀어서 매듭을 만드는 것 같은 느낌이 드는 현상이다. 이는 대개 긴장, 과도한 사용 혹은 불편한 자세로 잠을 자거나 오랫동안 앉아 있으면 생긴다. 현대의학으로는 아스피린, 휴식, 이완, 물리치료 등으로 개선할 수 있는 병이다.

경추(목뼈)의 관절염은 목을 뻣뻣하게 하고, 유연성을 떨어뜨려 움직이는 데 불편하다. 또 목의 통증과 더불어 어깨와 팔, 손까지 감각이 둔하고 저리게 한다. 턱 끝을 가슴에 닿게 하고, 1~2분 동안 그대로 있거나 턱을 어깨 끝으로 옮겨보는 동작을 하는 동안 통증이나 마비감 혹은 저린 느낌이 있다면, 관절염이 생긴 뼈가 목을 지나는 신경을 누르고 있는 경우가 많다.

또 태종 13년(1419) 태종이 "내가 본디 풍질(風疾)이 있었는데, 근일에 다시 발작하여 통증이 심하다."고 말한 기록은 온몸이 저리고 얼얼하다는 표현으로 보인다. 이는 신경의 국소적 손상이나 압박이 있는 것이다.

전하 옥체를 보존하소서!

신경의 국소적 손상이란 피부 표면의 감각들, 예컨대 아픔, 열, 추위, 쑤심, 벌레가 기어가는 느낌 그리고 가려움 등으로 인해 신경과 대뇌와의 연결에 이상이 있어 느낄 수 없는 상태를 말한다. 피부의 어느 한 부위가 마비되어 불붙은 담배가 닿아도 알지 못한다면 피부에 있는 신경 자체에 뭔가 잘못됐거나, 뇌로 올라가는 신경의 경로에 혼란이 생겼거나, 혹은 뇌 자체가 손상되어 메시지를 적절하게 해석하지 못한 경우이다.

국소적인 신경의 기능 장애는 대게 손상이나 부위에 생긴 반흔조직 때문에 발생한다. 신경이 절단되어 더 이상 대뇌로 자극을 전달할 수 없기 때문인데 시간이 지나도 마찬가지다. 태종의 경우는 아직 이 증상까지 가지 않은 것으로 보인다. 신경 압박의 경우 신체 어느 부위가 저리다고 느끼는 것은 국소적이든 아니면 대외로 가는 신경 경로를 따라 연관된 부위든 간에 반드시 손상이나 자극이 있어야 한다.

그러나 마비감과는 달리 신경이 완전히 죽거나 심각하게 손상되지 않을 수 있다. 즉, 그저 손상되었거나 아니면 눌려 있는 경우를 말한다. 저리는 느낌은 극렬한 통증과 마비감 사이의 중간적인 상황이다. 이러한 감각 상의 장애는 그것이 무엇이든 악화됨에 따라 다음 세 가지 감각을 경험할 것이다. 우선 저림, 그다음 통증, 마지막으로 완전한 감각 소실 및 마비다. 이는 척추 어느 단계에서 디스크가 신경을 눌렀을 때와 같은 경우에 나타나는 일반적인 결과다. 여기서 운동신경들까지 침범당하면 감각이 소실될 뿐 아니라 근력까지 사라진다. 아마 태종의 풍질은 목디스크와 유사한 질환이었다.

다음으로 태종을 비롯해 조선왕들의 대부분의 질병이었던 이질(痢疾)

은 대장과 소장을 침범하는 급성감염성 질환으로 제1군 법정 감염병이다. 환자 또는 감염자가 배출한 대변을 통해 구강으로 감염되며 매우 적은 양(10~100)의 세균도 감염을 일으킨다. 대표적 증상이 피가 섞인 피똥을 싸는 것인데, 소설 등에서는 등장인물의 공포를 유발하는 수단으로 묘사되기도 했다. 증상으로는 발열, 구역, 복통, 그리고 후증(잔변감)을 동반하는 소량의 점성, 혈성 설사가 흔한 증상이다. 대변 후나 음식을 조리하거나 먹기 전에 손을 잘 씻고 물과 음식을 잘 끓여 먹으면 감염을 줄일 수 있다.

조선 왕실에서 국왕 대부분이 이질에 걸린 이유는 국왕의 대변까지 맛을 보고 건강을 확인했던 잘못된 의료진의 방식 때문이며, 보건위생상 취약했던 당시의 궁중 생활 때문이었다. 예를 들면 위생적이지 않은 화장실 환경, 비위생적 식수나 부엌 등 음식 조리 환경, 화장실과 식수원이 인접해있다든가 대변을 비료로 주어 경작하는 채소 등 대부분 식수나 음식 또는 손이나 손톱, 문손잡이 등 생활환경이 대변에 오염되어 전염된다. 또 배변 후 손 씻기를 게을리한다든가 음식을 조리하거나 식사하기 전 손을 씻지 않는다든가, 손가락을 입에 물고 빠는 비위생적인 환경이나 습관이 이질의 주요 원인이라 할 수 있다.

태종의 경우 실록에 나타난 이질의 증상이 자세히 보이지 않는다. 이질이 태종의 사망과 관련이 없어 보이지만 합병증으로 작용해 죽음을 재촉했을 것으로 보인다.

전하 옥체를 부존하소서!

| 무인도 피하지 못한 어깨 통증

실록에 나타난 태종의 질병 중 대부분을 차지하는 질병이 통증이다. 통증은 어깨통증과 목의 통증으로 주로 나타났다. 대부분 어깨통증은 40세가 넘으면 누구에게나 찾아온다. 어깨통증을 한번 겪어본 사람들은 알겠지만, 심할 경우 어깨와 팔을 칼로 도려내고 싶을 정도로 기분 나쁜 통증이 계속되고 뚜렷한 치료 방법이 없다.

어깨의 중심점은 팔과 몸통을 연결하는 관절이다. 어깨라는 말은 좁게는 이 관절만을 의미하기도 한다. 어깨관절은 인체 관절 중 운동 범위가 가장 넓다. 덕분에 손의 활동 범위가 넓어지고 손에 쥔 물건을 멀리 보낼 수 있다. 또한, 팔을 움직여 손을 사용하기 편한 위치로 이동시키는 역할을 한다. 간혹 어깨나 팔꿈치만을 이용해서 문을 밀치거나 누군가를 공격하기도 하지만, 일반적으로는 어깨관절을 매개로 해서 손을 이용한다.

우리는 흔히 주변에서 오십견이라는 병으로 많은 고생을 하는 사람들을 목격하곤 한다. 오십견이란 50세의 어깨를 의미한다. 이 단어는 17~18세기 일본에서 사용하기 시작했다. 당시에는 50세면 노인에 속했기에 오십견은 노인의 어깨라는 뜻이다. 오십견을 동결견(凍結肩, frozen shoulder)이라고도 하는데, 어깨가 얼음같이 얼어서 딱딱하게 굳었다는 의미다. 1934년 어깨를 잘못 움직이고 아파서 밤에 잠도 잘 못 자는 환자를 치료했던 미국 의사 코드맨(E. Codman)이 처음으로 사용한 말이다.

관절을 둘러싸고 있는 낭(capsule)이 유착되어 딱딱하게 굳어져서 관절이 움직이지 못하는 상태를 뜻한다. 잠자는 자세가 나빠서 이 병이 온다

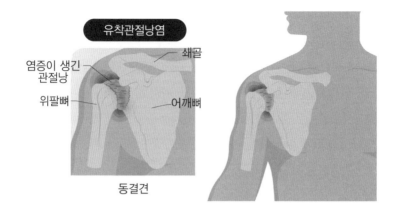

유착관절낭염

염증이 생긴 관절낭

쇄골

위팔뼈

어깨뼈

동결견

고 생각하는 사람도 있지만 잠자는 자세가 통증을 유발하는 것은 아니다. 하지만 낮은 베개를 사용하고 옆으로 누워 잘 경우 어깨 부분의 관절과 연결된 힘줄에 압박을 가하여 피가 통하지 않아 어깨 통증이 올 수도 있다. 대체로 낮에는 관절을 사용하기 때문에 관절낭이 어느 정도 부드럽게 유지되지만, 밤에 관절의 움직임이 없어지면 관절낭이 쪼그라들어 유착증상이 심해지는 것이다.

나이 든 사람 대부분이 잠자리에 들 때 왼쪽 어깨가 아픈 경우를 경험할 것이다. 잠들기 전에는 괜찮았지만 팔이 부자연스럽게 몸 아래로 비틀린 채 잠을 잔다. 그리고 다음 날 아침 알람시계를 끄기 위해 혹은 세면을 하고 수건을 집기 위해 팔을 뻗었을 때 어깨가 비틀리는 듯한 통증을 느낀다. 또 어떤 사람은 운전 중에 후진하기 위해 한쪽 팔을 좌석 위로 올리거나 단지 뒤를 돌아보다가 심한 어깨 통증을 느끼는 경우가 있다. 어느 경우든 이러한 급성 통증은 어깨 손상으로 인한 결과이며, 이것은 어깨에 문제가 생겼다는 것이다.

전하 옥체를 보존하소서!

이런 어깨 통증을 앓은 사람은 대부분 온갖 수단 방법을 가리지 않고 치료 방법을 모색하지만 적어도 3년 이상은 쉽게 낫지 않는다. 어떤 사람은 마사지를 받아 보거나 병원에서 X-Ray를 찍어 보아도 소용없다고 말한다. 심지어 한의원에 가서 어깨를 관통하는 대침으로 치료를 받아도 아무런 효과가 없다.

통상 어깨가 아픈 원인은 크게 네 가지로 발생한다. 첫째는 점액낭염 혹은 건염에 의한 경우가 있다. 이 경우는 저절로 생긴 어깨 통증의 가장 흔한 원인 염증이다. 관절 자체점액낭염이거나 그 부위의 건힘줄에 문제가 생긴 건염(腱炎)이다. 두 번째는 관절염 혹은 디스크 질환이다. 이 경우는 척추에서 문제가 생긴 경우다. 어깨 부위로 분포되는 신경이 척추를 벗어나면서 염증이 뼈나 팽창한 디스크(bulging discs)에 눌렸을 때 목에서 통증을 느낄 뿐만 아니라 그 통증의 신경섬유가 닿는 곳인 어깨 역시 아프다(로젠펠트, 2014).

태종이 바로 이 경우에 해당한다. 실록의 기록에는 어깨의 통증이 목의 통증과 동시에 찾아온 기록이 보이는데 이는 목의 디스크 사이에 있는 힘줄에 염증이 생기면서 어깨의 힘줄까지 타고 내려간 것으로 보인다. 세 번째는 협심증 혹은 심장발작의 경우다. 협심증이나 심장발작은 대개 압박감, 무게감 혹은 흉골 후면의 통증으로 느껴진다. 그러나 흉부 전체에 미치는 신경들이 지나치게 가까울 경우, 흉골 후면 대신 실제로는 왼쪽 어깨에서 통증을 느끼는 경우도 있다. 마지막 네 번째는 횡격막 자극이다. 어느 쪽이든 어깨에 생기는 통증은 흉부와 복부를 구분하는 큰 근육인 횡격막이 자극되어 생길 수 있다. 예를 들어 여자의 경우 자궁외임신으로 생긴 복강 내 출혈이 횡격막을 자극하면 어깨에 연관통이 나타난다.

　어깨와 팔의 통증은 일생을 살아가면서 반드시 한 번 혹은 서너 번 거쳐야 할 과정이다. 이러한 고통에서 해방하는 방법은 젊어서부터 꾸준한 운동밖에 없다. 특히 나이가 들면서 어깨와 팔을 잘 사용하지 않아 생기므로 자고 나면 팔을 크게 돌려 혈액순환이 잘 되게 해야 한다. 만약 계속되는 통증이 찾아온다면 정형외과에서 X-ray 사진을 찍어 본 후 의사의 염증 처방을 받으면 된다. 최근에는 의료기술이 발달하여 염증 주사 몇 번만 맞으면 고통을 쉽게 처리할 수 있다. 하지만 약에 의존하기보다는 팔과 어깨 근육을 강화시켜 두 번 다시 그런 병이 찾아오지 않게 하는 것이 최고의 치료법이다.

전하 옥체를 보존하소서

세종

1397~1450
재위 1418. 8~1450. 2

| 걸어 다니는 종합병원

세종은 태종의 셋째 아들이며 왕비인 소헌왕후 심씨를 비롯하여 여러 후궁 사이에서 총 25명의 자녀(8남 7녀)를 두었다. 평생 병마로 고생한 국왕치고는 많은 후궁과 자식을 둔 셈이다.

세종은 "나라는 임금과 사대부들이 다스리는 것"이라는 생각이 확고한 군주였다. 그래서 그런지 사대부들에게 세종은 최고의 군주였다. 사대부들이 세종의 졸기(卒記, 사관이 망자에 대한 평가를 서술한 것)에 "해동요순(海東堯舜)", 즉 조선의 요순이라고 쓴 것처럼 사대부들에게 세종시대는 태평성대를 뜻하는 요순시대였다. 반면 백성에게는 '죽지 못해 살아야 했던 시기'였다.

세종의 성품과 생활습관의 기록을 살펴보면 세종은 마음이 유하고 자비로우며 큰 변화보다는 명나라를 섬기며, 사대부들과 큰 마찰 없이 정치의 안정화를 기했다. 그런데 명나라에 고개를 숙이고 명나라가 요구하는 공녀와 내시 그리고 진헌품을 바치기 위해 조선 백성의 고혈을 쥐어짰던 세종이 어떻게 백성을 생각하느라 밤잠을 못 잘 정도로 애민 정신이 강했다고 실록은 말하는지 쉽게 이해되지 않는 대목이다.

세종의 성격은 아버지 태종의 성격과 많이 유사하다. 다만 차이가 있다면 태종은 모든 행동을 숨김없이 밖으로 표출하는 반면에 세종은 철저하게 자신과 상대방에게 속마음을 숨겼다. 그리고 백성을 사랑한다고 하면서 각종 제도를 통하여 철저하게 짓밟아 버렸다. 그래서 세종 때에는 백성들의 원망이 끊이지 않았다.

태종이 셋째 아들 충녕(세종)을 세자로 선택한 결정적인 이유는 충녕이 독서를 좋아하고 술을 조금 할 줄 알았다는 것이다. 첫째인 양녕은 아버지 말을 제대로 듣지 않고 여색에 빠져 세자에서 폐위되었고, 효령은 무슨 일이든 직선적이고 술도 못 마시고 항상 웃고 다니니 자질이 부족해서 마음에 안 들었던 차에 독서와 술을 적당히 할 줄 알고 아버지 말에 순종하는 세종을 세자로 선택했다는 것이다.

세종은 자신의 장인 심온이 사약을 마실 때도 아버지 태종과 술을 마시며 아버지를 즐겁게 하기 위해 춤을 추었고, 장인이 역적으로 몰려 사약을 받고 죽자 대신들이 역적의 딸인 자신의 부인 소헌왕후의 폐출을 건의해도 태종의 눈치를 보며 절대 안 된다는 말도 제대로 못 하는 소인배였다. 결국, 아버지 태종이 반대하여 소헌왕후 심씨는 겨우 폐출을 모면했다. 그러나 왕후의 친어머니 안씨는 천인으로 떨어져 의정부의 여종이 되었다. 안씨가 그 자녀들과 함께 천인들의 명부인 천안(賤案)에서 제명된 것은 세종 8년이 되어서였다.

게다가 세종은 자신의 음식조절에도 실패한 의지력이 부족한 왕이었다. 세종은 육식을 좋아하는 대식가였다. 세종은 재위 초반 그러니까 태종이 살아서 대리청정을 하던 세종 4년 상반기까지만 잠깐 건강했고, 그 후부터는 크고 작은 잔병들이 많아 정사를 제대로 돌보지도 못했다. 특히 29세가 되던 세종 7년부터는 관을 짜야 했을 정도로 병에 시달렸다. 세종은 소갈증과 그로 인한 합병증인 안질과 많은 후궁과의 잦은 잠자리로 인해 임질을 앓았으며, 신경성 질환인 강직성 척추염 그리고 중풍으로 고생했다. 즉 세종은 음식조절을 하지 않은 데다 자신의 질병도 돌보지 못한 의지력이 약한 사람이었다.

실록에 세종의 질병과 사망원인과 관련하여 100회에 걸쳐 나올 정도로 그는 평생 수많은 질병 때문에 고생했다. 말 그대로 걸어 다니는 종합병원이라고 할 정도였다. 세종의 체질과 체구를 추측할 수 있는 기록이 세종 즉위년과 세종 4년에 나와 있다. 이에 의하면 세종은 육식을 좋아해 체구가 큰 사람이었던 것으로 생각된다. 즉 세종 즉위년 기록에는 상왕인 태종이 경기도 관찰사에게 유시하길 주상인 세종이 몸이 비중하여 주상과 더불어 무술을 강습하여 주상의 몸을 조절하고자 한다는 뜻을 말하는 대목이 있으며, 부왕인 태종이 승하한 지 6개월 만인 세종 4년 11월 기록에는 조정의 신하들이 태종의 유교를 쫓아 고기 들기를 청하는 내용이 있다.

세종이 평생 온갖 병으로 고생했다는 건 그의 진술을 통해 쉽게 알 수 있다.

"내가 젊어서 한쪽 다리가 치우치게 아파 10여 년에 이르러 조금 나았는데, 또 등에 부종으로 아픈 적이 오래다. 아플 때를 당하면 마음대로 돌아보지도 못하여 그 고통을 참을 수가 없다. (중략) 또 소갈증이 있어 열서너 해가 되었다. 그러나 이제는 조금 나았다. 지난해 여름에 또 임질을 앓아 오래 정사를 보지 못하다가 가을, 겨울에 이르러 조금 나았다. 지난봄 강무(講武)한 뒤에는 왼쪽 눈이 아파서 안막을 가리는 데 이르고, 오른쪽 눈도 이내 어두워서 한 걸음 사이에 서도 사람이 있는 것만 알겠으나, 누가 누구인지 알지 못하겠으니 지난봄에 강무한 것을 후회한다. 한 가지 병이 겨우 나으면 한 가지 병이 또 생기매 나의 쇠로(衰老)함이 심하다."

－세종 21년 6월 21일

세종의 이 말에서 종기, 소갈, 임질, 안질 등 조선시대 내내 수많은 왕을 괴롭힌 모든 질병을 다 앓았음을 알 수 있다.

당시 어의들이 소갈을 없앨 목적으로 처방한 음식은 흰 수탉, 누런 암꿩, 양고기였다. 닭은 본래 속을 데우는 음식이고 꿩은 신맛이 있는 음식으로 갈증을 없애는 효능이 있다. 양고기는 또 인체의 모든 곳에서 양기를 북돋아 준다. 특히 시력과 청력, 폐의 호흡 능력을 키우는 데 효과가 있다. 사실 양의 눈은 초점이 없는 원시로, 멀리 보는 능력이 뛰어나다. 그래서 한의학에서는 양고기에 멀리까지 밝히는 양적인 에너지가 많이 들어 있다고 봤다. 사람의 시력을 좋게 하는 데는 양의 간으로 만든 양간환(養肝丸)이 좋다고 《동의보감》에 나와 있을 정도다.

소갈을 앓던 세종에게 닭·꿩·양 등의 고기를 처방한 것은 일종의 식치, 즉 현대적으로 해석하면 식이요법이었던 셈이다. 또 이런 처방들로 판단할 때 세종은 몸이 차고 냉했던 것 같다. 앞서 언급한 음식들이 모두 온기를 돋우는 음식이기 때문이다.

사실 세종은 소갈 말고도 풍질, 풍습, 관절 질환으로 고생했고, 이것을 치료하기 위해 여러 번 온천을 찾았다. 풍질과 풍습 같은 관절 질환은 한의학적으로 몸이 차고 냉한 사람이 걸리는 병이기도 하다.

세종은 임질로도 고생했다. 《동의보감》에 나온 임질은 "심신의 기운이 하초에 몰려 오줌길이 꽉 막혀 까무러치거나 찔끔찔끔 그치지 않는 증상"이다. 오늘날 전립선이나 성병이 진행되기 전 징조를 말한다.

다산으로 왕실을 번성시키는 것이 군주의 덕목이었던 조선왕들은 중전은 한 명이지만 후궁은 여럿을 두었다. 세종 역시 18남 7녀를 둘 만큼 많은 후궁과의 잠자리로 이질이나 피부병, 종기와 같은 성인성 질환을 앓았을 것으로 추측된다(정승호·김수진, 2021).

이 외에도 고기를 좋아하고 비대한 몸 때문에 오늘날의 심부전증도 동반하고 있었을 것이다. 이러한 증상들은 잠시 호전되었다가 세종 31년 12월 급격히 악화되었다. 그리고 같은 달 17일 세상을 떠난다. 인간이 자제해야 할 3가지 욕심(성욕, 탐욕, 식욕) 중 어느 한 가지도 버리지 못한 채 병마와 싸우다 저세상으로 간 대표적인 국왕이다.

│ 비만이 초래한 합병증

세종은 그야말로 슬픈 육체를 가진 존재였다. 그래서 만병을 몸에 지니고 있어 무엇부터 설명해야 할지 걱정이 앞선다. 또한, 당시 실록의 기록은 차마 입에 담지 못한 내용을 많이 삭제하고 중요한 병만을 언급했을 가능성이 크다. 따라서 세종을 괴롭힌 모든 질병을 다루는 대신 중요한 병만을 골라 설명할까 한다.

우선 세종을 가장 괴롭혔던 당뇨와 그에 따른 합병증을 살펴보자. 당뇨는 당시 소갈증이라는 이름으로 불렸다. 운동은 하지 않은 채 육식을 즐기고 후궁들과의 성관계는 당연히 당뇨를 동반했을 것이다.

당뇨병을 글자대로 풀어 쉽게 설명하면 '설탕 오줌병'이라 할 수 있다. 현재에도 당뇨병은 우리나라 5대 사망원인 중 하나인 만큼 무서운 병이다. 만성적인 갈증과 소변 배출량 증가가 주요 증상이다. 고혈당이 비정상적으로 갈증을 일으키는 이유는 인체에 쓰고 남은 당을 소변을 통해 제거하기 때문이다. 그러나 콩팥은 설탕 입자를 통과시킬 수 없기 때문에 몸은 여분의 수분을 공급하여 비정상적으로 늘어난 설탕을 녹여 신장으로 건네주어야 한다. 당이 충분히 희석되지 않았을 때 혈중 및 오줌 속의 당 용량이 높아지는데, 이로 인해 인체는 수분이 부족하게 되어 갈증 반응을 일으킨다.

당뇨병의 증상으로는 갈증과 함께 식욕 증가에 더불어 체중이 감소하기도 한다. 여성의 경우 질의 가려움증이 오는데, 이 역시 당뇨병 증세의 일종이다. 이것은 당이 풍부한 환경에서 번성하는 진균이 과도하게 증식하면서 생긴다. 이외에도 밤에 소변을 자주 보러 일어나거나 탄산음료나 차보다 냉수를 더 찾게 된다. 그리고 물을 마시지 않았거나 물 마시기를 참았음에도 불구하고 소변량이 많다. 그 외에도 뇌졸중을 겪었다거나 최근에 두통이나 시각(눈의 시력이 떨어지는 현상)의 변화가 생기기도 한다.

당뇨병은 대부분 40세 이후에 발병한다. 인체가 노화되면서 췌장 기능이 저하되어 인슐린 분비가 감소하고 인슐린 자체의 기능이 떨어지는 데

전하 옥체를 보존하소서!

다가, 간에서 필요 이상으로 많은 당이 만들어지거나 나이가 들수록 혈당이 상승하기 때문이다. 나이가 젊어도 생기는 경우가 있는데 이는 유전적 증상으로 오는 경우가 많다.

결국, 당뇨는 혈당 관리를 제대로 하지 못한 데에서 발생한다. 혈당 관리에는 식사, 운동, 약물 등 세 가지가 중요하다. 이 중 식사요법이 가장 기본이고 중요하지만 가장 어려운 부분이기도 하다. 대표적으로 잘못된 식습관 세 가지는 과식, 잦은 간식, 불규칙한 식사다. 이러한 증상은 모두 세종에게도 발생한 현상이다. 고기 없이는 식사를 못 할 정도였고, 몸은 비대하여 운동은 전혀 하지 않은 상태에서 저녁에는 후궁들과의 지나친 성관계로 자신의 관리에 실패했다. 당뇨가 심해질 경우 각종 심혈관 질환이 발생하고 시력의 저하나 고혈압, 극심한 피로를 느끼는 등 합병증이 발생하여 인체의 약한 부분을 파고든다. 세종 역시 그러한 증상들이 목숨을 거둘 때까지 지속되었다.

세종을 괴롭힌 것은 비단 당뇨뿐만이 아니었다. 당뇨와 함께 찾아온 눈병은 세종을 평생 괴롭힌 질병 중 하나였다.

사관은 임금이 안질을 얻는 원인을 "당시에 임금이 모든 일에 부지런했고, 또 글과 전적을 밤낮으로 놓지 않고 보기를 즐겨 했으므로 드디어 안질을 얻었다."(세종 23년 4월 4일)라고 기록하고 있다.

"세종께서 일찍이 몸이 편안하지 못하므로 임금(문종)이 친히 복어(鰒魚, 전복)를 베어서 올리니 세종이 맛보게 되었으므로 기뻐하여 눈물을 흘리기까지 했다. 후원에 앵두를 심어 무성했는데 익은 철을 기다려 올리니 세종께서 반드시 이를 맛보고 기뻐하시기를 '외간에서 올린 것이 어찌 세자가 손수

심은 것과 같을 수 있겠는가' 했다."

- 문종 2년 5월 14일

여기서 복어는 전복으로 현재의 복어와 다르다. 참복과에 속하는 물고기인 복어는 실록에서 하돈(河豚)이라고 적고 있다. 세종 6년 실록 기록을 보면, 하돈이 복어라는 것을 명확하게 알 수 있다.

"형조에서 아뢰기를, 전라도 정읍현의 정을손이 그의 딸 대장과 후처 소사가 음란한 행실이 있으므로 이를 구타하고, 또 대장의 남편 정도를 구타하여 내쫓으려고 하자 도가 하돈의 독을 정을손의 국에 타서 독살했는데, 소사와 대장이 이것을 알면서 금하지 아니했습니다. 도는 옥중에서 병사했으니, 소사 대장만 율에 의하여 능지처사(陵遲處死)하소서."

-세종 6년 12월 6일

한의학적으로 전복은 안질 치료에 도움이 되는 음식이다. 전복은 간의 열을 내리면서 눈을 보호하는 약재이기 때문이다. 한의학에서 간은 봄과 나무를 상징한다. 영어로 봄은 'spring'이다. 봄은 만물을 용수철처럼 튀어 오르게 하는 에너지로 충만하다. 이처럼 간의 본질은 튀어 오르는 양기다. 이 양기가 지나쳐 눈으로 치솟아 눈에서 불꽃으로 이글거리다 심해지면 눈을 망가뜨려 안질이 생긴다. 눈은 강의 거울이기 때문이다.

전복은 음(陰)의 음식이다. 생긴 모양도 그렇지만 수축하는 움직임과 탄력 있는 육질이 응축된 음의 성질을 띤다. 전복의 음기는 튀어 오르려는 양기를 진정시키고 열을 내린다. 간에서 치솟아 올라온 화를 잠재울 수 있는 것이다. 한의학에서는 바로 이런 힘이 간 질환으로 생긴 두통을 줄여주고, 혈압을 내려주면서 눈을 밝혀 준다고 봤다.

《본초강목》은 눈병 중에도 전복이 특히 효험이 있는 증상을 구체적으로 지목한다. "햇빛을 보면 눈이 시리거나 공포스러운 사람은 전복을 국화꽃과 같이 달여 먹으면 좋다."고 하고 있다.

다음으로 세종을 자리에 눕게 했던 가장 중요한 질병인 강직성 척추염에 대해서 살펴보자. 강직이란 오랜 기간의 염증 후 관절에 변화가 일어나 움직임이 둔해지는 것을 의미하고, 척추염이란 척추에 염증이 생기는 병이라는 뜻이다. 따라서 강직성 척추염이란 말 그대로 '척추에 염증이 생기고 움직임이 둔해지는 병'이라고 할 수 있다.

발뒤꿈치, 앞가슴뼈와 허리뼈같이 인대나 힘줄이 뼈에 붙는 부위에 염증이 생기는 골부착부염이 특징적이며, 관절 외에 눈, 위장관계, 폐, 심장, 신장, 전립선 등 다른 장기도 침범할 수 있다. 세종과 같은 허리통증의 경우 척추염은 천장관절염(엉치뼈와 엉덩뼈 사이의 관절)과 함께 가장 특징적인 것으로, 염증성 허리통증의 양상으로 나타난다.

주로 20~40대에 발생하여 증상이 서서히 진행되고, 3개월 이상 장기간 지속되는 양상이 특징적이다. 염증성 허리통증은 아침에 심하고 뻣뻣한 강직이 동반되며 운동 후에는 좋아지는 경향을 보이므로, 허리염좌, 추간판 탈증[6]에 의한 허리통증과 확연히 구분된다. 원인은 모두 설명할 수 없으며, 세균 감염, 외상 과로 등의 환경적 요인이 영향을 준다고 생각되고 있다.

---

6) 요추의 추간판 탈출증은 추간판의 퇴행성 변화에 의해 섬유륜의 내측 또는 외측 섬유의 파열로 수핵이 일부 또는 전부가 탈출을 일으켜 척수의 경막이나 신경근을 압박하여 신경증상을 유발하는 질환이다.

현재까지 강직성 척추염을 완치하는 약물은 없다. 그러나 항염제를 쓰면서 운동요법을 함께 시행할 경우 상승효과는 있겠지만, 당시 세종시대에는 항염제만 썼을 가능성이 크다. 운동을 싫어하는 세종의 생활습관이나 당시 의료기술이 낙후된 상황 등을 살펴볼 때, 세종은 허리에 양손을 받치고 15도 이상 인사하듯이 고개를 숙인 채 걸어 많이 힘들었을 것이다.

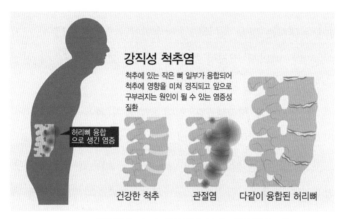

정상 척추와 강직성 척추염에 걸린 척추 비교

세종은 아버지 태종 때부터 명나라에 사대를 한 덕분에 전쟁도 없이 편안한 재위 기간을 보낼 수 있었다. 게다가 주변에는 아버지 태종 시절부터 채용한 많은 인재가 있었다. 이런 태평성대 속에서 자기관리를 통해 나라를 부강하게 만들 생각은 하지 않고 자신의 비빈과 자식 수만 늘리다 당뇨와 그 합병증으로 사망하고 말았다. 이 모든 것이 음식조절의 실패와 성욕을 참지 못한 결과였다.

공자 말씀에 "사람에게 죽음에 이르는 세 가지 경우가 있는데 이는 다 자초하는 것이다. 잠들 때를 놓쳐 숙면의 시기를 놓치거나, 먹고 마시는 것을 조절하지 못하거나, 과로하거나 지나친 편안함에 젖는 것이 그것이다."라는 말이 있다. 결국, 세종의 비만으로 인한 당뇨와 그 합병증은 자기관리에 실패한 세종의 업보였다.

| 조선시대에도 경계했던 비만

비만의 원인은 살인데, 살이란 뼈를 둘러싼 부드러운 부분으로, 근육과 지방을 모두 포함한다. 영어 flesh와 한자 육(肉)도 마찬가지다. 흔히 살이 쪘다고 하면 살 중에서 지방만 과하게 많아진 상태인 비만을 의미한다. 이에 해당하는 영어 obesity는 1610년대에 처음 등장했다. 현재 비만은 공공의 적이지만, 비만(肥滿)이라는 말 자체는 좋은 뜻이다.

비(肥)는 살(月=肉)이 알맞게 있다는 의미이고, 만(滿)은 물이 구석구석에 가득해서 풍족하다는 의미다. 하지만 《동의보감》에서 비(肥)가 야윔을 의미하는 수(瘦)보다 못하고 수명을 단축시킨다고 평가한 기록을 보면, 조선시대에도 비만은 병으로 인식되었던 것으로 보인다.

《동의보감》에 의하면 당시에도 비만의 치료는 어려운 문제였다. 비만이란 단순히 체중이 많이 나간다는 의미가 아니라 지방이 과다하게 증가한 상태를 말한다. 따라서 비만을 진단하려면 지방의 무게를 측정해야 하는데, 지방이 온몸 여기저기에 분포하고 사람마다 분포 양상이 다르기 때문에 이를 측정하는 일은 쉽지 않다. 그런데 근육질의 운동선수를 제외하면 체중은 지방조직의 무게와 보통 비례하므로 체중으로 비만을 평가한다. 체중이 늘 때 신장 등 내부 장기도 조금 커질 수 있고, 뼈와 근육도 어느 정도 증가하지만, 건강에 문제가 되는 것은 복부 비만이다.

대한비만학회는 남성은 허리둘레가 90㎝ 이상, 여성은 85㎝ 이상이면 복부 비만으로 판정한다. 하체에 지방이 많은 경우에는 하체 비만이라고 부르기도 하지만, 이는 건강상의 문제보다는 미용상의 문제일 뿐이다.

비만은 에너지 소모량보다 섭취량이 많아 남은 에너지가 지방으로 몸에 축적되는 현상으로, 비만의 직접적인 원인은 과식이다. 식사량뿐만 아니라 식습관도 비만에 영향을 미친다. 하루에 먹는 총량이 똑같은 조건에서 한꺼번에 많이 먹거나 빠르게 식사하는 습관은 비만을 유발한다. 음식의 종류도 비만에 영향을 미치는데, 지방이 많아 에너지 밀도가 높은 음식이 문제다. 특히 패스트푸드를 먹으면 한꺼번에 많은 열량을 빠르게 섭취하게 된다. 패스트푸드는 고기부터 치즈, 달걀 등 영양소가 풍부한 재료로 만들어졌기 때문이다.

식사시간도 비만에 영향을 미친다. 하루 총열량의 25% 이상을 야간에 섭취하는 야식증후군은 비만 환자의 6~16%에서 관찰된다. 또한, 앉아서 일하는 생활양식은 에너지 소모를 줄이기 때문에 체중을 증가시킨다. 비만은 궁극적으로 자신이 먹어야 할 음식의 양보다 많이 먹기 때문에 발생하는 것이다(최현석, 2017).

비만에서 가장 많이 연구된 유전자는 렙틴 유전자다. 정상적으로 음식을 섭취하면 지방세포에서 렙틴이 분비되어 뇌의 시상하부를 자극해서 식욕을 억제하도록 신호를 보내는데, 살찐 사람들은 음식을 먹어도 렙틴이 분비되지 않아 포만감을 느끼지 못하고 바로 또 음식을 찾는다. 심하면 음식 그림만 보고도 뇌가 자극된다. 그런데 이들에게 렙틴을 주사하면 정상적인 피드백 시스템이 다시 작동해서 음식에 대한 과도한 집

접하 옥체를 보존하소서!

착이 감소한다. 렙틴 외에도 비만 관련 유전자는 계속 발견되고 있지만, 아직 비만의 유전적인 요인은 다 밝히지 못하고 있다.

따라서 비만 치료의 원칙은 에너지 섭취를 줄이고 소비를 늘리는 데 있다. 구체적인 방법은 식사, 운동, 식생활 변경, 심할 경우 약물투여, 수술 등 다섯 가지가 대표적이라 할 수 있다. 이 중 가장 어려운 것이 식사요법이다. 인간의 욕구 중에 식욕은 참는다고 참아지는 것이 아니다.

그런데 문제는 식욕에 대한 의지를 잠재울 방법이 쉽지 않다는 것이다. 비만은 의사의 처방이나 수술과 약에 의존해서 해결할 수 있는 병이 아니다. 살을 빼기 위해 식욕을 떨어뜨리는 약을 복용하고 식사량을 줄이는 사람이 있다. 또 어떤 사람은 황제 다이어트라는 저탄수화물식 다이어트 즉 탄수화물을 줄이고 육류를 늘리는 식이요법을 따르기도 한다. 그런데 이 방식들이 과연 효과가 있을까?

탄수화물 섭취가 줄어들면 혈당이 떨어지고 이를 보충하기 위해 간에서 글리코겐이 분해된다. 그러나 간의 글리코겐은 금방 고갈되므로 간은 지방을 분해해서 지방산과 케톤체[7]를 만들어 에너지를 공급한다. 이렇게 탄수화물 공급이 장기적으로 줄어들면 지방을 주요 에너지원으로 이용하기 때문에 체지방이 줄어든다.

한편으로는 혈중 케톤이 증가하면 식욕이 감소해서 공복감이 훨씬 덜하기 때문에 식사량이 줄어드는 효과가 있다. 여기까지가 의사들이나 건강식품을 파는 회사에서 광고하는 내용이다. 심지어는 이런 황제 다이어트를 소개하는 방송사들이 연예인들을 동원하여 연일 프로그램을 만들

---

7) 생체 내에 존재하는 아세트산, 3-히드록시산 및 아세톤 3자의 총칭

고 있다. 하지만 이런 저탄수화물식 다이어트가 좋은지 해로운지에 대한 논란은 아직도 진행 중이다. 가장 반대하는 학회는 미국심장학회인데, 이 다이어트 방법에 의해 체중이 감소하더라도 지방, 포화지방산, 콜레스테롤 섭취량이 많아 심혈관 질환 위험을 높이기 때문이다.

분명 비만은 나쁜 병이다. 비만으로 인해 당뇨나 고지혈, 안질, 통증, 고혈압, 심혈관 질환 등 수도 없는 질병들이 합병증으로 우리를 위협한다. 하지만 무리하게 살을 빼려다가 한증막에서 사망하는 연예인을 목격하기도 하고, 약물 과다복용으로 사망하는 사람들을 주변에서 보기도 한다. 담배 피우는 사람이 금연을 결심하면 모진 고난의 시간과 니코틴과 싸우는 자기 의지를 가져야 하듯, 맛있는 음식과 싸우는 일은 어쩌면 아이스크림을 어린아이 앞에 두고 몸에 해로우니 먹지 말라는 말과 같다.

한번 살이 찌기 시작하면 살과의 전쟁이 시작된다. 그 전쟁에서 진다면 80kg이 100kg으로 되는 것은 시간문제다. 이때는 지금까지의 노력의 2배가 소요된다. 그러다가 언젠가는 비만으로 살아가겠다고 현실을 받아들인다.

하지만 진짜 현실은 그때부터 시작된다. 매일 온몸으로 찾아오는 통증을 달고 살아야 하고 틈만 나면 화장실로 달려가야 할 것이다. 어디 그뿐인가. 고지혈, 고혈압, 당뇨약을 입에 달고 살면서 고통 속에서 생을 마감해야 할 것이다. 그러나 제일 화가 나는 것은 맛있는 것도 마음대로 먹지 못하고, 멋있는 옷도 제대로 입지 못한 채 세상과 멀어져 가는 것이다.

찌는 건 한순간인데 빼는 건 많은 세월이 필요하다. 비만에 가장 효과적인 약은 강력한 자기 의지뿐이다.

진하 옥세를 보존하소서!

문종

1414~1454
재위 1450. 2~1452. 5

| 성군 문종, 왜 단명했는가

문종은 조선의 제5대 국왕이며 태종 14년(1414) 10월 3일 세종과 소헌왕후 심씨의 첫째아들로 한양에서 태어났으며, 1452년 5월 14일에 39세를 일기로 승하하였다. 문종은 3명의 부인에게서 1남 2녀의 자녀를 두었는데, 현덕왕후 권씨에게서 단종과 정혜공주를, 양원 양씨에게서 경숙옹주를 얻었다. 1450년 2월에 즉위하여 1452년 5월까지 2년 3개월이라는 짧은 기간 왕위에 머물렀으며 이름은 이향(李珦)이다.

문종은 문무에 모두 능한 임금으로, 과학에도 능통했다. 재위 1년(1451), 모화관에 거둥해서 진법(陣法) 훈련을 관람하면서 군기감에 명해서 새로 만든 화차(火車)를 실험하기도 했다. 게다가 부왕의 승하 이후 슬픔을 자제하지 못한 채 식음을 전폐하다시피 한 몸으로 아버지 세종의 제사를 주관할 정도로 지독한 효자였다.

결국, 자신의 몸을 제대로 관리하지 못해 앓던 종기가 심각한 상태까지 이르렀다. 의정부 우참찬 겸 이조판서 허후가 문종을 만나 "무릇 몸에는 혈기(血氣)가 운행하는데, 따뜻하면 운행하고 차면 운행을 중지하므로 종기가 발생하는 것입니다. 평상시에도 날음식과 찬 음식을 피해야 하는데 하물며 종기를 앓고 있는 때에는 더욱 피하셔야 합니다."라고 몸 조리할 것을 권유했다. 하지만 문종은 불편한 여막에 거처하면서 국상을 주재하다 재발한 종기로 사망하고 말았다.

그렇다면 문종의 사망이 단순히 종기가 악화해서인지 아니면 다른 원인이 있는지 살펴볼 필요가 있다. 이를 위해서는 우선 문종의 식습관을 확인해야 한다. 문종 2년(1452) 그가 아우들에게 한 말을 이렇게 기록하고 있다. "남녀와 음식의 욕심은 가장 사람에게 간절한 것인데 부귀한 집의 자제들은 이것 때문에 몸을 망치는 이가 많다. 내가 매번 아우들을 보고는 순순히 경계하고 타일렀으나 과연 능히 내 말을 따르는지는 알 수가 없다." 문종에 대한 실록의 평가도 그의 말과 일치하고 있다. "희로(喜怒)를 나타내지 않았고, 음악과 여색을 몸에 가까이하지 않았으며, 항상 마음을 바르게 하여 수양하였다."

문종은 성리학자들이 보기에 이상적인 왕이었다. 바른생활 사나이였던 셈이다. 그러나 성리학적 바른생활이 꼭 건강하다는 뜻은 아니다. 건강은 여러 가지 요건들이 종합적으로 잘 맞아떨어져야 균형을 이룰 때 유지된다.

실록은 문종의 효심이 건강을 해친 것처럼 기록하고 있다. 임금의 성품이 지극히 효성이 있어 양궁(兩宮, 왕과 왕비를 아울러 이르는 말)에 조금이라도 편안치 못한 점이 있으면 몸소 약 시중을 들어서 잘 때도 띠를 풀지 않고 근심하는 빛이 얼굴에 나타났다. 깊은 효성, 어버이를 잃은 것에 대한 지나친 슬픔, 예법을 철저하게 지킨 삼년상, 그리고 치료하기 어려운 것에 난 종기가 결합해 그의 몸의 균형을 흩어 놓고 죽음으로 이끌었다는 것이다.

술과 여색을 가까이하지 않고 부모에게 효도하며, 만사 부지런히 일하며 오직 성군의 길을 가고자 했던 문종의 성품과 생활습관은 그가 사망한 원인과는 아무런 연관이 있어 보이지 않는다. 문종의 삶과 죽음은 건강이 위대한 정신이나 도덕적, 역사적 업적에 있는 것이 아니라 매일 매일 일상을 살아가면서 몸과 마음의 균형을 잡는 데 있음을 분명하게 보여준다.

문종의 질병과 치료 및 의관에 대한 실록은 세자 시절부터 승하하기까지 모두 36회에 걸쳐 기록되어 나오는데 대부분 종기에 대한 것이다. 처음 문종의 종기를 언급한 것은 세종 31년의 기록이다. 이때 동궁인 문종의 종기 근이 빠져나옴에 따라 세종이 이를 경하하여 관원들에게 자급(資級)을 더해 주고 기뻐했다고 한다. 다음 해인 세종 32년 세자의 종기에 대해 자세하게 말하고 있다.

"세자가 작년(세종 31년) 10월12일에 등 위에 종기가 났는데, 길이가 한 자가량 되고 너비가 5, 6치(寸)나 되는 것이 12월에 이르러서야 곪아 터졌는데, 창근(瘡根)의 크기가 엄지손가락만 한 것이 여섯 개나 나왔고 또 12월 19일에 허리 사이에 종기가 났는데, 그 형체가 지름이 5, 6치나 되는데, 지금까지 아물지 아니하여 일어서서 행보하거나 손님을 접대하는 것은 의방에서

꺼리는 바로써 생사에 관계되므로, 역시 세자로 하여금 조서를 맞이하게
할 수 없습니다."

-세종 32년 1월 26일

문종의 등에 난 종기는 지금의 단위로 환산하면 길이가 30㎝ 너비가
15~18㎝나 되는 아주 큰 것이었다. 이것을 종기라고 불러야 할지 암 덩
어리라고 불러야 할지 알 수 없다. 어쨌든 종기는 잠시 호전되었다가 12
월 19일에 허리에서 재발하기까지 했다. 또 문종 즉위년 2월 18일은 부
왕인 세종이 돌아가신 지 이틀 뒤가 되는데, 이날의 기록에는 "3일 안에
는 죽을 조금 먹고 3일 후에는 밥을 조금 먹어야 병이 나지 않고 생명을
보전할 것이다."라는 세종의 유교(遺敎)가 나와 있다. 세자 시절부터 병약
했던 문종이 자신이 죽은 뒤에 음식을 제대로 들지 못해서 병이 깊어질
까 걱정하는 마음으로 이러한 말을 남긴 것이다.

등에 생기는 종기, 즉 등창을 한의학에서는 배저(背疽)라고도 하는데
《동의보감》에서는 종기를 옹(癰)과 저(疽)로 나눈다. "옹은 병이 얕은 곳
에서 생기며 급하게 달아오르지만 치료하기 쉽다. 저는 독기가 속에 몰
려 있으므로 치료하기 어렵다." 문종의 등창은 안타깝게도 치료하기 어
려운 저에 속하는 배저였다.

《동의보감》은 옹저가 생겨 생명이 위험할 수 있는 곳을 다섯 곳으로
분류한다. 그중 한 부위가 바로 등이다. 《동의보감》은 등 부위에 생긴 등
창의 원인을 이렇게 지적한다. "등은 방광경과 독맥이 주관하는 곳으로,
오장은 다 등에 얽매여 있다. 혹 독한 술이나 기름진 음식을 많이 먹거

진하 옥제를 보존하소서!

나 성을 몹시 내고 성생활을 지나치게 하여 신수(腎水)가 말라서 신화(腎火)가 타오르면 담에 엉키고 기가 막히는데 독기가 섞이면 아무 데나 옹저가 생긴다."

그러나 문종은 술이나 기름진 음식을 좋아하고 성적으로 문란한 사람이 아니었다. 그런 그가 종기로 갑자기 죽은 이유는 무엇일까?

혹자는 수양대군(세조)에 의한 독살로 추정하기도 한다.

실록의 기록을 보면 문종 2년(1452) 조선 최고의 명의 전순의가 은침으로 종기를 따서 농즙을 째 내었다. 두서너 홉의 농을 짜냈다고 하는데 360cc 정도의 엄청난 양이다. 전순의는 의정부와 육조에 "임금의 옥체가 어제보다 나으니 날마다 건강이 회복되는 중이다."라고 보고한다.

그런데 전순의나 신하들의 바람과는 달리 5월 14일 문종은 갑자기 세상을 달리했다. 향년 39세였다. 호전되고 있다는 보고만 믿다가 갑작스러운 문종의 죽음을 마주한 대소 신료들은 망연자실했다. 그리고 문종의 죽음에 대한 책임을 어의 전순의에게 물었다. 어의가 등창에 해로운 꿩고기구이를 올려 문종을 사망케 하였다는 것이다.

꿩, 닭, 오리 등은 껍질에 기름기가 많아서 종기 환자에게는 절대 처방할 수 없는 음식이며 현대 한의학자들은 이를 문종 독살의 증거로 보는 논문을 발표하기도 했다(이종호·안덕균, 2003).

꿩고기가 종기에 금기인 것은 꿩이 먹이로 삼는 풀 반하(半夏) 때문이기도 하다. 반하생(半夏生)의 준말인 반하는 천남생과 다년초로서 그 괴근(塊根, 덩이뿌리)은 맵고 독성이 있으나 담(痰), 해수(咳嗽), 구토 따위를 치료하는 데 쓰기도 한다. 특히 음력 4월경의 반하는 독성이 강해서 건강한 사람도 한 숟가락을 먹으면 죽을 정도라고 한의사들은 말한다.[8] 겨울철 대지가 얼었을 때 먹어야 하는 꿩고기를 음력 4월에 계속 섭취시킨 것은 고의가 아니라면 있을 수 없는 처방이라는 것이다.

꿩고기는 찌면 색깔이 붉어진다. 따라서 오행으로 봤을 때 화의 음식이라는 것이다. 불기운의 날인 병화일(丙火日)에는 아예 먹지 못하도록 금기시할 정도였다. 종기는 본래 피가 심하게 뜨거워져 생기는 한의학에서는 화의 작용으로 본다. 특히 봄에 꿩고기를 먹으면 치질과 부스럼, 습진 같은 부작용을 유발한다. 마침 이때는 문종이 치질을 앓은 시점이었다.

또한, 종기가 충분히 화농하지 않으면 침으로 찌를 수가 없는데도, 전순의가 침으로 찌르자고 아뢰어서 끝내 죽음에 이르게 하였다는 것이다. 종기가 화농했을 때는 침을 써서 배농(排膿, 곪은 것을 째거나 따서 고름을 빼냄)하는데, 초기 증상에 쓰면 도리어 염증이 심해진다. 그런데 전순의는 화농하지 않은 종기에 고의로 침을 써 증상을 악화시켰다는 것이다. 환부에 강한 자극을 주면 증상이 악화되는 게 상례인데, 전순의가 이런 기초지식을 무시하면서까지 문종에게 이런 처방을 한 것은 한의학적 관점에서 고의가 아니면 있을 수 없는 일이라고 말한다.

┃ 문종을 괴롭힌 종기, 암으로 의심

문종의 죽음이 종기 때문인 것은 분명하지만 잘못된 처방으로 그 종기를 악화시켜 죽음에 이르게 하였다는 주장에는 근거가 미약하다. 그보

---

8) 백산학회, 〈문종 의문사에 관한 연구〉, 《백산학보》 67호, 2003.

전하 옥체를 보존하소서!

다는 그 종기가 단순한 종기인지 아니면 진짜 죽음을 재촉한 암 덩어리인지를 분석해 보는 일이 우선이다.

왕의 질병은 역사를 바꾼다. 종기는 조선 왕들을 괴롭힌 단골 질병이었지만 문종 이향의 종기만큼 확실히 역사를 바꾼 적은 없었다. 일반적으로 종기는 술이나 기름진 음식을 좋아하고 성적으로 문란한 세종이나 세조, 성종과 같은 사람에게 어울리는 병이다. 그러나 문종은 그와는 거리가 멀었다. 문종의 등창은 그의 생활습관에서 유발된 것이 아니다.

깊은 효성, 어버이를 잃은 것에 대한 지나친 슬픔, 예법을 철저하게 지킨 삼년상, 그리고 치료하기 어려운 곳에 난 종기가 결합해 그의 몸은 평상적인 균형을 잃었고 점점 죽음으로 빠져들었다. 술과 여색을 가까이하지 않고 부지런히 일하며 오직 성군의 길을 가고자 했던 그를 하늘은 무심하게도 종기로 저세상으로 떠나보냈다.

그렇다면 문종의 등에 난 종기는 혹 암 덩어리는 아니었을까? 그것도 아니면 농양이 아닌 종양 덩어리는 아니었을까? 종양을 잘못 건드려 다른 곳으로 곧바로 전이되었을 테고 그 결과 문종은 갑자기 사망한 것으로 보인다.

미국의 국립보건원 고문 의사인 이사도르 로젠펠트 박사는 《내몸증상백과》에서 "어떤 혹이 7일 동안 존재한다면 그것은 감염이고, 7개월은 암, 7년은 태어날 때부터 있던 그 무엇이다."라고 했다. 선천적으로 이 조건에 딱 맞는 것이 있다. 바로 인체에 어디든지 생길 수 있는 낭종이다.

낭종이라는 것을 어떻게 알 수 있을까? 낭종은 내용물이 주기적으로 배출되었다가 다시 채워짐에 따라 크기가 커졌다가 작아졌다 한다. 문종은 세자 시절부터 종기를 앓았고 또 그러다가 낫기도 했다. 그 증상이 수

년에 걸쳤으니 그것은 암이요, 그 기간이 7년 이상 되었으니 선천적으로 태어날 때부터 있었던 그 무엇에 해당한다.

분명 문종의 종기는 감염에 의한 단순한 농양이 아니라 암이었을 확률이 높다.

| 종기를 우습게 보다가는 인생을 망친다

종기는 얼마나 무서운 질병일까? 사실 종기는 정신적으로나 육체적으로 심한 스트레스를 받으면 우리 몸에 스트레스 대항 호르몬이 분비되어 일시적으로 면역력이 약해져 각종 감염 질환에 취약해지면 누구에게나 생기는 질병이다. 따라서 모든 질병이 종기를 악화시킬 수 있다는 말이 된다.

이런 종기로 조선 군왕들이 고생하거나 사망한 것을 보면 종기가 얼마나 무서운지 알 수 있다. 하지만 실록에 기록된 종기는 혹 또는 종창 모두를 지칭한다. 실제로는 종기의 범위를 확대한 것이므로 이를 정밀하게 살펴볼 필요가 있다.

종기의 직접적인 원인은 세균이라 할 수 있다. 다양한 세균이 종기를 발생시킬 수 있지만 가장 흔한 균은 포도알균(staphylococcus)이다. 포도알균은 건강한 사람의 피부에 정상적으로 존재하는 정상균 무리이지만, 종기와 피부 감염을 일으키는 병원균으로 작용할 수도 있다. 단순한 종기는 문제가 없지만, 세균 감염이 더 잘 일어나게 하는 환경이 있다면, 이를 간접적인 원인이라고도 할 수 있다. 당뇨 비만, 불결한 위생상태, 만성 포도알균 보균자, 면역저하 환자 등이 해당된다.

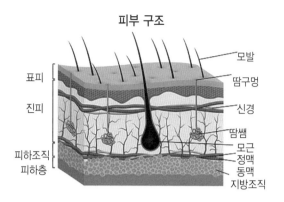

피부 구조

표피
진피
피하조직
피하층

모발
땀구멍
신경
땀샘
모근
정맥
동맥
지방조직

두 번째로 종기는 피부 아래에 있는, 기름을 분비하는 미세한 선(腺) 조직에서 일어난다. 피부 표면으로 연결되는 작은 관이 감염되면 그 선 조직에서 분비되는 것이 역류해 우리가 종기라고 부르는 작고 아픈 혹이 생기는 것이다. 이것이 더 커져 상당한 크기가 되면 그때는 농양이 된다.

우리가 흔히 볼 수 있는 종기는 농양인데 농양은 체액이 폐쇄된 공간에서 흐름이 막혀 그 속에서 빠져나올 수 없는 상태에서 감염이 일어나는 증상을 말한다. 누구나 이런 농양을 한두 번 경험했을 것이다. 잇몸이나 피부의 모낭처럼 드러난 것이든 간, 폐 혹은 담낭(쓸개)처럼 숨어 있는 것이든 말이다. 위치에 따라 농양은 누를 때 '움푹 들어가는' 하나의 혹으로 느껴질 수 있다. 농양 속에 고름이 있기 때문이다.

담낭은 간에서 만들어진 담즙을 저당했다가 필요에 따라 담관을 통해 소장으로 짜내어 담즙을 배출시킨다. 담관이 만성적으로 막힐 때 담즙은 역류하여 담낭을 팽창시킨다. 이런 경우는 대개 복부 근처에서 자라는 종양 때문이다. 가장 흔한 것이 바로 췌장에 생긴 종양이다. 당사자가 자각할 가능성은 없지만, 의사가 주의 깊게 검사한다면 느낄 수 있다.

전형적인 췌장암에서 그 종창은 보통 통증이 없다. 담낭을 틀어막는 담석은 대개 느낄 만큼 충분히 담낭을 확장시키지는 않는다. 시간이 좀 지나면 담석들은 보통 재배치되기 때문이다.

만약 다 썩은 담낭을 제거하지 않는다면 어떻게 될까? 우린 실록을 통해 몇몇 조선 군왕들이 담낭에 이상이 생겨 심한 열로 고생한 기록들이 보이곤 한다. 현대인이야 병원에 가서 제거 수술을 받으면 그만이지만, 조선시대에는 그대로 죽을 수밖에 없었다. 즉 죽고 사는 문제는 하늘의 뜻에 맡길 수밖에 없었다.

폐색, 역류 그리고 종창으로 이어지는 일련의 유사한 현상들이 정맥과 동맥에서 일어난다. 정맥류에서 커다란 혈괴가 형성되면, 그 혈관에서 혈액 배출에 장애가 생겨 혈액이 역류에 종창을 일으킨다. 이런 현상은 우리 몸 어디서나 일어날 수 있다. 정맥류가 고환에서 일어나면 정계정맥류가 되고, 직장에서는 치질이 되며 다리에서는 하지정맥류가 되어 발이 붓는다.

혹과 종창의 대부분은 양성이고, 일부는 암이다. 그 외의 것들은 감염, 염증 혹은 혈류나 다른 일체의 흐름이 막혀 생긴 것이다. 또 실록에서는 옹저(癰疽)라는 말이 자주 나오는데 옹저는 세간에서 말하는 종기를 말한다. 원래 옹(癰)이란 막힌다는 뜻이고 저(疽)는 걸린다는 뜻이다. 혈기가 막히고 찬 기운과 열기를 조절하지 못할 때 음에 의해 양이 막히면 저가 생기는 것이다. 그러나 이들이 생기는 위치는 일정하지 않다.

《동의보감》에서는 옹은 육부에 몰린 열이 겉으로 터져 나오는 것이고, 저는 오장에 몰린 열이 힘줄과 뼛속까지 뻗친 결과 생겨나는 것이라 말하고 있다. 결국, 저는 몸이 질그릇을 굽는 굴과 같이 되어 속으로 골수

전하 옥체를 보존하소서!

가 상한다. 옹과 저 모두 기가 몰려서 생기는 것으로 억울한 일을 당하여 마음이 상하거나 소갈병이 오래되면 생기므로 주의해야 한다.

종기든 종창이든 한 가지 잊지 말아야 할 것이 있다. 어떤 종창이 갑자기 생기고 아프면 상처나 감염일 수 있다. 반면 서서히 그리고 아프지 않게 온다면 암일지 모른다.

많은 조선왕이 낭종인지, 암인지, 종창인지 모른 채 죽어간 것은 어쩌면 당연한 일이었다. 현재를 살아가는 현대인조차도 그런 종류의 병을 모른 채 죽어가고 있으니 말이다. 결론은 주기적으로 정기검진을 받고 자신의 몸 상태를 체크하면서 갑자기 닥칠 각종 질병에 대처하는 수밖에 없다.

세조

1417~1468
재위 1455. 6~1468. 9

| 혈기왕성한 세조를 짓누른 죄책감

1445년 6월, 세조는 형인 문종이 병약하여 39세 젊은 나이에 승하하자 문종의 아들 즉 조카인 단종을 폐위하고 왕위에 올랐다. 그 뒤 세조가 세상을 떠난 것은 1468년 9월 8일로 이때의 나이가 52세였다. 부인 4명에게서 4남 1녀를 두었는데 부인 정희왕후 윤씨에게서는 의경세자와 해양대군(예종)과 의숙공주가 있었다. 바람둥이였음에도 자식이 적은 것으로 보아 젊었을 때 정력을 너무 소진했던 것이 아닌가 싶다.

세조의 인품과 생활습관에 대해 살펴보면 《세조실록》에는 세조의 어릴 적 기록을 이렇게 남기고 있다. "세조는 어릴 때 민간에서 자랐으므로 모든 어려움과 사실과 거짓을 일찍부터 자세히 겪어 알고 있었으며 도량이 성숙하였다." 왕자 유는 머리도 좋고 체력도 뛰어났다. 다섯 살에 《효경》을 외워 주변을 놀라게 하기도 했으나 학문보다는 무술을 더 좋아했다.

전하 옥체를 보존하소서!

《동각잡기(東閣雜記)》에도 다음과 같은 이야기를 전하고 있다. "세조는 얼굴이 괴기하고 활쏘기와 말 달리기가 남보다 뛰어났다. 나이 열다섯에 세종을 따라 왕방산에 강무(講武)할 때, 하루아침에 사슴과 노루 수십 마리를 쏘아서 털에 묻은 피가 바람에 날려 겉옷이 다 붉었다. 늙은 무사 이영기 등이 보고 눈물을 흘리면서 말했다. '오늘 뜻밖에 다시 태조의 신무(神武)를 뵙는 듯합니다.'"

대개 왕의 얼굴에 대해서는 용의 형상이나 호랑이 형상이라고 표현하는 것이 일반적인데, 괴기하다고 표현했다는 것은 가히 매끈하게 생기거나 평범한 얼굴이 아니라는 뜻이다.

세조는 냉철하고 이성적인 사람은 아니었다. 또 꼼꼼하거나 세밀한 사람도 아니었다. 세조는 기분파에다 아부에 혹하는 성격이었다. 그래서 금방 화를 냈다가도 상대가 자신의 기분을 좋게 만들면 이내 화를 풀고 관용을 베풀기도 하였다. 또 칭찬하다가도 마음 상하는 부분이 있으면 가차 없이 상대를 죽일 수 있는 그런 사람이었다. 자신의 능력을 과시하기 좋아하여, 어디서나 자신의 능력을 과시할 방도를 모색하였다. 또한, 세조는 괴짜 행동을 많이 한 것으로도 유명한데, 이는 대개 자신의 남다른 능력이나 성품을 드러내기 위한 행동에서 비롯된다.

세조는 태종과 비슷하지만 다르다. 할아버지 태종은 한때 자신의 혁명 동지였던 공신들 및 형제들은 물론이고 처가와 친가 사람들까지 숙청했다. 권력 장악과 철혈 정치가 자신과 자기 패거리의 이익을 위한 것이 아님을 증명한 셈이다. 반면 손자 세조는 계유정난을 함께한 공신들에게 토지와 관직, 그리고 권력을 듬뿍 나눠 주었고, 그들이 그것을 사유화하는 것을 비호했다. 이것은 훗날 훈구파라고 하는 집단을 낳아 조선 중기 정치를 왜곡했다.

집권 과정에서 친형 이방간을 살려주는 등 살육을 최소화한 태종과는 달리 세조는 조카 단종은 물론이고 친동생인 안평대군과 금성대군을 죽이고 아버지 세종의 후궁으로 서모에 해당하는 혜빈 양씨도 죽이는 등 친족 살인도 마다하지 않았다.

권력 욕망에 충실했던 세조의 도덕적 정당성은 국가 이성에 충실했던 태종보다 약할 수밖에 없었다. 세조처럼 정당성이 약할 경우, 사람을 죽였다는 죄의식은 당연히 공포로 변해 사람 마음을 짓누르기 마련이다.

세조는 즉위 기간 내내 어린 조카인 단종을 죽인 죄책감에 시달렸다. "얼마나 많은 사람을 죽였는지는 (중략) 헤아릴 수도 없구나." 세조는 그래서 그런지 친불정책을 써서 불교를 융성시켰다. 형제들을 죽이고, 조카의 왕위를 찬탈하는 것도 부족해 결국 죽음으로 내몬 그의 패륜적인 행동은 명분과 예를 중시하는 유교적 입장에서는 결코 받아들여질 수 없었기 때문에 궁여지책으로 불교친화적 태도를 취한 것인지도 모른다. 또한, 죄책감에 눌려, 자기가 죽인 사람들의 원혼으로부터 피해 보겠다는 생각도 없지 않았을 것이다. 인간의 삶으로서는 드물게 역동적이고 파란만장한 삶을 산 세조는 그렇게 길지 않은 52세의 나이로 쓸쓸하게 세상을 떠났다.

세조의 질병에 대한 실록의 기록은 43회에 달하지만, 숙부인 효령대군에게 자신의 질병 이야기를 하기 전까지는 거의 나오지 않았다.

"내가 어렸을 때 방장(方壯)한 혈기로써 병을 이겼는데 여러 해 전부터 질병

전하 옥체를 보존하소서

이 끊어지지 않았습니다. 이에 일찍이 온천에 목욕하고자 하였으나 이러한 뜻을 두고 시행하지 못한 것은 내 한 몸을 위해서 백성들을 수고시키려고 하지 않기 때문입니다."

- 세조 9년 9월 27일

이로 보건대 세조는 젊은 시절 상당히 강건한 체질을 가지고 건강했던 것을 짐작해 볼 수 있다.

세조의 질병이 처음 언급된 것은 그의 나이 42세 무렵인데, 이때부터 질병에 시달린 것으로 추정할 수 있다. 세조의 질병은 48세 무렵부터 점점 심해졌고 50세부터 죽기 전 52세까지는 정상적으로 정사를 처리할 수 없을 정도로 매우 심각했었던 것으로 생각된다. 다만 실록에 기록된 세조의 질병은 단지 풍습병이나 정신적 과로로 인한 심복통만을 살펴볼 수 있을 뿐 흔히 야기되는 피부병이나 문둥병의 근거를 찾아볼 수 없다. 세조가 꿈속에 현호색(玄胡索)을 먹고서 병세가 덜어졌다고 말한 부분이 나오는데, 실제로도 현호색을 가미한 칠기탕(七氣湯)을 복용하고서 병환이 나았다고 기록하고 있다(세조 12년 10월).

《동의보감》은 칠기탕의 칠기(七氣)를 이렇게 설명한다. "칠기란 기뻐하고 성내고 근심하고 놀라고 무서워하는 것들을 말한다. 칠기가 서로 어울려서 담연(痰涎)이 뭉친 것이 솜이나 엷은 막 같기도 하고 심하면 매화씨 같다. 이러한 것이 목구멍을 막아서 뱉으려 해도 뱉어지지 않으며 삼키려 해도 삼켜지지 않는다. 속이 그윽하면서 음식을 먹지 못하거나 기가 치밀어서 숨이 몹시 차게 된다. 심해지면 덩어리가 되어서 명치 밑과 배에 덩어리가 생기며 통증이 발작하면 숨이 끊어질 것 같다. 이럴 때 칠기탕을 쓴다."

이 칠기탕 처방으로 보아 세조의 수명을 단축시킨 질환은 걱정과 두려움으로 인한 마음의 병이었을 것이다. 걱정과 두려움은 친족 살인도 마다하지 않았던 죄의식이 공포로 변해 마음을 짓눌렀기 때문이었을 것이다.

그러나 실록에서는 단지 세조의 질병 유무만 기록하고 있기 때문에 세조가 앓았던 구체적 병명을 추론하기 어렵다. 그나마 있는 기록도 대부분은 피부병과 관련되어 있다.

| 스트레스를 술로 푸는 것을 경계하라

왕이 되기 전 기록을 보면 세조는 평소 자신의 건강을 자신할 만큼 강건했다. 세조 본인도 스스로 기운이 세다고 자신했고, 당시의 주위 사람들도 그렇게 인정했다.

세조의 힘과 용맹은 조선 중기의 문인인 차천로가 쓴 《오산설음초고》에 잘 나타나 있다. "세조가 14세 때 기생집에서 자다가 기생의 남자가 문을 두드리는 바람에 도망갔다. 문을 두드리는 순간 세조가 놀라 발로 뒷벽을 차는 바람에 벽이 넘어졌다. 그리고 곧바로 나와 열 길이나 되는 담을 단숨에 뛰어넘었다. 다시 이중의 성벽을 뛰어넘었다." 야담과 설화를 모은 책에 나온 기록이라 과장은 있겠지만 그만큼 세조의 힘이 강건했음을 보여준다.

실록에도 비슷한 기록이 있다. 세종 시절 세조가 준마를 타고 급한 언덕에서 달려 내려오다가 말을 멈추지 못하고 말이 두어 길 언덕 아래로 떨어진 적이 있다. 하지만 세조는 몸을 날려 말에서 빠져나와 언덕 위에

전하 옥체를 부존하소서

우뚝 서 뭇 사람을 놀라게 하고 탄복하게 했다. 또 찬 바람이 불어 다른 사람은 모두 핫옷(솜옷)에 갓옷(가죽으로 안을 댄 옷)을 껴입고 귀를 가리고 모전을 뒤집어쓰고도 추위에 떠는데 세조만이 홀로 한 겹의 옷을 입고 팔뚝을 걷고 있어도 손이 불덩어리처럼 따뜻해 다른 사람들이 다르게 여겼다고 한다.

이런 혈기왕성한 세조가 왕이 되면서 건강이 나빠진 것은 크게 두 가지 이유에서라고 할 수 있다.

첫째, 주색으로 인한 성인병(성병)이 피부병과 종기를 유발한 것으로 보인다. 세조는 '주석정치(酒席政治)'로 유명하다. 서울대 최승희 전 교수는 "세조 때 술이 문제가 된 것은 자주 공식·비공식적으로 술자리를 마련하여 임금과 신하가 함께 취했기 때문이다. 이는 세조 자신이 술을 즐겨 마셨고 종친·공신 신료들이 이에 호응했기 때문이기도 하다."고 말한다.

실록은 애주가로서 세조의 이 같은 면모를 '호음지벽(好飮之癖)'이라고 표현하고 있다.

최 교수의 분석에 따르면 세조는 공사(公私) 자리를 가리지 않고 술자리를 만들었다. 상참이란 대신들이 매일 편전에서 임금에게 국사를 아뢰는 자리이다. 이 자리가 끝나면 그 자리에 술자리가 마련됐다. 그래서 가장 자주 술자리가 마련된 장소도 정치를 논하는 사정전이었다. 이처럼 세조가 정사를 이야기하면서 술자리를 여는 것은 즉위 때부터 세상을 떠나기 3개월 전까지, 즉 세조 14년(1468) 6월까지 이어졌다.

보통 이런 술자리가 벌어지면 세조뿐만 아니라 종친, 공로, 신료들도 대취할 때까지 마셨다. 그러니 영의정 정인지를 일어나 춤추게 하고 대사헌 기순에게는 그에 맞서 대무(對舞)토록 했다. 얼마나 마셔댔는지, 세조 자신이 세조 8년(1462) 3월 좌의정 신숙주 등을 불러 가벼운 술자리를 하면서 이렇게 말하고 있다.

"공신들이 과음으로 죽은 자가 자못 많다. 이계전, 윤암이 그렇고 화천군 권공, 계양군 홍달손 등은 죽지는 않았으나 폐인이 되었다. 이는 크게 잘못된 것이다. 음주를 일체 금지하는 것이 어떻겠는가?"

여기서 세조가 말한 화천군 권공(權恭)은 태종의 딸 숙근옹주와 결혼한 태종의 사위였다. 무예에 능하여 군정에 기여한 바가 많았다. 홍달손(洪達孫)도 무신으로 어려서부터 무예에 출중하여 내금위에 속해 있었다. 계유정난 때 수양대군을 도와 정난공신 1등이 되고 이듬해 남양군에 봉해졌다. 세조 1년(1455년)에는 좌익공신 2등에 책록되었으며, 병조판서, 중추부영사를 거쳐 세조 13년(1467년)에는 좌의정까지 오른 인물이다. 성품이 곧았으나 주색을 즐겼다고 한다. 한마디로 당대 최고의 무신들까지 술에 골병이 들었던 것이다. 그래 놓고도 자신과 함께 먹는 술은 전혀 문제 삼지 않았다.

세조대 신료들 가운데 세조가 불경, 무례, 실언하여 파직과 처형에 이르는 일들은 모두 술자리에서 일어난 것이었다. 정인지가 여러 차례 불경, 무례, 실언으로 곤욕을 치르고, 영의정 강맹정이 일시 파직된 일, 정창손(鄭昌孫)이 파직되고 양정(楊汀)이 세조의 퇴위를 진언하다가 참형을 당한 사건, 서강이 불교에 대하여 시비를 논하다가 처형된 사건 등등이 모두 세조가 베푼 술자리에서 일어난 일이었다(최승희, 2002).

이와 같이 세조는 죽기 전까지 술을 마신 점, 비록 실록에는 많은 기

전하 옥체를 보존하쇼서!

록은 없지만 한두 번의 기록에 의하면 남자가 있는 기생까지 범할 정도로 여색을 밝혔다는 점에서 성인병에 노출되었을 가능성이 있다.

두 번째는 조카 단종, 친동생인 안평대군과 금성대군, 세종의 후궁인 혜빈 양씨 등 수많은 사람을 죽인 죄의식으로 마음의 고통이 있었으며, 이로 인해 정신적 스트레스를 앓고 있었던 것으로 보인다. 그래서일까, 《세조실록》을 기록한 사관들은 믿기 어려운 불교 관련 기적이 여러 차례 나타났다고 기록하고 있다. 예를 들면 신미(信眉)를 만난 복천사(福泉寺)에서 불교에서 기적으로 취급하는 현상 중 하나인 방광(放光)이 있었고, 세조 1년(1455) 법회가 있던 날에는 서기가 광채를 내쫓고 꽃비와 사리의 기이함이 있었다는 표현도 나온다.

이러한 사관의 기록은 유교 국가인 조선의 국왕이 불교를 숭상하기 때문에 이를 미화하려는 방편으로 보인다.

세조는 왕이 되기 전부터도 불심이 깊었다. 대군 시절에는 공자보다 석가모니가 훨씬 낫다는 이야기를 대놓고 했고, 석가모니의 공적을 기록한 《석보상절(釋譜詳節)》을 지어 세종에게 바치기도 했다. 국법으로 도성 출입이 금지된 승려들이 도성을 드러나는 것을 못마땅하게 여긴 대신들이 승려들의 도성 출입을 금지하자는 이야기를 하면 "나는 호불(好佛)의 인주(人主)이다."라며 말문을 막아 버렸다. 또 왕의 불교 숭상에 대해 문제를 제기했다는 이유로 황보인의 손자사위 김종련 본인과 자손 모두 내수소(內需所, 조선시대에 왕실의 재정을 관리하던 관아. 세조 12년에 내수사로 이름을 고침)의 노비로 전락시켜버릴 정도였다.

세조의 치료 기록으로서는 유일하게 기록된 칠기탕 처방과 그의 깊은 불교 숭상은 매정한 절대권력자의 마음속을 엿보는 창일지도 모른다. 결으로 용감하고 위엄있는 왕이었지만, 속으로는 근심하고 놀라며, 죽은 자들의 저주를 두려워했다.

세조가 먹었다는 현호색(玄胡索)으로 보아 당시에 세조는 정신적인 과로로 인해 많이 힘들었던 것으로 보인다. 이러한 세조의 질병은 48세를 무렵으로 점점 심해졌고 50세부터 죽기 전의 52세까지는 정상적으로 정사를 처결할 수 없을 정도로 매우 심각했다가 세조 14년(1468) 9월 8일 수강궁(壽康宮) 정침(正寢)에서 승하하였다.

천년만년 살 것같이 친형제와 조카 그리고 양할머니 대비까지 도륙했던 잔인한 세조는 52세라는 그리 길지 않은 생을 살다 한 평도 안 되는 관에 들어가 사람들의 비난을 받으며 흙으로 돌아갔다. 타인의 목숨을 쉽게 생각하고 차지한 권력의 뒤끝이라기엔 허무하다.

| 세조의 피부병은 정말 저주였나

세조는 죽을 때까지 종기와 피부병이 있어 온천욕을 했다는 기록이 있다. 피부병에서 가장 먼저 나타나는 것이 가려움이다. 가려움이란 긁거나 비비고 싶은 욕망을 일으키는 불쾌한 느낌이다. 가려움은 통증과 유사한 감각이라고 알려져 있다. 가벼운 자극은 가려움을 일으키고, 강한 자극은 통증을 유발한다는 것이다.

통증과 마찬가지로 가려움도 만성화되면 그 자체로 고통을 유발한다. 만성 가려움은 대부분 외부 자극과 무관하게 일어나기 때문에 유발물질을 회피한다고 해결되지 않는다. 또한, 피부 질환의 대부분은 가려운 곳을 긁기 시작하면 오히려 점점 더 가려워진다. 하루 중에는 저녁 잠자리에 들었을 때 가려움이 가장 심해지며, 긴장·불안·공포 등을 느끼면 악

전하 옥체를 보존하소서!

화된다. 세조는 피부병 때문에 오랫동안 고생했는데 그 때문에 온천욕을 갔다는 기록들이 나온다. 통상 온천욕은 피부의 가려움 때문에 가는데, 세조의 경우 자신이 죽인 무수한 사람들 때문에 악몽에 시달려 피부병이 생긴 것으로 보인다. 다만 그 원인이 단순한 피부병으로 보이지는 않는다.

피부는 인체에서 가장 넓은 기관이며 또한 매우 복잡한 기관이기도 하다. 그 자체가 질병에 취약할 뿐 아니라 몸속 깊은 곳에 있는 문제를 반영한다. 단순한 발진처럼 보이는 것도 실제로는 심장 장애(아급성 세균성 심내막염), 신장 장애(신부전), 만연된 알레르기, 매독, 암, 그 밖의 여러 질병의 증거일지도 모른다. 그렇다면 세조처럼 피부를 가렵게 만드는 원인은 어떤 것이 있을까?

우선 접촉성 피부염을 들 수 있다. 깨끗함과는 거리가 먼 골방이나 습기가 있는 곳에서 생활하거나 모기, 이, 빈대에 물렸을 때, 그리고 옻나무 같은 물질이 닿아 피부염을 일으킨다. 다음으로 알레르기 반응을 들 수 있다. 전신의 가려움은 눈에 보이는 자국(두드러기)이 있든 없든 보통 음식이나 약 등에 반응하는 것을 말한다. 세조에게 발생했던 피부병은 신장 질환과 성병의 가능성이 있다.

신장 질환, 특히 말기 상태일 때는 종종 전신적인 가려움과 관계가 있다. 신장에서 배설되어야 하는 독소가 쌓여 혈류를 따라 순환하다가 가려움을 일으킨다. 그래서 신장 질환과 관련된 어떤 병력이 있고 발, 손, 눈이 부풀어 오르는 것을 눈치챘다면 그 가려움은 신장에 원인이 있다(로젠펠드, 2014).

또 한 가지 가려움증의 원인으로 매독을 들 수 있다. 세조의 경우 유부녀까지 희롱할 정도였으니 무수히 많은 궁녀 또한 성적 노리개로 삼았을 것이다. 게다가 등창이 나고 얼굴에까지 고름이 잡혔다는 기록을 보았을 때 매독 증세로 의심해 볼 수 있다. 일부 학자들은 나병으로 의심한다.

감염성 미생물로 야기되는 매독을 진단하는 데 도움이 되는 정보는 외음부, 입, 항문 부위 등 성적 접촉이 있는 곳이라면 어디든지 생겼다가 흔적도 남기지 않고 사라지는 무통증 단순 포진의 발현이다. 이 병은 몇 주 있으면 이른바 제2기에 들어서고 발열, 임파선 종대, 두통, 피부발진 등 여러 가지 특징적인 증상을 드러낸다. 치료하지 않으면 이 감염력이 있는 미생물은 곧 제3기로 넘어가는데, 인체 내부 장기로 숨어들어서 수년에 걸쳐 얌전히 계속해서 몸을 황폐화시킨다.

당시 치료제나 예방약이 없었기 때문에 일부 호색한 조선 군왕들이 앓았을 것으로 추정한다.

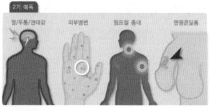

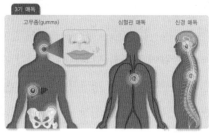

전하 옥체를 보존하소서!

또 한 가지 세조에게 의심될만한 가려움증은 임파선 증대를 들 수 있다. 전신적인 가려움이 있다면 쇄골 위, 겨드랑이 사타구니 부위 그리고 팔꿈치 부근에 있는 임파선이 부어 있다. 만약 그렇다면 백혈구 악성종양(백혈병)이 의심된다. 적혈구에 생기는 비슷한 병적인 상황(적혈구 증가증)은 그만큼 심각하지 않으며, 임파선이 증대되지도 않겠지만 자주 가려워진다. 세종의 가려움증과도 많이 유사하다.

이외에도 정신질환에 의한 가려움증이 있다. 세조가 상원사에서 머물고 있었을 때 문수보살의 도움으로 치료했다는 이야기나 단종의 생모였던 현덕왕후 권씨가 세조의 꿈에 나타나 얼굴에 침을 뱉어 피부병이 생겼다는 이야기 등은 모두 세조의 마음속에서 생겨난 정신병의 일종으로 보인다. 실제 세조가 마음의 병을 치료하기 위해 칠기탕을 복용한 기록이 보인다.

세조의 죽음이 무슨 병인지 어떤 이유 때문인지는 자세히 알 수 없지만, '악행을 저지르고 주색에 놀아난 사람치고 깨끗한 병으로 죽는 왕은 없다.'는 말은 진리처럼 들린다.

| 죄책감은 지울 수 없는 인생의 오점이다

현대에도 죄책감은 죽을 때까지 정신적으로 두려움을 함께 짊어지고 가는 일종의 정신질환에 속한다. 죄책감은 도덕적 감정이며, 인간의 가장 본질적인 도덕적 감정이다. 그래서 죄책감은 가치관과 관련이 있다. 죄책감은 두려움을 가득 안겨준다. 그리고 그 사람을 갉아먹고, 물어뜯고, 가차 없이 공격한다. 그것은 없애버렸으면 하는 신발 속 돌멩이 같고, 따끔하게 찌르는 벌의 침 같고 무거운 짐과도 같다.

일반적으로 감정은 기억과 특별한 관계를 맺는다. 감정적으로 중요하지 않은 사건은 쉽게 잊힌다. 반대로 긍정적이든 부정적이든 강력한 감정이 실린 사건은 강하게 뿌리를 내린다. 죄책감은 인간의 일대기에 간간이 끼워져 있고, 과거 속 먼 순간의 죄책감에 대한 기억들은 여기저기 흩어져 있다. 반면 죄책감을 가지고 있다는 것은 어느 정도 양심이 있다는 것이다.

세조는 죽은 자들의 저주를 무서워했는지 갑작스럽게 죽었다. 잘 알다시피 두려움은 빨라진 심장박동이나 얕아진 호흡, 떨리는 입술, 힘 빠진 사지, 그리고 피부에 소름이 돋거나 배가 뒤틀리는 증상을 동반한다. 그리고 두려움은 불안을 동반하는데, 불안은 불편한 뱃속과 두통, 신경통, 전신피로를 동반한다.

이러한 증세들은 우리가 흔히 알고 있는 '신경쇠약(neurasthenia)' 또는 '불안신경증(anxiety neurosis)'이라고 한다. 이들의 공통점은 혈액순환이 빨라지고 심장이 쿵쾅거린다는 것이다. 이런 현상이 반복되면 결국 심장병으로 발전하고 어느 순간에는 사망하게 되는 것이다.

세조의 돌연사는 심장병의 무서움을 부각한다. 하지만 심장은 인체에서 가장 강인한 기관임을 잊지 말아야 한다.

심장에 가장 좋은 건강법은 가벼운 운동을 꾸준히 하여 심장을 튼튼하게 하는 방법밖에는 없다. 비만이나 감염에 의한 질병은 심장병의 가장 큰 적이다. 꾸준히 관리하고 정기적인 건강검진이야말로 심장을 오래도록 건강하게 지키는 최고의 건강 비법이다.

성종

1457~1494
재위 1469. 11~1494. 12

┃태평성대를 이룬 왕의 양면성

성종시대는 세종과 세조에 의해 이룩된 조선 초기의 문화와 문물 및 제도를 정비하고 꽃을 피우는 시대를 열어 조선 개국 이래 가장 평화로운 태평성대를 이루었다. 그러나 성종의 아킬레스건은 여자 문제였다. '권력과 부를 가진 자는 아랫도리를 함부로 놀려서는 안 된다.'는 말이 있다. 성종은 자신의 권력과 정력을 믿고 아랫도리를 마음껏 놀린 대표적인 인물이었다.

성종은 많은 여자를 거느렸지만, 여복은 없었다. 여성 편력 때문에 엄청난 비극을 겪기도 한다. 그는 모두 세 명의 왕비와 십여 명의 후궁을 얻었는데, 첫 왕비 공혜왕후 한씨는 한명회의 딸이었다. 성종이 의경세자의 장자이자 자신의 형인 월산대군을 제치고 왕이 된 것도 한명회의 딸과 결혼한 덕이 컸다. 하지만 공혜왕후 한씨는 왕비가 된 지 6년 만에 죽고 말았다.

성종의 두 번째 왕비가 된 여인은 연산군의 생모 폐비 윤씨였다. 윤씨의 본관은 함양이며, 그녀의 어머니는 세조가 자신의 '위징'[9]이라고 불렀던 신숙주의 누이였다.

폐비 윤씨는 공혜왕후가 죽던 해에 후궁의 신분으로 왕자 효신을 낳았다. 하지만 효신은 태어난 지 몇 개월 만에 죽고 말았다. 이후 윤씨는 다시 임신하였고, 덕분에 1476년 8월에 왕비로 책봉되었다. 그리고 왕비가 된 지 3개월 만에 아들 융(연산군)을 낳으니, 성종이 융을 원자로 책봉하였다.

그런데 그녀는 성종의 무절제한 애정 행각 때문에 마음고생을 심하게 했다. 그런 가운데 왕비 윤씨의 방에서 비상(극약)과 방술(섹스에 대한 방법과 기술을 아울러 이르는 말)을 기록한 책이 발견되었다. 성종은 이것이 후궁들을 죽이기 위한 것으로 판단하고 윤씨의 폐비 문제를 공론화하였다. 이후 대신들과 의논한 끝에 윤씨를 빈으로 강등하여 별궁인 자수궁에 따로 거처하게 하였다. 하지만 성종은 거기서 그치지 않고 그녀를 폐출시킨 후 사약을 내려 죽였다.

성종의 성격과 생활습관에 대해 《연려실기술》은 이렇게 평가하고 있다.

"임금은 총명하고 영걸스럽고 너그럽고 인자하고 공손하고 검소하며 경서와 사서, 성리학의 학문에 깊이 통달했다. 백가의 글과 역법, 음악에까지 널

---

9) 당 태종이 믿고 의지했던 공신

전하 옥체를 보존하소서!

리 통달하고 활쏘기, 그림에도 정묘한 경지에 이르렀다."

성종은 첫 번째 경연을 《논어》로 시작했다. 반면 세종은 제왕학의 최고 교과서였던 《대학연의》에서 출발했다. 한마디로 성종은 일반적인 유학의 교양부터 시작했고 세종은 제왕학, 통치학부터 시작한 것이다. 세종은 마치 이상적인 군주에 가까운, 즉 차가운 이성의 정치인이었다면, 성종은 예민한 감수성이 많은 정치가라고 할 수 있다. 다시 말해 참으로 인간적인 면을 가지고 있었다.

또한, 성종은 인재를 알아보는 혜안이 있었다고 한다. 《오산설림(五山說林)》에는 이에 대해 여러 이야기가 나온다.

"임금께서 한 수령이 특이한 정사를 했다는 말을 듣고 크게 쓸 수 있는 인물임을 알아보고 뽑아 올려 집의(사헌부 종3품 관직)를 삼았다. 삼사에서 글을 올려 다투자, 며칠 만에 그를 다시 이조의 참의(정3품)로 삼았다. 삼사에서 또 반대하자 다시 수일 만에 이조참판(종2품)으로 승진시켰다. 삼사는 드디어 중지하고 다시 논란하지 않기로 하면서 말했다. '만약 우리가 그치지 않는다면 반드시 정승에까지 이르게 될 것이니, 그만 중지하는 것이 좋겠다.'"

이와 같이 성종은 인재를 알아보는 안목을 가졌을 뿐만 아니라 자신의 의지를 결코 신하들에게 굽히지 않는 성격을 지닌 것으로 보인다. 또 주색과 관련해서는 이런 내용이 나온다. 성종 4년(1473) 3월, 주강에서 《시경》을 읽다가 동지사 이승소는 성종에게 이런 말을 한다.

"대개 임금이 쾌락을 좋아하면 주색에 빠지고 사냥으로 날을 보내는 등 못하는 짓이 없으므로 성품을 해치고 수명이 줄어들게 되는 것입니다. 쾌락을 경계하면 덕성이 함양되고 혈맥이 경계하면 덕성이 함양되고 혈맥이 강해져서 수명이 길러집니다. 청컨대 유의하소서."

이런 말을 했다는 것은 그때 성종의 주색과 사냥 혹은 이 중 어느 하나에 탐닉하는 면을 보였을 가능성이 없지 않다. 성종은 야음을 틈타 궁궐 밖으로 자주 나들이를 나갔으며, 술을 좋아하는 왕이었다.

그래서 세간에는 성종을 일러 '주요순야걸주(晝堯舜夜桀紂)'라고 했다. 즉 낮에는 요순과 같은 성군이요, 밤에는 걸주와 같은 호색한이었다는 뜻이다. 그만큼 성종은 술과 여자를 좋아했다. 성종은 술을 마실 땐 아주 큰 술잔으로 마셨는데, 종친 중에 이를 못마땅하게 여긴 인물이 있었다. 《오산설림》에는 이와 관련하여 이런 이야기가 전한다.

"임금은 큰 술잔으로 술 마시기를 좋아했다. 맑기가 물과 같은 옥 술잔 하나가 있었는데, 임금은 술에 취하면 다른 신하에게도 이 술잔으로 술을 마시게 하였다. 종실 사람 하나가 술을 마신 뒤에 이 술잔을 소매 속에 넣고 일어나 춤추다가 일부러 땅바닥에 넘어지니 술잔이 산산이 부서졌다. 이것은 임금이 술을 많이 마시는 것을 은근히 비판하는 뜻이었다. 임금도 그것을 허물하지 않았다."

술을 좋아하는 인물치고 여색을 밝히지 않는 사람 없다고 했는데, 성종 역시 색욕이 강한 사람이었다.

《오산설림초고》에는 성종이 함경도 영흥의 이름난 기생인 소춘풍과 얽힌 이야기가 있다. '봄바람에 웃는다'는 의미의 소춘풍이 절색이라는 말을 듣고 성종은 그녀를 불러들여 후궁으로 삼으려고 했다. 어느 날 성종이 궁중별전에서 소춘풍과 술잔을 기울이며 그녀에게 물었다.

"오늘 밤은 너와 함께하고 싶은데 너의 뜻은 어떠하냐?"

하지만 소춘풍은 후궁이 되어 달라는 왕의 제의를 거절한다. 그녀는 후궁이 되면 평생 다른 남자와 정을 나눌 수 없기 때문에 궁궐 생활은 싫다고 했다. 성종은 이 말을 듣고 그저 웃으면서 밤새 술을 마시며 그녀와 시를 주고받았다고 한다. 왕이 이렇듯 궁궐에 기생을 불러들여 논다는 것은 흔한 일이 아니었다. 그만큼 성종은 여성 편력이 심했고 호탕한 성격이었다.

| 대변 상태를 주시해야 하는 이유

성종은 가뭄이 들면 자주 수반(水飯)을 들었다. 밥을 물에 말아서 먹는 수반은 자연재해를 극복하고자 하는 왕의 도덕성을 과시하는 것이기도 했지만, 동시에 몸속에 불기운을 키우고 있던 성종의 열성 체질을 드러내는 것이기도 하다. 수반과 관련해서 성종의 까칠하고 직설적인 성격을 잘 보여주는 실록 기록도 있다.

원상 김질이 "비위는 찬 것을 싫어하므로 수반이 비위를 상할까 염려합니다."라며 걱정의 말을 아뢰자 "경의 말과 같다면 매양 건식(乾食)을 올려야 하겠는가."라고 곧바로 말꼬리를 잡아 반박한다. 성종의 급한 성격을 알 수 있다. 수반을 자주 먹는 습관은 설사로도 이어졌다.

《단계심법》이라는 책은 여름철에 찬 음식을 많이 먹거나 찻물이나 얼음물을 너무 자주 마시면 자주 토하거나 설사하게 된다고 경고하고 있다. 그리고 더위를 먹었을 때는 "비위를 따뜻하게 하며 음식물을 잘 소화시키고 습(濕)을 없애며 오줌이 잘 나가게 해야 한다."라고 처방하고 있다. 이로 보아 성종은 몸에 열이 많았던 것으로 보인다.

《조선왕조실록》에서 성종의 질병에 관한 기록은 모두 약 73회에 걸쳐 나온다. 세종의 질병에 관한 기록과 더불어 성종의 질병 기록도 비교적 자세하고 많은 분량에 걸쳐 나오는데, 세종과 더불어 성종도 매우 다양한 병증을 가지고 있음을 볼 수 있다. 실록의 기록을 보면 성종은 감기 증세를 자주 보였고, 때로 종기가 있기도 하였으며 치통, 요통, 임질, 두통, 식상증(食傷症, 음식에 의하여 비위가 상하는 병증), 이질, 부종(浮腫), 수전증(손발을 떠는 증상), 서병(暑病) 등을 앓았음을 살펴볼 수 있다.

성종의 질병 중에 감기에 관한 기록만을 살펴보면 성종 즉위년 12월 13일과 성종 1년 2월 7일의 기록에 성종이 증세가 있어서 원상들과 대왕대비가 고기를 들도록 청하고 예종의 제사(祭祀)를 대행하도록 한 내용이 나온다. 이때의 성종 즉위년과 성종 1년은 성종의 나이 13~14세가 되는 해로 이 당시에 성종이 감기를 앓았음을 볼 수 있다. 그 이후에도 성종의 나이 20세 되던 해와 38세가 되던 해에도 감기 증세가 있었다고 기록하고 있다.

성종 11년(1480) 7월에는 성종이 승정원에 중국 사신에게 치통을 고치는 약이 있는지 물어보면 어떻겠냐고 넌지시 묻는다. 그러나 김계창은

전하 옥체를 보존하소서!

단박에 전하의 병을 다른 사람에게 알릴 수 없다고 거절한다. 왕의 건강과 질병은 국가 기밀이라는 것이다. 그러나 우여곡절 끝에 중국 사신들에게 치통 치료를 처방받은 것 같다. 7월 21일 실록의 기사를 보면 사신들을 경회루에 불러 잔치를 하는데 중국 사신들이 술잔을 권하자 사신들이 가르쳐 준 곡소산(哭笑散)을 먹고 치통이 좋아졌는데 술을 먹으면 심해질까 두렵다고 거절하는 장면이 나온다.

또한, 나이 27세가 되는 성종 14년 기록에는 성종이 서병(暑病)과 함께 작은 종기를 가지고 있었다고 말하고 있고, 성종 24년의 기록에는 임금의 입술 위에 종기가 터져 피가 나왔다고 하였으며, 동년 9월 12일과 9월 17일에는 입술에 난 종기로 성종이 능에 참배하는 것을 연기하도록 논의한 내용이 나온다. 또한, 실록에는 성종이 두통과 식상증(食傷症)도 가지고 있었다고 기록하고 있는데, 성종 14년의 기록에 임금이 두통과 식상의 증세가 있어 가볍지 않았다고 하였고, 또 동년 5월 13일의 기록에 임금이 비위(脾胃)의 병을 가지고 있어 고기가 아니면 치료하지 못하니 고기 들기를 청하는 내용이 나오며, 동년 6월 14일의 기록에는 임금이 먹은 것이 체하고 머리가 아픈 증세가 있었다고 말한 부분이 나온다.

이로 보건대 성종은 자신의 나이 27세 무렵에 치통과 함께 두통 비위(脾胃)의 손상으로 인한 식상증(食傷症)을 가지고 있었음을 알 수 있다. 또 38세가 되는 때에는 서증(暑症)과 함께 두통 증상이 있어 경연(經筵)을 정지한 기록이 나온다. 또한, 성종은 서증으로 인한 설사증세를 가지고 있었고 때로는 서증과 무관하게 설사 증상도 있었다고 하였고, 성종 20년의 기록에도 임금이 이질(痢疾)을 가지고 있었다고 한다. 성종은 임질증세(淋疾症勢)도 가지고 있었는데, 왕의 체면 때문인지 세종과 마찬가지로 실록의 기록에는 단 한 번 성종의 임질에 대해 말하고 있다. 즉 성종 16년의 기록을 보면 성종에게 임질이 있어 이로 인해 경전에 나가지 못하였다고 하였다.

성종이 앓았던 임질이 구체적으로 성병으로 인한 비뇨기 계통의 감염병인지 아니면 빙굉의 결석이나 진립선염 같은 병으로 생긴 병증인지는 확실하지 않다.

이 외에도 성종은 요통(妖通)과 심신불안증, 소갈증 등을 골고루 가지고 있었는데 특히 38세로 승하하기 하루 전인 성종 25년의 기록에는 내의 송흠(宋欽)이 승정원에 보고하기를 "성상께서 심열이 나고 가슴속에 답답한 증세가 더해져서 청심환을 올리라고 명하셨습니다."라고 한 내용이 실려 있다. 죽기 16일 전 성종에게 수전증이 있었다는 기록이 있으며 죽기 전에는 배꼽 밑에 종기가 생겨났음을 기록하고 있다. 이는 오늘날 대장암을 의심해 볼 수 있는 대목이다.

대장염이나 암의 경우 변비나 설사 등을 동반하기도 하며, 대변 시 피가 섞여 나온다. 대변이 검은색일 경우 식도와 위장 혹은 십이지장 출혈로 의심된다. 검은 대변은 대개 장관의 위쪽 부분인 식도와 위장 혹은 십이지장에서의 출혈을 뜻하기 때문이다. 즉 위장관의 처음에서 끝까지 내려가는 동안 피는 검은색으로 바뀐다. 그러나 설사를 하고 장관의 운동이 활발하여 그 내용물이 빨리 내려간다면 피는 그대로 붉은색으로 나타날 것이다. 그렇다고 검은색 대변이 항상 장내 출혈을 가리킨다고 할 수 없다. 흔히 사람들이 복용하는 철분 보충제처럼 무해한 것으로도 이런 색깔 변화가 나타날 수 있다.

이와 달리 위장관의 가운데 부분인 소장에서 일어나는 출혈은 검은색과 붉은색의 중간 색상인 밤색으로 나타나기 쉽다. 이외에 결장이나 직장에서 출혈된 피는 선홍색이다. 그러나 피가 아닌 철분 때문에 변이 검게 변하듯이 지난밤에 먹은 당근 때문에 변이 붉어질 수 있다.

이같이 성종은 세종과 마찬가지로 젊은 나이였음에도 만병을 몸에 달고 살았다. 성종의 직접적인 사망은 정확하게 알 수 없으나, 심한 설사와 이질을 앓은 지 한 달 후에 세상을 떠났다. 혹자는 서증이나 폐병으로 사망하였다고 하고, 혹자는 사망 전 아랫배에 나타난 붉어지고, 붓고, 열증이 있고, 통증이 발생한 급성염증 증세로 보아 대장암이 아닐까 추측하는 학자도 있다.

폐의 감염으로 인한 폐렴은 기침과 발열을 겪은 후 갑자기 상복부에 통증이 생기는데 성종의 경우 배꼽 밑에 작은 혹이 생긴 것으로 보아 폐에 문제가 생긴 것은 아닌 것으로 보인다.

우리가 흔히 대변을 볼 때 냄새가 난다는 이유로 항문에서 대변이 변기로 내려오자마자 바로 물을 내려 자신의 대변이 무슨 색인지, 피가 묻어 있는지 없는지, 대변에 거품이 있는지 없는지 모르는 경우가 대부분이다. 앞으로는 자기의 대변은 자기가 직접 바라보고 이상이 있을 경우, 바로 의사와 상담하는 자세를 길러야 한다.

│ 술이 키운 아랫배의 혹

성종의 죽음에 대해 좀 더 세부적인 질병과 증세를 살펴볼 필요가 있다. 우선 성종은 술과 여색에 빠져 향락으로 세월을 보낸 국왕이었다. 실록에는 공식적으로 명나라와 일본의 사신들을 접대하느라 연회를 자주 열었고, 그것 말고도 회례연 18회, 양로연 21차례, 진연 50차례를 열었다는 기록이 보인다. 술 마실 기회가 많아도 너무 많았던 것이다. 뿐만 아니라 성종 자신도 술을 좋아해 술자리를 즐겼고 신하들에게 직접 술을 먹이기도 했다. 《동의보감》이 성병에 가장 해롭다고 경고한 과도한 음주와 성생활을 절제하지 못했던 것이다. 이것은 정기누설로 이어졌을 것이다.

사람이 성생활을 하지 않을 때는 정액이 혈액 속에서 풀려 있어 형체가 없다. 그러나 성생활을 하게 되면 성욕이 몹시 발달하여 정액으로 변해 나가게 된다. 그러므로 쏟아낸 정액을 그릇에 담아 소금과 술을 조금 넣고 저어서 하룻밤 밖에 두면 다시 피가 된다고 《난경》에는 기록하고 있다. 이 정기를 관장하는 기관이 바로 신장이다.

실제로 성종 11년⁽¹⁴⁸⁰⁾ 7월 성종은 치통으로 고생하여 술을 입에 대지 않고 곡소산^(哭笑散)을 복용한 기록이 있다.

한의학자들은 성종이 앓았던 치통은 신장과 밀접한 관련이 있으며 《동의보감》에서는 이빨을 뼈의 끝으로, 그리고 이 뼈를 신장이 주관한다고 해석한다. 《황제내경》에서는 신장이 쇠약해지면 이빨 사이가 벌어지고 정기가 왕성해지면 이가 튼튼해지고 신장에 허열이 있으면 이가 흔들린다며 정기누설로 인한 신장의 허열과 상화가 치통의 뿌리임을 강조한다.

성종의 서증과 치통, 다정다감하지만 급한 성격과 주색을 즐긴 취향은 이렇게 모두 연결되어 있다. 결국, 주색을 밝혀 각종 질병에 노출되었을 확률이 높다. 우선 성종 25년⁽¹⁴⁹⁴⁾ 8월 22일, 임금의 승정원에서 이런 전교(傳敎, 임금의 명령)를 내린다.

> "오늘은 조계(朝啓)[10]를 정지하니, 내가 이질 증세가 있기 때문이다. 지난밤과
> 오늘 아침에 뒷간에 여러 번 다녔기 때문에 이를 정지한다."

밤부터 아침까지 이질 증세가 이어진 까닭에 변소를 들락거리느라 몸
이 힘들어서 아침의 업무를 취소한다는 것이다. 이질은 설사와 비슷하지
만 단지 대변의 수분 함량이 많은 설사와는 다르다. 이질에 걸리면 묽은
대변과 함께 콧물과도 같은 점액질이 섞여 나온다. 이러한 점액 변이 나
온다는 것은 대장에 어떤 문제가 생겼다는 뜻이다.
 성종의 이질은 금방 호전되지 않았던 것으로 보인다. 그해 겨울인 11
월, 세자의 생일 하례가 취소된 기록이 있다.

> "세자의 생신이므로 백관이 마땅히 진하(陳賀)하여야 하는데, 세자가 아뢰
> 기를, '근래에 성상께서 편치 않으셔서 오랫동안 조회를 받지 않으셨는데,
> 신이 생일날이라 하여 하례를 받는 것은 미안합니다.' 하니 명하여 정지하도
> 록 했다."

아버지가 와병 중인데 아들이 어떻게 생일 하례를 받겠냐는 것이다.
또한, 같은 해 11월 20일과 23일에 임금의 천식 증상이 오랫동안 낫지
않자 성종은 승정원에 전교하기를,

---

10) 아침에 중신과 시종신이 편전에서 임금에게 업무를 보고하는 일

"나의 천식증(喘證)이 오래도록 낫지 않은 까닭으로 약을 올리게 했다. 그러니 대신은 문안하지 말라."

"내가 해수로 기침을 하느라, 밤새도록 자지 못했는데, 이런 일들을 어찌 깊이 생각하지 않았겠는가?"

이러한 증상들을 참고로 할 때 성종 임금은 이질과 천식 증상이 몇 달 동안이나 호전되지 않아 고생하고 있었음을 알 수 있다. 그러나 성종은 이질과 천식이 전부가 아니었다. 임금에게는 심각한 질환이 있어 보였다. 오랜 이질 때문에 체액이 많이 소비된 탓인지 목과 입술이 건조하고 심한 갈증 증상도 있었다. 특히 밤마다 기침을 할 때면 목이 건조한 증상이 더 심해졌다. 또한, 찬바람이나 추위를 맞으면 기운이 빠졌고 다리에 힘이 없었다. 식사량도 점점 줄고 체중이 줄었다. 병이 오랫동안 낫지 않자 임금은 신하들을 불러 모은 자리에서 이렇게 말했다.

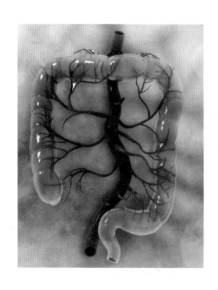

"이 병은 내가 처음에 대수롭게 여기지 아니했는데, 점점 음식을 먹지 못하여 살이 여위어졌다."

몇 달이 지나도록 병이 낫지 않자 이제 임금도 자신의 몸에 대해 심각하게 생각하기 시작한 것이다. 여기에 더하여 또 한 가지 증상이 있었다. 바로 배꼽 아

진하 옥체를 보존하소서!

래 부위에 작은 덩어리가 만져지는 것이었다. 그해 12월 20일, 내의원 제조인 윤은로가 문안하자 임금은 그에게 이렇게 말했다.

"배꼽 밑에 작은 덩어리가 생겼는데, 지난밤부터 조금씩 아프고 빛깔도 조금 붉다."

이질과 천식, 갈증, 식욕부진과 체중 감소에 더하여 하복부에 작은 덩어리가 만져지는데, 이 덩어리가 있는 부위에서 복통도 느껴지고 불그스름한 색이 보인다는 것이다. 지금까지 의관들은 임금이 이질과 천식을 앓는 것으로 여겼다. 또한, 이질이 오래 지속되므로 갈증도 함께 생긴 것으로 보았다. 그런데 갑자기 나타난 하복부의 덩어리, 이것을 어떤 병으로 보아야 할까?

내의원 의관들은 이제 고민에 휩싸이게 되었다. 임금의 하복부에 나타난 저 작은 덩어리가 무엇일까? 혹시 종기인가? 하지만 당시의 의학으로는 종기라고 의심할 수밖에 없었다. 그리고 신하들은 종기 전문가를 부를 것을 임금에게 청하였다.

"의원 전명춘이 의술에 정통하여 자못 맥고(脈道)를 알고, 또 종기를 다스리는 데 많은 경험이 있다고 하니, 의관을 접견하실 때에 청컨대 따라 들어가서 살피게 하소서."

오랜 병고에 지친 임금은 그리하라 허락했다. 그날 바로 전명춘(全明春)이 입궐하여 임금의 병세를 살핀다. 임금의 병세를 직접 살피고 나온 전명춘은 이렇게 말한다.

"배꼽 밑에 적취(積聚)[11]는 참으로 종기인데 마땅히 종기를 다스리는 약을 써야 할 것입니다."

장안의 유명한 종기 전문가를 불렀고 이제 그가 의술을 발휘할 차례다. 그런데 그만 전명춘이 임금을 알현한 바로 그날, 성종 임금은 승하하고 만다. 이날이 12월 24일이었다. 전명춘에게는 천만다행한 일이었지만, 성종에게는 비극이었다.

성종의 사망원인은 대장암으로 추측할 수 있다. 이 대장암이 폐로 번지고 그로 인한 흉수(胸水, 가슴막 삼출액) 때문에 호흡 곤란을 일으켜 사망한 것으로 보인다. 대장암은 초기에는 별다른 자각 증상이 없다. 상당히 진행된 상태에서 느껴지는 증상은 변비와 설사, 혈흔이나 점액 변 같은 대변의 변화, 복통, 소화불량, 복부에서 만져지는 덩어리, 체중 감소, 구토 등이다. 그렇다면 여름부터 시작한 이질은 바로 대장암의 증상 중 하나라고 볼 수 있다.

계속 체중이 줄고 식사를 제대로 하지 못한 것도 그렇다. 결정적으로 하복부에서 만져진 작은 덩어리가 바로 대장암 덩어리가 커지면서 만져진 것으로 생각된다. 그리고 이 대장암이 폐로 전이된 것이다. 암세포가 폐로 번졌을 때 나타날 수 있는 증상은 바로 기침이다. 흉격(胸膈, 가슴안) 부위에 물이 차는 흉수가 생기면 기침이 심해지고 호흡이 곤란해지며, 이로 인해 부종이 나타날 수 있다. 따라서 성종을 괴롭혔던 천식 증상은 대장암이 폐로 전이되어 나타났던 증상으로 보인다.

---

11) 몸 안에 덩어리가 생겨서 아픈 병

전하 옥체를 보존하소서!

이러한 정황을 종합했을 때 성종의 배꼽 아래 종기는 대장에 생긴 악성 종기라고 볼 수 있는 대장암이었을 것이다. 성종은 피부가 아니라 장부(臟腑, 오장육부)에 종기가 생겨서 사망한 것으로 보인다(방성혜, 2012). 다만 주색을 가까이하여 정액이 고갈되었다고 가장한다면 폐병에 의한 천식의 가능성도 배제할 수 없다.

만약 성종이 알레르기성 혹은 감염성 천식처럼 기관지가 주기적으로 경련을 일으키는 천식을 앓고 있었다면, 기침을 하고 쌕쌕거리는 천명음이 났을 것이다. 그러나 심부전으로 기침을 하는 경우도 있다. 심장이 너무 약해서 되돌아오는 혈액을 모두 퍼내어 보내지 못한다면 그 많은 혈액은 폐로 돌아가서 폐를 가득 채운다. 그러면 기침과 호흡 곤란 때문에 반드시 바로 누울 수 없었을 것이다. 만약 가래가 없는 만성기침은 종양, 심장 질환 혹은 신경성 습관을 암시하기도 한다. 이와 달리 마른기침이 가슴 중앙의 통증을 동반하면 급성 후두염이나 기관성 기관지염을 의미하기도 한다. 반대로 깊고 처진 듯한 기침은 하부 호흡기도 혹은 폐에서 기인한 것이다.

성종은 태종이나 세조처럼 잔인하지도 않았고, 세종이나 문종처럼 연약하지도 않았다. 술과 시를 좋아하고 여색을 가까이하며 풍류를 즐겼던 성종은 서울 강남 선릉에 잠들어 있다. 오늘날 선릉 근처 거리는 낮에는 강남의 중심이지만 밤에는 환락의 거리로 돌변한다. 주요순야걸주(晝堯舜夜桀紂)로 불렸던 성종이 이곳에 묻혀 있는 것은 결코 우연이 아닐지도 모른다.

문란한 성생활은 남에게 반드시 피해를 준다

여자는 귀로 사랑하고 남자는 육체로 사랑한다는 말도 있다. 여자는 다정한 말 한마디에 사랑을 느끼고 남자는 자신의 욕구를 위해 일단 여자를 정복해야 하는데, 그 정복이 여자도 만족시켜 줄 것이라는 착각을 한다. 그런데 성욕은 식욕이나 탐욕처럼 많이 채운다고 채워지는 것이 아니라 오히려 채우면 채울수록 휘발유에 기름을 붙이듯 점점 쾌락으로 더 빠져들어 간다. 끝내 자신에게 병이 생겨 더 이상 섹스를 할 수 없을 때 멈추는 무서운 병이다. 노름이나 게임과 같이 쾌락중추를 자극해 도파민을 증가시켜 최고조의 흥분을 유발하기 때문이다.

문제는 우리 뇌는 많은 성관계를 갖다 보면 더 자극적인 행동을 통해 성적 만족을 추구하려고 한다는 것이다. 흔히 우리는 이런 사람을 가리켜 성도착증(性倒錯症) 환자라고 하는데, 이는 심리성적 장애의 하나다. 성적흥분을 경험하기 위해 유별난 행동을 나타내는 것으로 보통 성욕을 일으키지 않는 사물이나 행위에 대해 성욕을 느끼거나, 원치 않는 상대와 지속적 성행위를 갖는 것을 원한다. 쉽게 말해 비정상적인 성 행동으로 성적 만족을 얻을 수 있고, 정상적인 성적 자극이나 성 행동으로는 만족을 얻을 수 없는 사람을 말한다.

우리 인간은 기쁨과 행복이라는 감정을 가지면 세로토닌이나 도파민이라는 신경전달 물질이 생성되지만, 불쾌감, 분노, 슬픔을 느끼면 코르티솔 같은 신경전달 물질이 생성되어 스트레스나 분노의 감정을 일으킨다. 불쾌감은 참을 수 있지만, 쾌락은 언제든 비슷한 상황이 되면 당겨지는

방아쇠처럼 상대를 향해 날아간다. 게다가 권력과 부를 가진 자들의 옆에는 언제든 취할 수 있는 젊고 아리따운 여인들이 지천에 있는데 이들의 성욕을 저지시킬 방법은 없을 것이다.

조선의 왕들은 종기나 비만 당뇨병으로 시달리면서 끊임없이 후궁들과 성관계를 했다. 실록에서는 후손을 잇기 위해서라고 말하고 있지만, 사실은 쾌락을 위해서 그랬다. 그들이 성욕에서 벗어나지 못한 원인에는 과식과 스트레스와도 영향이 있었다.

그렇다고 모두가 스트레스를 성욕으로 풀지는 않는다. 인간에게는 도덕과 양심이라는 것이 존재하기 때문이다. 하지만 권력과 부를 가진 자들은 얼마든지 가능하다.

오늘날 우리는 섹스를 원하는 장기가 정확히 심장이 아니라는 사실을 알고 있다. 섹스의 욕구는 우선 먼저 사람의 눈을 찌른 후 뇌의 시상까지 깊게 뚫고 들어간다. 시상에서 처리된 시각적 메시지는 사람의 얼굴로 전달되고, 얼굴은 곧장 흥분의 표시를 보내 홍조를 띤다. 이 홍조는 얼굴 인식을 전담하고, 감정 경험을 조절하는 뇌의 편도체와 전전두엽의 피질에 연결되어 있다. 이러한 피질을 자극하는 물질은 바로 도파민이라는 호르몬에 의해 욕구, 즉 흥분을 일으키는 것이다.

도파민이 방출되면 안 먹어도 배고프지 않고, 수많은 궁녀와 잠자리를 해도 전혀 피곤해하지 않는다. 뇌에는 '보상체계'라는 즐거움만을 전담하는 중추가 있다. 보상체계는 감각적 기쁨의 오래된 목적이 진화한 것이며, 뇌에서 가장 중요한 부분으로 여겨져 온 원시적인 장치다. 그리고 인간에게만 존재하는 것이 아니라 벌, 쥐, 개, 코끼리 등도 가지고 있다. 보상체계가 제대로 가동할 경우 음식을 먹는 것이나 섹스를 하는 것 같은 필수적인 행동들을 만족스럽게 경험하기 때문에 반복 가능성이 커진다.

조선왕들이 그렇게 많은 성관계를 가지고도 또 새로운 여자를 후궁으로 삼는 데는 그만한 이유가 있다. 뇌의 피질에 흐르는 도파민이라는 호르몬은 분비되면 보상 자체의 즐거움도 있지만, 그보다는 보상을 기대하는 희망적인 순간과 관련되어 있다. 이를테면 섹스에 대한 기대 같은 것이다.

성종을 포함하여 대부분의 조선 국왕들은 많은 후궁과 잠자리를 했다. 그 결과 실록에 나오는 군왕들의 질병 중 성병과 관련된 기록들이 자주 보인다. 세종 때에는 임질이라는 병으로 언급했고 문종, 세조, 성종, 연산군, 중종을 비롯한 대부분의 국왕들은 종기로 표현했다. 이 증상들은 현대의학에서 말하는 전립선과 유사하기도 하고 호사가들이 말하는 염증성 성병 후유증이기도 하다.

전하 옥체를 보존하소서!

하지만 당시에는 세종이 후궁들과 성관계로 그런 몹쓸 병에 걸렸다고 기록하는 것은 조심스러웠을 것이다. 그럼에도 실록에 세종이나 성종이 임질에 걸렸다는 내용이 나오고 연산군의 경우는 소변을 찔끔찔끔 보았다고 기록할 정도면 과한 성생활이 악이 될 수 있다는 것을 알 수 있다. 그렇게 세종과 성종은 죽을 때까지 열심히 자식 농사에 전념한 결과 많은 자식을 얻었다.

임질의 경우 임균을 보유한 사람과의 성행위 때문에 요도에 발생하는 염증이므로 임균성 요도염이라 한다. 매독보다 훨씬 잘 걸리며 우리나라에서도 흔한 성인성 질환 중의 하나이다.

임질균은 점막의 접촉을 통해 전염되는 세균으로 건조한 곳에서는 금방 죽어버리기 때문에 화장실 변기나 문손잡이, 수건 같은 것을 통해서는 옮지 않는다. 그러나 조선왕들의 경우 밖이 아닌 실내에서 대소변을 보고 성관계 이후 물로 씻지 않고 물수건으로 닦았기 때문에 잠재한 성병 균이 왕비들에게 쉽게 전염되었을 것이다.

합병증으로는 남자는 부고환, 전립, 정낭 등에 염증을 일으킬 수 있고 요도가 좁아지는 요도 협착이 생긴다. 남성의 경우 10%가 전혀 증상이 나타나지 않아 자신이 감염된 사실을 모르고 상대 여성에게 전염시킬 수 있다.

매독은 가장 심각한 성인성 질환으로 심할 경우 사망으로 이어진다. 매독은 매우 전염성이 강한 트리포네마 팔리둠(Treponema Pallidum)이라는 나선형의 매독균에 의해 일어나며 성기뿐만 아니라 뇌, 심장, 눈, 코, 귀, 편도선은 물론 뼈와 대뇌, 심지어는 머리카락, 손톱까지 닥치는 대로 망가뜨리는 무서운 병이다.

  섹스 과정에서 각종 성병에 노출되면 그로 인해 자신은 물론 앞으로
태어날 자식에게까지 문제가 생긴다. 그런 의미에서 남자의 아랫도리는
항상 잘 간직할 필요가 있다.

남성의 생식기 구조

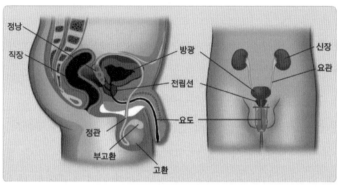

전하 옥체를 보존하소서!

연산군

1476~1506
재위 1494. 12~1506. 9

| 욕정에 충실했던 생애

연산군은 즉위 이후 무오사화(戊午士禍)와 갑자사화(甲子士禍)를 일으켜 많은 유생이 희생되었고, 강력한 왕권을 바탕으로 사치와 향락에만 몰두해 국정 혼란을 야기했다. 결국, 1506년 성희안(成希顔), 박원종(朴元宗) 등에 의한 소위 '중종반정(中宗反正)'으로 폐위되고 약 두 달 만에 31세의 짧은 나이로 눈을 감았다.

그런데 채홍사(採紅使)를 두어 많은 여자를 불러들였고, 난잡하고 패륜적(悖倫的)일 정도로 성에 탐닉했었다는 그가 폐비 신씨에게서 2남 1녀, 실명(失名)한 후궁 한 명에게서 2남 1녀 등 총 4남 2녀의 자식을 두었다고 전해져 의아해진다. 그의 부친 성종이 부인 12명에게서 16남 12녀를, 그의 동생 중종이 10명의 귀인에게서 9남 11녀를 둔 것과 비교해 보면 더욱 그렇다. 6남매를 둔 것으로 봐서 생식능력이 없는 것도 아닌데, 그가 상대한 그 많은 여자들이 불임이었는지, 아니면 사관들이 생산기록을 누락(漏落)시킨 것인지, 그것도 아니면 이미 지나친 방사(房事)로 나이 30에 정액이 고갈될 정도로 난잡하였다는 이야기마저 사실인지 의아스럽다.

연산군은 1498년 무오사화(戊午史禍)가 일어나기 전의 4년 동안은 성종 말기에 나타난 퇴폐풍조의 부패상을 일소하기 위해 전국각지에 암행어사를 파견하여 민간동정과 관료의 기강을 바로잡았으며, 별시 문과를 실시하여 33인의 인재를 급제시켰고 변방의 여진족을 회유하는 등 국방외교에도 힘썼다. 그리고 문신의 사가독서(私家讀書)[12]를, 다시 실시해 조정 문학의 풍토를 새롭게 했으며, 세조 이래 3조의 '국조보감'을 편찬해 후대 왕들의 제왕수업에 귀감이 되도록 하기도 했다.

연산군은 무오사화와 그 뒤 일으킨 1504년의 갑자사화(甲子士禍) 등 두 사화를 거치면서 사림과 훈구 등 정적을 제거하고 왕권을 강화하는 데 성공했다. 그러나 견제 세력이 없어지자 스스로 내면의 광폭한 성격을 자제하지 못하고 마음껏 발휘하여 대살생극과 문화 말살을 자행하는 등 광적인 폭정을 일삼아 조선제국 희대의 폭군으로 전락하고 말았다. 결국, 이런 폭정에 여론주도층의 지지를 잃고 끝내 성희안 박원종 등이 일으킨 중종반정으로 1506년 9월 연산군으로 강등되어 강화도에 유배되었다가 역질에 걸려 두 달 뒤인 11월 눈을 감았다.

조선왕조 역사상 성군의 길을 가장 극렬하게 역주행한 광기의 폭군, 연산군 이융, 그를 폭군으로 변하게 한 것은 바로 어머니였다.

어머니와 아이 사이의 관계를 애착 이론으로 설명한 이로 영국의 심리

---

12) 조선시대에 인재를 양성하기 위하여 젊은 문신들에게 휴가를 주어 학문에 전념하게 한 제도

　　　　　　　　　전하 옥체를 보존하소서

학자이자 정신과 의사였던 존 볼비가 있다. 그는 신생아는 완전히 무력하기에 생존을 보장받기 위해 어머니에게 애착을 느끼도록(진화론적으로, 심리학적으로) 미리 설정되어 있으며, 어머니와 아이를 떼어놓는 상황은 아이에게 불안감 및 공포감을 조성한다고 생각했다. 연구 결과, 어머니가 결손된 아이들은 훨씬 거칠게 놀았고 과도하게 흥분할 때가 많았으며 다른 아이들보다 인격장애를 앓을 확률이 높은 것으로 밝혀졌다.

연산군은 인욕을 추구한 군주답게 음식에 대한 집착이 대단했다. 나라 안에서 구할 수 있는 것뿐만 아니라 이웃 나라의 진귀한 음식물을 탐했다. 연산군 2년(1496) 2월에 "사당(沙糖, 사탕), 채단(綵緞, 붉은색의 비단), 술의 독을 푸는 빈랑(檳榔), 괘향(掛香, 향신료로 사용하는 회향), 각양의 전융(氈絨), 각양의 감리(甘梨), 용안(龍眼, 열대과일) 등의 물건을 성절사(聖節使, 중국 황제, 황후의 생일 등을 축하하기 위해 보내던 사신)의 내왕 편에 사 가지고 오게 하라."고 명한 기록이 있다.

연산군 8년(1502) 12월에는 중국에 가는 사신을 보고 수박을 구해 오라고 지시한다. 그러나 장령 김천령이 나서서 반대한다.

"지금 듣건대, 북경에 가는 사람으로 하여금 수박을 구해 오도록 하셨다고 하는데, 그 종자를 얻으려고 한 것이겠으나, 대체로 그곳의 기이한 음식물도 억지로 가져오는 것이 불가하온데, 하물며 중국에서 구하는 일이겠습니까? 신이 일찍이 북경에 갔을 적에 들으니, 중국의 수박이 우리나라 것과 그다지 다른 점이 없다고 했습니다. 또 수개월이 걸리는 여정에 반드시 상하게 될 것이니, 우리나라에는 이익이 없고 저쪽 나라로부터 비망만 받을 것입니다."

그러나 놀랍게도 바른말을 한 김천령은 능지처참을 당한다. 또 연산군 11년(1505) 4월 6일에는 "이번 성절사 가는 길에 용안, 여지를 많이 사 오고 수박, 참외 및 각종 과일을 많이 구해 오라."라고 지시한다. 여지(리치)는 당나라 현종이 양귀비가 좋아해서 남방에서 생산되던 것을 장안까지 실어 오느라 백성들의 원망을 들었던 대표적인 과일이다. 연산군은 이것을 거리낌 없이 구해 오라고 주문한다.

연산군이 특히 좋아했던 음식은 소고기의 태(胎)였다. 농업 국가인 조선에서는 소를 식용으로 도축하는 것을 엄격히 규제했다. 태조 7년(1398) 9월 태조 이성계는 교지를 내려 "소와 말의 사사로운 도살을 엄금한다."라고 했고 시시때때로 이런 백성의 우유 음용마저 제한했다. 더욱이 전염병으로 농사용 소가 줄자 농민들이 처한 경작의 어려움을 덜어주기 위해 왕들마저도 반찬으로 소고기를 먹는 것을 부담스러워했다.

그러나 연산군은 완전히 역주행한다. 연산군 11년(1505) 4월 20일, 임금은 잔치마다 소고기를 쓸 것을 전교한다. "이로부터 여느 때의 흥청을 공궤(供饋, 음식을 바침)하는 데에도 다 쇠고기를 쓰니, 날마다 10여 마리를 잡아 수레로 실어 들였다. 노상에 수레를 끌거나 실은 소까지도 다 빼앗아 잡으니, 백성이 다 부르짖어 곡했고, 또 군현(郡縣)으로 하여금 계속하여 바치되, 가까운 도에서는 날고기로, 먼 도에서는 포를 만들게 했다. 또 왕이 소의 태를 즐겨 먹으므로 새끼를 낳은 배가 부른 소는 태가 없을지라도 잡히지 않은 것이 없었다."

또한, 연산군 9년(1503)에는 자신의 양기에 이롭다는 이유로 흰 말고기를 내수사로 보내라고 지시한다. 한의학에서 말은 뜨거운 양기의 상징이

선하 옥체를 보존하소서!

다. 한의학자 이상곤은 어느 지점에서 정북과 정남을 잇는 선을 자오선(子午線)이라고 하는데, 여기서 남쪽을 뜻하는 오(午)라는 한자는 원래 말이라는 뜻이라고 말한다. 자는 북쪽, 차가운 것을 의미하고 오는 남쪽, 뜨거운 것을 상징한다. 이처럼 말은 양기를 상징하는 대표적 동물이었다.

연산군의 정력제 욕심은 말을 넘어 곤충까지 뻗쳤다. 연산군 12년(1506) 5월 "각사의 노복 가운데 총명한 자를 골라 궐문 밖에서 번을 나누어 교대로 근무시키되 이름은 회동습역소(會童習役所)라고 하고 이전(吏典)으로 통솔하게 하되, 이름은 훈동관(訓童官)이라 하여 귀뚜라미, 배짱이, 잠자리 등 곤충을 잡아오게 하라."라고 특별 지시를 내린다. 그 속에는 메뚜기도 포함되어 있었다.

연산군의 정력제 찾기는 백마와 곤충에서 그치지 않았다. 도마뱀도 먹었다. 연산군 11년(1505) 8월, 새로 조제한 홍원룡(紅圓龍), 흑원룡(黑圓龍), 홍갈호(紅蝎虎), 흑갈호(黑蝎虎) 250환을 재상에게 선물했다는 기록이 나온다. 원룡, 갈호는 도마뱀과 개구리 등으로 만든 약으로 양기를 북돋는 약이다.

《본초강목》을 보면 곤충을 약재로 쓰는 법에 대한 설명이 상세하게 나온다. "잠자리에는 여러 종류가 있는데, 그중에서 크고 푸른 것을 청령(蜻蛉)이라고 한다. 동쪽의 이(夷)인들은 푸른 새우가 변해서 생긴 것으로 믿기 때문에 그것을 먹는다. 날개와 발을 떼고 볶아서 먹어야 한다." 잠자리의 실제 효능도 양기를 돕고 신장을 데우는 것이다. 《본초강목》에 따르면 베짱이는 저계(樗鷄)라고 하는데, 약재로는 주로 수컷을 사용하여

성기가 시들어 위축된 것을 크게 만들어 정액을 더하고 자식을 생기게 한다고 기록되어 있다. 그리고 메뚜기는 책맹(蚱蜢)이라고 하는데, 위장의 소화 작용을 도와주는 약으로 여겼다. 뒷다리가 튼실한 메뚜기가 정력에 도움이 될 것으로 판단했기 때문이다.

사실 뒷다리가 튼실한 메뚜기가 정력에 도움이 된다는 생각은 현대 과학이나 의학적으로도 일리 있는 생각이다. 인간의 체온을 유지하는 온기는 40% 이상이 근육에서 만들어진다. 그 근육의 70% 이상은 허리와 허벅지 등 하반신에 분포된다. 나이가 들어 하반신의 활동량이 줄고 근육이 부실해지면 체온 유지를 위한 온기를 만드는 힘이 약해진다. 야간에 소변을 자주 보고 발기 부전이 오는 것도 이 탓이다. 하반신의 든든한 근육이 바로 양기 발생의 근원인 셈이다(이상곤, 2011).

| 꾀병에 숨은 진짜 질환, 양기 부족

연산군의 질병에 대해서는 그렇게 많은 기록이 보이지 않는다. 《조선왕조실록》에도 연산군에게 고질병은 없는 것으로 기록되어 있다. 그저 일상적인 간단한 증세들만이 간략하게 기록되어 있을 뿐이다. 이로 보아 연산군은 나름대로 건강했던 것으로 보인다. 학문을 싫어하고 사냥을 좋아했으면서 여색을 탐한 것으로 보아 그는 문약한 군왕이라기보다 무인의 기질이 강한 군주임을 짐작할 수 있다. 기질이 그랬기에 독재와 폭정이 가능했으며, 또한 양호한 건강이 그것을 뒷받침했을 것이다. 오늘날에도 놀기 좋아하고 여자 좋아하는 바람둥이 중에도 병약한 사람은 없기 때문이다. 문종이나 인종처럼 나약했던 왕들이 그런 행동을 하지 못했던 것으로 봐서 그의 성격과 신체는 미루어 짐작할 때 건강한 것만은

전하 옥체를 보존하소서!

영화 〈간신〉중에서

사실인 것 같다.

　그러나 천리(天理, 하늘의 도리)보다 인욕(人慾, 사람의 욕심)을 택해 여생을 산 연산군, 그의 행동은 그의 몸에 어떤 형태로든 영향을 미쳤다. 연산군의 질병 기록은 세자 시절까지 거슬러 올라간다. 대표적인 것이 세자 시절부터 앓은 면창(面瘡)이다. 이것은 얼굴에 나는 병이다. 예컨대 성종 23년(1492) 10월 "요사이 세자가 면창을 앓아 강(講)을 멈추었다."라는 기록이 나온다. 즉위 후에도 중국에 가서 웅황해독산(雄黃解毒散)과 선응고(善應膏)라는 처방을 구해와 만덕이라는 종에게 실험한 다음 의관의 동의를 얻어 자신의 면창 치료에 사용하기도 했다.

　또 성종 24년(1493) 8월 3일에는 "승정원에 전교하기를, 세자의 얼굴에 종기가 있는데 오래 낫지 아니한다."고 기록하고 있고, 이듬해 8월 12일에는 내의원 제조(內醫院提調) 윤필상(尹弼商)과 윤은로(尹殷老)가 와서 아뢰기를, "세자의 얼굴에 난 종기가 오래도록 낫지 않는데, 우리나라의 의원은 문견(聞見)이 넓지 못하여 약을 쓰지만, 효험이 없습니다."라는 기록이 나온다.

연산군은 자신의 잔병들을 경연 같은 공부를 피하는 핑계로 삼기도 했다. 연산군 2년(1496) 11월에는 기침과 감기로 경연에 참석하지 못한다고 하면서 자신의 게으름을 자책하는 기록이 나온다. 연산군 3년(1497)에는 안질로 책을 읽을 수 없다고 하고, 10월에는 헛비닥의 통증으로 떠는 눈썹 위가 가렵고 더워서 두통이 난다고 경연을 피한다.

연산군 10년(1504) 3월에는 어서(御書)를 내리기를, "근일에 일을 보려고 하지만, 가려움증으로 괴로울 뿐만 아니라 설사가 잦아 약을 먹으므로 나가지 못한다." 하였다. 아무래도 진짜 아픈 것이 아니라 꾀병일 가능성이 크다.

그러나 이 꾀병들의 그늘 속에서 연산군의 목숨을 위협하는 질병이 자리 잡고 있었다. 실록은 이것을 놓치지 않고 기록하고 있다. 시작은 소변을 찔끔찔끔 자주 보는 증상이었다. 연산군 1년(1495) 1월 승정원에서 이렇게 아뢴다.

> "전하께서 소변이 잦으시므로 축천원(縮泉元)을 들이라 하시는데, 신 등의 생각으로는 전하께서 오래 여차(廬次, 여막)에 계시고 조석으로 곡위(哭位)에 나가시므로 추위에 상하여 그렇게 된 것이오니, 만약 바지 안쪽이나 버선에다 모피를 붙여서 하부를 따뜻하게 하면 증세가 없어질 것입니다."

남자가 소변을 보기 위해서는 양기가 있어야 한다. 방광에 고이는 소변은 혈관 밖의 물이다. 물은 데우지 않으면 보통 섭씨 4도 정도가 된다. 항온 동물인 인체는 어떤 경우에도 섭씨 36.5도의 체온을 유지해야 세포가 병드는 것을 막을 수 있다. 따라서 본질적으로 차가운 물인 소변을 섭씨 36.5도로 따뜻하게 데워 유지하지 못하면 오장육부가 병든다.

이렇게 체액을 뜨근뜨근하게 데우는 힘을 한의학에서는 '양기'라고 규정한다. 만약 이 양기가 부족하면 자기방어 측면에서 소변을 자주 배출해 오장육부가 식는 것을 막는다. 이것이 바로 야간 빈뇨의 원인이다.

또 소변은 흘러나오는 것이 아니라 압축된 힘으로 짜내는 것이다. 물총이라고 생각하면 된다. 짜내는 힘이 약하면 나가던 물이 다시 밀려 들어와 잔뇨감이 생기게 되고, 변소를 자주 들락거리게 된다. 소변을 데우는 힘과 짜내는 힘, 발기력을 합쳐서 양기라고 하며 남성들이 오줌발에 신경 쓰는 것도 이런 이유에서다.

한의학적으로 양기의 통로는 척추 안쪽을 흐르는 독맥(督脈)이다. 힘있는 사람이나 득의양양한 사람은 등을 뒤로 젖힌다. 반면 양기가 줄어들면 바람 빠진 풍선처럼 앞으로 푹 숙이게 된다. 바로 고개 숙인 남자가 되는 것이다. 남자들이 정력제에 목숨을 거는 이면에는 이런 한의학적 원리가 숨어 있다.

실록 기록에 따르면 연산군은 하복부를 포함해 하체를 따뜻하게 데우고 난 후 증상이 호전되었다고 한다. 이것은 연산군의 타고난 양기가 약하다는 뜻이다. 실제로도 양기가 모자랐는지 연산군은 정력에 좋다는 약재를 계속 찾았다. 특히 연산군 9년(1503)에는 양기를 보충하려고 백마를 골라서 보낼 것을 명한다.

"백마 가운데 늙고 병들지 않은 것을 찾아서 내수사로 보내라 했다. 흰 말고기는 양기에 이롭기 때문이다."라고 지시한다.

연산군은 큰 키, 가는 허리, 뽀얀 얼굴, 적은 수염을 가졌는데 이러한 사람은 양기가 허약한 사람이 지닐 수 있는 신체조건이다. 그로 보건대 허약하고 냉했다는 것을 짐작할 수 있다. 이렇게 허약하고 냉한 체질을 지닌 사람이 1494년 12월 24일 아버지 성종 임금이 사망한 후 빈전 근처에 지은 여차(廬次)라는 오두막에 기거하면서 하루 다섯 번 곡을 해야 했으니, 병이 오지 않을 수 없었던 것이다.

| 미남 연산군의 오점, 여드름과 성격장애

연산군의 사인은 실록에 나와 있는 피부병으로는 보이지 않는다. 다만 피부병으로 인해 성격이 포악해졌을 수도 있다.

연산군은 호리호리한 체격을 가진 것으로 추측된다. 연산군의 외모를 추측할 수 있는 기록이 두 군데 남아 있는데 첫 번째는 연산군 재위 10년(1504) 의금부에 접수된 고발이다. 의금부 종으로 있었던 팽손이 임금을 비난한 김수명이란 자를 고발한 것이었다. 고발의 내용은 이렇다.

> "전라도 부안현 기병(騎兵) 최중손의 이웃집 사람인 김수명이 나에게 말하길, '내가 저번에 번(番)을 들러 올라왔을 때 인정전을 호위하면서 명나라 사신을 접견하는 예를 올려다보니, 명나라 사신은 우뚝 서서 읍만 하고 주상께서는 몸을 굽혀 예를 표하는데, 주상의 허리와 몸이 매우 가늘어 그다지 웅장하고 위대하지 못하더라.'"

곧 김수명이란 사람이 임금인 연산군의 허리와 몸이 가늘어 위엄이 없으니 백성들의 곤란이 심한 것은 임금 탓이라고 임금의 흉을 보았다는

전하 옥체를 보존하소서!

것이다. 이 고발이 접수되자 의금부에서는 바로 김수명을 잡아다가 국문하라는 명을 내렸다. 이러한 고발 내용을 보았을 때 연산군은 호리호리한 체격의 소유자였음을 알 수 있다.

세월이 100년쯤 흘러 연산군의 외모를 언급한 또 한 사람이 나타났다. 조선 중기 문신인 이덕형은 《죽창한화(竹窓閑話)》[13]라는 수필집에 연산군의 외모에 대한 귀중한 증언을 기록했다.

선조 26년(1593), 임진왜란 중에 이덕형이 피난을 가던 중 진안 땅에 흘러들게 되었다. 그곳에서 만난 한 노인으로부터 어렸을 적 이야기를 들었는데, 노인의 말에 의하면 그가 7세였을 때 군역에 차출되어 번을 서기 위해 상경했는데, 이때 연산군의 얼굴을 볼 기회가 있었다. 그가 본 연산군은 낯빛이 하얗고 수염이 적으며 키가 크고 눈가에 붉은 기가 감돌았다고 했다.

실록과 《죽창한화》의 기록을 종합해 볼 때 연산군은 키가 크면서 허리가 가는 호리호리한 체격이었고, 얼굴은 뽀얗고 수염이 많지 않았다는 것을 알 수 있다. 이전의 왕들이 체격이 우람하고 수염이 풍성한, 말하자면 대장군과 같은 풍모였다면 연산군은 이전 왕들과는 정반대인 체구와 외모를 지녔다는 말이 된다. 곧 전체적으로 선이 가는 외양이었던 것인데, 야사에서 전하는 바에 따르면 성종 임금과 폐비 윤씨는 상당한 미인이었으므로 연산군도 남다른 용모를 가졌을 것이다. 이 모든 기록을 살

---

13) 1500년대와 1600년대 당시 우리나라에 떠돌던 여러 고사나 소설, 설화, 야사들이 폭넓게 기록된 수필집

펴보건대, 연산군은 지금의 꽃미남에 속하는 귀공자풍 외모였다는 말이 된다(방성혜, 2012).

그런데 이렇게 꽃미남에 속한 연산군의 얼굴을 망친 병이 있었다. 바로 얼굴을 덮는 부스럼, 곧 면창(面瘡)이다. 면창에 대한 기록은 이미 언급했듯이 실록 곳곳에 나온다. 뽀얀 얼굴에 면창이 생겼으니 지금으로 말하자면 꽃미남의 인물을 망친 것이라 할 수 있다. 연산군을 상당히 괴롭혔던 이 면창의 정체는 모낭염으로 추측된다.

얼굴의 어느 부위에 어느 정도 크기로 부스럼이 생겼는지에 관한 자세한 기록은 없어서 추측이 어렵기는 하지만, 면종(面腫)이라 하지 않고 면창(面瘡)이라고 하는 것으로 보아 한 군데에 크게 화농이 잡히는 종류가 아니라 자잘한 부스럼이 여러 개 생긴 형태가 아니었을까 싶다. 그렇다면 피지선에 염증이 생긴 여드름 종류였거나 모낭에 세균이 감염되어 염증이 생긴 모낭염 종류였을 것으로 추측된다.

실록에 따르면 연산군은 자신의 면창에서 항상 더러운 진물이 흐른다고 했다. 그리고 웅황해독산을 써서 어느 정도 효과를 보았다. 웅황이란 약재는 살균과 살충의 효능이 있어 피부에 기생하는 여러 감염균을 사멸해주어, 예로

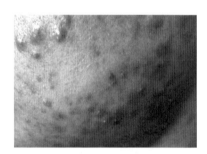

여드름(면창)

부터 피부와 외용제로 많이 사용되었다. 그렇다면 이러한 정황을 종합해볼 때 연산군의 면창은 모낭염이 아니었을까 조심스럽게 추측해 본다. 지금으로 따져볼 때 한창 사춘기에 얼굴이 그와 같았으니 세상 삶이 온

전하 옥체를 보존하소서!

통 짜증의 연속이었을 것이다. 잘 알다시피 짜증은 화를 동반하고 화는 폭력을 동반하기 마련이다.

스코틀랜드 정신과 의사인 로널드 데이비드 랭은 광기를 이렇게 평가했다. "광기는 정상으로 가기 위한 돌파구이다." 조선왕조 역사상 성군의 길을 가장 극렬하게 역주행한 광기의 폭군, 연산군은 어쩌면 성격장애가 있었을 것이다.

성격장애의 증상들은 개인의 성인기 내내, 적어도 후기 청소년기부터 나타난다. 성격장애에 대한 일반적 현상은 사고, 정서, 대인관계, 충동 통제에서 문제를 나타내는데 대표적인 편집성 성격장애(paranoid PD)의 경우 타인을 불신하고 의심하며, 타인에게 악의적인 동기가 있는 것으로 해석한다. 반면 반사회성 성격장애(antisocial PD)의 경우는 자기중심적이고 개인적인 이득을 얻기 위해 움직이며, 타인에 대한 배려와 친밀한 관계를 맺을 수 있는 능력이 결핍되어 있다. 이들은 자신의 개인적인 책임은 태연하게 무시하는 반면 자신의 목표를 성취하기 위해 타인에게 거짓말을 하고 타인을 기만하면서 조종한다. 이들은 가능한 결과를 고려하지 않고 충동적으로 커다란 위험을 감수한다.

세자 융(연산군)은 정현왕후 윤씨를 별로 따르지 않았다. 물론 정현왕후 역시 폐비의 자식에게 깊은 사랑을 쏟아주지는 못했다. 게다가 할머니 인수대비는 융에게 지나칠 만큼 혹독하게 대했다. 자신의 손으로 직접 쫓아낸 며느리의 아들이 고울 리 없었던 것이다. 이런 성장 배경 탓인지는 몰라도 융은 결코 순한 아이로 자라지는 않았다. 자신의 내면을 쉽게 드러내지 않은 음험한 구석이 있었으며, 괴팍하고 변덕스러웠다. 게다가 학문을 싫어하고 고집스럽고 독단적인 성향도 있었다. 정을 받지 못하고 자라서인지 정을 줄 줄도 몰랐다.

연산군을 죽음으로 몰고 간 원인이 역병이라고 실록은 기록하고 있다. 어쩌면 연산군의 죽음이 인격장애(정신장애의 일종)로 인한 것은 아닌지 안타까운 마음이 든다. 또 다른 측면에서는 연산군의 생사를 잡고 있던 반정 세력이 강화도 교동으로 유배된 연산군을 살해했을 가능성도 배제할 수 없다.

사실 옥새를 순순히 내준 연산군은 잠시 목숨을 건졌으나 위리안치[14] 된 그의 목숨이 길 수는 없었다. 열 살짜리 세자와 두 왕자까지 죽여버린 반정 정권이 연산군을 살려 둘 리가 없기 때문이다. 쫓겨난 지 두 달쯤 후인 중종 1년(1506), 11월 7일 연산군을 지키는 교동 수직장 김양필 (金良弼)이 군관 윤귀서와 함께 와서 아뢰었다.

"연산군이 역질(천연두)로 몹시 괴로워하는데 물도 마실 수 없을 뿐만 아니라
눈도 뜨지 못합니다."

중종은 "구병할 만한 약을 내의원에 물어라."고 명하고 삼공(삼정승)에게 의논해서 의원을 보내 치료하게 했다고 《중종실록》은 전하고 있다. 그러나 그다음 달인 11월 8일 교동 수직장 김양필과 군관 구세장이 다시 보고했다.

"초6일 연산군이 역질로 인하여 죽었습니다. 죽을 때 다른 말은 없었고 다

---

14) 죄인을 배소에서 달아나지 못하도록 가시로 울타리를 만들고 그 안에 가두는 형벌

전하 옥체를 보존하소서!

만 신씨를 보고 싶다 하였습니다."

《중종실록》 1년 11월 8일 중종은 내관 박종생을 보내 수의를 내리고 장례를 감독하도록 했다. 표면적으로는 연산군이 병에 걸려 죽었고, 중종이 후하게 장례를 치러 준 것처럼 보인다.

그러나 연산군의 발병보고와 죽은 날짜에 대한 보고는 연산군의 죽음이 예사롭지 않음을 말해 준다. 교동 수직장 김양필이 연산군이 역질에 걸렸다고 보고한 것은 10월 7일이었다. 그리고 다음 날 8일 김양필은 연산군이 10월 6일 죽었다고 보고했다. 연산군이 병에 걸렸다고 중종이 보고 받은 날짜가 10월 7일인데, 그 전날 연산군은 이미 죽었던 것이다. 강화도는 서울까지 파발을 사용하면 하루 안에 충분히 당도할 수 있는 거리다. 그러나 중종은 연산군이 죽은 다음 날에야 병에 걸렸다는 보고를 받았다.

사인도 의문이었다. 연산군의 사인인 역질은 전염병이지만 함께 생활하던 나인들이나 유배지를 지키던 군졸들은 아무도 전염되지 않았다. 따라서 연산군의 사인은 역질이 아닐 확률이 높다. 《조선왕 독살사건》의 저자 이덕일은 연산군은 조용히 죽어줘야 했기에 독살당했다고 주장한다. 만에 하나 중국에서 시비를 걸거나 뜻밖의 변고가 생겨 연산군이 복위라도 한다면 그 피바람은 상상을 불허할 것이었다. 반정 당일 활을 가져오라고 소리쳤던 강성한 연산군은 귀양 간지 두 달 만에 의문의 죽음을 맞고 말았다.

연산군은 왕의 예로 장사를 치르지 않고 명나라에 부고도 하지 않는 것으로 결정 났다. 그러나 이에 대해 《중종실록》 1년(1506) 12월 11일 자의 사신은 이 사실을 크게 꾸짖고 있다.

"사신은 논한다. 연산군이 비록 도리를 잃어 폐위되었으나, 조정에 있는 여러 신하는 북면(北面, 신하로서 임금을 섬김)하여 신하로 섬긴 지 12년이고 또 주상(중종)에게는 형이 되니, 마지막 보내는 일은 의리상 마땅히 후하게 해야 할 것이다. 그러나 당초에 이미 폐위한 것으로 고하지 못하고 선위(禪位)한 것으로 고했으니, 이제 그 죽음에 있어 부고를 하지 않고 그대로 덮어 두는 것은 노산(단종)의 경우와도 같다. 명나라 조정에서 비록 법도 밖으로 대우하여 끝내 힐문함이 없다 하더라도 사책(史策)에 기록하는 바에 어찌 후세의 의심이 없겠는가? 옛 임금에게는 되도록 관대히 하고 새 임금에게는 충성하며 사랑할 것에 대해서는 생각하지 않고 조정 논의가 이와 같으니, 애석하다."

사관은 "사책에 기록하는 바에 어찌 후세의 의심이 없겠는가?"라고 말했으나 연산군의 죽음은 지금까지 별로 의심받지 않았다. 어제까지 충실한 신하였던 사람들이 모두 연산군 죽이기에 가담했기 때문에 의문을 제기할 세력 자체가 없었다. 신하들의 목숨뿐만 아니라 재산까지 다 빼앗았기 때문에 그의 죽음을 애석해하는 사람도 없었다. 그렇게 그는 혼자 폭군이란 오명을 쓴 채 역사 속으로 사라져갔다.

실록을 읽다 보면 조선의 군왕 중 갑자기 사망한 군왕들이 여기저기 보이곤 한다. 연산군 역시 귀향지에서 갑자기 사망했다. 가장 유력한 사망원인으로 독살을 주장하는 학자도 있지만, 사실 기록으로만 봐서는 정확하게 알 수 없다. 알다시피 사람의 죽음은 어느 날 갑자기 다가와 사람의 명을 끊어놓고 떠나버리는 불청객과도 같기 때문이다. 이미 죽은 사람에 대해 사인의 원인을 밝히려고 하는 사람은 없다. 연산군도 같은 경우다.

보통 심장이 갑자기 뛰지 않고 멈춘 경우를 돌연사 또는 심장마비라고 한다. 가장 큰 원인은 부정맥인데, 이 부정맥을 유발하는 원인 질환의 80%는 관상동맥 질환이다. 30~40대에 관상동맥 질환이 생기면 돌연사 위험이 더욱 증가한다. 심장정지를 유발하는 나머지 20%는 드문 병들인데, 이 중 젊은 나이에 많은 질환이 심근병증 특히 비후성심근병증이다. 비후성심근병증이란 심근이 비정상적으로 두꺼워지는 병이다. 평상시에는 아무런 증상이 없지만, 운동경기처럼 전력을 다해야 하는 상황이나 군대에서 혹독한 훈련을 받을 때 종종 증상이 나타나고 심하면 사망한다.

그 외에도 사망하게 되는 원인은 수도 없이 많다. 자신의 의지와 관계없이 타인에게 살해당하는 타살, 스스로 목숨을 끊는 자살, 어떤 충격으로 또는 말할 수 없는 억울함으로 인한 심장마비 등 수도 없이 많다. 실록에 나타난 연산군은 유배지에서 어린 자식들의 죽음에 대한 소식을 전해 받고 통곡하였다고 한다. 그리고 며칠 후 숨을 거두었다.

사람의 사망은 꼭 질병으로만 찾아오지 않는다. 그 중 대표적인 것이 슬픔과 외로움이다. 특히 외로움은 인체가 위험에 처했다는 공포에서 오는 투쟁 혹은 도피 반응과 유사하게 몸에 스트레스 반응을 유발한다. 연산군이 처했던 당시를 고려한다면 이와 같았을 것이다. 혹 위리안치되어 희망이라고는 털끝만큼도 없는 작은 방에서 자신의 죽음이 임박함을 아는 순간 심장은 멈춰버린 것이 아닐까?

플라세보 효과라는 말을 들어봤을 것이다. 플라세보 효과란 긍정적인 믿음, 기대감, 희망, 따뜻한 보살핌의 힘을 보여준다면 있던 병도 낫는다는 효과를 말한다. 반대로 노세보 효과(Nocebo effect)란 부정적인 믿음의 힘을 증명하는 효과를 말한다. 플라세보가 전통적으로 환자의 회복에 도움을 준다면, 노세보는 비활성 치료법이 유발할 수 있는 해로운 효과와 플라세보의 긍정적인 효과를 구별하기 위해 만들어진 용어다.

임상시험 환자들에게 통증을 없애는 약이라고 속여 정제된 설탕을 먹여도 통증이 사라질 가능성이 있다. 반대로 약을 먹고 매스꺼움과 구토가 생길 수 있다고 말하면, 환자들이 진짜 약을 먹지 않았더라도 토할 가능성이 크다.

헨리 바인더(Henry Binder)는 "외과 의사들은 자기가 죽을 거라고 믿는 사람들에게 넌더리를 낸다. 죽어서 사랑하는 고인을 만나고 싶어 하는 수술 대상자들을 연구한 사례가 있다. 그런 상황에서 환자가 거의 100% 사망한다."라고 말했다(Binder 외, 1978).

정신병학자 샌퍼스 코헨(Sanford Cohen)은 자신이 죽기를 바라는 어머니의 말을 엿듣고 사망한 에이즈 환자의 이야기를 전한다. 환자의 어머

전하 옥체를 보존하소서!

니는 아들이 동성연애자로 에이즈에 걸렸다는 말을 들은 날, 아들이 누워있는 중환자실 바깥에서 자신을 수치스럽게 만든 아들을 죽게 해 달라고 소리 높여 기도했다. 1시간 후 아들은 정말로 죽었다. 의사들은 위독한 상태가 아니던 환자의 죽음에 크게 놀랐다(Hrobjartsson & Gotzsche, 2001).

과학자들은 노세보 효과는 기본적으로 스트레스 반응이 활성화되어 나타난다고 믿는다. 환자가 주술사나 가족, 의사에게 저주의 말을 들으면 나쁜 소식을 듣고 스트레스를 받아 스트레스 반응이 활성화된다.

언제 죽을지 모르는 공포는 두려움을 유발하고 두려움은 불안을 가져온다. 불안은 사람을 피폐화시키고 심장을 파헤쳐 놓는다. 언제 사약을 받을지 모르는 상황에서 처자식이 모두 죽었다면 삶을 더 이상 연장할 이유는 아무것도 없을 것이다. 사람은 내일의 희망이 있기에 오늘의 고통을 인내하는 것이다. 언제 죽을지 모르는 불안 속에 하루하루를 살아간다는 것은 결국 죽음을 택할 수밖에 없는 상황에 직면한다. 그런 순간이 오면 우리 뇌는 스스로 멈춰버릴 것이다.

하지만 '하늘이 무너져도 솟아날 구멍은 있다.'는 말이 있듯이 절망 속에서도 희망의 끈은 놓지 말아야 한다. 그래서 연산군의 죽음은 우리에게 많은 가르침을 준다.

현재를 살아가는 우리에게 불안의 오명을 씌우려는 세상의 시도가 계속되고 있지만, 우리는 불안을 소중히 여겨야 한다. 스스로 의미 있는 변화를 이루고 긍정적인 무언가를 얻으려고 노력하고자 한다면, 거기에는 불안이 필요하다. 불안은 인간에게 황색 신호 같은 것이다. 옳은 결정을 내리고 진정한 삶, 의미 있는 삶을 살 생각이 있다면 추구할 가치가 있다고 생각하는 목표와 행동을 알아낼 기회다.

불안은 분명하게 규정되지 않은 것을 더욱 확실한 것으로 만들고, 모호하고 흐릿한 것을 정확하고 명확한 것으로 바꿀 기회다. 그 일을 해낼 수 있는 사람에게는 불안이 사라지고 더욱 긍정적인 감정이 시작될 것이다.

두려움과 용감성은 동전의 양면이다. 용감성은 두려움이 있음에도 자신의 행동을 밀고 나가고, 앞에 무슨 일이 생길지 모르면서도 모퉁이를 도는 것이다. 우리 인간은 인생이 불확실하다는 사실을 받아들이면서도 현재의 불안과 두려움을 이겨나가면서 살아간다. 혹시 어려움 속에서도 용기를 내서 살아가는 사람들에게 위안이 될까 하는 생각에 마리아 릴케가 쓴 아름다운 글을 소개한다.

> "설명할 수 없는 것에 대한 두려움만이 인간의 존재를 궁핍하게 하는 것은 아닙니다. (중략) 그것은 자기 자신이 맞설 수 없다고 생각하는, 예견할 수 없는 새로운 경험을 하기 전에 느끼는 수줍음입니다. (중략) 우리가 그 사람의 존재를 하나의 방으로 생각한다면, 대부분의 사람은 자기 방의 한구석이나 창가 쪽 자리, 자신이 걸어 다니는 마룻바닥을 알아내는 법만을 배울 게 분명합니다. 그래서 그 사람들은 확실히 안전합니다. 그렇지만 위험한 불안은 훨씬 더 인간적입니다(Rilke, 1993)."

릴케는 우리에게 불확실성을 받아들이라고 권한다. 존재의 그 근본적이면서 본질적인 측면을 받아들이고 그것에 대처하는 방법을 배우는 것은 불안과 함께 살아가면서 불안을 극복하는 최고의 방법이다.

전하 옥체를 보존하소서!

연산군이 살아생전에 어떤 나쁜 짓을 했는지는 정확하지 않다. 그렇지만 현재를 살아가는 우리는 반정 세력에 의해 작성된 《연산군일기》를 통해 연산군은 천하에 몹쓸 사람으로 인식하고 있다. 하지만 반정으로 왕권을 잡은 중종이야말로 조선 국왕들 중 가장 많은 사람을 죽인 장본인이다. 그런 중종을 욕하는 자는 없으면서 왕에서 군으로 강등되어 죽었다는 이유로 왕릉 하나 만들어주지 못하는 우리의 행동은 과연 정당한지 뒤돌아보게 한다.

중종

1488~1544
재위 1506. 9~1544. 11

| 반정으로 올라 꼭두각시로 살았던 왕

중종은 1506년 '중종반정(中宗反正)'으로 19살에 즉위했다. 그리고 재위
38년(1544) 11월, 57세를 일기로 승하하였다. 연산군의 폭정으로 망가진
조선을 중흥시켜 중종이라는 묘호를 얻었지만 반정 공신과 사림의 틈바
구니에서 우유부단과 잔인함의 면모를 보여주면서 결국 권신과 외척이
권력 투쟁을 일삼는 시대를 열었다.

사실 중종이 죽인 선비들의 수는 형 연산군보다 많다. 그런데 우리는
중종보다는 연산군에게 폭군이라는 칭호를 내리고 있다. 실록은 승자의
기록이기 때문이다. 우선 살고 봐야 하고 왕위를 잇는 세자가 다음 군왕
이 되어야 자신의 치적이 태종이나 세종처럼 위대한 성군으로 남을 수
있다. 그래서 권력은 예나 지금이나 잡지 않으면 죽음을 면치 못하며, 언
제든 유배를 가거나 감옥에 갈 수 있는 것이다.

전하 옥체를 보존하소서!

실록의 사관은 중종시대를 총괄하여 이렇게 평가했다. "중년에는 학문을 좋아하고 착한 일을 즐겨 하여 옛날 정치에 뜻을 집중했으나, 신진(新進)만을 전임(傳任)했으므로 일과 과격한 것이 많아 뜻을 능히 성취하지 못했다. 그 뒤에도 비록 여러 차례 간사한 사람들에게 속임을 당했으나, 능히 다시 개오(改悟, 후회하고 바로잡음)했으니, 학문의 힘에 힘입은 것이었다." 굴곡진 중종시대의 정치사가 이 짧은 문장에 담겨 있다. 중종이 어떤 인물이었는지에 대해 실록의 사관은 이렇게 평가한다.

"임금은 인자하고 유순한 면은 남음이 있었으나 결단성이 부족하여 비록 일을 할 뜻은 있었으나 일을 한 실상은 없었다. 좋아하고 싫어함이 분명하지 않고 어진 사람과 간사한 무리를 뒤섞어 등용했기 때문에 재위 40년 동안에 다스려진 때는 적었고 혼란한 때가 많아 끝내 소강(小康)의 효과도 보지 못했으니 슬프다. (중략) 인자하고 공검한 것은 천성에서 나왔으니 우유부단하여 아랫사람들에게 이끌려 진성군(중종의 이복동생)을 죽여 형제간의 우애가 이지러졌고, 신비(중종의 첫 왕비 단경왕후 신씨)를 내치고 박빈(중종의 후궁인 경빈 박씨)을 죽여 부부의 정이 없어졌으며, 복성군(중종의 서장자)과 당성위(중종의 부마)를 죽여 부부간의 은의가 어그러졌고, 대신을 많이 죽이고 주륙(誅戮, 죄로 몰아 죽임)이 잇달아 군신의 은의가 야박해졌으니 애석하다."

실록의 이 평가를 보면 중종은 우유부단하고 결단력이 부족하고 신하와 아내 그리고 자녀들에 대한 의리와 정이 부족하여 그들을 죽음으로 내몰았다.

《중종실록》에 나타난 중종의 질병 기록을 살펴보면 그의 생명을 위협할 정도의 고질병을 앓은 흔적은 보이지 않는다. 그를 가장 괴롭힌 것은 종기로 보이며 중종의 나이 40세가 되는 재임 22년째인 정묘년(1527)에 종기를 앓았다는 기록이 중종 27년(1532)에 나오면서부터 그해 가을부터 다음 해 중종 28(1533)년 봄까지 그를 괴롭힌 것으로 되어 있다.

그리고 57세가 되는 중종 39년(1544) 1월부터 집중적으로 기록이 나타 난다. 그리고 그해 11월 15일 임종을 맞는다.

| 중종이 앓은 다양한 질환

중종 39년(1544) 10월 26일의 기록에는 승정원에서 문안하고 증세를 묻 자 중종은 건조한 말투로 대변을 잘 보지 못해 처방을 의논하고 있다고 말한다. 그리고 "내 증세는 여의(여자 의원)가 안다."라고 덧붙인다. 여기서 여의는 우리가 잘 알고 있는 한류드라마 〈대장금〉에서 나오는 장금을 말 한다. 내의원 제조는 결국 장금에게 임금의 상태를 물어본다.

> "지난밤에 오령산(五苓山)을 달여 들었더니 두 번 복용하시고 삼경에 잠이 드 셨습니다. 또 소변은 잠깐 통했으나 대변은 전과 같이 통하지 않아 오늘 아 침 처음으로 밀정(蜜飣)을 썼습니다."

중종이 앓았던 질병은 산증(疝症)이었다. 산증은 하복부의 통증이 위 로 치받쳐 올라 대소변을 잘 보지 못하는 병이다. 의관들은 중종의 증세 에 맞추어 이날까지 여러 날에 걸쳐 반총산(蟠葱散)을 처방해 왔다. 그러 나 차도가 없자 장금이 극적인 처방을 구사한 것이다. 바로 밀정이다. 밀 정은 일종의 관장법이다. 다시 말해 관장을 통해 대변을 직접 배설시켰

전하 옥체를 보존하소서

다. 동백기름이나 통유탕(通幽湯) 등 여러 가지 방법을 써 보다가 안 되니, 직접 손가락을 항문으로 집어넣어 직장에 머물러 있던 똥을 빼낸 것이다. 사흘 뒤인 10월 29일 기사는 중종이 대변을 봤다고 기록하고 있다.

반정으로 오른 왕 노릇이 정말 힘들었는지 19세에 왕이 된 중종은 40세에 이르러서야 종기를 앓은 기록이 나온다. 중종은 어깨 부위가 아프고 붓는다고 고통을 호소한다. 이때 합병증으로 기침과 치통까지 생기면서 의원들과 신하들은 치료 순서에 대해 고민하지만, 종기를 먼저 치료하기로 한다. 약으로 천금루노탕(千金漏蘆蕩)을 처방하고 종기를 침으로 터뜨린다. 종기는 의외로 곪지 않아 태일고(太一膏), 호박고(琥珀膏), 구고고(救苦膏) 등 고약을 붙인다. 종기의 나쁜 피를 직접 거머리로 빨아 먹게 하고서야 종기가 호전된다. 거의 6개월이 지나서야 종기가 어느 정도 치료되어 왕은 의관들에게 상을 준다.

중종은 치통으로도 고생했다. 실록은 중종 14년부터 39년까지 무려 25년 동안 중종이 치통으로 고통받았음을 기록하고 있다. 치통이 주는 고통은 상당했던 것 같다. 중종 34년(1539) 8월 18일 중종은 치통 때문에 영정(影幀, 옛 임금들의 초상화)을 맞이하는 일을 세자에게 맡긴다. 39년(1544) 6월 29일 다시 치통이 말썽을 부리자 의관과 치통에 대해 구체적으로 논의한다.

"나에게 본디 이앓이 증세가 있는데 아픈 것은 빠졌으나, 지금 있는 이가 또 아프고 흔들린다. 이 이가 빠지면 음식을 먹기 어렵겠고 잇몸도 붓고 진물이 나오는데 약으로 고칠 수 있겠는가?"

원인도 중종 자신이 분석한다.

"대저 감기에는 반드시 열기가 생기므로, 이가 움직일 때 잇몸도 헐고 열이
나니, 감기 때문에 이렇게 된 듯하다. 잇몸이 조금 붓고 진물이 나는데, 어
떻게 하면 이를 튼튼하게 할 수 있겠는가?"

내의원 제조 강현이 대답한다.

"먼저 옥지산(玉池散)으로 양치질한 다음에 청위산(淸胃散)을 복용하고 뇌아
산(牢牙散)을 아픈 이 곁에 바르고 또 피마자 줄기를 아픈 이에 눌러 무는데,
뽕나무 가지를 써도 됩니다. 다만 뇌아산에는 양의 정강이뼈를 넣으므로
쉽게 조제할 수 있는 것이 아닙니다."

중종은 치통으로 고생은 했지만 그렇다고 치통이 사망의 원인은 아니
었다. 이후 건강에 큰 문제를 보이지 않다가 57세가 되던 중종 39년(1544)
에 왕은 다시 병에 걸렸다고 기록한다. 중종 39년(1544) 1월 17일에는 중
종은 치통에 걸렸다가 나았으나 잇몸이 아직 아프고 기침병도 생겨서 경
연을 열지 못했다는 이야기를 한다.

중종 11월에는 중종이 심열과 갈증을 호소한다. 아마도 10월 24일과
10월 29일 대변이 막혀 곤욕을 치른 이후라 내의원에서는 청심환(淸心
丸), 생지황고(生地黃膏), 소시호탕(小柴胡湯) 등 다양한 처방을 동원한다.

결국, 11월 4일 의관들은 아주 특별한 약물을 처방한다. 야인건수(野人
乾水), 바로 똥물이다. 《동의보감》은 이 처방에 대해서 이렇게 설명한다.

"성질이 차서 심한 열로 미쳐 날뛰는 것을 치료한다. 잘 마른 것을 가루로 만들어 끓는 물에 거품을 내어 먹는다. 남자 똥이 좋다."

야인건수는 곧바로 효험을 발휘했다. 11월 8일에는 박세거가 들어가서 진찰하고 이렇게 적었다. "갈증이 줄어들고 열은 이미 줄었다." 왕도 이런 효험을 인정했다.

"혹시 밤중에 열이 심하면 쓰려고 하니 미리 준비해서 들어오라."

야인건수는 전염병에 걸려 열이 심할 때 먹으면 관속에 든 사람도 살아 나온다 해서 파관탕(破棺湯, 관을 파괴하고 나오다)이라고 불리기도 했다. 판소리 명창들이 득음을 하기 위해 수련하다가 목에서 피가 나오고 열이 나면 절간의 똥물을 길어다 끓인 다음 마시고 치료했다는 이야기도 같은 맥락이다. 중종은 8회에 걸쳐 야인건수를 복용한다. 그때마다 열이 잡히면서 치료 성과를 올린다. 죽기 전날까지도 야인건수와 청심원을 복용한다. 그러나 결국 중종 39년 11월 15일 열이 잡히지 않으면서 혼수상태에 빠졌고, 고환이 오그라들었다.

남자들은 대부분 건강이 좋지 않을 경우, 고환이 오그라드는 증상을 보인다. 중종은 이날 심한 열로 힘겨워하다가 쓰러져 57세를 일기로 세상을 떠났다. 반정으로 왕의 자리에 올랐지만, 자신을 올린 신하들에 의해 꼭두각시 노릇으로 제대로 된 정치 한번 못하고, 억울한 처자식과 이복형 연산군에 동조한 신하들을 도륙한 어리석은 중종은 그렇게 무책임하게 세상을 떠나고 말았다.

| 산증으로 오른 열이 다시 산증을 악화하다

우선 중종이 앓았다는 종기는 협옹(脇癰)이다. 곧 옆구리 부위에 생긴 종기다. 왕실 기록에서 이 부위에 종기가 났던 기록은 그리 흔하지 않다. 중종은 비교적 독특한 부위에 종기가 생긴 셈이다.

옆구리는 경락상으로 중요한 의미가 있는 부위다. 12경락의 흐름에서 보자면 이곳은 담경(膽經)이 흐르는 부위다. 담경은 간경(肝經)과 더불어 분노와 억압의 감정이 많이 쌓일 때 주로 문제가 드러나는 곳이다. 《동의보감》에서도 협옹은 간과 심(心)에서 화가 성하여 생긴다고 했다. 아무 죄 없는 조강지처 신씨를 쫓아내야 했을 때의 슬픔, 반정 공신들에 대한 분노, 끊임없이 세력 다툼을 벌이는 훈구 세력에 대한 울분, 사림 세력에 대한 염증, 이런 것들이 쌓이고 쌓여 중종에게 협옹이라는 병이 생긴 것은 아니었을까 조심스럽게 생각해 본다.

두 번째로 중종을 사망케 한 것은 산증과 복통이다. 산증은 생식기가 붓고 아픈 증세를 말한다. 담도나 요로가 담석이나 결석으로 막힐 때도 심한 통증이 발생하는데, 이때 느끼는 통증도 말로 표현하지 못할 만큼 심하다. 이렇게 아픈 통증을 산통이라고 한다. 아이를 낳을 때 아픈 산통(産痛)이 아닌 허리와 복부의 병을 의미하는 '산(疝)' 자를 쓴다. 현대의학에서 사용하는 산통은 영어 colic pain을 번역한 말이다. colic은 대장을 의미하는 colon에서 유래된 것으로, colic pain은 대장이 막혔을 때와 같이 심한 통증을 뜻한다.

전하 옥체를 보존하소서!

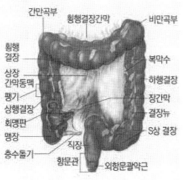

대장의 구조

간만곡부
횡행결장간막
비만곡부
횡행결장
복막수
상장간막동맥
하행결장
팽기
장간막
상행결장
결장뉴
회맹판
S상 결장
맹장
직장
충수돌기
항문관
외항문괄약근

중종의 산증은 바로 대장이 막혀 생긴 산통이었던 것이다. 복통은 내장이 주기적으로 수축할 때 느끼는 통증을 말한다. 내장 근육이 발달한 부위에서 많이 느낀다. 위장관이 좁아진 경우에 이 좁아진 부위로 음식물이 통과하려는 힘이 커져 좁아진 위장관의 상부가 늘어나면서 동시에 수축 활동이 증가한다. 그럴 때마다 통증이 발생하기 때문에 일단 통증이 생기면 점점 심해졌다가 갑자기 멈추는 주기적인 아픔을 느낀다. 위장관이 좁아지거나 막힌 증상으로 통증은 내장통이라 하며 복부 중앙에서 느낀다. 위에서 발생하는 통증은 복부 중앙 윗부분에 느끼고, 소장에서 발생하면 정중앙에서 느끼며, 대장에서 발생하면 하복부 중앙에서 느끼지만, 이 세 가지가 딱 구분되지는 않는다.

중종이 대변을 오래도록 못 봤다는 기록을 볼 때 대장에 문제가 있었을 것으로 보인다. 그렇다면 중종은 어떤 이유로 대변을 보지 못했을까?

대부분 대변을 시원하게 보지 못하는 이유는 항문을 딱딱한 대변이 막고 있기 때문이다. 만약 배변하고 싶은 욕구를 오래 참게 되면 직장에 있던 대변이 결장까지 거꾸로 올라가며, 다시 올라간 대변에서는 수분이 몸속으로 흡수되어 더 딱딱해진다. 딱딱한 변은 변비를 유발하기 때문에 배변 욕구를 느끼고 바로 화장실로 가도 배변을 할 수 없다.

중종은 몸에 열이 많았다. 사람이 열이 많다는 것은 타고난 기질인 경우도 있지만, 통상 몸 어딘가 염증이 생겨 적혈구와 백혈구가 싸우고 있다는 증거이기도 하다. 고온의 열은 우리 몸의 많은 장기를 망가트린다. 대표적인 것이 변비다. 몸 안의 열로 인하여 수분을 낭비하다 보니 마른 똥이 직장을 막아 변비를 유발하는 것이다. 다음으로 장기의 어딘가에 염증이 생겨 치유되지 못한 채 계속 심하게 곪는다는 것이다. 오랜 염증은 각종 암을 유발하는데 그럴수록 몸의 열은 더 높아만 간다. 이러한 열을 내리기 위해 우리 몸은 찬 것을 요구하는데 기록에도 신하들이 중종에게 "찬 음식을 피해야 재발하지 않을 것."이라 말한다.

중종 39년(1544) 2월 9일 삼정승들이 이렇게 말한다. "상의 옥체가 찬바람에 감환(感患)이 드셨다가 오래지 않아 쾌차하시니 조정의 기쁨과 경사를 이루 다 전달할 수 없습니다. 지난번 해소가 아직 완쾌되지 않았는데 심한 추위를 무릅쓰고 경연에 나오셨기 때문에 전일의 증세가 재발한 것입니다. (중략) 또 해소 증세는 냉한 음식을 과하게 드셨기 때문이니 지금부터 절대로 드시지 않으면 영구히 나을 것입니다." 거꾸로 해석하면 중종은 찬 음식을 즐겼다는 이야기가 된다. 이로 보아 몸에 열이 많았던 것으로 보인다.

이외에도 통증의 원인이 전립선염은 아닐까 의심해 볼 수 있다. 전립선염은 자주 특정 형태의 직장 불쾌감을 일으킨다. 이 증세는 '골프공 위에 앉은 것'처럼 느껴진다. 이런 느낌에 덧붙여 간간이 발열을 동반하는 빈뇨와 배뇨 곤란 등 전립선염의 다른 특징이 함께 나타난다. 어쨌든 중종은 산증과 복통을 호소하다가 약을 넘기지 못해, 그날 저녁 승하하고 말았다.

전하 옥체를 부존하소서!

| 사람은 자고로 잘 먹고 잘 싸야 한다

실록에 기록된 중종의 사망원인은 사실상 심한 열로 인한 혼수라고 볼 수 있다. 그렇다면 심한 열은 무엇 때문인지를 추적할 필요가 있다. 중종에게 나타난 열의 원인 중 가장 의심해 볼 수 있는 것이 농양이다. 거의 하루 내내 발열이 있다가 적어도 한 번씩 정상으로 되돌아온다면 원인은 농양일 수 있다. 이것은 농이 주머니 속에 모여 있는 것을 의미한다. 부비동, 잇몸, 간, 치아의 뒷부분, 신장, 폐, 복부, 횡격막 아래 등 사실상 인체 모든 곳에 숨을 수 있다. 그러나 암 역시 그러한 간헐적인 열이 생길 수 있다.

중종은 대변 때문에 대장염 증상을 호소하면서 심한 열을 동반했다. 이는 대장에 염증이 생겼다는 것인데, 그 이유에 대해서는 여러 가지 이유가 있겠지만, 중종의 경우 심한 열이 동반한 것으로 보아 어딘가 염증이 생겨 곪고 있었다고 추정된다. 이러한 이유로 급성 대장염 증상과 궤양성 대장염 증상 그리고 허혈성 대장염 증상을 들 수 있다.

우선 급성 대장염의 경우 대표적인 증상이 설사다. 세균에 감염되면 장관 내로 수분과 전해질이 흡수되지 않고 오히려 분비되어 발생한다. 바이러스성 장염은 발열, 구토, 물 같은 설사, 배꼽 주위 복통이 나타난다. 심한 복통, 고열, 다량의 설사 그리고 혈액이 묻어 나오는 설사인 경우는 세균성 장염인 것으로 생각해 볼 수 있다. 대부분의 장염은 일주일 이내에 저절로 호전되나 유아나 고령자, 면역 결핍자는 탈수나, 고열 증상이 심하다. 이럴 때 건강한 성인이라면 충분한 수분을 섭취하는 것만으로도 치료되는 경우가 많다. 대변이 돌처럼 굳어져 관장을 통해 대변을 봤다는 중종의 경우에는 해당하지 않는다.

다음으로 궤양성 대장염을 들 수 있다. 비교적 흔한 증상으로 혈액과 점액을 함유한 묽은 변 또는 설사가 하루에 수차례 나타나는 증상, 심한 복통, 탈수, 빈혈, 열, 식욕감퇴, 체중 감소, 피로감 등이 있다. 직장을 침범한 경우, 변비가 오거나, 변을 본 후에도 잔변감이 있는 등의 증세가 나타날 수 있고, 만성 출혈에 의해 빈혈이 생기기도 한다. 대장 증상 외에도 관절염, 피부 변화, 간 질환, 열, 체중 감소 등이 나타날 수 있다. 이 경우도 중종에게 나타난 증상은 아니지만, 혹 대장이 아니라 직장에 문제가 있는 것은 아닌지 의심해 볼 필요가 있다.

세 번째로 허혈성 대장염은 종종 통증이 매우 가벼운 경우가 있고, 전혀 복통을 느끼지 못하는 경우도 있다. 복통에 이어 설사가 나오게 되는데 처음에는 단순한 설사이지만 나중에는 암흑색 변이 되고 이어 피가 섞인 설사를 하게 된다. 허혈의 상태에 따라 다르지만, 일반적으로 허혈이 생긴 장 부위에 갑작스러운 복통이 생긴다. 배의 왼쪽에 있는 좌측 결장에서 많이 발생하기 때문에 왼쪽 배가 아픈 경우가 많다. 그러나 심한 통증은 대체로 1~2시간 후면 호전되면서 둔한 통증만 남는 경우가 많다. 이 경우도 사실 중종의 증상과는 거리가 있어 보인다.

마지막으로 직장에 염증이 생기는 직장암을 들 수 있다. 중종의 증상은 변을 보기 힘든 변비증세가 심했으며, 복통을 호소했다. 그리고 심한 열로 인해 종기가 성행하였고, 잇몸 등이 부어올랐다. 이는 직장암의 증상과 유사하다고 할 수 있다. 특히 심한 열을 동반할 경우 식욕이 저하되

전하 옥체를 보존하소서!

는데 식욕이 떨어지면 먹는 것이 없어 대변은 더더욱 못 보게 된다. 아울러 열로 인해 대변이 마르게 되고 마른 대변은 딱딱하게 되어 관장을 통해 배설할 수밖에 없는 지경에 이른다.

옛말에 '잘 먹고 잘 싸는 놈이 오래 산다.'는 말이 있다. 벽에다 똥 발라가며 살 정도로 오래 산다는 것은 잘 먹고 잘 싸야 한다는 말이기도 하다. 하지만 중종은 반정에 의해 권력을 손에 넣었지만 언제 자신도 똑같은 신세로 전락하지 않을까 전전긍긍하다가 잘 먹지도 못하고 똥도 제대로 싸지 못한 채 죽어가야 했다.

명종

1534~1567
재위 1545. 7~1567. 6

| 약골 임금의 감기

　명종은 중종 29년(1534) 5월 22일 중종과 그의 세 번째 왕비 문정왕후 윤씨 사이에 태어난 아들이며, 이름은 환이다. 왕자 환은 어머니 윤씨가 다섯 명의 딸을 낳은 후에 서른다섯에 어렵게 얻은 아들이었다.

　명종은 한 명의 왕비와 후궁 일곱을 뒀지만, 자식은 인순왕후 심씨에게 얻은 순회세자 부가 유일했다. 순회세자는 명종이 열여덟 살 때인 명종 6년(1551) 5월 28일에 얻은 귀한 아들이었지만, 2년 뒤인 명종 8년(1553) 9월 20일에 죽고 만다. 이 일로 명종은 엄청난 절망감과 슬픔에 사로잡히는데, 이 때문에 명종의 병이 더욱 악화되었다. 그 많은 후궁 사이에 자식이 없었다는 건 그만큼 명종의 몸이 허약했다는 뜻이기도 하다.

　명종은 어머니 문정왕후가 죽자 지극정성으로 상을 치렀다. 이것이 화근이 되어 건강이 악화되었고, 급기야 삼년상을 마치자마자 34살에 죽음에 이르렀으니 문정왕후는 자식을 두 번 죽인 꼴이 되어버렸다.

명종은 어머니와 외삼촌 윤원형의 위세에 눌려 단 한 번도 왕권을 제대로 행사해 보지 못한 불안한 군주였다. 사관은 명종의 졸기에서 명종의 성격을 이렇게 평가했다.

> "환시(宦侍)를 대할 때에는 매우 질타했지만, 외신(外臣)을 대하면서는 조금도 잘못됨이 없게 했으니, 공론을 두려워하고 조정을 높이는 것이 지극했다."

명종 17년(1562) 7월 12일 자 기사를 보면 명종의 성격과 그의 리더십이 가진 문제를 좀 더 구체적으로 확인할 수 있다.

> "주상은 성품이 강명하여 환시들의 잘못을 조금도 용서하지 아니하고, 항상 궁중에서 조금이라도 거슬리거나 소홀히 하는 자가 있으면 즉시 꾸짖고 매를 치기까지 했다. 다만 스스로 심열을 걱정했다. 희로(喜怒, 기쁘고 슬픔)가 일정하지 않아 아침에는 벌을 주었다가 저녁에는 상을 주고 또는 저녁에 파면시켰다가 아침에 다시 서용하니, 환시들이 임금의 마음을 미리 헤아려 심히 두려워하지 않았다."

윤원형 등의 권신들은 심약한 왕의 눈을 피해 자신들이 하고 싶은 대로 했다. 그러나 무를 대로 무른 명종은 그들을 제어하지 못했다. 사관은 이러한 상황을 다음과 같이 설명했다.

> "임금이 군자를 쓰려고 하면 소인이 자기를 해칠까 두려워 죽여버리고, 임금이 소인을 제거하려고 하면 소인이 자기에게 붙어 쫓는 것을 이롭게 여겨 서로 이끌어 나왔다."

명종의 지리멸렬한 리더십은 당시의 정치적 상황이나 그의 성격 탓이기도 했지만, 그의 건강 상태도 큰 역할을 했던 것으로 보인다.

명종은 평소 의식주 습관에도 문제가 있었다. 너무 더운 곳에 거처하고 너무 뜨거운 옷을 입었으며 찬 음식을 즐겼기 때문에 소화 기능이 더욱 떨어질 수밖에 없었다. 건강한 사람도 여름에 찬 음식을 먹으면 배탈이 나는데 오랫동안 심열증을 앓은 명종의 소화 기능은 약해질 대로 약해져 있었다.

지나친 효도로 자신의 생명을 갉아 먹은 인종을 보고 느낀 바가 있었는지 문정왕후는 명종 20년(1565) 4월, 자신의 운명할 날이 다가오자 이런 유언을 남긴다.

> "주상은 원기가 본래 충실하지 못하여 오래도록 소선(素膳, 고기나 생선이 들어 있지 않은 반찬)을 들 수 없으니, 모든 상례는 모름지기 주상의 기체(氣體)를 보양하는 것을 선무로 삼아 소식을 멈추고 고기를 먹는 것을 졸곡까지 기다리지 말고 모든 방법을 써서 조보(調保)하는 것이 나의 소망이오."

상례를 지나치게 지키는 것이 인종을 비롯해 문종 등 여러 왕의 목숨을 앗아 간 것을 보면 이 유언은 지극히 당연하다. 동시에 이 유언은 명종이 그리 건강한 체질은 아니었음을 보여주며, 잘 먹지 않아 마른 체형인 것으로 추정된다.

보통 사람들은 면역력이 약해지면 감기에 잘 걸린다. 명종의 단골 질병 중 하나가 감기이기도 했다. 명종 8년(1553) 9월 17일 환절기에 바람을 쐬어 머리가 아프고 기운이 나른하다고 말한 것을 필두로 명종은 계속

진아 옥세를 보존하소서!

감기로 고생한다.

명종 12년(1557) 10월 27일에는 날씨가 따뜻하지 않아 왕의 감기가 오랫동안 낫지 않는다면서 궁전 처마 밑에 털로 장막을 쳐서 임금을 추위로부터 보호해야 한다는 제안이 나올 정도였다. 명종 13년(1558) 11월, 14년 1월에도 명종은 기침과 어지럼증 같은 감기 증세 때문에 진료를 받는다.

감기에 잘 걸리고 추위를 잘 탄다는 것은 몸속의 보일러인 신장의 양기가 약하다는 뜻이다. 양기가 약하다는 것은 원기가 약하다는 의미이기도 하다. 신장은 차가운 쪽과 뜨거운 쪽 양면이 있다. 차가운 쪽이 명문으로 보일러 역할을 한다. 명문은 무협지 등에 많이 나오는 단전이나 현대의학에서 다양한 호르몬의 생산지로서 중요시되는 부신을 가리킨다. 명문은 생명의 문으로서 생명을 유지하는 데 필요한 양기를 만드는 보일러이며, 남자 스태미나의 원천이다. 명문이 약한 명종은 스태미나도 부족해 자식 농사도 힘들어 순회세자 하나만 낳았는데 이마저도 일찍 죽고만다.

명종의 약골 체질은 실록 곳곳에서 확인할 수 있다. 명종 즉위년(1545) 8월 15일 문정왕후는 경연과 곡림(哭臨, 곡을 하는 상례의 하나)을 중지한다. 명종이 큰 역질을 앓은 지 얼마 되지 않았고, 기가 아직 허약해 음식을 제대로 먹지 못하기 때문이라는 이유에서였다. 극성스러운 엄마의 치맛바람을 보는 것 같다.

"주상께서 큰 역질을 겪으신 지 오래지 않았기 때문에 아직도 기가 허약하여 음식을 제대로 드시지 못한다. 학문과 약기(養氣)가 모두 중요하나 내 생각으로는 기운을 기르는 것이 더욱 중요하다."

　명종의 병은 하나밖에 없는 자식 순회세자가 죽으면서 건강도 결정적인 타격을 입는다. 명종의 외아들 순회세자 이부(李暊)는 본래부터 약한 체질로 태어났다. 명종 6년(1551) 5월 원자가 탄생한 지 일주일도 되기 전에 피우(避寓, 병자의 거처를 옮기는 일)를 한다. 명종이 사세가 부득이하다고 하는 것을 보아 원자의 병세가 심각했을 수 있다. 왕세자 이부는 명종의 애정 어린 보살핌과 수많은 어의의 노력에도 불구하고 결국 명종 18년(1563) 9월 20일 세상을 떠나고 말았다.

　이후 명종의 건강이 급격히 나빠진다. 명종 19년(1564) 윤2월 24일 왕은 세자를 잃은 자신의 심경을 이렇게 피력한다.

> "나의 심기가 매우 편안하지 않으면 비위가 화(和)하지 않고 가슴이 답답하며 갑갑하다. 한기와 열이 쉽게 일어나면 원기가 허약하여 간간이 어지럼증과 곤히 조는 증세가 있고, 밤의 잠자리가 편안하기도 하고 편안치 못하기도 하다. (중략) 나이가 30이 넘었는데도 아직도 국가에 경사가 없다. 지난해에 세자를 잃은 뒤 국가의 형편이 고단하고 약해진 듯하니 심기가 어찌 화평하겠는가?"

　후계자 문제에서 명종은 마지막까지 자신의 핏줄을 염두에 두었다. 심지어 지나친 방사(房事)로 죽었다는 이야기가 나올 정도로 자식을 보기 위해 노력했다. 그러나 정치 지형이 급변하고 명종의 몸 상태가 악화되면서 그 뜻을 이루지 못한다. 명종 20년에는 강력한 후원자였던 어머니 문정왕후가 승하한다. 문정왕후의 동생으로 명종의 외삼촌이자 당시 정권

　전하 옥체를 보존하소서

의 핵심인 윤원형은 바로 영의정 자리에서 쫓겨난다. 윤원형의 첩이면서 안방에서 조정을 흔들었던 정난정은 본처를 독살한 혐의로 고소당한다. 왕후의 작은아버지였던 심통마저 쫓겨나면서 명종의 친위 세력들이 모두 사라졌다.

본래부터 심열증을 앓고 있었던 명종은 이러한 정치적 환경변화에 큰 충격을 받으며 거의 죽음 직전까지 갔다. 명종 20년⁽¹⁵⁶⁵⁾ 9월 왕은 열이 심해져 입시한 신하를 알아보지 못할 정도에 이른다.

> "내가 요즈음 심열이 극심하여 여러 날을 겨우 부지했고 원기가 허약하여 기거할 수 없다. 약방 제조가 여러 차례 들어와 살피기를 청했으므로 경들도 함께 들어와 살피게 한 것이다."

그러나 대신들은 명종의 건강에는 관심이 없고 아픈 명종에게 후계자 문제를 빨리 결정하라고 압박한다. 그러나 명종은 강하게 내치지는 못하고 이렇게 대답한다.

> "내전(內殿)에서 생각하여 처리할 것이다."

물론 본심은 종친이라고 해도 자기 아들이 아닌 다른 이의 아들을 후사로 정할 뜻이 없었을 것이다. 그것은 당시 대신들뿐만 아니라 사관들도 알고 있는 사실이었다. 이 논쟁을 기록한 기사 뒤에 사관은 다음과 같은 글을 남겨 놓았다.

> "당시에 상이 하답하기가 어려워서 이같이 하교하였으나 실은 후사를 정하

겠다는 뜻이 없었다."

명종 22년(1567) 6월 왕이 갑자기 위독해지자 중전인 인순왕후 심씨와 몇몇 대신들이 임종을 지켜보기 위해 모였다. 명종은 아직 숨이 붙어 있었지만, 말은 제대로 할 수 없는 상태였다. 명종의 분명한 하교가 없는 가운데 영의정 이준경이 후계자를 누구로 할 것인지 왕비를 압박했고 왕비 인순왕후 심씨는 마지못해 2년 전 하성군 이균(선조)을 지목했던 것을 언급한다. 병으로 허약해진 왕의 권력이 후계자도 마음대로 정하지 못할 정도로 약해졌음을 알 수 있다. 명종의 사망원인은 양기 부족과 심열증, 그리고 간열 등으로 인한 심장 질환으로 사망한 것으로 추정된다.

| 음양의 조화가 깨진 명종의 신체

어머니 문정왕후로 인해 임금이 되었던 명종은 승하 직전인 명종 22년(1567) 6월 24일 자신의 병환에 대해 신하들에게 아주 상세하게 이야기한다.

"내가 본래 10여 년 동안 심열이 있었는데 또 도진 듯하다. 매년 여름에서 가을로 바뀌는 때가 되면 으레 서열(暑熱)이 서로 도와 우로 치밀어 몸이 대단히 편치 않다. 세자의 상을 당하던 계해년부터 5년 동안 시름시름 앓았고, 모후의 상을 당했던 을축년 가을에는 큰 병을 앓다가 겨우 회복되었는데, 지금 역시 일에 임하면 곧 잊어버리고 총명이 감한 듯하며, 내 기운이 전보다 아주 다르게 허약해졌다. 이달 초에 또 열증세가 있기에 즉시 냉약(冷藥)을 복용했고, 일기도 시원해서 불안한 기운이 조금 덜해졌기 때문에 부묘(祔廟)하는 대례를 억지로 행하였다. 그 후에 마침내 노열(勞熱)이 나고 백

전하 옥체를 보존하소서!

가지 병이 뒤섞여 일어났는데 천식 증세도 있어 요즈음 펀치 못한지가 여러 날째인데도 조금도 차도가 없다. 조사(朝使, 명나라 사신)가 이미 압록강을 건넜다니 내 마음속으로 걱정된다. (중략) 중국 사신과 술을 나눌 때도 별달리 잘 못된 일이 없었던 것 같다. 이제 이미 10년이 지나서 몸에 병이 많고 심신이 어두워지고 기력도 전과 다르며 다리 힘도 지난날 같지 않다."

명종을 괴롭힌 '심열증'은 아마도 한의학에서 이야기하는 상열하한(上熱下寒)의 증상일 것이다. 상열하한은 얼굴 쪽은 화끈화끈 열이 오르고 배와 팔다리는 차가운 증상을 가리키는데, 한의학에서는 이것이 음양오행의 불에 해당하는 심장과 물에 해당하는 신장 사이의 균형이 깨져서 생기는 병이라고 해석한다.

정상적인 사람의 경우 심장에서 나온 양기가 아래로 내려와 시장의 음기를 데우고, 데워진 음기가 위로 올라와 심장의 양기가 지나치게 과열되지 않도록 억제하는 조화와 균형이 유지된다. 이것을 한의학에서는 수화상제(水火相濟)라고 한다. 신장의 음기는 위로 잘 올라가고 반대로 심장의 양기는 아래로 잘 내려가는 상태가 가장 건강하고 정상적인 상태라고 보는 것이다. 하지만 몸의 균형이 깨져 아래로 내려와야 할 심장의 열기가 위로만 올라가 버리고 반대로 신장의 음기가 위로 올라가지 못하고 아래로만 내려가면 병이 된다. 이것을 심신불교(心腎不交)라고 하고 상열하한의 원인이 된다.

상열하한을 치료하는 처방의 요체가 바로 수승화강(水升火降)이다. 마음을 다스려 심장의 열기를 아래로 내리고 신장에 저장된 차가운 물을 데워 상승하게 하는 것이다. 명종은 스트레스로 심열이 심해져 불이 위로 향하고 스태미나를 상징하는 신수는 고갈되어 상승할 수 없었다.

《동의보감》은 이런 증상을 간열(肝熱)과 비허(脾虛)로 파악한다. 간열의 증상은 이렇다. "몹시 성내어 간을 상하면 열기가 가슴속에 밀려오고 숨이 거칠고 짧아지면서 끊어질 듯하며 숨을 잘 쉬지 못한다." 비허의 증상은 이렇다. "지나치게 생각하여 비(신장)를 상하면 기가 멎어서 돌아가지 못하므로 중완(위장)에 적취(체증이 오래되어 배 속에 덩어리가 생기는 병)가 생겨서 음식을 먹지 못하고 배가 불러 오르고 그득하며 팔다리가 나른해진다." 이러한 증상으로 보았을 때 명종의 심열증은 상열하한의 증상과 간열과 비허 증상이 복합된 심장 질환이었을 가능성이 크다.

심장 질환 중에서도 허혈성 심장 질환일 확률이 높다. 허혈성 심장 질환은 기온과 밀접하게 관련이 있어 기온이 떨어지고 실내와 실외의 온도 차가 심한 겨울에 특히 많이 발생한다. 매년 겨울이 찾아올 때면 주위에서 과로나 스트레스로 갑자기 사망하는 사람들의 소식을 심심찮게 접한다. 이러한 급사의 원인 중 대부분이 허혈성 심장 질환에 의한 사망이다. 심장내과 의사들은 흉통을 호소하는 환자들이 증가하는 것을 보면서 겨울이 왔음을 직감한다.

겨울철에 허혈성 심장 질환이 많이 발생하는 이유로는 여러 가지 원인이 거론되고 있다. 추위에 따른 생리적 스트레스로 인한 교감신경계의 흥분과 갑작스러운 기온 강하로 전신 혈관의 수축이 일어나면서 심장의 부담이 증가한다고 알려져 있고, 그 외에 겨울철의 신체적 활동 저하도 관련이 있는 것으로 예기되고 있다. 따라서 이미 허혈성 심장 질환을 갖고 있거나, 또는 발생 위험 인자가 있는 사람들은 추운 겨울철에 특히 건강관리에 유의해야 한다.

　　　　　　　전하 옥체를 보존하소서!

허혈성 심장 질환은 다양한 증상으로 발현되는데 첫 증상으로 급성 심근경색이나 돌연사로 나타나는 경우가 많아 무엇보다도 예방이 매우 중요하다. 이러한 허혈성 심장 질환은 관동맥의 동맥경화증에 의해 발생한다. 동맥경화증은 어느 날 갑자기 생기는 것이 아니라 10대에서부터 생기기 시작하여 20~30년이라는 긴 세월 동안 서서히 진행된다. 동맥경화가 심하게 진행되면 허혈성 심장 질환을 유발하므로 평소에 동맥경화증을 야기하는 위험인자를 줄이기 위해 노력함으로써 충분히 예방할 수 있다. 따라서 젊어서부터 꾸준히 건강을 관리해야 하며 또한 40대 이후의 성인은 건강한 노년을 위해 이러한 노력과 더불어 평소 정기적인 건강검진을 통해 심장 질환 유무를 검사하여 미리미리 대응하는 것이 좋다.

당시 명종이 걸린 허혈성 심장 질환은 명종의 말처럼 하루아침에 생긴 것이 아니라 오래전부터 발병하여 진행하다 갑작스럽게 사망한 것으로 보인다.

약한 심장은 삶의 의욕을 떨어트린다

우리 몸의 장기 중 가장 중요한 것이 무엇일까? 물론 모두 중요하지만, 사람들은 심장의 중요성을 잘 모른다. 원래 태어날 때부터 강력한 심장을 가지고 태어났기 때문이다. 그러나 지금 이 시간에도 심장병으로 고통받는 사람들은 병원에 지천으로 누워있다. 명종도 좋지 않은 심장을 가지고 태어나 34살이라는 젊은 나이에 단명하고 말았다.

심장은 태아 때 최초로 기능을 하는 장기로, 발생 3주에 심장박동이 나타나 혈액순환이 시작된다.

심장은 펌프 엔진의 기능을 할 수 있는 근육조직이다. 사람이 70세까지 산다면 심장이 평생 30억 번 정도 뛰어야 하기 때문에, 지치지 않는 근육이 필요하다. 심장근육을 현미경으로 관찰해보면 팔다리의 골격근이나 위장관의 내장근육과는 다른 구조이기 때문에 따로 심근으로 분류한다. 건강한 성인의 심장근육이 평상시 사용하는 산소는 전체 산소 소모량의 10%정도인데, 이는 전속력으로 달릴 때 다리근육이 사용하는 산소와 비슷하다. 실로 엄청난 소모량이다.

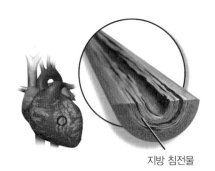

지방 침전물

심장에는 네 개의 방이 있는데, 심방이 두 개이고 심실이 두 개이기에 2심방 2심실이라고 한다. 심방은 혈액이 들어오는 곳이며, 심실은 혈액을 내보내는 곳이다.

이 중 심장에는 심방과 심실 사이, 심실과 동맥(대동맥과/폐동맥) 사이에 좌우 두 개씩, 총 네 개의 판막이 있다. 심장에서 심실로 피가 이동하면 심방과 심실 사이의 판막이 닫히고 심실이 수축을 시작한다. 그리고 심실이 수축해서 심실 내 압력이 상승하면 동맥과 연결된 판막이 열리면서 피가 동맥으로 빠져 지나간다. 그러면 심실과 동맥 사이의 판막은 닫혀서 동맥혈이 심실로 다시 들어오는 것을 막는다.

명종은 심장 질환으로 가슴의 통증을 호소한 기록이 보이는 것으로 보아 관상동맥이 좁아지는 협심증(angina pectoris)으로 인해 심장근육으로 혈류공급에 장애가 생긴 것으로 보인다. 협심증의 원인으로 운동을 하거

전하 옥체를 보존하소서!

나 힘든 일을 하는 경우, 또는 정신적으로 심한 스트레스를 받은 경우이다. 명종의 경우 후자에 속한다. 자신의 의지대로 왕권을 행사할 수도 없었고 어렵게 얻은 자식마저 병으로 죽자 그에 대한 충격으로 가슴의 통증을 앓다가 쓰러진 일이 여러 번 있었다.

협심증 환자의 경우 관상동맥이 좁아져 있으므로 이러한 상황에서 혈액공급이 원활하지 않아 통증이 온 것으로 보인다. 협심증은 가슴에 압력이 가해지거나 쥐어짜는 듯한 통증이 있는 것처럼 느껴진다. 또한 어깨, 팔, 목, 턱 등에 통증이 나타난다. 이 통증은 활동을 하면 심해지고, 휴식을 하면 없어진다.

우리는 당장 생활고 때문에 혹은 잘살아보겠다는 희망 때문에 자신에게 다가올 심장병을 간과하고 살아간다. 하지만 심장병이 찾아오면 희망도 미래도, 그리고 행복도 찾아오지 않는다.

결국, 약해진 심장은 삶의 의욕을 떨어트린다. 대부분의 심장병 환자들은 통증 때문에 운동이나 움직이는 것을 무서워한다. 하지만 우리는 약해진 심장 때문에 운동을 통해 훌륭한 운동선수가 되었다는 경험담을 듣곤 한다. 심장을 비롯하여 우리 몸의 모든 장기는 어떻게 관리하는가에 따라 얼마든지 건강해질 수 있다. 무리하지 않는 범위 내에서 뒷동산부터 오르거나 가벼운 조깅을 통해 심장을 강화해야 한다.

선조

1552~1608
재위 1567. 7~1608. 2

| 백성을 버리고 도망친 왕의 의외의 성품

선조는 명종 7년(1552)에 덕흥대원군 이조와 하동부대부인 정씨의 셋째 아들로 태어났으며, 이름은 균, 군호는 하성군이었다.

명종은 순회세자를 잃고 왕위 계승을 위해 조카 중에 양자를 선택하고자 했는데, 이 일을 매듭짓지 못하고 죽었다. 하지만 죽기 전에 미리 인순왕후 심씨에게 양자의 이름을 쓴 봉함 편지를 맡겨뒀는데, 그 편지 속에 하성군 이균의 이름이 적혀 있었다.

명종이 세상을 떠난 명종 22년(1567) 6월 28일 하성군 이균은 모친상을 당해 사직동에 있는 집에 머물고 있었다. 이때 그의 나이 16세였다. 새벽 2시경 명종이 눈을 감자 도승지 이양원을 비롯한 몇 명이 사직동 사저로 방문했다. 그러나 아직 새벽이어서 문이 닫혀 있었고 이들은 안으로 들어가지 못하고 기다려야 했다.

날이 밝고서야 이양원 등은 빈소를 지키던 이균에게 중전의 명을 전할

전하 옥체를 부존하소서!

수 있었다. 처음에는 울면서 사양했던 이균도 마침내 의관을 갖추고 경성전(慶成殿)으로 들었다. 경복궁 내 서쪽에 있던 소침(小寢), 경성전은 명종의 시신이 안치된 곳이었다.

대궐에 들어온 이균은 좌불안석이었다. 즉위식에 나오라는 거듭된 요청에도 불구하고 이균은 경성전의 상차에 머물며 나오지 않았다. 인순왕후와 대신들의 청이 이어지자 마지못해 근정전으로 나아가기는 했으나, 용상에 오를 엄두를 내지 못했다. 그리고 거듭되는 주청에 결국 하성군은 용상에 올라 백관들의 하례를 받았다. 조선 14대 왕 선조(宣祖) 이연이 태어나는 순간이었다. 재위 초반 여러 인재를 발탁한 영명한 군주가 재위 후반 돌팔매질을 당하는 무능한 군주가 되기까지 선조는 파란만장한 삶을 살았다.

선조 25년(1592) 임진왜란이 발생하자 선조는 서울을 버리고 한밤중에 돈의문을 빠져나갔다. 국왕이 서울을 버리고 도망갔다는 소식을 들은 백성들은 대궐에 난입해 노비와 노비문서를 관리하던 관청인 장예원(掌隸院)에 불을 질렀다. 왜군이 서울에 들어오기도 전에 대궐은 양반 사대부의 침학(侵虐, 침범하여 포악스럽게 행동함)에 분노한 백성들의 손에 불타고 만 것이다. 선조의 행차가 개성에 이르렀을 때는 백성들이 어가를 가로막고 선조를 비난했다.

그런 수모를 겪고도 정신 못 차린 선조는 왜란이 막바지에 다다른 선조 29년(1596) 명나라가 자신을 폐하고 광해군을 국왕으로 책봉할지도 모른다는 의구심에서 전위소동을 벌이기도 했다. 광해군과 대신들이 무려 아홉 번이나 청한 후에야 뜻을 거두었을 정도로 선조는 의심 많은 부왕이었다.

정유재란이 끝난 선조 33년(1600) 선조의 비인 의인왕후 박씨가 세상을 떠나자, 선조는 2년 뒤 51살 되던 해 김제남의 열아홉 살짜리 딸을 새로운 왕비로 맞아들였다. 자신보다 무려 32살 아래 손녀딸 같은 어린 소녀를 왕비로 맞아들인 것이다. 그녀가 광해군이 선조를 독살했다고 주장하는 인목왕후(仁穆王后)다. 선대왕들의 교훈을 통해 어린 왕비를 비로 앉힌 경우, 어떤 피바람이 불지 예견하고도 남을 선조가 어린 소녀를 자신의 비로 앉힌 것은 크나큰 실수 중의 실수였다.

결국, 국혼 4년 후에 인목왕후가 왕자를 낳으면서 조정에는 세자를 둘러싼 새로운 움직임이 일었다. 이때 태어난 영창대군(永昌大君)은 선조가 바라 마지않던 정비 소생이었다. 적장자 영창대군의 탄생은 후계를 둘러싼 피비린내 나는 암투를 예고하는 것이기도 했다.

선조는 두 명의 왕비 즉 의인왕후 박씨와 인목왕후 김씨와 아홉 명의 후궁(공빈 김씨, 안빈 김씨, 순빈 김씨, 정빈 민씨, 정빈 홍씨, 온빈 한씨, 귀인 정씨, 숙의 정씨, 소원 윤씨)에게서 적자녀 1남(영창대군) 1녀(정명공주)와 서자녀 13남 10녀를 얻어 총 14남 11녀의 자녀를 두었다. 전쟁으로 인해 백성들은 집과 먹을 것이 없어 길바닥으로 나앉았는데, 임금이라는 사람이 그 많은 비와 자식을 두고도 쫓겨나지 않으니 이상한 일이다.

그 때문인지 선조 41년(1608) 2월 1일 선조는 떡을 먹다 체해 57세를 일기로 갑자기 세상을 떠났다. 선조라는 묘호는 광해군이 왕위에 오르자마자 대신들의 의견을 모아 결정된 것이다.

모친상 중에 뜻하지 않는 행운으로 왕위에 오른 선조는 어떤 사람이었을까? 그리고 명종은 왜 균(선조)을 양자로 삼아 왕위에 올리려 했을까?

전하 옥체를 보존하소서!

이에 대해 《부계기문》은 이렇게 전한다.

처음에 명종이 여러 왕손을 궁중에서 가르칠 때 하루는 익선관(翼善冠, 임금의 관)을 왕손들에게 써보라 하면서 말했다. "너희들이 머리가 큰지 작은지 알려고 한다."

그러면서 여러 왕손에게 차례로 써보라고 하였다. 균(선조)은 그중에서 나이가 제일 적었는데도 두 손으로 관을 받들어 어전에 도로 갖다 놓으며 머리를 숙여 사양하며 말했다.

"이것이 어찌 보통 사람이 쓰는 것이오리까."

명종이 그 말을 듣고 심히 기특하게 여겨 왕위를 전해줄 뜻을 정하였다.

이 내용으로 보면 균은 왕손 중에서 가장 어렸지만, 가장 속 깊고 어른스러웠다. 또 《석담일기》에는 이런 이야기가 나온다.

하루는 왕손들에게 글을 써서 올리라고 명령하였더니 짧은 시를 쓰거나 구절을 이어 쓰기도 했는데, 균(선조)은 홀로 '충과 효가 본래 둘이 아니다(忠孝本無二致)'라는 여섯 자를 썼다. 이에 명종이 기특하게 여겼다. 이후로 선조를 총애하심이 특히 후하여서 자주 불러 학업을 시험해보고 연이어 은혜를 내리니, 세자라는 이름을 아직 붙이지 않았을 따름이었다. 별도로 선생을 택하여 가르치니, 한윤명(韓胤明)과 정지연(鄭芝衍)이 그 선택에 따랐다. 균(선조)은 글 읽는 것이 매우 정밀하여 때로는 질문하는 바가 사람들이 미처 생각 못 한 것이어서 선생들도 대답을 못 하였다. 이렇듯 왕손 균(선조)은 명민하고 사려 깊은 소년이었다.

실제 선조는 학문에 밝고 명민하며, 매우 합리적인 인물이었다. 이런 선조의 면모에 대해 《지봉유설》은 이렇게 쓰고 있다.

> "임금의 지혜가 뛰어나 무릇 나랏일에 대해 계획하는 것이 모두 임금의 결정에서 나왔으므로 비변사의 모든 사람은 임금의 물음이 있을 때마다 '상교윤당(上敎允當, 상의 가르침이 진실로 합당합니다)'이라고 대답했고, 승정원에서도 미처 봉행하지 못하여 간간이 황공하여서 대죄하였으므로 '황공대죄 승정원, 상교윤당 비변사'라는 농담까지 생겼다."

이 말은 선조가 정사를 처리하면서 판단력이 좋고 합리적인 결정을 잘 내렸다는 뜻이다. 선조의 업무 처리 능력에 대해 실록의 사관들은 이렇게 평하기도 했다.

> "임금은 문으로는 족히 지극한 정치를 이룩할 수 있고, 무로는 족히 전란을 평정할 수 있으며, 밝기는 충과 거짓됨을 변별할 만하고, 지혜로는 사무를 처리할 만하니, 참으로 소위 한세대마다 날 수 없는 성인이요, 크게 일할 수 있는 임금이었다."

선조는 또 매우 검소한 성품을 지녔는데, 《선조실록》 221권 지문(誌文)은 이렇게 기록하고 있다.

> "왕은 성품이 검소하고 화려한 것을 좋아하지 않으며, 사냥하는 등의 오락을 마음에 두지 아니하고, 음식에 육미를 여러 가지로 하지 않으며, 의복은 새것만 입지 않고 빨아서 입으니 비빈들도 사치한 의복을 감히 입지 못하였

전하 옥체를 보존하소서!

다. 난리를 겪은 뒤에는 더욱 검소한 것을 바탕으로 살았으니, 궁중에 밥알 하나라도 땅에 떨어뜨리지 못하게 하며 '이것이 모두 농부들이 고생해서 얻은 물건인데, 편히 앉아서 먹는 것도 사치스럽거늘 하물며 함부로 없앨 수 있느냐?' 하였다."

언젠가 나인이 불고기 먹는 것을 보고 이런 말도 하였다.

"소가 없으면 농사를 짓지 못하는데, 사람이 소를 죽이는 것은 매우 인자하지 못한 짓이거늘 하물며 함부로 지금은 쓰러지고 부서지고 없는 판이 아니냐, 소 잡는 것을 엄금하여도 오히려 번식시키지 못할까 두려운데, 어찌하여 임의로 도살하게 둘 수 있겠느냐?"

선조의 검소한 성품에 대한 이야기는 이것 말고도 여러 이야기가 많다. 또한, 선조는 질투가 심하고 옹졸한 왕으로 알려져 있다. 이는 아마 이순신을 백의종군하게 한 일 때문일 것이다. 하지만 선조는 인재를 등용하면서 출신보다는 실력을 중시하고, 다양한 인재를 곁에 두길 좋아했다. 그 덕분에 선조시대는 조선 역사상 인재가 가장 많았던 시기였다. 이이, 정철, 류성룡, 이덕형, 이순신, 이원익 등 조선을 대표하는 인재들이 모두 선조대 인물이다.

| 공부와 전쟁 스트레스에서 온 병증

선조의 질병에 대한 실록의 첫 번째 기록은 선조 6년(1573) 1월 3일에 나온다. 신하들 사이에서 선조의 목소리가 끊어져 책 읽는 소리가 이상하다는 이야기가 조심스럽게 오가기 시작한다. 승정원에서 이렇게 아뢴다.

> "옥음(임금의 목소리)이 정상적인지 아닌지 이미 여러 해가 지났음에도 오래 끌
> 고 낫지 않으나 대궐에 들어온 신하로서는 누구나 물러가서 조심합시다."

이후 여러 차례 선조의 이상한 목소리에 대해 근심하는 논의가 계속
되지만, 직접적인 언급은 모두 자제한다. 이런 가운데 선조 6년 9월 21일
율곡 이이가 처음 대궐에 들어오자마자 포문을 연다. 이이의 성격을 두
고 실록은 "쾌직(快直)"하다고 표현했다. 거침없이 직설적이라는 뜻이다.

> "소신이 병으로 오래 물러나 있다가 오늘 옥음을 듣건대 매우 맑고 깨끗하
> 지 않으시니 무슨 까닭으로 그런지 모르겠습니다. 전하께서는 여색을 경계
> 하는 말을 즐겨 듣지 않으신다 하니, 진의가 어디에 있는지 모르겠습니다."

목소리가 맑지 못한 것이 여색을 삼가지 않았기 때문이라는 책망이 직
설적으로 나온 것이다. 이에 선조는 "그대가 전에 올린 상소에도 그렇게
말했으나, 사람의 말소리는 원래 같지 않은 것인즉 내 말소리가 본디 그
러한데 무슨 의심할 것이 있겠는가."라고 답변한다. 실록은 "옥색이 자못
언짢아하며"라고 선조의 이때 심기를 자세히 적고 있다.

목소리는 성호르몬의 영향을 많이 받는 게 사실이다. 남성 호르몬이
분비되면서 남자의 목소리가 굵어지며 저음이 되고 여성 호르몬이 분비
되면서 여자의 목소리가 고음이 되는 것은 당연한 사실이다. 지금이야
성호르몬이 신장 곁에 붙은 부신에서 분비되고 성호르몬의 분비에 따라
아이가 어른의 몸을 가지게 되며 성징(性徵)이 변한다는 것을 과학적으로

전하 옥체를 보존하소서

알고 있지만, 조선 중기에는 그렇지 못했다.

선조의 갈라진 목소리가 여색을 밝혀 남성 호르몬이 고갈 또는 소진된 데에서 기인했다는 생각에 동의할 사람은 현재에는 없다.

그러나 더 큰 문제는 소화불량 증상이었다. 선조 7년(1574) 1월 7일 선조는 자주 체한다는 말과 함께 "비위가 상했는지 음식 생각이 나지 않는다."라고 소화불량 증상을 호소한다. 잠도 자지 못한다는 이야기도 덧붙였다.

스트레스와 소화불량은 아주 밀접한 관계가 있다. 스트레스를 받으면 혈관이 수축하고 위의 소화 운동을 담당하는 위장관 근육에 혈액을 공급하는 혈관들도 위축된다. 위장의 운동 능력이 떨어지면서 잘 체하게 되고 속이 더부룩해지는 것은 현대인이라면 누구나 아는 상식에 속한다. '비위를 맞춘다'라는 말이나 '사촌이 논을 사면 배가 아프다'라는 말이나, '속 좁다' 같은 말들은 마음과 위장의 관계에 대해 옛사람들도 잘 알고 있었음을 보여준다.

스트레스가 갉아먹은 내면의 상처가 얼마나 깊었는지 선조의 위장장애는 이듬해에도 계속된다. 선조 8년 1월, 실록 기사는 좌의정 박순이 왕의 비위에 이상이 생겨 지극히 민망하다고 이야기한 것을 기록하고 있다.

보다 못한 유희춘이 왕의 병을 음식으로 치료하고자 식료 단자를 지어 올린다. 그리고 선조 34년(1601) 9월 30일 왕은 "내 병이 다시 도져 고질이 되었는데 그중에서도 마음의 화가 가장 불길같이 성하게 일어나 날이 가고 달이 갈수록 심해지기만 한다."라고 솔직히 토로한다. 화병을 안고 살았던 임금의 가장 솔직한 고백이라고 볼 수 있다. 이때 왼쪽 다리가 열이 나고 아파 신발을 신기조차 힘들었다는 이야기도 덧붙인다.

선조의 위장병은 말년에 극에 달한다. 선조 41년 1월 7일에는 도통 입맛이 없는데 무를 곁들여 겨우 수저를 든다며 "만일 약 중에 무를 꺼리는 재료가 들어간다면 장차 음식을 폐할 것 같으니 고민스럽다."라고 한숨을 내쉴 정도다.

하지만 선조를 괴롭힌 가장 무서운 질환은 귀울음, 즉 이명이었다. 이명 증상은 선조 28년(1595) 8월부터 시작되어 평생 이어졌다.

선조는 이명 치료를 위해 약물을 먹으라는 신하들의 청을 거절하고, 조선 최고의 침의인 허임을 찾는다. 선조 39년(1606) 4월 25일 "귓속이 크게 울리니 침을 맞을 때 한꺼번에 맞고 싶다. 혈을 의논하는 일은 침의가 전담해서 하라. 침의가 간섭을 받으면 그 기술을 모두 발휘하지 못하여 효과를 보기 어려우니 약방은 알아서 하라."라고 엄포까지 놓는다.

여러 차례 침을 맞았고, 쓸데없는 이론적 처방에 휘둘리지 않고 전문가인 침의에게 확실히 의존한 점 등을 보면 침이 확실히 선조의 이명 치료에 효능을 발휘했던 것으로 보인다. 선조의 질환을 치료한 공으로 허임은 양반이 되고 부사 자리까지 오른다. 그리고 그는 동아시아 최고의 침구 서적인 《침구경험방》을 쓰기도 했다.

선조 40년(1607) 10월 9일 새벽 선조는 잠자리에서 일어나 방 밖으로 나가다가 넘어져서 의식을 잃는다. 그러자 의원들은 청심원, 소합원, 생강즙, 죽력, 계자황, 구미청심원, 조협 가루, 묵은쌀죽 등의 약을 한꺼번에 올렸다. 심혈관 질환인 중풍을 치료하려는 처방들이었다. 그런데 이 중 청심환이나 구미청심환, 죽력 등은 모두 성질이 찬 약제들이다.

의식을 되찾은 선조는 이튿날 노골적으로 불만을 토로한다.

　　　　　　　　　　　　　　전하 옥체를 보존하소서

"의관들은 풍증이라고 말하나 내 생각에는 필시 명치 사이에 담열이 있는 것 같다. 망령되어 너무 찬 약제를 쓰다가 한번 쓰러지면 다시 떨치고 일어날 수 없을 것이다. 미음도 마실 수 없으니, 몹시 우려된다. 다시는 이처럼 하지 마라."

이런 말을 했는데도 불구하고 내의원에서는 계속 찬 약을 처방한 모양이다. 2주 후인 10월 26일 선조는 지속적으로 복용하고 있던 영신환(寧神丸)이라는 약물을 거부한다.

"새로 지어 들인 영신환을 복용한 지 벌써 여러 날이 지났다. 그러나 그 약 속에는 용뇌(龍腦) 1돈이 들어 있다. 용뇌는 기운을 분산시키는 것이니 어찌 장복할 수 있는 약이겠는가! 더구나 지금처럼 추운 시기에 먹어야 하겠는가! 요즈음 먹어 보니 서늘한 느낌이 들어 좋지 않다. 의관들이 필시 과용했을 것이다."

12월 3일에는 허준의 이름을 직접 거명하며 진료에 노골적으로 불만을 터뜨린다.

"사당원(砂糖元, 사탕)을 들이자마자 또 사미다(四味茶)를 청하니 내일은 또 무슨 약과 무슨 차를 올리려고 하려는가? 허준은 실로 의술에 밝은 훌륭한 어의인데 약을 쓰는 것이 경솔해 신중하지 못하다."

그러나 허준은 심혈관 질환인 중풍에 주목했고 선조는 소화력이 약해진 것에 관심을 가졌다. 결국, 선조는 중풍과 소화불량을 완치하지 못한 채 3개월 뒤인 선조 41년(1608) 떡을 먹다 체해 57세를 일기로 갑자기 세상을 떠났다.

그런데 소화 기능이 약해 죽으로 연명하던 선조가 아픈 몸으로 약밥을 먹었다는 건 앞뒤가 맞지 않다. 약밥에 독약은 없었지만, 약밥이 수명을 재촉한 건 확실하다. 물론 이런 지시를 내린 사람은 광해군이었을 것이다. 당시 광해군이 선조를 독살하려는 의도가 있었는지는 시대적 상황을 보면 쉽게 알 수 있다.

임진왜란이 끝난 후 선조가 광해군을 멀리하고 자신이 사랑하는 정비 소생 영창대군을 사랑하면서 광해군의 세자 책봉은 멀어져만 갔다. 선조가 광해군을 흔든 표면적인 명분은 명나라가 세자 책봉을 거부한다는 것이었다. 서울로 환도한 이후 조정에서 여러 차례 광해군의 세자 책봉을 청하는 사신을 보냈으나 명나라는 번번이 거부했다. 그 이유는 정비 소생 임해군을 제치고 후궁의 소생 광해군을 세자로 책봉하는 것은 차례를 뛰어넘는 예법 위반이라는 것이었다.

하지만 후궁 공빈 김씨에게 태어난 영창대군이 두 살이 되던 해 선조의 병세가 갑자기 악화되었다. 이때 광해군이 서른네 살, 영창대군이 겨우 두 살이었다. 아무리 어리석은 왕이라고 해도 서른네 살의 장성한 세자를 폐하고 강보에 싸인 두 살의 아이에게 왕위를 넘길 수는 없었다.

그러나 병세가 조금 나아지자 선조의 마음이 또다시 변한다. 광해군이 문안할 때마다 선조는 "명의 책봉도 받지 못했는데 왜 세자라고 칭하는가? 너는 권봉(權封, 임시로 봉한 것)한 것일 뿐이니 앞으로는 문안하지 말라."고 꾸짖었다.

꾸중을 들은 광해군은 땅에 엎드려 피를 토하고 정신을 잃기도 했다.

전하 옥체를 부존하소서

만약 선조가 건강을 되찾아 영창대군이 성장할 때까지 살아 버틴다면 세자는 둘째치고 잘못하면 자신과 등을 지고 있는 반대파에 의해 제거될 수도 있는 상황이었다.

이런 상황에 자신이 할 수 있는 일은 무엇이었을까? 어쩌면 광해군은 피눈물을 흘릴 때마다 아버지 선조를 죽이고 싶었을 것이다. 아니 광해군을 믿고 따르는 자들은 그렇게 되길 빌었을 것이다.

그렇게 선조는 광해군의 바람대로 급사하고 말았다. 선조가 죽자 광해군이 제일 먼저 한 일은 아버지가 가장 사랑하던 아들 영창대군을 제거하는 일이었다. 이렇게 선조의 어리석은 행동으로 인해 그가 그토록 아끼던 적자 영창대군은 광해군에 의해 아홉 살의 어린 나이로 생을 끝내야 했다. 인목대비 또한 존호를 깎아 서궁으로 칭하면서 유폐된다.

▎선조의 사망원인은 위장병인가 심장병인가

선조는 즉위 초부터 극심한 스트레스를 받아왔다. 스트레스를 오랫동안 받으면 외향적인 사람은 교감신경이 흥분하고 내향적인 사람은 부교감신경이 흥분된다. 선조는 내향적인 사람이었다. 부교감신경이 항진되면 미주신경과 긴장증이 오는데 발성 장애를 야기해 목이 쉬거나 위장운동 장애가 생긴다. 목소리 이상을 호소하기 시작하면서부터 선조가 위장 장애로 위장약을 복용하거나 소화불량 증상을 지속적으로 호소하는 것을 실록에서 볼 수 있다.

선조시대는 사림의 시대였다. 사림은 송나라 주자학을 중심으로 한 성리학을 추종했다. 적통이 아닌 선조를 전격적으로 왕위에 올린 세력도 바로 이들이다. 그 때문일까, 사대부들의 역할이 커질수록 왕은 주눅 들고 신하들은 큰소리쳤다. 왕권의 시대는 저물고 신권의 시대가 도래한 것이다.

선조 즉위 초반 사림파 사대부들은 선조의 내면세계를 뜯어고치기 위해 안간힘을 썼다. 성리학의 이상 군주로 키우려고 교육에 나섰다. 퇴계 이황, 율곡 이이, 고봉 기대승 등 쟁쟁한 성리학의 거두들이 모두 선조의 경연 강사로 나섰다. 이황은 《성학십도》를, 이이는 《성학집요》를 바치며 선조를 위대한 군주로 키우려고 노력했다. 어린 선조가 보기에 그들은 신하가 아니라 스승이었고, 정치적 후원자이자 자신에게 스트레스를 안겨준 사람들이었다.

그리고 정확하게 개국 200년 만인 1592년 발생한 임진왜란은 조선의 모든 체제를 송두리째 뒤엎었다. 이로 인해 선조는 서울을 버리고 도주할 수밖에 없었는데 도망가는 선조의 행렬이 돈의문(敦義門)을 지날 때는 평소 '군신의 의리'를 밥 먹듯이 읊조리던 백관들이 모두 도망가 따르는 자가 100여 명에 지나지 않았다. 이로 인해 선조는 정신적으로 많은 충격을 받았다. 그래서 그런지 선조가 앓았다는 실록의 기록들은 대부분이 스트레스로 인한 소화불량이나 감기 정도이다. 특히 선조의 목소리가 이상한 것은 위장 장애에서 오는 구토 현상으로 발성 장애가 생긴 것으로 보인다.

선조의 결정적인 사망원인은 실록에는 나와 있지 않다. 다만 중풍과 소화불량을 완치하지 못한 채 갑자기 세상을 떠났다고 하고 있다. 그런데 이상한 것은 숨을 거둔 2월 1일 "어젯밤엔 편히 잠을 잤다."고 말해

전하 옥체를 보존하소서!

병세가 호전되는 줄 알았으나 오후부터 갑자기 악화되어 그날을 넘기지 못하고 세상을 떠났다. 이날 임종을 지킨 유일한 인물이 인목왕후다. 그녀는 영의정 유영경 등이 "전례에 따르면 부인은 임종을 볼 수 없다."고 말하는데도 선조 곁을 떠나지 않았다.

왜 그녀는 법도를 어겨 가면서 선조 옆에서 임종을 지켜보고 있었을까. 이유는 두 가지로 해석할 수 있는데, 한 가지는 남편을 너무 사랑해서일 것이고, 또 다른 한 가지는 광해군에 의한 독살이 있지나 않을까 염려해서일 것이다.

《남계집》에는 "임금의 몸이 이상하게 검푸르니 바깥 소문이 헛말이 아니다."는 기록이 있으나 이 역시 광해군이 폐출된 뒤의 기록이라 믿을 수 없다. 선조가 광해군에 대한 감정이 악화된 상태에서 급사하다 보니 독살의 의혹이 있었던 것은 사실이지만 어떤 유력한 물증이 있었던 것은 아니다.

반대로 광해군 측에서 편찬한 《선조실록》에 선조 독살설에 대한 언급이 없는 것은 당연하지만, 인조반정 후 서인들이 편찬한 《광해군일기》에도 선조 독살설이 언급되지 않은 점은 이상하다. 다만 《광해군일기》에는 선조 독살설에 대해 서인 측이 유일한 근거로 삼은 찹쌀떡에 관한 기록이 나온다. 선조가 승하하는 당일 "미시(오후 1~3시)에 찹쌀떡을 올렸는데, 상이 갑자기 기가 막히는 병이 발생하여 위급한 상태가 되었다."는 내용이다. 바로 이 찹쌀떡을 세자(광해군)가 들였다는 것이 서인들의 주장이다.

이긍익은 《연려실기술(燃藜室記述)》에서 광해군을 쫓아낸 당사자 인조가 찹쌀떡에 대해 말하는 바를 적고 있다.

"당시 선조께서 위독하실 때 내가 처음부터 끝까지 모시고 있었기 때문에 이 일을 상세히 알고 있다. 선왕께서 병든 후에 맛있는 음식이 생각날 즈음 동궁의 약밥이 마침 왔기에 과하게 잡수시고 기가 막혀 이내 돌아갔을 뿐 중간에 어떤 농간이 있었다는 말은 실로 밝히기 어렵다."

선조의 기를 막히게 한 약밥, 즉 찹쌀떡을 들인 인물이 광해군인 것은 맞지만, 찹쌀떡에 독이 들었는지를 밝히기는 어렵다는 말이다. 광해군의 선조 독살설을 입증하는 인물로 개시(介屎)라는 궁녀가 등장하기도 한다. 세자를 교체하려는 선조의 뜻을 안 궁녀가 광해군과 몰래 접촉해 후일을 도모하는 계획을 세웠다는 것이다. 그러나 이는 광해군을 쫓아낸 서인 측에서 과장했을 가능성이 크다. 선조 독살설은 인조반정 후에 조직적으로 유포되었지만, 구체적인 근거는 미약하다.

그렇기에 선조의 사망원인은 돌연사로 보는 게 적합하다. 선조가 평소 앓았던 소화불량이나 중풍은 직접적인 사인은 아니었지만, 간접적인 사인의 원인이 되었을 것이다.

보통 심장이 갑자기 뛰지 않을 때 심장마비라고 하지만 의학에서는 사용하지 않는 의학 용어다. 돌연사란 자살이나 사고가 아니면서 갑자기 사망하는 경우인데, 의학적인 정의로는 사망을 전혀 예측하지 못하는 상태에서 어떤 증상이 발생하고 한 시간 이내에 사망한 경우를 말한다. 흉통(가슴통)이 시작된 지 30분 내에 사망하는 경우나 갑작스러운 호흡곤란에 이어 매우 어지러워하다가 정신을 잃고 몇 분 후에 사망하는 경우가 대표적인 예다.

심장마비란 심장으로 통하는 혈관에 응고된 혈액이 발생하면서 심장의 기능이 중단되는 경우를 말한다. 심장의 기능이 갑자기 중단되면 산소 공급도 중단되어 치명적인 뇌 손상을 입고, 심할 경우 사망에 이르게 된다. 특히 이 질환은 겨울철이 봄, 가을보다 높은 발생률을 보여 겨울이 되면 항상 조심해야 한다.

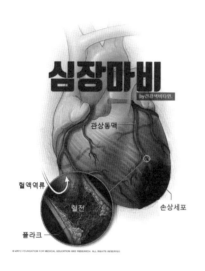

돌연사 즉 심장사가 발생하는 가장 직접적인 원인은 부정맥 특히 심실세동이다. 심실세동이란 심실의 펌프 기능이 상실되고 미세하게 바르르 떨리는 상태다. 심정지를 유발하는 직접적인 원인은 부정맥인데, 이 부정맥을 유발하는 원인 질환의 80%는 관상동맥 질환이다. 즉 혈관이 좁아지는 현상을 말하는데 혈관이 한번 막히면 돌연사 위험이 더욱 증가하여 사망에 이르게 하는 것이다. 스트레스, 담배(니코틴), 술(알코올), 커피(카페인) 그리고 단것을 많이 먹는 현대인들에게 많이 찾아오는 병 중의 하나이다. 특히 과로(스트레스)는 심장에 가장 큰 또는 많은 영향을 준다.

어떤 병이든 그 병이 오기 전에 전조증상이 있는데, 심장마비도 마찬가지이다. 우선 가슴이 답답하거나 두근거리는 느낌이 들면서 가슴에 압박감이 느껴진다. 다음으로 체한 느낌이 하루 이틀을 지나 삼 일째 이어진다. 세 번째는 피로감이나 호흡곤란 등이 이어진다. 이 같은 증상이 찾아오면 바로 병원으로 달려가야 하지만 바쁜 현대인들은 며칠 지나면 괜찮아지겠지 하고 방치하다가 큰 변고를 당하기 쉽다.

아마 선조는 세자 시절부터 받은 심한 스트레스, 그리고 임진왜란을 겪으면서 생겨난 소화불량, 나이가 들면서 생겨난 중풍 등의 합병증으로 갑자기 돌연사한 것으로 추측할 수 있다.

┃ 장기적인 소화불량과 구토는 위암을 의심하라

선조가 죽음 직전까지 앓았던 병은 소화불량이었다. 음식을 먹어도 소화가 잘 안 되다 보니 무얼 먹든 쉽게 체한다는 기록을 볼 수 있다.

체(滯)라는 말은 몸 안에 무엇인가가 막혀서 생기는 병을 의미한다. 《동의보감》에서는 체(滯)를 기(氣)가 막혔다(氣滯)고 해석하는데 요즘에는 체했다고 하면 대부분 소화관에서의 증상을 뜻한다. 보통 음식을 먹고 나서 갑자기 배가 아프거나 거북하거나 답답한 증상이 나타나면 체했다고 한다. 설사를 하거나 아랫배가 아플 때는 체했다고 하지 않기 때문에 체했다는 말은 소화불량과 거의 같은 의미다.

위장에는 신경이 있어서 위장의 소화 과정을 조절하지만 뇌는 그것을 느끼지 못한다. 우리가 입고 있는 옷에서 비롯되는 감촉을 느끼지 못하는 것과 마찬가지로 일상적이고 반복적인 자극들은 뇌가 무시하기 때문에 과식 등 예외적인 경우에만 불편함을 느낀다. 그러나 위장에 어떤 문제가 있으면 위가 조금만 팽창해도 또는 전혀 음식을 먹지 않는데도 윗배가 더부룩하다고 느낀다. 이를 소화불량이라고 한다.

전하 옥체를 보존하소서!

일반적으로 소화불량은 아주 다양한 상황에서 나타나며, 복부 불편은 물론이고 설사에 이르기까지 다양한 증상을 가리키기도 한다. 소화불량(dyspepsia, indigestion)에 대한 의학적인 정의는 식사 여부와는 관계없이 윗배 중앙에 통증이나 불편감이 있는 경우를 말한다. 불편감이란 통증이 아닌 조기 포만감, 만복감, 팽만감, 구역 등의 증상이다. 조기 포만감은 먹은 음식의 양에 비해 지나치게 빨리 위가 가득 찬 느낌으로, 이런 상태에서는 식사를 계속하지 못한다. 만복감(fullness)이란 공복임에도 위장에 음식이 계속 남아 있는 느낌이며 팽만감이란 배가 팽팽하게 부푼 느낌, 구역은 토할 것 같은 느낌이다.

소화불량이라는 말 자체는 소화가 안 된다는 의미이지만, 실제로 음식이 소화·흡수되지 않는 것은 아니다. 소화불량으로 표현되는 많은 증상은 사실 소화와 흡수에는 별다른 문제가 없다. 소화불량으로 호소하는 환자들을 검사해 보면 특정 질환을 발견하지 못하는 경우가 많다. 전체 소화불량증의 30~60%가 이에 해당한다고 한다. 그래서 소화불량은 기질적 질환에 의한 경로로, 소화성 궤양·위식도역류 질환·위암·간 질환·췌담도 질환·아스피린과 항생제 같은 약물 부작용 등이 여기에 속한다.

이외에 여러 검사를 해도 특별한 기질적 질환이 없는 경우인데 아직도 정확한 원인을 몰라 일반적으로 스트레스 때문이라고 진단한다.

그렇다면 선조의 구토와 소화불량은 단순한 스트레스 때문이었을까 아니면 혹 위암은 아니었을까? 그것도 아니면 위암이 걸린 상태에서 급히 먹었던 찹쌀떡 때문에 심장병으로 사망했을까? 선조에게 나타난 증상이라고는 소화불량, 구토, 상복부 통증, 몸에 열이 나는 것 정도였다. 그렇다면 위암 증세에도 이런 증상들이 있지는 않을까? 통상적으로 위암의 증상으로는 상복부 불쾌감, 상복부 통증, 소화불량, 팽만감, 식욕부진이다. 이러한 증상은 위염이나 위궤양의 증세와 유사하다. 이 때문에 소화제나 제산제를 장기간 복용하며, 민간요법을 하는 경우가 많아 수술 시기를 놓치기도 한다.

원인으로 여러 가지가 있지만, 선조의 경우 환경적 요인과 유전적 요인으로 분석된다. 다만 유전적 요인은 선조의 부모와 형제들의 사인을 알 수 없어 설명이 어렵고 환경적 요인으로는 임진왜란과 같은 변을 겪으면서 스트레스와 어려웠던 환경과 음식 등의 요인이 작용했을 것으로 보이는데 이 또한 밝히기가 쉽지 않다.

다만 분명한 사실은 생사를 넘나드는 그 많은 스트레스 속에서도 자식 농사는 풍년을 이루었다는 것이다. 자신의 몸이 정상이 아닐 때는 성욕이 생기지 않는다. 성욕과 소화불량을 별개로 생각할 때 선조의 소화불량은 십중팔구 신경성 위장장애로 보인다. 전쟁으로 인해 백성들이 죽어 나가고, 자신은 명나라로 도망가면서도 자식 만들기에 전념했던 선조는 그 어떤 변명에도 불구하고 후대를 살아가는 사람들에게 용서받지 못할 것이다.

전하 옥체를 보존하소서!

광해군

1575~1641
재위 1608. 2~1623. 3

│ 전란과 부왕의 홀대로 고통받은 세자

선조와 공빈 김씨 사이에서 태어난 광해군은 선조의 둘째 아들이었다. 공빈 김씨는 선조의 첫사랑으로 사랑을 받았으나, 김씨는 산욕열이 너무 심하여 혼(광해)을 생산한 뒤에 줄곧 앓아누워 있었다. 2년 뒤인 선조 10년(1577) 5월 27일 결국 김씨가 죽었을 때 혼은 겨우 두 돌을 넘긴 상태였다. 공빈 김씨가 죽자 선조는 매우 슬퍼하며 한동안 후궁들을 일절 접촉하지 않았다.

그러나 자신보다 32살이나 어린 인목왕후를 총애하면서 공빈에 대한 애착을 접었다. 그로 인해 혼(광해)의 처지는 천애 고아 신세나 다름없게 되었다. 그 후 혼은 장성하여 판윤인 유자신의 딸과 혼인하였다. 선조의 정비인 의인왕후 박씨가 자식이 없자 친형인 임해군이 세자의 후보에 올랐지만, 사람 됨됨이가 난폭하고 인덕이 없고 인륜을 저버리는 일을 많이 하여 배제되었고 선조 25년(1592) 임진왜란이 일어나자 광해군이 평양에서 서둘러 세자로 책봉되었다.

광해군은 세자 시절 임진왜란(1592)과 선조 30년(1597) 정유재란 등을 겪으면서 만약의 사태를 대비해 임시로 세웠던 조정(朝廷)인 분조(分朝)를 이끌기도 하였다. 그 뒤 선조가 죽기 2년 전 선조의 계비 인목왕후 김씨가 영창대군을 낳으면서 광해군이 서자이며 둘째 아들이라는 이유로 영창대군을 후사로 삼을 것을 주장하는 소북파와 광해군을 지지하는 대북파 시이에 갈등이 확대되었다. 선조 41년(1608) 위독해진 선조가 광해군에게 선위하겠다는 교서를 내렸으나, 소북파의 유영경이 이를 감추었다가 인목대비가 언문으로 교지를 내려 보위에 올랐다.

광해군은 즉위 다음 날, 자신의 교지를 감춘 유경영을 중도부처(中途付處)시켰다가 같은 해 9월 유배지에서 사약을 내려 죽여버렸다. 광해군의 형제인 임해군과 영창대군도 강화도 교동으로 유배 보낸 뒤 죽임을 당하였다.

그 뒤 반정 세력에 의해 폐위된 광해군과 폐비 유씨, 폐세자 질과 세자빈 박씨 등 네 사람은 위리안치(圍籬安置)되었다. 당시 20대 중반이었던 광해군의 아들 즉 세자 부부의 경우, 세자 질이 구멍을 뚫어 밖으로 빠져나가려다 잡혀 인목대비와 반정 세력에 의해 결국 사약을 받았다. 세자빈 박씨도 이 사건으로 죽음을 피하지는 못했다. 박씨는 세자가 울타리를 빠져나갈 때 나무 위에 있었다고 하는데 이는 세자가 빠져나갈 때 망을 보고 있었던 것으로 생각된다. 하지만 세자가 탈출에 실패하여 다시 안으로 붙잡혀 오는 것을 본 그녀는 놀라서 그만 나무에서 떨어졌다. 이후 그녀는 유배지에서 목을 매 스스로 목숨을 끊었다.

이렇게 장성한 아들과 며느리를 잃은 광해군은 1년 반쯤 뒤에 아내 유씨와도 사별하게 된다. 폐비 유씨는 한때 광해군의 중립 정책을 이해할

전하 옥체를 보존하소서!

수 없는 처사라고 하면서 대명 사대정책을 주청하기도 했다. 그리고 광해군이 폐위되자 궁궐 후원에 이틀 동안 숨어 있으면서 인조반정이 종묘사직을 위한 것이 아니라 몇몇 인사의 부귀영화를 위한 것이라고 비판했다. 그만큼 그녀는 나름대로 성리학적 가치관이 확고한 여자였다.

그러나 유씨는 붙잡힌 뒤 유배 생활을 하면서 화병을 얻고 말았다. 도저히 자신이 당한 현실이 믿기지 않아서였다. 그녀는 유배 생활 1년 7개월 만인 인조 2년(1624) 10월에 생을 마감했다.

아들과 며느리 그리고 아내마저 죽자, 광해군의 가족은 박씨 일가로 시집간 옹주 한 사람밖에 남지 않았다. 하지만 광해군은 초연한 자세로 유배 생활에 적응했다. 이 과정에서 그는 몇 번의 죽을 고비를 넘겼다. 광해군에게 아들을 잃고 서궁에 유폐되었던 인목대비는 광해군을 죽이려고 혈안이 되어 있었고, 인조 세력 역시 왕권에 위협을 느낀 나머지 몇 번이나 그를 죽이려고 시도했다. 그러나 반정 이후 다시 영의정에 제수된 남인 이원익의 반대와 광해군을 따르던 관리들에 의해 살해 기도는 성공을 거두지 못하였다.

인조 2년(1624) 이괄의 난이 일어나자 인조는 광해군의 재등극이 염려스러워 그를 배에 실어 태안으로 이배(移配)시켰다가 난이 평정되자 다시 강화도로 데려왔다. 인조 12년(1634)에는 청나라가 쳐들어와 광해군 원수를 갚겠다고 공언하자 조정에서는 또다시 그를 강화도 교동에 안치했으며, 이때 서인 계열의 신경진 등이 경기 수사에게 그를 죽이라는 암시를 내렸지만, 경기 수사는 이 말을 따르지 않고 오히려 그를 보호했다. 그리고 이듬해 조선이 완전히 청에 굴복한 뒤 그의 복위에 위협을 느낀 인조는 그를 제주도로 보내버렸다.

이후 광해군은 제주 땅에서 초연한 자세로 남은 생을 이어갔다. 자신을 데리고 다니는 별장(別將, 7품 관리)이 상방을 차지하고 자기는 아랫방에 거처하는 모욕을 당하면서도 묵묵히 의연한 태도를 보였다. 심부름하는 하인이 '영감'이라고 호칭하며 멸시해도 이에 대해 전혀 분개하지 않고 말 한마디 없이 굴욕을 참고 견뎠다. 그리고 18년 후 인조 19년(1641) 67세의 일기로 생을 마감했다.

정상적으로 편안한 생활을 영위했던 군왕들도 광해군보다 단명했는데, 유배를 가서도 18년을 더 살았다는 것은 그만큼 광해군이 강건한 사람이었음을 보여준다.

《광해군일기(光海君日記)》는 "광해군은 행동을 조심하고 학문을 부지런히 하여 백성들의 마음을 바로 읽어 상을 줄 때도 가려서 세웠다."고 기록하고 있다. 비록 엄마 없이 눈칫밥을 먹으면서 자랐지만, 광해군은 훌륭한 청년으로 성장했다.

세자로 책봉될 당시 광해군은 불과 10대 소년에 불과했지만, 대담하고 뛰어난 지략이 있었다. 임진왜란 당시인 선조 26년(1593)에 명나라 군대를 지휘했던 송응창은 광해군에 대해 이런 평가를 했다.

"지금 듣건대 왕의 둘째 아들 광해군이 영웅의 풍채에 위인의 기상이 드러나 준수하고 온화하며 어린 나이에 재능이 뛰어나다고 합니다. 그러니 제 생각에는 나라의 기업을 새로 회복하는 이때 광해군이 전라 경상 충청도를 차례로 순찰하면서 크고 작은 일을 막론하고 모두 그의 결재를 받도록 하여 군병을 선발할 때 반드시 친히 검열하게 하면 연약한 자가 감히 끌려와서 섞이지 않을 것입니다."

또 당시 명나라 총병(總兵, 병력을 총괄하는 지휘관) 유정도 광해군의 뛰어난 지략에 대한 소문을 듣고 선조에게 이런 글을 올렸다.

"앞으로의 대책을 마련한 내용 중에는 세자 광해군 이혼은 청년으로서 자질이 뛰어나 온 나라의 백성이 모두 놀라 감탄하므로 이미 국왕에게 자문을 올려 빨리 세자를 재촉해서 전라도와 경상도로 내려가 머물면서 본진과 같이 협력하여 모든 일을 정리하는 것이 지금 제일 중요한 것이라고 하였습니다. 세자 광해군은 나이가 젊고 지식과 계략이 특출하다는 것은 직접 이야기를 나누어 보지는 않았으나 이미 소장에서 밝혀졌습니다."

이외에도 당시 조선에 온 명나라 사신은 선조에게 이런 말을 하기도 했다.

"어제 광해군을 보니 용안이 특이하였고 또 신하들이 모두 다 세자로 추대한다고 하니, 국왕을 위하여 훌륭한 아들이 있는 것을 경하하고 또 국왕의 선대를 위하여 경하합니다."

선조 25년(1592) 5월 20일 평양에 머물고 있던 선조는 "세자 혼은 숙성하며 어질고 효성스러움이 사방에 널리 알려졌다. 왕위를 물려줄 계획은 오래전에 결정했거니와 이 나라의 대권을 총괄토록 하며 임시로 국사를 다스리게 하노니 무릇 관직을 내리고 상벌을 시행하는 일을 다 맡기니 스스로 결단해서 하게 하노라." 하였다.

이렇듯 광해군은 영민하고 대담한 사람이었던 것으로 보인다. 이런 광해군에 대하여 폐모살제(廢母殺弟, 어머니를 폐하고 동생을 살해한)의 죄를 저지른 패륜의 폭군, 반정으로 신하들에 의해 폐위된 혼군(昏君, 사리에 어둡고 어리석은 임금), 명나라의 재조지은(再造之恩, 죄를 지어 형벌에 처해질 사람의 죄를 사면하여 구원한 은혜, 보통은 재조라고 함)을 저버리고 오랑캐와 통한 암군(暗君)이었다는 비판을 받고 있다. 반면, 왜란 후 전후 복구 사업을 성공적으로 이끌고 중립 외교를 통해 성리학 이데올로기에 도전하려고 했던 개혁 군주였다는 평가가 교차하는 왕이지만 의학적 건지에서 볼 때, 그리고 그의 질병 기록으로 볼 때 그는 의외로 소심하고 두려움 많은 '보통 사람'이었다.

| 화병이 날 수밖에 없는 환경

광해군의 질병에 대한 《조선왕조실록》의 기록을 찾아보면 광해군은 본래 추위를 잘 타는 체질이었고(김정선, 2005) 특징적인 고질병은 안질이었다. 그 외에 화병, 감기, 치간통(齒齦痛), 종기 등으로 시달려 왔음을 알 수 있다. 그러나 질병으로 사망할 정도의 심각한 병은 없었으며 폐위된 이후 유배 생활을 하다가 노환으로 자연사한 것으로 추측된다. 광해군의 자세한 질병과 관련된 내용이 기록된 《광해군일기》는 광해군의 건강에 무엇인가 큰 문제점이 있음을 즉위년부터 기록하고 있다. 먼저 인목대비의 광해군 챙기기가 그 실마리다. 그녀가 약방에 내린 교서에는 광해군의 건강 실상이 그대로 드러나 있다.

"주상이 지난번부터 침식을 제대로 하지 못한다고 들었지만, 미처 상세히 알아보지 못했는데 어제 문안할 때 친히 뵈온, 즉 정신이 예전과 달라 혼미한 듯하고 너무 심하게 야위었다. 그리고 수라는 하루 동안에 한 번이나 두

전하 옥체를 보존히소서!

광해군 자신도 여러 번에 걸쳐 자신의 건강에 대한 진단을 내린다. 즉
위 2년⁽¹⁶¹⁰⁾이 지난 후 영의정 이덕형과 만난 자리에서 "어려서부터 열이
많아 이것이 쌓여 화증에 걸렸으니 이는 조석^(朝夕) 간에 생긴 병이 아니
다. 항시 울열증을 앓아 이 때문에 자주 경연을 열지 못한 것이다."라고
이야기한다.

화증^(火症)과 심질^(心疾, 마음의 병)은 실록에서 광해군이 가장 자주 토로
하는 질병이었다. 광해군이 말한 심질과 화증은 신체 내부에 열이 올라
속이 답답하고 괴로운 증상을 말한다. 한의학에서 보면 울열증^(鬱熱症)이
다. 이 울열증은 눈에도 이상을 유발한다. 광해군 10년⁽¹⁶¹⁸⁾ 광해군은 이
렇게 말한다.

광해군의 건강에 결정타를 입힌 것은 전쟁, 즉 임진왜란이었다. 선조
25년⁽¹⁵⁹²⁾ 4월 13일 부산에 상륙한 왜군이 파죽지세로 북상하자 선조는
4월 29일 열여덟 살의 광해군 이혼을 세자로 책봉한다. 그리고 광해군은
선조 25년 6월 14일부터 분조를 이끌고 평안도, 황해도, 함경도, 강원도
지역을 옮겨 다니면서 흩어진 민심을 수습했다. 의병을 모집하고 전투를
독려하며, 군량과 말먹이를 수집·운반하는 등 활발한 활동을 벌였다.

그가 분조를 끌고 다닌 지역은 험준한 산악과 고개가 많아 거동도 힘들었을 뿐 아니라 왜군과 멀지 않은 지역이어서 심리적인 압박감 또한 만만치 않았다.

선조시대 주부 벼슬을 지냈다가 알려진 유대조가 올린 상소를 보면 광해군이 산악지역에서 어떤 노숙 생활을 보냈는지 알 수 있다.

> "그때 산길이 험준하여 100리 길에 사람 하나 없었는데, 나무를 베어 땅에 박고 풀을 얹어 지붕을 하여 노숙했으니 광무제가 부엌에서 옷을 말린 때에도 이런 곤란은 없었습니다."

그 고생이 얼마나 심했던지 광해군은 그 후유증으로 선조 26년(1593) 봄과 여름 내내 해주에 머물면서 계속 병석에 누워 있어야만 했다. 궁궐에서 손 하나 까딱하지 않던 왕자에게는 산길을 걷고 나무 밑에서 자는 것 자체가 고역이었을 것이다.

왜란이 종결된 후 벌어진 왕위 계승 문제는 엎친 데 덮친 격으로 광해군에게 심리적인 압박감을 더했다. 선조 41년(1608) 선조의 병세가 심해지면서 북인 정권의 영수인 대북파 정인홍은 광해군에게 왕위를 넘겨주라고 건의하는 한편, 영창대군을 지지하는 소북파의 영의정 유영경은 이를 반대하며 대북파를 공격한다.

그러나 선조는 유영경에게 힘을 실어 준 후 문안을 드리러 온 광해군을 문전 박대한다. 심지어 더 이상 왕세자 문안 운운하지도 말고 다시 오지도 말라고 한다. 16년간 공들여 온 왕세자 자리가 무너질지도 모른다는 상실감에 광해군은 결국 피를 토하며 쓰러지고 만다. 엄청난 스트레스를 받고 있었던 것이다.

진하 옥체를 보존하소서!

결국, 선조의 갑작스러운 죽음으로 광해군은 왕이 되었지만, 건강은 제자리를 찾지 못했다. 경연조차 제대로 열지 못했다.

오랜 전란과 왕위 계승을 둘러싼 암투는 광해군의 몸과 마음을 쇠약하게 만들었다. 그러나 그는 스스로 몸과 마음의 건강 회복을 위한 노력을 제대로 하지 않았다.

광해군 4년(1612) 10월에는 "잇몸의 좌우가 모두 부은 기운이 있는데, 왼쪽이 더욱 심하다. 한 군데만이 아니라 여기저기 곪는 것처럼 아프고 물을 마시면 산초 맛이 난다."며 치통을 호소한다.

광해군 10년(1618) 6월에는 "내가 평소 화증이 많은데 요즈음 상소와 차자(箚子, 간단한 서식의 상소문)가 번잡하게 올라오는 탓으로 광증(狂症)이 더욱 심해져 살펴볼 수가 없다."라고 고백한다. 자신의 화증이 이제는 광증에 이르렀다고 자가 진단한 것이다.

또 광해군 12년(1620) 10월에는 "내 원래 화병이 많은 사람인데, 요즘 나라의 일들이 많고 또 환제의 부음이 겹쳐 오는 바람에 슬프고 두려워서 감히 병을 말하지 못하고 겨우겨우 병을 견뎌가며 출입하고 있는 것이다."라고 말한다.

광해군 15년(1623) 3월에는 약방이 아뢰었다. "지난 연초에 날씨가 고르지 못하여 성상의 안후가 편찮으신 데다 안면의 종기가 날로 심중하였습니다."라고 말한다.

광해군은 조선왕 중에서는 그래도 장수한 왕이었기 때문에 실록에 나타난 질병에 대한 기록이 많지는 않다. 선조 25년(1592) 6월 14일부터 분조를 이끌고 황해도, 함경도, 강원도 지역을 옮겨 다니면서 흩어진 민심을 수습했던 시기에 앓았던 노권(勞倦, 노력하고 힘써 서 피로한 병)과 광해군 10년(1618) 6월 17일과 15년(1623) 1월과 2월에 나타난 화증과 안질, 15년(1623) 3월에 안면에 난 종기 정도가 전부이다.

《동의보감》에서 말하는 노권이란 노력하고 힘써서 피로한 병이라는 뜻으로 그 원인과 병리를 이렇게 설명한다. "정신적으로나 육체적으로 피로하면 몸의 원기가 줄어들게 된다. 음식물의 기가 부족하여 상초가 막히고 하초가 통하지 못하여 속이 더워 지면서 가슴속에서 열이 난다. 화가 왕성하면 비토(肥土, 비장)를 억누른다. 비는 팔다리를 주관하기 때문에 노곤하고 열이 나며 힘없이 동작하고 말을 겨우 한다. 움직이면 숨이 차고 저절로 땀이 나고 가슴이 답답하며 불안하다. 이런 데는 마땅히 마음을 안정하고 조용히 앉아 기운을 돋운 다음 달고 성질이 찬 약으로 화를 내리고 신맛으로 흩어진 기를 거둬들이며 성질이 따뜻한 약으로 중초의 기를 조절해야 한다."고 한다.

현대의학에서는 보통 몸살 정도로 해석한다. 그렇게 큰 병은 아니며 광해군을 더욱 튼튼한 성군으로 성장시키는 데 도움을 줄 뿐, 죽을병은 아니었다.

광해군 11년(1619) 8월에는 뺨에 종기가 생겼다고 했고 15년(1623) 3월에는 얼굴에 종기가 생겼다고 기록되어 있다.

"뺨에 난 종기의 상태가 가볍지 않아 여러 차례 침을 맞았는데도 아직 낫지 않아 수면과 음식이 순조롭지 못하다. 다만 차관(差官)이 관소에 머무르고 있기 때문에 하는 수 없이 거동했을 뿐이다. 전후로 하교한 것이 한두 번이 아닌데 너희들은 무엇 때문에 내린 전교를 무시하고 남의 병을 아랑곳하지

전하 옥체를 보존하소서!

않고, 또 병이 낫기를 기다리지도 않고 이토록 시시각각으로 소란을 피우는가? 이 일이 대해서는 임금과 묘당(廟堂, 의정부)이 있으니 당분간 번거롭게 아뢰지 말라."

직접적인 사망의 원인은 아니지만, 광해군의 뺨에 생긴 종기는 협옹(頰癰)이라고 부른다. 이것의 정체를 추측해 보건대, 첫째로 가능한 후보는 화농성 이하선염(耳下腺炎)이다. 이하선, 곧 귀밑샘에 바이러스나 세균으로 생기는 염증은 여러 종류가 있는데 어린아이들이 잘 걸리는 유행성 이하선염, 세균의 감염에 따른 급성 화농성 이하선염, 그리고 만성 화농성 이하선염이 있다.

우선 광해군 11년(1619)에 기록된 뺨의 종기는 급성 화농성 이하선염으로 추측해 볼 수 있고, 만약 같은 질병이 이어져 온 것이라면 광해군 15년(1623)에 만성 화농성 이하선염의 형태로 재발한 것으로 볼 수 있다(방성혜, 2012).

또 한 가지 가능한 후보 질병이 있다. 광해군 4년(1612)에 광해군이 치통을 앓았다는 기록이 있다.

"잇몸의 좌우가 모두 부은 기운이 있는데, 왼쪽이 더욱 심하다. 한 군데만이 아니라 여기저기 곪는 것처럼 아프다."

이 설명대로라면 광해군은 치주염(齒周炎, 치아 주위 조직의 염증)을 앓았고, 마치 곪는 것처럼 아프다고 했으므로 치아나 잇몸에서 어떤 화농이 진행되고 있었다는 가정을 할 수 있다. 그렇다면 치주염에서 파생된 얼굴 부위의 연부조직염을 의심해볼 수 있다. 치아나 잇몸에서 생긴 화농성 염증이 얼굴로 번져 뺨 부위에 종기를 일으킨 것이다. 그러나 치통이 사망의 원인은 아니었다.

광해군이 앓았다는 화병의 원인은 어려서 어머니를 잃은 데 대한 슬픔 때문이었다. 광해군이 세 살이었을 때 생모인 공빈 김씨가 사망했다. 어머니의 사랑을 제대로 받아보지도 못하고 자랐으니 마음속 깊이 생모에 대한 그리움과 슬픔이 자리 잡고 있었을 것이다. 실제로 광해군이 남긴 유언은 어머니 공빈 김씨의 묘소에 자신을 묻어 달라는 것이었다고 하니 평생 그리움에 사무쳤음을 알 수 있다. 그리고 그가 젊은 시절 겪었던 전쟁의 참혹함이 안겨준 트라우마가 또 한 가지 원인일 듯싶다. 오랫동안 기다려도 잡히지 않던 세자의 자리를 단박에 안겨준 것은 아이러니하게도 전쟁이었다. 하지만 전쟁 때문에 온 나라가 겪어야 했던 참혹함은 이루 다 말할 수 없었다.

또 한 가지는 그의 친형과 이복동생의 죽음에 대한 죄책감이었을 것이다. 권력이란 부모와도 나눌 수 없고 형제와도 나눌 수 없는 것이라 했다. 그가 왕으로 있기 위해서는 어쩔 수 없이 형과 동생의 죽음을 지켜봐야만 했다. 그를 지지한 대북파는 임해군과 영창대군을 절대 살려 두지 말 것을 강경하게 요구했다.

화병(火病) 또는 울화병(鬱火病)은 국내에서는 스트레스를 발산하지 못하고 참는 일이 반복되어 발생하는 일종의 스트레스성 신체화 장애를 일컫는 말이다. 공식적인 정신의학적 질병으로 정의되어 있지는 않으며, 우울장애 중 신체화 증상이 주가 되는 한 양상으로 보는 것이 일반적이다.

스트레스성 울화병의 경우 증상은 근육에 경직이 생겨 허리나 등 위쪽으로 진통이 오고 극도의 혹은 갑작스러운 스트레스 상황이 닥치면 머리에 띠를 두른듯하게 지속적으로 머리가 아프다. 또한, 불안한 감정은 부신(副腎. 신장 위에 있는 내분비 기관)이라는 장기에 영향을 주며, 이로 인해 부신에서는 이를 대처하기 위해 관련 물질을 배출하게 된다. 특히 땀이 나는 것은 많이 알려진 증상 중 하나이며, 심한 스트레스로 인해 긴 시간에 걸쳐 머리카락이 빠지는 형상도 나타난다. 일부 사람들에게는 소화가 잘 되지 않거나 속이 더부룩하고 메슥거리는 느낌이 있다거나 평소 화장실을 자주 들락거리게 된다.

이외의 증상으로 몸에서 혈류량을 늘이기 때문에 얼굴이 붉어지고 몸이 더워지는 듯한 느낌이 드며, 몸무게가 크게 늘거나 줄게 된다. 특히 만성적인 스트레스로 인해 기억력이 감소하는 경우가 있다.

광해군의 15년(1623) 1월 기록에 "나의 병은 화병인데 어찌 회복할 수 있겠느냐."라는 말에서 스트레스성 화병으로 추측된다.

또 한 가지로 광해군에게 고혈압 증상이 있었음을 예측할 수 있다. 광해군 15년 2월의 기록을 보면 "화병으로 머리가 아픈데, 조용히 조섭한 뒤에야 회복될 수 있다."는 기록이 나온다. 통상 스트레스를 받고 혈압이 올라간 후 안정을 취하고 있으면 혈압이 낮아져 정신을 차릴 수 있다. 이는 인체의 혈액량이 증가하여 머리에 두통이 오는 것인데, 이러한 증상은 일반적으로 콩팥 기능 이상의 결과이거나 드물게는 다량의 염분을 저류하는 종양 때문일 수도 있고 혈압 수치를 결정하는 심장의 펌프질에 이상이 왔다는 증상일 수도 있다.

화병은 글자 그대로 심장에 화(火)가 쌓인 것이 풀리지 못해서 생긴다. 이렇게 화 때문에 생기는 병의 특징은 인체 상부에 생긴다는 것이다. 물은 항상 아래로 흐르고 불은 항상 위로 타오른다. 광해군이 앓았던 치통, 눈병, 두통, 얼굴의 종기를 일으키는 원리를 《동의보감》에서는 '화열(火熱)이 침범하면 끓어올라 빨리 돌다가 병의 기운을 만나게 되면 한곳에 몰려 체액이 끈적해져서 담(痰)과 음(飮)이 되는데, 이것이 혈맥으로 들어가게 되면 혈맥이 탁해져서 종기가 된다'고 설명한다.

인조반정으로 제대로 된 저항도 해보지 못하고 광해군은 왕위에서 끌려 내려왔다. 왜 화병이 생겼는지는 상상이 가고도 남는다.

| 희망은 아픈 몸도 치유한다

광해군은 인조반정에 의해 쫓겨나 척박한 강화도와 제주도 유배 생활 속에서도 잡초처럼 질기게 살아남아 당시에는 장수라고 할 수 있는 67세까지 생을 살아갔다. 처와 자식들이 반정 세력에 의해 무참히 죽어가는 비참한 현실에서 무엇이 그를 그토록 버티게 했을까? 다른 임금들이라면 같은 처지에 놓였을 때 피를 토하고 급사하거나 병이 들어 단명했을 것이다.

인간이 장수하는 이유는 두 가지로 요약할 수 있다. 첫째는 선천적으로 건강하게 태어나 스스로 자신을 돌보며 건강을 관리하는 경우이고, 둘째는 만사를 긍정적으로 생각하며 미래에 대한 희망을 버리지 않을 경우이다. 전자가 육체의 건강에 있다면 후자는 정신적 건강에 중점을 두는 경우라 할 수 있다. 광해군의 경우 어린 시절부터 전쟁으로 전국을 누비며 의병들과 외적에 대항하느라 기본적인 체력이 있었고, 유배 생활 속에서도 다시 복위할 수 있다는 긍정적인 성격으로 꿈과 복수의 집념을 키웠기에 그는 장수할 수 있었다.

전하 옥체를 보존하소서!

통상 비참하거나 슬픈 일을 겪은 사람들은 우울증에 시달린다. 우울증은 암의 위험을 높이고 심장병의 주요 요인이며, 다양한 통증 장애와 연관되어 있다(LeShan, 1962). 반면 긍정과 행복은 기대수명까지 늘린다. '주관적인 행복감'이 높은 사람은 그렇지 않은 사람보다 최고 10년 더 오래 산다(Diener & Chan, 2011).

마틴 셀리그만(Martin Seligman) 박사는 '비관적인 사람보다 낙관적인 사람이 오래 사는가'를 연구했다. 그 연구 결과를 보면 비관주의자는 나쁜 사건을 영구적이고(항상 이렇게 나쁠 거야) 광범위하게(이것이 모든 걸 망친 거야), 개인적으로(모두 내 잘못이야) 인식하기 때문에 절망이 뒤따른다. 누구에게나 필연적으로 일어날 수밖에 없는 나쁜 사건을 영구적이고 광범위하며 개인적인 것으로 받아들인다면 언제나 불행할 것이며 궁극적으로 질병은 따놓은 당상이다.

비관적인 사람은 나쁜 사건이 일어나면 자신의 잘못 때문이라고 믿는다. 반면 좋은 사건은 일시적이고 특별하며 자신의 손을 벗어난 일이라고 생각한다. 또 어떤 사람은 항상 나쁜 일만 나한테 생긴다고 불평한다. 이런 사람 대부분이 심장이 약하여 일이 일어날 때마다 식음을 전폐한다. 하지만 낙관적인 사람은 그와 정반대로 생각한다. 낙관주의자는 좋은 사건이 영구적이고 광범위하며 자신이 지닌 내면의 위력 때문에 생겼다고 인식하는 반면, 나쁜 사건을 일시적이고 특정하며 자신의 통제를 벗어난 일이라고 생각한다. 이들은 대부분이 건강한 편이다.

비관과 낙관주의자들에 대한 임상시험도 진행된 바 있다. 셀리그만과 그의 동반자 크리스 피터슨(Chris Peterson)은 그랜트 연구 중에 비관적인 사람들은 45세 때 이미 낙관적인 대상들보다 건강 상태가 열등한 것을 발견했다. 비관적인 남성들은 낙관적인 남성들보다 더 일찍 병들기 시작했고 증세가 더 위중했다. 그리고 60세가 되자 비관적인 남성들은 훨씬 더 아팠다(Peterson 외, 1988).

이 실험의 결과는 낙관적인 사람은 비관적인 사람보다 더 오래 살고 미래를 긍정적으로 내다보는 사람들은 부정적으로 생각하는 사람들보다 사망 확률이 45% 낮았고 심장병으로 사망할 확률도 77% 낮다는 점을 시사한다(Giltay 외, 2004).

세상을 살다 보면 야박하게도 긍정적인 생각보다는 부정적 생각으로 세상을 살아가게 만든다. 주변에는 온통 짜증 나는 일밖에 없다. 그렇다면 꼬리를 물고 생각나는 부정적인 생각에서 벗어나는 방법은 무엇일까? 흔히 전문가라는 사람들은 주의를 돌리라고 말한다. 각박한 세상을 보지 않으려고 노력하라는 것이다.

그러나 주의를 돌리는 방법보다 더 효과적인 방법은 신념을 반박하는 것이다. 신념을 반박하기 위해서는 자신과 논쟁하는 법을 배워야 한다. 자신의 비관적인 신념을 검토하고, 더 지혜롭고 더 자애로우며 더 연민이 많은 자의의 지혜에 접근해 자신이 옳지 않음을 입증하는 것이다. 여자 친구가 전화를 하지 않아서 '내가 형편없는 남자라서 피하는 거야.'라는 생각이 든다면 그 생각을 반박하라. 여자 친구가 바쁘거나, 자동 응답기에 남겨진 메시지가 전달되지 않았거나, 그녀가 전화하려다가 깜빡했을 뿐이라며 나에 대한 그녀의 사랑을 확신해야 한다. 달리 말해 문제가 영구적이고 광범위하며 개인적인 것이 아니라, 일시적이고 특정하며 외부에서 비롯되는 것이라고 생각하면 된다. 이런 새로운 낙관적인 신념에 근거해 새로운 결과를 선택함으로써 비관적인 생각이 일으키는 불쾌한 감정의 소용돌이를 없앨 수 있다.

더 행복하고 더 건강해지려면, 불행한 사건을 낙관적으로 해석하는 것만으로는 충분치 않다. 비관적인 환경에서 빠져나와 행복하기 위한 노력이 필요하다. 《행복도 연습이 필요하다》에서 소냐 류보머스키(Sonja Lyubomirsky)는 행복한 사람들을 조사한 결과, 가장 행복한 사람은 가장 부자이거나, 가장 아름답거나, 가장 성공한 사람이 아니라는 것을 알아냈다. 행복의 비결은 타고난 성향이나 생활환경을 바꾸는 데 있는 게 아니라 행복감을 증진시키는 과학적으로 입증된 특정한 행동을 취하는 데 있다.

이 연구에 의하면, 행복한 사람들에게는 공통된 특성이 있었다. 이들은 가족과 친구들에게 많은 시간을 쏟으며, 서슴없이 자신이 가진 것에 감사를 표현하고, 가장 먼저 도움의 손길을 내밀며, 미래를 낙관적으로 바라보고, 인생의 기쁨을 음미하며, 순간에 살기 위해 노력하고, 운동을 자주 하며, 인생의 목표와 포부에 몰입하며, 인생에서 피할 수 없는 시련을 만났을 때 침착성과 강인함을 보였다.

결론적으로 더 행복하기 위해 노력한다면, 신체의 건강도 따라온다는 것이다.

이왕 이 세상에 태어나 죽을 때까지 살아갈 거라면 부정적인 신념을 버리고 항상 긍정적으로 생각해야 한다. 광해군은 비록 왕위는 물론 가족마저 잃고 유배되는 수모를 겪다 세상을 하직했지만, 그의 곁에는 늘 미래와 희망이 있어, 죽음 또한 결코 외롭지 않았을 것이다.

인조

1595~1649
재위 1623. 3~1649. 5

| 청나라에 머리를 숙인 무능한 왕

　인조는 조선의 왕 중에서 가장 무능한 국왕이었으며, 자식인 소현세자가 자신을 밀어내고 청나라로부터 왕으로 임명될까 두려워 자식인 소현세자를 독살하고 며느리 강빈에게는 자신을 독살하려 했다는 죄를 뒤집어씌워 매로 쳐서 죽였다. 그리고 안사돈이었던 강빈의 어머니를 처형하고 친손자인 세자의 아들을 제주도로 유배 보냈다. 그리고 어린 손자들은 풍토병으로 줄줄이 죽어갔다. 인조는 권력을 유지하기 위해 천륜을 저버린 어리석은 군주였다.

　인조의 성품은 아버지 정원군을 닮은 구석이 있다. 인조의 아버지는 선조의 후궁 인빈 김씨의 아들 정원군 이부다. 결국, 인조는 후궁의 아들도 아니고 후궁의 손자이며 반정으로 즉위한 그는 애초 왕권과는 거리가 멀었다. 인조의 아버지 정원군은 공빈 김씨의 아들로 선조의 첫 번째 서자였던 임해군 이진과 더불어 성품이 포악하고 행동이 방탕해 악동으

　　　　　　　　　　　　　전하 옥체를 보존하소서!

로 소문이 났던 사람이다.

　실록은 선조 시절에 여러 왕자들 중 임해군과 정원군이 일으키는 폐단이 한이 없을 정도로 많았으며 그들이 남의 농토를 빼앗고 남의 노비를 빼앗은 정황과 고발 사실을 상세하게 기록하고 있다. 정원군은 자신의 궁노들이 백모(큰어머니)가 되는 하원군의 부인을 가두고 문을 열어주지 않는 횡포를 부렸는데도 이것을 방조해 종친들의 분노를 사기도 했다.

　반정으로 정권을 잡은 인조와 서인 정책의 핵심 방향은 광해군 정권의 모든 것에 대한 부정이었다. 그중 중요한 것이 외교정책의 변화였다. 광해군의 명·청 중립 외교에 대한 반정 정권의 인식은 인조의 즉위를 허락하는 인목대비의 즉위 교서에 잘 드러나 있다.

> "우리나라가 중국 조정(명)을 섬겨 온 것이 200년으로, 의리로는 곧 군신이며 은혜로는 부자와 같다. 임진년에 재조(再造, 재건을 뜻함)해 준 은혜는 만세토록 잊을 수 없어 선왕께서는 40년 동안 재위하면서 지성으로 섬기어 평생 서쪽을 등지고 앉지도 않았다. 광해는 배은망덕하여 천명을 두려워하지 않고 속으로 다른 뜻을 품고 오랑캐(청)에게 성의를 베풀었으며, 황제가 자주 칙서를 내려도 구원병을 파견할 생각을 하지 않아 예의의 나라인 삼한으로 하여금 오랑캐와 금수가 됨을 면치 못하게 하였으니 그 분통함을 어찌 다 말할 수 있겠는가?"

　반정 당시 중국 대륙은 명나라와 후금(청나라)이 일촉즉발의 긴장감 속에 대치하고 있었다. 이런 긴장 상태에서 명나라 장수 모문룡(毛文龍)이 평북 철산의 가도에서 주둔하면서 요동 정벌을 계획한 것이 청의 심기를 건드렸다. 후금은 조선 문제를 해결하지 않고서는 중원을 정복할 수 없다고 판단하였고 그 결과 정묘호란과 병자호란이 일어나게 된다.

정묘호란은 양국이 형제 관계를 맺는 정묘조약으로 종결되었으나 이는 미봉책에 불과했다. 당시 청은 명과 조선 모두를 상대로 전면전을 벌일 형편이 아니었기 때문에, 일시적인 수습책으로 조약을 체결했던 것이다. 정묘조약 9년 후인 인조 14년(1636)에 청이 형제 관계를 군신 관계로 바꾸자고 나선 것은 조선과의 전면전도 불사하겠다는 자신감의 발로였다.

하지만 서인 정권은 국방력 대신 명분만 쌓았고, 그 명분에 의하면 청을 천자국으로 모실 수 없다는 것이었다. 청을 천자국으로 받드는 것은 반정 명분 자체를 부인하는 자기모순이었다. 인조는 아무런 준비도 없이 8도에 선전 교지를 내렸다. '명나라를 향한 큰 의리'를 더 큰 목소리로 주창한 이 선전 교서는, 명나라와 의리를 지키기 위해 후금과 화해를 끊는다는 내용이었다. 이런 목청뿐인 허세에 대한 청의 대답은 군사 공격이었고, 그 결과 삼전도의 치욕을 안겨 주었다. 이때 조선이 그토록 선봉하던 명나라는 청에 의해 망하고 있었다. 한 치 앞도 내다보지 못한 인조와 서인 정권의 한심하고 무능한 조치였다.

그 결과 당시 세자로 있던 소현세자와 봉림대군은 청나라 심양으로 볼모로 잡혀갔고 무려 9년 만에 귀국할 수 있었다. 세자는 청 태종의 송별연 다음 날 심양을 떠나 드디어 꿈에 그리던 고국으로 돌아오게 되었던 것이다. 세자는 부왕 인조를 만날 생각에 가슴이 뛰었으나, 인조의 마음은 싸늘히 식어 있었다. 어리석고 무능한 인조의 본성이 그대로 드러나는 모습이다.

인조 23년(1645) 우여곡절 끝에 2월 한양에 돌아온 소현세자는 귀국 두 달만인 4월 23일 학질로 병석에 눕는다. 어의 이형익이 치료를 위해 침

전하 옥체를 보존하소서!

을 놓았고 3일 만에 세자는 세상을 떠났다. 《실록》의 기록을 보아도 그렇고 당시 역학관계를 보아도 소현세자는 독살(毒殺)에 희생된 것이 분명했다. 학계에서도 인조의 묵인 내지, 방조하에 당시 권세가 김자점과 인조의 후궁인 귀인 조씨가 합작해 세자를 독살했다는 것이 정설이다.

인조는 당연히 장자 소현세자의 아들 석철을 세자로 책봉되어야 함에도 자신과 뜻을 같이하는 간신들의 청을 받아들여 자신의 둘째 아들 봉림대군에게 세자 자리를 물려 주었다. 인조의 처사는 인륜을 벗어나고 있었다. 이제 인조의 칼날은 남편 잃은 며느리 강빈을 향했다. 이듬해인 인조 24년(1646) 1월 자신에게 올라온 전복구이에 독이 묻은 사건이 발생하자 인조는 곧바로 강빈에게 혐의를 두고서 강빈을 압박하기 시작했다. 수많은 신하의 반대에도 불구하고 인조는 한 달 후 강빈을 폐출하고 사약을 내릴 것을 명한다. 인조는 제정신이 아니었다. 자신의 권력을 유지하기 위해 그리고 자신에 의해 죽어간 소현세자의 잔당을 뿌리 뽑기 위해 며느리까지 죽인 것이다.

정통성 콤플렉스의 악순환에 빠져들고 있었다. 강빈의 형제에게도 억지로 죄를 덮어씌워 장살(杖殺, 장을 맞아 죽는 형)해버렸다. 강빈의 친정어머니도 처형당했다. 그러나 인조는 여기서 끝나지 않았다. 그는 석철을 비롯한 소현세자의 세 아들을 제주도로 유배 보낸다. 자신의 친손자들이었다.

오죽했으면 실록의 사관은 이례적으로 인조를 강도 높게 비판하는 논평을 실었다.

"지금 석철 등이 국법으로 따지자면 연좌되어야 하나 조그만 어린아이가 아는 것이 있겠는가? 그를 독한 안개와 풍토병이 있는 큰 바다 외로운 섬 가운데 버려두었다가 하루아침에 병에 걸려 죽기라도 하면 소현세자의 영혼이 깜깜한 지하에서 원통함을 품지 않겠는가?"

– 인조 25년 8월 1일

실제로 소현세자 장자 석철은 다음 해 9월 풍토병에 걸려 사망하고 만다. 이때 석철의 나이 13세였다.

숙부 광해군을 내쫓고 왕이 된 인조의 질병에 대한 《조선왕조실록》의 기록을 찾아보면 젊은 시절에는 건강한 편이었으나, 치세 기간에 정국이 안정되지 못하고 노심초사 자신을 의심하는 성격으로 병이 생겨 상열(上熱, 감기) 증상이 자주 있었다.

인조의 질병은 어머니 계운궁 구씨(후일 인헌왕후로 추존됨)와 선조의 계비 인목대비의 죽음으로부터 비롯됐다. 조선의 역대 왕들은 나라에 변고가 있거나 가뭄과 홍수 등 천재지변이 생기면 근신한다는 뜻으로 고기반찬을 줄이는 철선(撤膳), 수라에서 반찬의 가짓수를 줄이는 감선(減膳)을 했다. 또 일부 왕들은 신하들을 압박하기 위해 식사를 끊는 각선(却膳)을 하기도 했다.

인조는 즉위 4년째인 1623년 1월 어머니 계운궁이 죽자 광해군과의 차별성을 강조하기 위해 너무 성실하게 감선과 각선에 임하다 건강을 해쳤다. 실록에 따르면 인조는 오랜 기간 지속된 철선과 비정상적으로 적은 식사량 때문에 몸이 수척해지고 얼굴이 검어지고 목소리까지 변했다고

전하 옥체를 보존하소서!

한다. 특히 식사량은 문제가 될 정도로 적었다고 한다. 인조 4년⁽¹⁶²⁶⁾ 2월 실록은 이렇게 기록하고 있다.

> "삼가 듣건대 근일 성상께서 늘 묽은 죽을 진어하시는데 하루에 진어하는 양이 몇 홉에 불과하고 조석의 궤전(饋奠, 신에게 음식을 바치는 의례)에 반드시 직접 참여하신다고 했습니다. (중략) 황급하고 망극한 상황이라 목전에 손상되는 것을 미처 살피지 못하시지만, 원기가 알지 못하는 사이에 점차 쇠약해지신 것이 또한 많을 것입니다."

같은 해 7월의 기록이다.

> "전하께서는 지난겨울 시질(侍疾)하실 때 바람과 눈을 무릅쓰고 찬 곳에 오래 계시었고 지나치게 애통하시어 옥체가 수척해지고 용안이 검게 변하셨습니다."

신하들은 임금의 몸이 일반 백성의 것과 같지 않다고 설득한다.

> "성상의 한 몸은 종사가 의탁하고 신민이 우러르는 바인데 어찌 스스로 대수롭지 않게 여겨 마치 필부(평범한 사람)처럼 마음 내키는 대로 바로 행할 수 있겠습니까. 삼가 바라건대 성상께서는 애써 지극한 정리를 억제하고 예제에 맞게 하도록 노력하시며 적절한 보양(補養)의 방도를 깊이 생각하여 신인(神人)의 기대에 부응하소서."

결국, 인조는 신하들의 호소를 마지못해 받아들인다.

인조의 건강은 타락죽을 먹고 조금씩 회복된다. 나이가 젊은 덕도 있었을 것이다. 타락죽은 쌀죽에 우유를 넣어 끓인 것이다. 우리나라 전통소에서 나오는 우유는 젖소보다 양이 적어 민간에서는 우유를 식재나 약재로 쓰지 못했다. 인조의 건강은 인목대비의 상을 당한 이후 더욱 나빠졌다. 인조 10년(1632) 8월 실록은 이렇게 기록한다.

"전하께서 병환에 시중든 처음부터 밤낮으로 이미 3개월이 지났으며 곡읍(哭泣)을 슬프게 하고 푸성귀 밥을 물에 말아 드심으로써 건강을 손상한 것이 이루 말할 수 없습니다."

중상은 날로 악화된다. 8월 25일에는 인조의 안색이 검게 변하고 땀이 비 오듯 하면서 몸에 오한이 생겨 반신이 마비된다. 약방에서는 과로가 큰 질병의 원인이라고 지적한다. "사람의 병이 되는 것은 무리하면서 내상이 되는 것보다 더 큰 것이 없고 곡읍하는 것보다 더 심한 것이 없다."라면서 지나친 슬픔과 과로를 피할 것을 간청한다.

인목대비의 죽음에 대한 인조의 이러한 과도한 반응은 신하들의 '하늘이 내린 효성'이라는 감탄을 자아낸다. 그러나 이러한 행동이 인목대비에 대한 깊은 효성에서 우러나온 것이라고는 보이지 않는다. 인조는 항상 가식적인 행동을 보인 적이 있기 때문이다.

인조의 건강에 결정타를 입힌 사건은 병자호란일 것이다. 오랑캐라고 무시했던 청나라에 대한 굴욕적인 사대관계 수립, 전란으로 인한 스트레스는 분명 인조의 병증을 악화시킨 주된 요인이었을 것이다. 당시 인조가 얼마나 급박한 처지에 있었는지는 '말죽거리'라는 지명의 유래 설화에

전하 옥체를 보존하소서!

서도 짐작할 수 있다. 인조가 피난하다가 배가 고파 동네 주민들에게 팥죽을 얻어먹었는데, 상황이 급박해 말에 앉은 채로 죽을 먹었다고 해서 붙은 이름이라고 한다.

이렇듯 객관적인 발병 원인이 있었음에도 불구하고, 인조는 재위 기간 내내 자기 병의 원인을 저주라고 굳게 믿었다. 저주하는 무리를 없애야 건강을 지킬 수 있다며 너무도 많은 사람을 희생시켰다. 이 주술 집착 역시 전쟁과 반란, 그리고 궁중 암투의 충격이 준 외상 후 스트레스장애(Post—Traumatic Stress Disorder, PTSD)의 일종일 것이다.

인조 25년(1647) 4월에는 죽은 강빈(소현세자의 비)의 무리가 자신을 저주해 몸이 아프다고 강빈의 독약 사건에 대한 재심을 벌여 관련자 14명을 사사했다. 이때 강빈의 나인으로 강빈이 인조 독살 음모를 꾸미고 있다고 고변해 죽음을 면한 신생을 시켜 궁궐 여기저기 묻힌 사람의 뼈와 구리로 만든 사람 형상 같은 흉물을 찾아내 증거로 삼았다. 자신이 아픈 것은 자신의 며느리한테 있다는 말도 안 되는 소릴 하면서 죄 없는 사람들을 죽인 것이다.

인조 27년(1649) 5월 왕은 스스로 상한(傷寒)을 얻었다고 진단하고 이형익을 불러 침을 맞았는데 증세가 호전되지 않자 의관들을 소집해 진찰하게 했다. 이때만 하더라도 병세를 대수롭지 않은 것으로 판단하고 식약청도 설치하지 않았다. 하지만 그것이 마지막이었다. 인조는 그렇게 세상을 하직하고 말았다.

강박에 시달리다 스스로 만들어낸 저주

인조 27년(1649) 5월 7일 인조가 숨을 거두기 전에 앓았던 질병은 학질 증세였다. "상이 미시에 한기가 있고 신시에 두드러기가 크게 나고 유시에 한기가 풀렸다. 의관들이 다 말하기를 오늘은 상의 증세가 갑자기 차도가 있으니 학질 증세가 조금 있으나 곧 그칠 것이다."라며 낙관했지만, 그것이 마지막 기록이다.

학질은 몸을 벌벌 떨며, 주기적으로 열이 나는 병이다. 《동의보감》 '해학(痎瘧)' 문(文)에서는 학질의 원인과 각종 증상 치료법을 다룬다. '학질은 사람이 견디지 못할 정도로 포악스러운 질병이다'라고 말한다. 현대의학에서는 학질을 일정한 시간 간격을 두고 추워서 떨다가 높은 열이 나고 땀을 흘리면서 열이 내렸다가 하루나 이틀이 지나 다시 발작하는 것을 말한다. 학질모기가 매개하는 말라리아 원충이 혈구에 기생하여 생기는 전염병이다. 당시 의료환경이나 보건위생상 문제가 많았던 궁중 생활에서 흔히 발생할 수 있는 질병이었다.

그러나 학질로 죽기 전부터 인조는 저주 타령으로 자신을 죽이려고 저

전하 옥체를 보존하소서!

주를 걸었다며 혐의를 뒤집어씌워 많은 사람을 처형하였다. 유학은 질병의 원인을 저주나 사기(邪氣)에서 찾는 행태를 배격하고 사람의 마음에서 찾는다. 치료도 마음의 근본을 돌아보는 수양론에 무게를 둔다. 인조 10년(1632) 11월 2일 예조 참의 이준은 인조의 저주 타령에 강력한 제동을 걸면서 임금의 병이 국상을 치를 때 과로한 탓이며 이것을 치료하려면 저주 타령을 그만하고 의원들의 처방과 성리학적 수행을 제대로 받아들이라고 권한다.

이준은 인조가 그래도 알아듣지 못하자 성리학의 종주 주자 말씀까지 꺼낸다.

> "주자의 말씀에 병중에는 모든 일을 제쳐놓고 오로지 마음을 안정하고 기운을 기르는 데에만 힘써야 한다고 했으니 여기에 병을 치료하는 요법은 조리가 으뜸이고 약물은 그 다음이란 것을 알 수 있습니다. 한편 저주란 말세에 와서 나온 것으로 인심이 지극히 사악하여 이러한 일이 있긴 합니다마는 상제가 몹시 밝으시어 내려다보고 계십니다. 옛날의 양의가 이러한 의론을 했기 때문에 그 치료의 방법 또한 의서에 적어 놓지 않았습니다. 이른바 사수(邪祟, 귀신이 붙은 듯 제정신을 잃고 미친 사람처럼 되는 증상)라 것은 호매(狐魅, 여우에게 홀린 듯 정신을 잃는 질환)를 가리켜 말하는 것이지 후세에 말한바 썩은 뼈가 작용하여 괴변을 부린다는 것은 아닙니다. 마땅히 여러 의원의 말에 따라 한결같이 원기를 보익(補益)하는 것을 위주로 하소서."
>
> – 인조 11년 2월 3일

인조의 병은 여우 뼈에 걸린 저주 때문에 생긴 것이 아니었다. 잘못된 치료법을 무속에서 제대로 된 의학으로 바꾸라는 것이다. 그리고 이 기록은 인조가 당시에 사수와 호매라고 불린 정신질환을 앓고 있었음을 알 수 있다.

《동의보감》에서는 사수라는 질병을 이렇게 풀이하고 있다. 대체로 유학자들의 논리에 부합한다. 사수란 "사람이 헛것에 들리면 슬퍼하면서 마음이 저절로 잘 감동되며 정신이 산란하여 술에 취한 것 같고, 미친 말을 하며 놀리거나 무서워하며 벽을 향하고 슬프게 한다. 그리고 꿈에 헛것과 방사하며 가위에 잘 눌리고 잠깐 추웠다 잠깐 열이 나면서 명치 끝이 그득하고 숨결이 가빠오며 음식을 잘 먹지 못한다. 이것은 다 정신이 제자리를 지키지 못하고 온전하지 못하기 때문이지 실제로 헛것이 있어서 그런 것이 아니다. 원기가 극도로 허약해진 것이다." 동의보감에 나오는 사수 즉 정신병 증상은 오늘날 강박 장애에 의한 조현증 증세와 유사하다.

강박 장애(Obsessive‑compulsive disorder, OCD)란 불안을 야기하는 생각들을 반복하여 발생한 불안을 떨쳐버리기 위해 특정 행동이나 의식을 반복적으로 해야 한다는 충동을 느낀다. 강박 장애는 일종의 정신병의 한 종류로 전형적인 증상은 집착 혹은 충동성을 보이거나 두 가지 모두를 보일 수 있으며, 10대나 막 성년이 된 시기에 나타난다. 본의 아니게 반복적으로 발생하는 생각, 감정, 상상들을 집착이라고 하며, 이로 인해 불안이 발생한다. 이러한 증상이 오래 지속되면 정신분열 현상이 나타나는데, 심할 경우 일명 조현증이라는 정신병으로 발전한다.

결국, 인조는 사수와 호매 같은 증상이 호전되지 않았고, 그 이후 정신질환이 악화되어 소현세자의 아들 즉 원손인 이석철 대신 자신의 말이라

전하 옥체를 보존하쇼서!

면 거역하지 않는 봉림대군을 세자로 책봉하고 점점 더 이상한 짓을 한다. 그리고 정신과 몸이 약해진 상태에서 학질이라는 질병을 방어하지 못한 채 숨을 거두었다.

정신질환과 살인은 환경적 요인 때문이다

인조의 병 즉, 정신질환인 조현증(調絃病)은 말 그대로 '현악기(絃)의 줄을 조율한다(調)'는 뜻으로 정신적으로 혼란을 겪는 환자의 상태가 정상적으로 현악기가 조율되지 못했을 때와 비슷하여 붙여진 이름이다. 현실과 다른 것을 믿으며 다른 사람에게 설득당하지 않는 상태인 망상이 조현병의 가장 주요한 증상이다. 또 실제로 없는 소리를 듣는 환청이나 냄새를 맡는 환취 등의 신체 환각도 조현병의 주 증상 중 하나이다. 이 밖에 말이나 생각이 끊기고 다시 새로운 주제로 이어지거나, 여러 내용이 뒤죽박죽 섞이는 증세가 나타나기도 하며 표정이 없어지고 무기력해지고 기이한 행동을 보이는 등의 증상으로 인해 결국 사회활동이 어려워진다.

얼마 전 길 가던 여성들을 향해 묻지마 폭행을 하거나, 교도소에 같이 수감된 수감자를 아무런 이유 없이 젓가락으로 눈을 찌른 행동을 했던 사람들이 조현병 환자로 밝혀졌던 일이 있었다. 이들은 범행 후에 그 원인을 물으면 "상대방 피해자들이 악마나 귀신이며 내가 그들을 먼저 죽이지 않으면 저들이 나를 죽였을 것이다." 하거나 "하늘에서 상대방을 죽이라는 계시가 자기한테 내려왔다."고 횡설수설한다. 모두 강박증세에 의한 정신분열 현상을 겪는 사람들에게 있는 증상이다.

이러한 병의 원인은 정확하게는 밝혀지고 있지 않은데, 조현증 증세는 유전적인 요인도 작용하지만, 환경적인 요인이 대다수이다. 그들의 병적 요인을 분석해 보면 어렸을 적 충격적인 상황을 겪었거나, 약물중독이거나, 가난으로 인해 오랜 배고픔으로 잘 먹지 못하고 성장하였거나, 성장하면서 정신적 압박을 많이 받은 사람들이 대부분이었다.

《동의보감》에서 말하는 사수를 이겨내는 방법 즉 원기를 보충하는 방법은 정신질환의 원인 중에서 못 먹어서 혹은 영양이 부족하여 증세가 왔다는 가장 기본적인 원인을 치료하는 조치였을 것이다. 그래서 동의보감은 "원기가 모자랄 때는 음식물로 보한다. 쌀. 고기, 과일, 채소와 여러 가지 음식물은 다 몸을 보한다. 약을 쓸 때는 눅눅하고 찐득한 약으로 보한다. 녹각교, 아교, 조청, 졸인 젓, 꿀, 인삼, 행인, 당귀, 숙지황 등을 쓴다."고 기록하고 있다.

당시 의학적 한계 때문에 정신질환에 대한 정확한 진단이 없고, 게다가 왕의 병이 미쳤다고 할 사람도 없으니 처방도 없었을 것이다.

인조의 삶은 리더의 건강관과 질병관이 국가와 가족, 자신에 이르기까지 엄청난 영향을 미칠 수 있음을 보여준다. 아무리 권력과 돈을 많이 가진 자라고 하더라도 건강 비결은 소박하다. 자신의 생활 속에서 질병의 원인을 찾아내고, 그것을 고쳐 나가며, 평소 건강 상식을 실천하는 것뿐이다.

전하 옥체를 보존하소서!

효종

1619~1659
재위 1649. 6~1659. 5

| 아버지만 바라본 엇나간 효심

효종은 인조의 아들이자 소현세자의 동생으로, 30세에 즉위하여 10년
간 존위하였다가 병을 얻어 40세의 나이로 효종 10년(1659) 5월 4일 정오
경 창덕궁 대조전에서 승하하였다. 사인은 머리에 생긴 종기가 악화되어
패혈증으로 사망한 듯하나 종기 부위에 침을 맞은 구멍에서 계속 피가
쏟아져 지혈이 불가능했다고 기록하고 있다. 그러나 학자에 따라 의료사
고라고 하기도 하고 독살되었다고 주장하는 이도 있다.

효종의 성품과 생활습관에 대한 《조선왕조실록》의 기록은 "왕은 어려
서부터 기국(器局, 능력)이 활발하여 우뚝하게 큰 사람의 뜻이 있어 장난
하며 노는 것을 좋아하지 않았고 행실이 보통 사람들과는 달랐다."고 하
는데 다른 국왕들과 크게 다를 바 없는 내용이다.

효종의 성품에 대한 다른 기록은 《공사견문록(公私見聞錄)》[15]에 실려 있다. 임금이 일찍이 잠저(潛邸, 국왕이 즉위하기 전에 거주하던 사저)에 있을 때, 사부인 윤선도에게 처신하는 방도를 물었더니 그가 이렇게 아뢰었다.

"공자나 왕은 향긋한 나무 밑에 있고, 맑은 노래와 빼어난 춤은 떨어지는 꽃 앞에 있다고 했으니 이 어찌 천고의 명작이 아니겠습니까?"

이 글은 세상에 제주와 덕을 감추고 어리석은 듯 처세하라는 귀띔이었다. 그리고 효종은 봉림대군으로 사는 동안 늘 그 가르침을 새기고 함부로 능력을 드러내지 않았다. 이에 대해 실록은 한 가지 사건을 예로 들고 있다.

"정축년(1637)에 소현세자를 따라 인질로 심양에 갔을 때 소현세자와 한집에 거처하며 정성과 우애가 두루 지극하였으며, 난리를 만나는 일을 처리하면서 안팎으로 주선한 것이 매우 적절하였다. 연경으로 들어간 뒤 청인(淸人)들이 금옥(金玉)과 비단을 소현과 봉림(효종)에게 주었으나 봉림은 홀로 받지 않으며 포로로 잡혀 온 조선 사람들을 대신 돌려주기를 바란다고 하니 청인들이 모두 탄복하며 허락하였다. 또 어떤 관상가가 왕을 보았는데 자기들끼리 '참으로 왕자다' 하였다."

– 효종 즉위년 5월 8일

---

15) 조선 후기 문신 정재륜이 효종·현종·숙종·경종의 4조에 걸쳐 궁중에 출입하면서 보고 들은 역대의 아름다운 말 및 선행 등을 모은 야사이다.

전하 옥체를 보존하소서!

이외에도 《공사견문록》은 효종은 아첨하고 공사를 구분 못 하는 자를 멀리하라고 자신의 세자(현종)에게 말하고 있다. 또 효종은 조선의 어느 왕보다도 효성이 지극한 왕이었다고 한다. 그래서 묘호도 효종이라고 한 것이다. 실록의 다음 기록은 효종의 지극한 효심을 보여준다.

"인조의 병세가 위독해지자 왕이 손가락을 잘라 피를 내어 먹였는데 얼마 되지 않아 인조가 승하하였다. 왕은 맨바닥에 거처하며 가슴을 치며 통곡 하면서 물이나 간장도 들지 않았다."

효종의 효심은 모후 인렬왕후가 죽었을 때도 드러났다. 인렬왕후가 죽었을 때, 효종은 열일곱 소년이었는데, 너무 슬퍼하여 주변 사람들이 몹시 염려할 정도였다고 한다.

효종은 이런 지극한 효심 때문에 때론 무리한 판단을 내리기도 했다. 특히 아버지 인조가 한 일에 대해 누가 비판하면 지나칠 정도로 예민하게 반응했다.

효종 5년(1654) 7월 7일에 황해도 가사 김홍욱이 인조가 소현세자빈 강씨를 폐위한 것은 억울한 일이라고 상소를 올렸다. 그러자 화가 난 효종은 당장 김홍욱을 잡아들여 죽이라고 명했다. 이에 영의정 김육이 효종을 만류하며 이렇게 말했다.

"홍욱이 진실로 죄가 있지만, 죽이기까지 하면 전하의 덕을 크게 상하게 됩니다."

하지만 효종은 요지부동이었다. 그러자 병으로 집에 머물던 우의정 구인후가 허약한 몸을 이끌고 대궐로 와서 김홍욱을 관대하게 다스려야 한다고 간언했다. 이후 효종은 김홍욱을 불러 친히 국문했다. 그리고 왜 그런 상소를 올렸는지 캐물었다. 이에 김홍욱이 대답했다.

> "강빈을 폐위한 것은 조적(인조의 후궁 귀인 조씨)이 꾸민 것이라는 여론이 자자
> 합니다. 신은 항간에 도는 이런 말을 진술한 것뿐입니다."

이 말을 듣고 효종은 국문장에 있던 신하들을 돌아보면서 말했다. "이 자의 말이 어떤가?" 그러자 우의정 구인후가 아뢰었다.

> "전하께서 국사를 말하는 신하를 죽이고자 하시니, 후세에 전하를 비방하
> 는 말은 어떻게 하시렵니까?"

이 말에 효종은 매우 진노하여 구인후를 꾸짖은 후 우의정에서 내쫓고, 김홍욱은 곤장으로 쳐서 죽이게 했다. 그러자 김육은 효종에게 소를 올려 이렇게 말했다.

> "홍욱을 관대하게 다스리자는 말은 신이 먼저 발설했으니, 어찌 감히 홀로
> 죄를 면하겠습니까?"

이후 김육은 휴직서를 제출했다. 한편 김홍욱이 죽자, 그의 가족이 장례를 치르는데, 효종은 몰래 궁궐의 노비들을 파견하여 누가 문상을 하는지 살펴보라고 하였다. 이 때문에 사람들이 감히 문상을 가지 못했다. 사실 강빈이 누명을 쓰고 죽었다는 것은 누가 봐도 명백한 일이었다. 효

전하 옥체를 보존하소서!

종 자신도 그 사실을 모르지 않았다. 하지만 효종은 부왕 인조가 행한 일이기 때문에 강빈을 신원(伸冤, 다시 죄가 없는 것으로 치부함)시키는 것은 불효라고 판단했다.

《조선왕조실록》이나 《공사견문록》의 내용에 나오는 효종에 대한 칭송은 모두 다른 왕들에게도 기록되는 일반적인 내용에 불과하다. 심리학적으로 판단한 효종의 성격은 아버지 인조의 성격과 거의 유사한 것 같다. 다시 말해 화를 참지 못하고 자신이 옳다고 생각하면 다른 신하들의 말을 무시하면서 자신의 행동을 강행하며 그러한 행동에 대해 정당한 것으로 밀어붙이는 독단과 분노조절 장애, 그리고 아버지 인조와 같은 정신적 강박증세를 보인 것으로 추측된다.

욱하는 성격에 참을성이 없었던 점은 대신들로부터 여러 차례 지적받은 바 있다. 효종 3년(1652) 10월 참찬관 이척연은 "신이 듣건대 지난번 경연 자리에서 죽인다는 말씀까지 하셨다니, 신은 참으로 놀랍습니다."라며 왕의 과격한 언사를 나무랐다. 효종 5년(1654) 1월 2일의 기록도 마찬가지다. "조금이라도 전하의 마음에 거슬리면 반드시 꾸짖으십니다. 심지어는 발끈 진노하고 말소리와 얼굴빛을 대단히 엄하게 하며 행동거지가 어긋나서 몸을 크게 손상하니, 원근간에 전파되어 보는 사람이 어리둥절해 합니다." 수찬 이수인의 상소였다.

효종 9년(1658) 12월에는 왕 스스로 반성하기까지 한다. "나에게 기질상의 병통이 있다. 한창 성이 날 때는 일과 시비를 따지지 않은 채 내 마음 내키는 대로 마구 행하여 꼭 끝을 보고서야 그만두었기 때문에 잘못되는 일이 많았다."

욱하는 성질 외에도 식탐도 도마에 오른다. 효종의 식탐에 대한 지적은 실록에서 몇 차례에 걸쳐 반복되는데, 영중추 부사 이경석은 효종 5년(1654) 1월 15일 상소를 올려 중국 남송대의 대학자이자 주자의 친구였던 여조겸의 일화[16]를 거론하며 효종에게 식탐을 경계하라고 지적한다.

"전하의 고명하신 자질로서 자기의 사욕을 이기는 공부에 마음을 더 쓰신다면, 사욕이 큰 화로 위의 한 송이 눈처럼 사라지는 것이야 어찌 말할 것이 있겠습니까, 공자께서 말씀하시길 하루라도 자기의 사욕을 이겨 예(禮)로 돌아가면 천하 사람이 허여할 것이다' 했으니 성인께서 어찌 빈말을 했겠습니까."

효종 8년(1657) 8월 16일에는 송시열이 상소를 올려 작심하고 나무란다. "신이 듣건대 금년 봄에 영남의 한 장수가 울산의 전복을 매우 급히 내라고 독촉하면서 말하길 상께서 훈척 대신을 통해 요구하셨다고 했습니다. 과연 그런 일이 있었습니까? 혹시 훈척이 사복을 채우려고 성상의 분부라 빙자한 것은 아닙니까? 맹자가 말하길 '음식을 탐하는 사람을 천하게 여긴다'라고 했습니다." 임금보고 '천하다'라고 돌직구를 날린 것이다.

효종은 재위 초반에는 감기로 고생했으며, 중후반에는 소갈증(당뇨병)과 그 후유증으로 추정되는 종기 때문에 고통을 받았다. 결국, 그는 종

---

16) 여조겸은 젊었을 때 성질이 거칠고 포악해 음식이 뜻에 맞지 않으면 바로 상을 때려 부숴버릴 정도였는데, 후일에 오랫동안 병을 앓으며 "자기 몸에 대해서는 스스로 엄중하게 꾸짖고 남에 대해서는 가볍게 꾸짖어야 한다."는 《논어》의 한 구절을 읽은 후 포악한 성정을 고치고 대학자로 거듭났다.

전하 옥체를 부조하소서

기 치료 중 출혈 사고로 숨을 거두었다고 실록은 기록하고 있다.

우선 효종은 강한 군주의 이미지와는 달리 재위 10년 동안 내상이 원인인 감기를 늘 앓았다. 즉위 초기 국상을 치르면서 얻은 과로와 반청주의에 따른 스트레스로 체력이 약해진 탓이다. 이 때문에 내상성 감기에 자주 사용되는 곽향정기산(藿香正氣散)이 주로 처방되었다. 곽향정기산은 조선 후기 유재건이 쓴 《이향견문록》이라는 책에 만병통치약으로 소개될 정도로 유명한 처방이다. 한의학자 이상곤은 곽향정기산의 처방 구성은 의외로 너무나 평범하다고 말한다. 곽향, 소엽, 백지, 대복피, 백복령, 후박, 백출, 진피, 반하, 길경 등의 약초가 들어가는데 이 모두가 습기를 말리고 온기를 불어넣는 평범한 약재다.

그는 또 처방에 대한 해석을 내놓았는데, 내용은 이렇다. '위장은 부숙수곡(腐熟水穀)의 바다다. 즉 위장으로 들어온 음식물이 삭고 쪄지고 부글부글 끓여지며 잘게 분해되는 바다다. 위장은 술처럼 맑은 영양분은 간으로 보내고 탁한 찌꺼기는 똥을 만들어서 땅으로 돌려보낸다. 과로나 스트레스로 위장의 열기가 약해지면 위장은 덜 말린 옷처럼 축축한 상태가 습함) 하다고 정의한다. 차고 축축한 옷을 입으면 감기에 잘 걸리는 법이다. 차고 축축한 옷을 말려 원래의 상태로 되돌리려면 햇빛과 바람이 필요하다. 비슷한 이치로 습기를 말리고 온기를 불어넣는 약재로 이루어진 곽향정기산은 수분을 배출하고 온기를 북돋아 몸 내부의 한습으로 생긴 감기 증상을 치료한다.'

효종 7년(1656) 4월 20일 효종은 번갈(煩渴)과 노곤한 증상의 치료를 위해 맥문동음자(麥門冬飮子)라는 처방을 올린 기록이 보이는데 이 맥문동음자는 소갈(消渴)을 치료하는 약으로 소갈이란 지금의 당뇨를 말한다.

당뇨의 주된 증상은 많이 마시고, 먹고, 소변을 보는 다음(多飮), 다식(多食), 다뇨(多尿)다.

효종 7년 10월과 8년 11월에도 갈증을 암시하는 증상이 보이는데, 효종 9년(1658)에 접어들면서 1월부터 12월까지 계속해서 번열(煩熱, 몹시 열이 나고 가슴인이 답답히여 괴로운 증상)과 갈증의 증상이 기록되었다. 또한, 그가 사망한 효종 10년(1659)에도 번갈 증상이 나타난다. 번갈이란 갈증을 의미한다. 소갈의 증상 중에서 목이 말라 물을 계속 찾는 다음(多飮) 증상을 보인 것이고, 이것이 효종 9년에 매우 심했다는 것이다.

그러던 차에 효종 10년 4월 27일, 약방(내의원)에서 임금의 머리에 난 종기를 알게 되었다. 그런데 이 종기는 하루하루 급격히 악화되었다. 다음 날인 28일 의관이 들어와서 환부를 살펴보았다. 약방이 들어와서 진찰했는데, 종기의 독이 얼굴에 두루 퍼져 눈을 뜰 수가 없었다.

이틀이 지난 4월 30일에는 임금이 종기 증후가 더욱 위독해지므로 약방제조는 시약청(국왕 등의 병이 중환일 때 임시로 두었던 의료기관)을 설치하자는 의논을 하기에 이르렀다. 5월 1일 이제 임금이 약방을 독촉하기에 이른다.

약방이 문안하니 임금이 답했다. "종기의 증후가 날로 심해가는 것이 이와 같은데도 의원들은 그저 보통의 처방만 일삼고 있는데 경들은 이 병을 평범하게 여기지 말라."

효종도 이 종기의 상태가 가볍지 않다는 것을 느끼고 있었던 것이다. 이에 의관 유후성이 침을 들었다. 지금 이 종기의 상태가 가볍지 않다는 것을 말한다. 약방이 들어가 진찰하니 부기가 점점 심해지고 있었다. 의

전하 옥체를 보존하쇼서!

관 유후성이 아뢰기를 "독기(毒氣)가 눈꺼풀에 모여 있으니 의당 산침(散鍼)을 놓아서 배설시켜야 합니다." 하니 임금이 따랐다.

이틀 후인 5월 3일에도 효종은 산침을 맞았다. 효종이 자신의 병을 알린 지 7일째가 되는 5월 4일, 무인 출신이지만 침을 잘 놓는 신가귀가 입궐했다. 신가귀는 1년 전 임금의 발에 종기가 생겨 고름이 흘러나올 때도 침을 놓아서 치료한 적이 있었다. 효종이 신가귀에게 어떻게 치료할지 하문하자 신가귀는 이렇게 대답했다.

"종기의 독이 얼굴로 흘러내리면서 또한 고름을 이루려 하고 있으니 반드시
침을 놓아 나쁜 피를 뽑아낸 연후에야 효과를 거둘 수 있습니다."

유후성은 신가귀의 의견에 반대했다. 경솔하게 침을 놓아서는 안 된다는 것이다. 왕세자도 수라를 들고 난 뒤에 다시 침을 맞는 것에 대해 의논하고자 강하게 청했으나 이를 물리쳤다. 신가귀에게 지금 당장 침을 잡으라고 명했다. 신가귀는 침을 들었고 환부에 몰린 독혈을 뽑아내고자 침을 놓았다.

신가귀가 침을 놓자 환부에서 고름이 나왔다. 그리고 연이어 검붉은 피가 쏟아져 나왔다. 처음에는 효종도 기뻐했다. 그러나 웬일인지 피가 멈추지를 않았다. 시간이 흘러도 피가 멈추지 않자 임금의 증후는 점점 위독해졌다.

신가귀는 오래전부터 수전증을 앓고 있었다. 침을 놓다가 혈관을 잘못 범했는지 침으로 가른 곳에서 피가 멈추질 않았고 결국 효종은 과다출혈로 사망하고 말았다.

| 당뇨와 과다출혈의 관계

효종은 재위 기간에 감기와 당뇨로 고생했다. 따라서 감기와 당뇨가 효종의 사망에 어떤 영향을 미쳤는지부터 우선 살펴볼 필요가 있다.

당뇨병은 대부분 40세 이후에 발병한다. 인체가 노화되면서 췌장 기능이 저하되어 인슐린 분비가 감소하고, 인슐린 자체의 기능이 떨어지는 데다가, 간에서 필요 이상으로 많은 당이 만들어져 나이가 들수록 혈당이 상승하기 때문이다. 나아가 열상이 증가할 때마다 식후 혈당은 조금씩 증가한다. 그 원인을 살펴보면 나이, 비만, 가족력, 인종, 운동량, 영양 상태, 환경변화, 대사증후군, 간 질환, 고혈압, 고지혈증, 흡연 등이다.

다음으로 감기에 대해 살펴보면 한의학에서는 감기를 치료할 때 콧물, 기침, 염증, 발열 같은 증상을 완화시키는 게 아니라 활성화시켜 인체의 면역반응을 돕는다. 감기에 걸리면 고기를 멀리하고 콩나물이나 뭇국을 먹고 생강이나 파 뿌리를 달인 물을 먹으면서 이불을 덮고 땀을 내도록 한다. 생강이나 파 뿌리는 몸을 따뜻하게 하고 콩나물은 배설을 촉진해

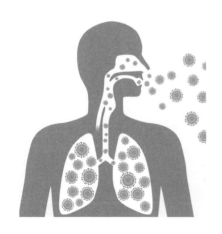

세균이나 바이러스를 체외로 빨리 쫓아내는 것을 돕는다. 또 한의학에서는 감기에 걸리면 소화기의 활동도 둔화되므로 영양가가 높다고는 해도 고기를 먹으면 오히려 소화기에 필요 이상의 부담을 주어 면역 능력을 떨어뜨린다고 본다.

전하 옥체를 보존하소서!

감기는 세균이나 바이러스가 사람의 콧구멍이나 기도를 타고 들어오면서 생기는 질환이다. 적이 침입하면 전쟁이 일어나듯이 인체도 면역계를 작동시켜 이들을 물리치기 위한 전쟁에 돌입한다. 감기에 걸리면 콧물이 나오고 재채기를 하는 것도 면역계가 벌이는 전쟁의 일환이다.

우리가 감기 치료제라고 먹는 약들은 대부분이 콧물이나 기침, 인후염 감각을 멈추게 하는 증상 개선제에 불과하다. 근본적으로 감기 바이러스를 퇴치하는 것은 우리 몸의 면역계에서 담당한다.

이상과 같은 사실을 전제로 효종이 앓고 있던 감기와 당뇨병에서 공통적으로 발견되는 것이 있다. 그것은 잦은 감기와 당뇨병은 필연적으로 종기를 유발한다는 것이다.

《동의보감》에서도 "소갈병의 끝에 종기가 생긴다."라는 말이 있고, 현대의학에서도 감기에 걸리면 가래가 생기거나 콧물이 진해지는 경우나, 당뇨병에 걸리면 혈액순환이 잘 안 되어 다리를 절단하는 것 등을 고려할 때 효종의 종기는 감기와 당뇨의 영향이 있었던 것으로 보인다.

다음으로 효종이 독살되었다는 일부 학자들의 주장을 살펴볼 필요가 있다. 현재 남겨진 자료로 효종의 죽음을 둘러싼 의혹을 다시 조사하기는 힘들겠지만 여러 의혹을 푸는 데 참고가 될 만한 내용들과 독살 여부를 살펴보도록 하겠다.

효종의 죽음에 대해 《효종실록》은 침이 혈락을 범한 탓이라고 기록하고 있는데, 당시 신가귀가 손을 떠는 수전증 상태에 있었다는 점에서 의혹이 급속히 퍼져나갔다. 수전증의 의사가 옥체에 손을 댄다는 것은 상상할 수도 없는 일이었기 때문이다. 또한, 침이 혈락을 범했다고 해서 사망할 수 있느냐는 점도 의혹이었다.

그러나 당시 이런 의혹을 끝까지 추적할 만한 세력이 없었다. 조정을 잡고 있는 산림과 서인들에게 북벌 군주 효종은 자신들의 기득권을 위협하는 존재였다. 이들은 효종 사망의 모든 원인을 약방 도제조 원두표와 신가귀 등 약방에만 돌렸다. 효종의 아들 현종 즉위년(1659) 대사헌 이응시(李應蓍)와 행사대간 이상진(李尙眞)은 원두표를 중도부처(中途付處)하고, 어의 신가귀·유후성·조징규(趙徵奎)를 사형하라고 청했다.

결국, 신가귀는 교수형을 당하고 다른 어의들은 중도부처되었으며, 원두표는 불문에 부침으로써 파문은 마무리되었다.

그러나 효종 사망 다음 달에 의관 이기선(李耆善)이 갑자기 엄한 형벌을 받는 것은 특이한 일이다. 즉위년 6월 현종은 어의 이기선 문제를 제기한다.

> "지난달 초 3일 밤 입진 때, 이기선이 많이 부어 있는 효종의 시신을 보고는 감히 꽁무니를 뺄 생각으로 진맥할 줄 모른다고 아뢰었는데, 만약 그의 말대로라면 작년 편찮으셨을 때는 어떻게 맥을 논했다는 말인가? 그의 정상이 매우 흉측 교묘하여 엄히 징벌하지 않을 수 없으니, 그를 잡아들여 국문 처리하라."

지난달 초 3일이면 효종이 세상을 뜨기 전날로 그때부터 효종의 몸에 부기가 있었다는 말이다. 현종은 효종의 갑작스러운 죽음에 분명 문제가 있다고 생각했다. 효종의 비 인선왕후(仁宣王后)도 마찬가지였을 것이다. 어의 이기선이 갑자기 발을 뺀 것이 효종의 죽음과 관련이 있을지 모른다고 생각한 현종은 이기선이 국문에서 원래 맥 짚는 법을 모른다고 말하자 화를 냈다.

"맥 짚는 법을 모른다면 어떻게 의원이 되었느냐?"

현종은 엄한 벌을 가하도록 특명을 내렸다. 어의들은 왕비나 후궁을 진찰할 때 손목에 맨 긴 실을 잡고도 맥을 짚을 줄 아는 실력이 있어야만 채용될 수 있었다. 현종은 분명 이기선에게 문제가 있음을 감지하고 엄한 형벌을 가해 정상을 알아내도록 한 것이다. 원래 현종은 어의에게 관대한 인물이었다. 때문에 신하들이 효종의 죽음과 관련해 세 어의를 사형에 처하고자 주청했을 때 신가귀를 제외한 두 어의를 살려 주었고 또한 신가귀도 교형(絞刑)으로 한 등급 낮추어 목이 시신에 붙어 있게 배려해 주었다. 그런 현종이 어의 이기선을 추궁한 것은 적지 않은 의혹이 있었기 때문이다.

그러나 이때 이기선을 옹호하고 나선 세력이 있었다. 바로 송시열 등의 산당이다. 현종 즉위년 6월 7일 송준길이 신가귀 등의 어의의 형을 빨리 윤허하라고 청했는데, 같은 당인 송시열과 정유성(鄭維城)은 "이기선은 사실 맥 짚는 법을 모르는 사람"이라며 옹호하고 나섰다. 결국, 이기선은 송시열의 이 주청으로 사지(死地)에서 구원되었다.

어쩌면 이기선은 송시열의 말대로 정말 맥을 짚을 줄 몰랐을지도 모른다. 하지만 맥도 짚을 줄 모르는 인물이 어떻게 의원 그것도 어의가 되었는지 의문이다. 이런 어의가 도대체 무슨 일을 하기 위해 효종의 곁에 있었을까, 그리고 효종의 몸의 부기는 왜 생겨났던 것일까? 원래 송시열은 효종이 북벌을 하기 위해 이조판서와 병조판서직을 맡긴 인물이었지만, 송시열과 효종의 북벌론은 달라도 많이 달랐다.

송시열의 북벌론은 실제로 만주와 중원을 점령하는 군사적 정벌이 아니라, 청나라가 약해지면 국교를 단절해 명나라와의 의리를 지키자는 시대착오적이고 사대주의의 극치인 명분론에 불과했던 것이다. 하지만 효종이 송시열에게 이조판서와 병조판서를 맡겨 '북벌을 토벌하는 큰 임무'를 맡긴다는 말에 송시열은 진퇴양난에 빠졌다.

효종의 전폭적인 신임을 바탕으로 북벌을 소리높여 외쳤지만, 조선의 국력으로 북벌은 불가능하다고 여긴 것이다. 그렇다고 해서 북벌이 불가하다고 말할 수는 없었다. 그 순간 효종과 맺은 암묵적 연합전선은 깨질 것이고 산당은 다시 산속으로 들어가야 했으니, 그야말로 진퇴양난의 협곡이었다. 이때 효종이 급사한 것이다.

송시열은 북벌을 강력히 추진한다는 약속을 했고 이에 효종은 자신이 뒤로 물러나고 송시열이 있는 산당에 정권을 내주기로 결심했다. 그런 송시열에게 효종의 죽음은 그야말로 '구사일생'이었다. 그래서 효종의 죽음 뒤에는 송시열과 그의 산당들이 의심을 받은 것이다

신가귀에게 침을 맞은 효종은 피가 쏟아지기 시작한 지 대략 5시간이 흐르자 얼굴이 점점 잿빛으로 변해가고, 호흡이 점차 거칠고 힘들어졌다. 왕실에서는 처음 겪는 과다출혈이라는 응급 상황에 의관들은 어찌할 줄 모른 채 발만 동동 구를 뿐이었다. 임금은 생이 다해가고 있음을 직감했다. 남은 힘을 모아 힘겹게 삼공, 송시열, 송준길과 내의원 제조를 불렀다.

임금의 부름에 달려온 신하들은 엎드린 채로 흐느끼며 임금의 마지막 유언을 받들었다. 효종은 세자를 부탁한다는 말 한마디를 남기고 그날

전하 옥체를 부존하소서!

정오경 창덕궁 대조전에서 승하하였다.

여러 가지 정황을 살펴보건대, 효종의 죽음은 크게 두 가지 원인 때문에 사망한 것으로 보인다. 첫째는 어의 신가귀가 침을 잘못 놓았기 때문이다. 목에서 머리로 흐르는 정맥을 잘못 건드려 발생한 의료사고가 아닌지 의심이 간다. 두 번째는 당뇨병 환자에게는 심혈관 질환 등 복합적인 문제가 동반하는 경우가 많고, 사망률과 이환율(罹患率)이 증가한다. 당뇨병이 있는 환자가 수술을 받게 되는 경우 당뇨병이 없는 환자에 비해 심혈관계 부작용의 위험도가 높다.

또한, 당뇨병은 인슐린 분비 감소 때문에 만성 질환으로 혈당수치가 붕괴되어 수술 시 과도한 출혈을 야기할 수 있다. 미세혈관이 응집해 있는 머리에 침을 놓는다는 것 자체도 위험한데, 당뇨병 환자인 효종의 머리에 침을 놓는다는 것은 상당히 무모한 일이었다. 현재도 수술 전 환자에게 당뇨병이 있는지를 묻는 것도 이러한 염려 때문이다.

만병의 원인 당뇨

실록에는 효종이 욱하는 성질 외에도 식탐에 대한 지적이 몇 차례에 걸쳐 반복되고 있다. 이로 보아 효종은 작은 키에 몸무게는 상당히 많이 나간 당뇨병 환자로 추측할 수 있다. 결국, 감기와 당뇨로 생긴 종기를 치료하기 위해 침을 놓았지만, 피가 멈추지 않아 사망한 것으로 보인다.

《동의보감》에서 당뇨병에 해당하는 증상을 보이는 병은 소갈이다. 소(消)는 태운다는 뜻으로 열기가 몸 안의 음식을 잘 태우고 오줌으로 잘 나가도록 하는 것을 말하고, 갈(渴)은 자주 갈증이 난다는 뜻이다. 그러니까 소갈이란 음식을 자주 먹고, 갈증이 나며, 오줌을 자주 누는 증상을 보이는 병이다. 기원전 1500년의 이집트 문서에 소변을 자주 누는 병이 기술된 것을 보면, 당뇨병은 오래전부터 병으로 인식되었다고 판단된다.

당뇨병은 대부분 40세 이후에 발병한다. 인체가 노화되면서 췌장 기능이 저하되어 인슐린 분비가 감소하고 인슐린 자체의 기능이 떨어지는 데다가, 간에서 필요 이상으로 많은 당이 만들어져 나이가 들수록 혈당이 상승하기 때문이다. 나이가 열 살 증가할 때마다 식후 혈당은 5mg/dL씩 증가한다. 당뇨병은 우리나라 5대 사망원인 중 하나다. 당뇨병은 급성합병증을 유발하기도 하는데 대부분 심혈관계 합병증이다. 당뇨병 진단 후 10년 이상 관리를 하지 않으면 발생한다. 보통 40대 이후에 당뇨병이 생기니까 그로부터 10년이 지난 50대부터 합병증이 나타나기 시작하는 셈이다.

협심증이나 뇌졸중 같은 심혈관 질환이나 신장 질환, 망막 질환, 말초신경병증 등이 대표적인 합병증인데 세종에게 나타난 증상 모두와 일치하는 병들이다. 신장 기능의 소실로 투석이 필요한 가장 중요한 원인도, 성인이 실명하는 가장 흔한 원인도, 발 염증으로 다리를 절단하는 가장 흔한 원인도 전부 당뇨병이다. 이런 합병증은 혈당 조절이 얼마나 불량했는지, 그 기간은 얼마나 길었는지에 따라 결정된다.

혈당 관리에는 식사 운동, 약물 등 세 가지가 중요하다. 이 중 식사요법이 가장 기본이고 중요하지만 가장 어려운 부분이기도 하다. 대표적인

전하 옥체를 보존하소서!

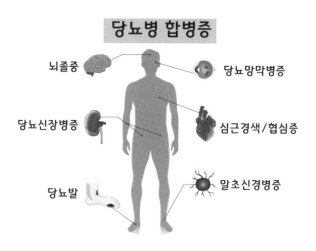

당뇨병 합병증

뇌졸중

당뇨망막병증

당뇨신장병증

심근경색 / 협심증

당뇨발

말초신경병증

잘못된 식습관 세 가지는 과식, 잦은 간식, 불규칙한 식사다. 식사요법에서 가장 먼저 결정해야 하는 사항은 하루에 섭취하는 음식의 양인데, 이는 환자의 표준체중과 활동량에 따라 결정된다.

당뇨병이나 심혈관 질환인 경우 전통적으로 권장해온 운동은 유산소 운동이다. 운동을 하면 근육에서 포도당 소모가 많아져 혈당이 감소하는 즉각적인 효과도 있고, 인슐린 기능을 개선시키기 때문에 장기적인 효과도 있다. 그런데 인슐린 기능이 좋아지는 효과는 24~72시간만 지속되므로 일주일에 세 번 이상, 일주일 통 150분 이상은 운동을 해야 한다. 그러니까 하루 30~50분 운동을 일주일에 3~5일 정도 하면 적당하다.

운동할 때는 중간 강도가 좋으며, 자기가 하는 운동의 강도는 최대맥박수를 이용하여 추정한다. 최대 맥박수는 220에서 자신의 나이를 빼면 계산할 수 있는데, 나이가 50세인 경우에는 220에서 50을 뺀 170이 분당 최대맥박수이고, 중간 강도라면 최대맥박수의 40~60%다. 따라서 50

세 당뇨병 환자는 맥박수를 측정해서 분당 68~102회 정도가 될 때까지 운동하는 것이 적당하다. 만약 운동 강도를 더 높여도 증상 없이 잘할 수 있다면 최대맥박수의 60%를 넘는 고강도의 운동도 좋다. 운동강도가 올라갈수록 혈당 개선에 더욱 효과적이기 때문이다.

그런데 심폐 질환을 가지는 경우에는 나이만을 고려하면 자신에 맞는 운동 강도를 과대평가할 수 있으므로 검사가 필요하다. 운동을 하면서 산소를 최대한 흡입하는 상태일 때의 맥박수를 측정하는 것이다.

당뇨병은 약으로만 의존해서는 치료되지 않는다. 철저한 자기관리에 의한 음식조절과 적당량의 운동만이 당뇨병을 치료할 수 있는 것이다. 있는 사람이야 시간과 돈밖에 없어 당뇨병 예방에 최선을 다할 수 있지만, 없는 사람에게는 당뇨병도 쉽게 오지 않지만, 일단 왔다면 쉽게 고칠 수 있는 병이 아니기 때문에 정신 바짝 차리고 자기관리에 최선을 다해야 한다.

숙종

1661~1720
재위 1674. 8~1720. 6

| 다혈질 정치 천재

숙종은 인경왕후 김씨를 비롯하여 부인 9명에서 6남 2녀를 두었는데, 우리가 잘 알고 있는 장희빈에게서 장차 왕이 되는 왕세자 윤(경종)을 얻었다. 왕권을 강화해 조선을 안정시켰던 숙종은 약 46년간의 통치를 끝내고 60세를 일기로 세상을 떠났다.

《숙종실록》 29년(1703) 8월 13일 기록을 볼 때 숙종의 성격은 다혈질이었다. 그는 신하들에게 휘둘린 군왕은 아니었다. 오히려 재위 기간에 세 차례 환국을 일으켜 반대편 붕당을 싹 쓸어내는 극단적인 방법을 사용했다.

숙종은 자신의 성격에 관해 스스로 이렇게 말했다.

"사람이 자고 먹는 것을 제 때에 하여야 하는데 나는 그렇지 못했다. 나는 성질이 너그럽고 느슨하지 못하여 일이 있으면 내던져 주지를 못하고, 출납

하는 문서를 꼭 두세 번씩 훑어보고, 듣고 결단하는 것도 지체함이 없었다. 그러자니 오후에야 비로소 밥을 먹게 되고 밤중에도 잠을 자지 못했다. 그래서 화증(火症)이 날로 성하여 이 지경에 이른 것이다. 내가 내 병의 원인을 모르는 바 아니지만, 또한 어쩔 도리가 없었다."

이 말은 자신의 성격이 너그럽지도 느슨하지도 못하며 일이 지체되는 것이 싫어 빨리빨리 결단해야 했고, 그래서 식사 때를 놓치기도 하고 밤에 잠을 자지 못하기도 했다는 것이다. 그리고 자신의 병이 이러한 성격 때문임을 본인도 알지만 어떻게 고칠 수 없다는 얘기다. 자신의 병에 의관들이 적극적으로 대처하지 않는다며 의관들을 파직해버린 것도 이러한 급한 성격을 말해준다.

이러한 다혈질 성격은 간에 좋지 않은 영향을 준다. 다혈질 사람은 분노가 잘 쌓인다. 분노가 쌓일수록 간에 병이 든다. 숙종이 병들게 만든 원인도 바로 다혈질적인 그의 성격 탓이라고 할 수 있다.

순(숙종)은 열한 살이 되던 현종 12년(1671)에 동갑내기 소녀와 혼인했다. 소년 순의 짝이 된 소녀는 김만기의 딸 인경왕후였다. 그리고 3년 뒤 순은 열네 살의 나이로 부왕 현종의 죽음을 맞닥뜨리고, 이내 왕위에 오른다. 지금의 중학교 1학년 나이밖에 되지 않았으니, 당연히 모후 명성왕후가 섭정했으리라 생각하기 쉽다. 그러나 소년왕은 그 어린 나이에 친정(親政, 직접 정치를 함)을 시작했다.

그는 나이와 다르게 명민하고 판단이 분명했으며, 왕의 권위를 확보하는 데 문제가 없었다. 오히려 모든 신하가 벌벌 떨 정도로 엄격하고 무서운 왕으로 군림했다. 심지어 모후 명성왕후조차 소년왕 숙종을 함부로

전하 옥체를 부존하소서

대하지 못했다. 그 덕분에 숙종은 어렸지만, 직접 왕권을 행사할 수 있었다.

또한, 숙종은 타고난 정치 천재였다. 숙종 즉위 당시 조선의 정치는 예송(禮訟) 문제로 매우 복잡하게 얽혀 있었다. 효종이 죽고 현종이 왕위에 오른 직후부터 서인과 남인 간의 예송 정쟁은 가속화되었다. 문제는 효종의 어머니 조 대비(장열왕후 조씨)가 상복을 몇 년 입어야 옳으냐 하는 문제였다. 서인의 영수 송시열은 효종이 인조의 차남이므로 차남의 예에 따라 상복을 입어야 한다고 주장했고, 남인의 영수 윤휴와 허목은 차남이지만 왕위를 이었으므로 장남에 준하는 예로 상복을 입어야 한다고 주장했다.

이 문제로 조정에서는 서인과 남인 간의 격한 정쟁이 지속되었고, 이는 현종 재위 기간 내내 이어졌다. 그리고 막상 현종이 죽자, 다시 예송 문제가 불거졌다. 하지만 당시 열네 살의 소년 숙종은 자신의 의지를 분명하게 드러내며 이 문제를 과감하게 풀어나갔다.

숙종은 송시열(서인 산당과 영수)에게 현종의 지문을 지어 올리라고 명했다. 그러자 경남 진주의 유생 곽세건(郭世楗)이 남인을 대변하며 송시열이 효종을 '서자'라고 지칭한 인물이라며 지문을 짓게 해서는 안 된다는 상소를 올렸다. 이 때문에 서인이 대거 일어나 곽세건에게 벌을 주라고 주청했다. 하지만 숙종은 곽세건의 상소를 받아들여 송시열이 지문 짓는 것을 중지하게 하고 5촌 외당숙 김석주에게 지문을 짓게 했다. 이에 대해 서인들의 반발이 심했는데, 어린 숙종은 과감한 조처를 통해 서인들을 일거에 침묵하게 하였다.

이런 불굴의 직진 기질은 자신의 사랑을 쟁취한 과정에서도 잘 나타난다. 정치 감각은 타고났지만, 숙종은 무슨 일을 하려고 해도 늘 모후 명성왕후라는 벽에 막히곤 했다. 특히 여자 문제는 더 그랬다.

숙종이 여인으로 처음 만난 사람은 서인 김만기의 딸 인경왕후였다. 인경왕후는 열일곱 살 되던 해에 첫아이를 낳았다. 하지만 아이는 이내 죽고 말았다. 그리고 열아홉 살 때 또 출산하지만, 이 아이도 곧 죽고 만다. 이렇듯 두 아이를 연달아 잃은 그녀는 이듬해 스무 살의 나이로 세상을 떠났다.

이렇게 두 딸을 잃고, 아내마저 잃은 어린 숙종은 슬픔과 고통 속에서 지내다 새로운 여자를 만나면서 생기를 되찾았다. 이번에는 정략이 아닌 사랑으로 만난 여자였다. 그녀는 장씨 성을 쓰고 옥정이라는 이름을 가진 궁녀였다.

숙종은 옥정을 보고 바로 그녀에게 매료되었다. 하지만 어머니 명성왕후는 이를 그대로 두고 보지 않았다. 옥정 집안이 남인들과 친했기 때문이다. 숙종 6년(1680) 경신환국을 통하여 남인들이 대거 내쫓겼다. 이때 옥정과 당숙 장현도 유배되는 처지에 놓였는데, 장옥정 역시 그 화를 비껴가지 못했다. 이 때문에 숙종은 사랑하는 여인과 생이별을 했다.

장옥정과 이별한 숙종은 곧바로 서인 민유중의 딸 인현왕후와 결혼했다. 인현왕후는 첫 왕비였던 인경왕후와도 인척이었고, 송시열과도 인척 관계였다. 그야말로 뼛속까지 서인 산당 출신이었다. 그녀를 추천한 인물은 서인의 영수 송시열과 모후 명성왕후였다. 산당을 대표하는 송시열과 한당의 중심 명성왕후가 손을 잡은 것이다. 숙종은 정략결혼을 원하지 않았지만, 그렇다고 국혼을 거부할 수 없었다.

전하 옥체를 보존하소서!

그러나 비록 자신의 어머니 명성왕후가 눈을 시퍼렇게 뜨고 지키고 있는 상황에서 숙종은 유배 보냈던 옥정의 당숙 장현과 장찬 형제를 석방했다. 그리고 명성왕후가 자식 숙종의 천연두 치료를 위해 겨울철 찬물을 뒤집어쓰고 불철주야 기도를 올린 노고로 인해 감기에 걸려 몸이 상해 죽고, 삼년상이 끝나자마자, 장옥정을 대궐로 불러들였다. 장옥정이 궁으로 돌아오자 숙종은 인현왕후는 뒷전이고 늘 장옥정 처소만 찾았다. 이에 서인들은 숙종에게 새로운 후궁 간택을 요청했다. 장옥정을 견제하기 위한 인현왕후의 고육지책이었다.

　　그렇게 후궁으로 간택된 사람은 송시열의 최측근이자 서인의 영수였던 김수항의 증손녀 영빈 김씨다. 그녀 또한 인현왕후와 마찬가지로 뼛속까지 서인 집안 여인이었다. 그녀가 입궐한 것은 숙종 12년(1686), 당시 그녀의 나이 열여덟이었다.

　　인현왕후와 서인들은 어떻게 해서든지 그녀가 숙종의 마음을 사로잡아 아들을 낳기를 바랐지만, 숙종의 마음은 온통 노련하게 자신의 잠자리를 사로잡는 성숙한 스물여덟 살의 장옥정에게 빠져 있어 영빈 김씨는 안중에도 없었다. 그리고 장옥정에게 종4품의 숙원의 첩지까지 내려 정식으로 후궁의 지위를 주었다.

　　후궁 첩지를 받은 장옥정은 그에 대한 보답이라도 하듯 임신하였고, 숙종 14년(1688) 10월 숙종이 그토록 기다리던 아들을 낳았다. 그가 바로 경종이다.

　　숙종은 장옥정이 낳은 아들 윤(경종)을 원자로 삼겠다는 뜻을 조정에 알렸다. 그러나 서인들을 포함한 정비 인현왕후는 아직 스물셋으로 한창때였고 원자 윤은 태어난 지 갓 100일 된 아기이므로 원자의 명을 거둬

달라고 했지만, 숙종은 옥정에게 정1품 빈의 첩지까지 내리고 윤을 원자로 정하고 말았다. 이에 화가 난 서인들은 전면전을 선포했다. 원자로 정한 결정을 철회하라는 상소를 올린 것이다.

이 일로 송시열은 물론이고 서인을 이끌던 김수항, 김익훈, 이사명, 홍치상을 모두 유배 보내고 급기야는 죽이기까지 했다. 이 사건을 '기사환국(己巳換局)'이라고 한다. 숙종이 기사환국을 일으긴 목적은 단 하나 사랑하는 여인 장옥정을 지키는 데 있었다. 여자 문제로 당대 최고의 학문과 학식을 가지고 있던 신하들을 대거 죽이는 것은 그 어떤 왕도 할 수 없는 결단이었다.

왕비의 자리에 오른 후 장옥정은 신체 곳곳에 종기가 나고, 머리에도 자주 부스럼이 생겼다. 긴 병치레에 부부관계도 못 하고, 옥정이 자주 누워있자, 숙종은 새로운 여자에게 눈을 돌렸다.

숙종의 눈을 사로잡은 여인은 궁궐에서 물을 길어 나르던 무수리(숙빈 최씨)였다. 어떤 경로로 그녀가 숙종의 눈에 들었는지는 자세하게 기록되어 있지 않지만, 천비 출신으로 숙종의 승은을 입어 임신한 덕에 후궁이 된 것만은 분명하다. 숙종 19년(1693) 10월에 드디어 최씨가 숙종의 아들을 출산했다.

그러나 태어난 지 두 달 만에 아이는 죽고 말았다. 하지만 최씨는 첫아이를 잃은 슬픔이 채 가시기도 전에 둘째를 임신했다. 그리고 숙종 20년(1694) 10월에 출산한 아이는 건강했다.

숙종의 총애를 한 몸에 받은 숙빈 최씨는 왕비 장씨가 질투심으로 자신을 괴롭힌다며 하소연하였고, 왕비 장씨의 배후에 남인들이 있다며 그들도 함께 비난했다. 숙종은 그 말을 듣고 남인에게 등을 돌렸고, 결국 폐비 민씨 복원운동 사건으로 서인을 몰아내고자 했던 남인들은 오히려 철퇴를 맞아 모두 쫓겨나는 사태가 벌어졌다. 남인들을 내쫓은 숙종은 서인들이 추진하던 폐비 복위 요구를 받아들여 인현왕후를 환궁시켰다. 또 장옥정을 빈으로 강등시켜 왕비전에서 물러나 취선당에 머물게 했다. 이 사건이 1694년에 벌어진 '갑술환국(甲戌換局)'이다.

　하지만 숙빈 최씨와 인현왕후는 이것으로 만족하지 않았다. 장옥정에게 깊은 원한을 가진 인현왕후는 어떻게든 장옥정을 제거하려 했고, 이를 위해 숙빈 최씨와 손을 잡았다. 하지만 인현왕후는 이미 중병에 걸려 있었다. 중궁전으로 돌아온 그녀는 시름시름 앓다가 환궁한 지 7년 만인 숙종 27년(1701)에 세상을 떠났다.

　인현왕후가 죽자 숙빈 최씨는 몹시 불안했다. 인현왕후가 죽었으니 장옥정이 다시 복위할 것이고, 그렇게 되면 자신의 처지가 어떻게 될지 알 수 없었기 때문이다. 그래서 숙빈 최씨는 장옥정에게 선제공격을 감행한다. 당시 장옥정은 세자 윤의 건강을 위해 취선당에 신전을 차려놓고 무당을 불러 굿을 했다. 물론 이것은 숙종도 알고 있는 일이었다. 하지만 숙빈 최씨는 장옥정이 신전을 차린 것은 인현왕후를 저주하여 죽일 목적이었다고 고변한다. 숙종은 이 고변을 근거로 장옥정을 치죄하기 이른다.
　그리고 취선당을 드나들던 무당은 물론 장옥정의 오빠 장희재, 장옥정의 치죄를 반대하던 소론 세력까지 죽이거나 내쫓아 버렸다. 또 장옥정에게는 자진 명령을 내렸다. 한때 그토록 사랑한 여인 장옥정을 결국 자기 손으로 죽이는 결정을 내린 것이다.

| 병든 간에서 시작된 많은 질환

숙종은 성격이 급한 만큼 많은 병으로 고생한 기록이 여기저기에서 보인다. 실록에 기록된 숙종의 간염 증상은 15세 때인 숙종 2년(1676) 9월에 등장한다. 실록과 《승정원일기》의 기록에 따르면 머리가 아프고 인후복통이 생기자 의관들과 공조좌랑 이국헌이 감기로 진단하면서 대표적인 감기 처방인 형방패독산(荊防敗毒散)을 복용케 한다.

이튿날 복용 후에도 두통과 인후통이 여전히 지속되자 당숙인 김석주(金錫胄)가 나서 의관들과 함께 소시호탕에 맥문동, 갈근, 지모, 황백을 더해 처방을 변경한다. 이후 증세가 호전되었으나 9월 17일 갑자기 수라를 들기 싫어하면서 오한과 오심 증상이 생기기 시작한다. 가슴이 답답한 증상에 초점을 두고 양격산을 처방하기도 하고, 밥맛을 당기게 하는 이공산, 소요산이라는 처방을 바꿔 보기도 하지만 호전되지 않았다.

9월 25일 갑자기 얼굴과 눈에 누런색이 나타나자 의관들은 황달 증세로 진단하면서 처방을 급선회한다. 황달을 치료하는 시령탕(柴苓湯)을 처방한다. 3일 만에 얼굴과 눈에서 노란빛이 가시기 시작한다. 피부색에 윤기가 돌고 오심 증세가 줄어들면서 밥맛이 돌아오기 시작한다. 5일이 지난 30일 누런 황달 빛은 모두 사라졌고 수라와 침수도 일상적인 상태가 되면서 지금까지 써 온 황달을 치료하는 시령탕에서 백출제습탕(白朮除濕湯)이라는 온화한 처방으로 변경한다. 10월 2일, 내의원이 황달 치료에 돌입한 지 7일 만에 숙종은 의관들에게 평상시와 같으니 더 이상 묻지 말라고 하교를 내린다. 이런 상태를 보건대 숙종은 당시 간에 문제가 있었던 것은 틀림없었던 것 같다.

진하 옥제를 보존하소서!

숙종은 이처럼 한의학 서적들에서 간 질환으로 지목되는 증상들을 평생 달고 살았다. 15세 때 황달성 간염을 앓은 이후 확실히 숙종은 작은 일에도 흥분을 잘했으며 쓸데없이 애간장을 태웠다. '애간장'이라는 말은 간장을 녹이고 태우고, 졸이며, 말린다는 표현인데 '애'는 초조한 마음을 뜻하는 순우리말이다. 실록은 숙종이 화를 내고 애간장을 태우는 모습을 여러 차례 기록하고 있다.

숙종 14년(1688) 7월 16일에는 "임금의 노여움이 폭발하여 점차로 번뇌로 심해져 입에는 꾸짖는 말이 끊어지지 않고, 밤이면 또 잠들지 못했다."고 기록하고 있고, 숙종 21년(1695) 9월에는 흉년을 맞아 비망기를 내리면서 "큰 병을 앓은 뒤라 조금만 사색함이 있어도 문득 혈압이 올라간다."라며 달아오르는 분노의 열기를 주체하기 힘든 모습을 보인다.

숙종 20년(1694) 10월 기사에서 설서 최계웅이 상소를 하기를 "벼슬을 질곡(桎梏)처럼 여기고 국문(國門)을 그림 속의 땅처럼 보며 무서워하고 벌벌 떨며 발을 포개고 써 숨을 죽인다고 했습니다."라고 신하들이 숙종을 두려워하는 모습을 생생하게 그려낸다.

그리고 곧바로 "이는 전하께서 덕을 지키심이 관대하지 못하고 도(道)를 확신함이 돈독하지 못하여, 상하가 서로 의심하며 심정과 뜻이 막히게 되어서 한없는 폐단을 야기한 것입니다."라고 숙종의 지나친 편당성과 화를 잘 내는 성격적 결함에 문제의 원인이 있다고 직격탄을 날린다. 지금으로 말하면 숙종은 분노조절장애쯤 되는 질환을 앓고 있었던 것이다. 이는 간이 튼튼하지 못했기 때문에 벌어진 일이다. 간이 사람의 성격까지 관장한다는 사실은 현대의학에서는 흔히 논하는 바다.

그리고 숙종은 눈병으로도 고생했다. 물론 그 뿌리는 간 질환이었다.

숙종 30년(1704) 12월의 실록은 이렇게 기록하고 있다. "나의 화증이 뿌리내린 지 이미 오래고 나이도 쇠해 날로 깊은 고질이 되어 간다. 무릇 사람의 일시적 질환은 고치기 쉽지만 가장 치료하기 어려운 것은 화증이다." 오랜 시간 동안 수응(酬應, 남의 요구에 응하는 일)에 큰 글씨로 간략하게 쓰도록 했다. 심지어 숙종 44년(1718) 9월 17일 혼례식을 올린 후 인사 온 왕세자 부부조차 알아보지 못하고 "내가 눈병이 이와 같으니 비록 왕세빈의 얼굴을 보고 싶어도 어떻게 볼 수 있겠는가."라고 탄식한다.

평생 간 질환에 시달려 온 숙종의 건강은 50대 중반, 즉 재위 40년을 넘기면서 급속도로 악화된다. 숙종 40년(1714) 4월 27일 실록은 "상의 환후가 7개월 동안 계속되어 증세가 백 가지로 변하여 부기가 날로 더해졌다."라고 기록하고 있다. 이처럼 부종이 계속되고 대소변을 제대로 못 보는 날이 계속되자, 선조의 증손으로 종친이었던 유천근 이정이 "성질이 강력한 약을 쓰면 안 된다."라는 어의들의 반대를 무릅쓰고 도수환(導水丸)이라는 처방을 고집 끝에 쓴다.

이 처방이 크게 효험을 보이자 감탄한 숙종은 스스로 시를 지어 그의 공로를 이렇게 치하한다. "여덟 달을 온갖 방술로 다스렸지만 한 가지 환약으로 빠른 효험 얻었네. 지극한 그 공로 내 마음에 새겨 두니 이를 내려 종친에게 은총을 표하노라." 이런 일련의 치료 기록들은 숙종의 병이 간헐적인 게 아니라 지속적인 것이며, 근본적으로 간 질환에 뿌리를 두고 있었음을 알 수 있다. 게다가 그 상태가 계속 악화되었음을 알 수 있다. 결국, 숙종 45년(1719) 10월 아들 연령군이 사망하자 숙종의 건강은 급속도로 나빠진다.

전하 옥체를 보존하시소서!

이듬해인 숙종 46년(1720) 5월 7일에는 간경화 말기 증세인 복수가 차오르는 증상이 나타났다. "시약청에서 입진했다. 이때 성상의 환후는 복부가 날이 갈수록 더욱 팽창하여 배꼽이 불룩하게 튀어나오고, 하루에 드는 미음이나 죽의 등속이 몇 홉도 안 되었으며, 호흡이 고르지 못하고 정신이 때때로 혼수상태에 빠지니, 중외(中外)에서 근심하고 두려워했다." 이후 한 달 만에 숙종은 세상을 떠났다.

숙종의 병은 그의 성격과 당대에 일어난 여러 사건과 무관하지 않다. 숙종시기에는 붕당 정치가 극에 달했고, 세 번에 걸쳐 환국이 일어났다. 두 번에 걸쳐 왕비를 강등하고 세자가 있음에도 그 생모(장희빈)를 죽이는 굵직한 사건이 모두 일어난 시기이기도 하다. 숙종이 정확히 어떤 병 때문에 사망했는지는 알 수 없지만, 지금부터 숙종을 괴롭혔던 질병을 위주로 현대의학적 관점에서 숙종의 사망원인을 분석할 필요가 있다.

숙종 2년(1676) 9월 25일 숙종은 황달이 생기기 5~6일 전부터 편치 못하다는 말과 함께 식욕부진을 호소한다. 황달이 갑자기 생기는 증상은 간염과 관련이 있거나, 독극물을 흡입할 경우 생기는 대표적인 증세다. 아마 숙종의 증상은 급성간염에 따른 식욕부진과 메스꺼움, 구토, 발열, 근육통, 관절통 등의 증상으로 추측된다. 이러한 증상이 먼저 나타난 후 이어서 쓸개즙의 흐름이 원활하지 않아 온몸이 누렇게 되는 황달이 왔고 입맛을 잃고 무기력하며 몸이 여윈 것으로 보인다.

실록을 살펴보면 숙종 35년(1709)부터 38년(1712) 사이에 계속해서 숙종에게는 식욕부진에 관한 기록이 많다.

이러한 식욕부진이 이어진 원인이 무엇이었을지 몇 가지 가정해볼 필요가 있다. 우선은 전에 앓았던 황달과 연관 지어 볼 때 숙종은 만성간염을 앓았을 가능성이 있다. 만성간염의 증상은 식욕부진, 메스꺼움, 구토, 소화불량, 윗배의 불쾌감, 피로 등이다. 이 기간에 보이는 숙종의 증상과 상당히 유사하다.

두 번째는 숙종 26년(1700)부터 32년(1706) 사이에 보이는 담도산통과 연관 지어 볼 때 숙종은 간농양(간고름집)을 앓았을 가능성도 있다.

간농양이란 간에 고름이 생긴 것을 말한다. 담석으로 담관이 막히면 담즙(쓸개즙)이 흐르지 못하게 되고 여기서 세균이 증식해 곪으면 간농양으로 이어진다. 간농양을 한의학에서는 간옹(肝癰)이라고 하며, 용어 그대로 간에 생긴 화농성 종기라는 뜻이다. 종기는 꼭 피부에만 생기는 것이 아니라 오장육부에도 생길 수 있다고 했다.

간농양의 증상은 발열과 오한, 윗배의 통증, 메스꺼움, 구토, 설사, 무기력 등이다. 간이 비대해져 폐를 압박하면 호흡곤란이 오고 위를 압박하면 소화불량이 발생한다. 숙종의 식욕부진, 오한, 발열, 메스꺼움, 설

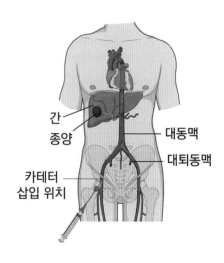

간
종양
대동맥
대퇴동맥
카테터
삽입 위치

전하 옥체를 보존하시소서!

사, 뱃속이 편치 않은 증상은 간농양의 증상과 유사하다.

숙종은 간뿐만 아니라 하복부에 난 종기로 고생했다. 숙종 31년(1705) 9월에는 오른쪽 엉덩이에 종기가 났고 11월 9일에는 왼쪽에도 종기가 생겼다고 했다. 또 숙종 32년(1706) 1월 25일에는 장강혈(長强穴) 아래에 종기가 나서 침을 맞았다고 기록하고 있다. 또 숙종 35년(1709) 11월 3일에는 왼쪽 난문혈(闌門穴)에 몽우리가 집혀서 침과 뜸을 시술했다고 했다.

난문혈이란 샅, 곧 아랫배와 허벅다리 사이를 말한다. 난문혈에 습한 기운이 오래 머물러서 생긴 끈끈한 체액이 몰려 멍울이 생겼다면 이는 샅의 피부 안쪽 림프선에 생긴 종기로, 화농성 림프절염 정도로 볼 수 있다. 한의학에서는 이를 변옹(便癰)이라고 한다. 이같이 숙종의 종기는 그 위치가 엉덩이, 항문 주위와 아랫배와 허벅다리 사이이다. 모두 하복부에 자리 잡고 있다. 그리고 발생한 시기도 31년, 32년, 35년으로 담석증과 간염 내지 간농양이 의심되는 시기인 숙종 26년에서 38년 사이이다.

간과 항문의 종기는 간과 대장의 관계로 풀어볼 수 있다. 간과 대장은 서로 통하는 관계로 《동의보감》에서도 "간이 병들면 대장을 치료하여 잘 통하게 하고 대장이 병들었을 때는 간을 치료하여 고르게 하라."고 했다. 숙종의 간에 쌓인 문제가 대장의 끝인 항문에서 드러난 것은 아닐까 의심해 볼 수 있다.

간과 아랫배와 허벅다리 사이 종기의 관계는 경락의 흐름으로 풀어볼 수 있다. 간의 경락은 발가락에서 시작하여 다리 안쪽을 타고 흐르다 생식기와 허벅다리를 거쳐 복부로 올라가 간까지 연결된다. 곧 간과 생식기와 허벅지는 경락으로 이어져 있다.

현대의학에서는 간에서 증식한 세균이 혈관을 타고 항문으로 옮아가고, 림프절의 흐름을 타고 허벅지로 옮아간 것으로 설명할 수 있을 것이다.

숙종의 사타구니에 생긴 혹 또는 종기는 바이러스성 질환이거나 악성 종양일 가능성이 크다. 몸 어디에서나 생기는 임파선 종대처럼 아랫배와 허벅다리 사이 생기는 종창은 간염증(때로 성병에 의한), 바이러스성 질환, 혹은 임파절의 종양이나 다른 부위에서 전이된 암에 의해 임파선이 종대되어 생긴 것으로 보인다. 그렇다면 성병이나 간암으로 전이된 임파선 종대로 생겼을 확률이 높다.

그리고 숙종 43년(1717)부터 45년(1719)까지 눈이 잘 보이지 않는다고 기록되어 있다. 그리고 고통을 호소한 말년에 생긴 눈병은 노화로 인한 백내장일 가능성이 크다. 누구나 잘 알고 있듯이 간과 눈은 서로 연결되어 있다. 그래서 백내장은 곧 간의 병이라고 한다.

위와 같은 종합적인 질병을 살펴보건대, 숙종에게 나타난 대표적인 증상, 즉 오른쪽 윗배(상복부)의 통증, 체중의 감소, 복부 팽만감, 소화불량, 만성적인 피로감, 간병변을 동반한 황달과 복수 등을 살펴볼 때 숙종은 간암이 악화되어 사망한 것으로 보인다.

| 화는 오장육부를 망가트린다

숙종의 분노는 그의 급한 성격으로 나타난다. 분노는 거친 감정이다. 때로는 억제하기 힘든 강력한 힘이다. 분노의 원인은 누군가가 자신을 화내게 하거나 특정 행동을 참을 수 없을 때 표출된다. 분노는 또한 보호막이 되는 두려움이기도 하다.

전하 옥체를 보존하소서

숙종의 경우 분노조절장애의 증상으로 보이는 기록이 여기저기 보이곤 하는데, 분노조절장애란 의학적 용어가 아닌 심리학적 용어다.

심리학적 용어로 분노조절장애란 '분노를 참거나 조절하는 데 어려움을 겪으며, 과도한 분노의 표현으로 정신적, 신체적, 물리적 측면 등 다양한 영역에서의 피해를 경험하는 것'을 말한다. 임상심리학이나 정신의학 분야에서 정신적으로 사용되는 진단명은 아니다. 분노조절장애는 충동적인 분노 폭발형과 습관적 분노 폭발형으로 나눌 수 있으며, 전자가 분노를 유발하는 상황에서 우발적으로 나타나는 것이라면, 후자는 폭발적으로 분노를 폭발하는 것에 대하여 경험적으로 학습하면서 습관화된 형태로 나타나는 것으로 볼 수 있다. 숙종의 경우는 양자 모두에 해당한다.

분노조절장애를 보이는 개인은 별것 아닌 사소한 일에도 화를 참지 못하고, 공격적인 말과 행동을 보이거나 문제를 해결하는 방법으로 분노가 효과적이라고 생각하고 습관적으로 화를 낸다. 또 지나친 분노의 표현으로 인하여 재산이나 기물을 파괴하고, 억울하다는 느낌 또는 부당함을 느끼며 복수하고 싶은 충동을 느끼기도 한다. 분노를 표현하기 전에는 급격한 변화를 느끼고 매우 흥분한 상태에서 분노를 표현할 때는 어느 정도 만족감을 느끼기도 하지만, 분노를 표현한 이후에는 뒤늦게 찾아오는 후회나 공허감 등으로 인화여 힘들어하기도 한다.

이러한 원인으로는 호르몬 분비에서의 이상, 감정조절과 관련된 뇌 영역의 기능적 이상, 어린 시절의 학대와 같은 가정적 요인, 외상에 대한 지속적 노출과 같은 환경적 측면과 유전적 측면 등 다양한 요인이 복합적으로 작용할 수 있다.

특히 분노와 같은 감정을 많이 가지고 있는 사람은 이성을 가지고 있는 사람보다는 더 많은 화를 내는데, 결국 감정은 이성의 뒤에서 우리가 무의식적으로 결정을 내리는 판단을 하며, 이성과 동등한 권한을 갖고 있다고 할 수 있다. 실제로 이성은 감정의 설득력 있는 조언이 없으면 작동하지 못한다.

그동안 많은 실험을 통해 밝혀진 사실은 우리 뇌의 전전두엽 피질 일부가 실제로 감정에도 관여하고 있음이 밝혀진 바 있다. 전전두엽 피질의 병변은 일종의 증후군을 야기하는데 여기서는 확연한 공격성과 충동성이라는 특징이 있다.

그런데 신기한 것은 충동적인 분노의 감정은 격해질수록 전전두엽 피질에 손상을 주고 우리가 미리 계획하고 기억하고 주의를 기울이는 능력을 위태롭게 한다는 것이다. 쉽게 말해 이성적인 생각보다는 감정이 앞선다는 것이다. 결국, 분노의 감정은 레코드판에 새겨진 노래의 흠결처럼 인간의 뇌에 곱게 새겨져 감정 지식을 저장한다.

그래서 분노의 감정을 자주 느끼는 사람이 화를 더 잘 내고 화와 동시에 심한 욕설이나 과격한 행동 즉, 주먹이나 흉기 등을 쉽게 들 수 있는 것이다.

이러한 분노의 해결을 위해서는 분노의 원인을 탐색하고 적절한 표현방식을 찾기 위해서 노력하는 것이 필요하다. 즉, 분노의 감정뿐만 아니라 그 기저에 존재하는 비합리적 신념이나 인지 체계, 분노를 유발하는 사건이나 대상 등 원인에 대하여 깊이 있게 살펴보고 적절한 대처방안을 학습하는 것이다.

분노조절장애를 치료하기 위한 치료 방법으로는 약물치료, 인지행동치료, 마음 챙기기 등이 있으나 숙종의 경우 무소불위의 권력을 가지고 있는 국왕의 자리에 있어, 신하들은 분노를 자제하라는 말 한마디 못했을 것이다. 게다가 당시에는 이러한 치료법도 없었고 치료약 또한 없었다. 그 결과 숙종은 국왕으로 앉아 있는 동안 화를 달고 살았고, 그 결과 오장육부에 열이 나고 장기들의 손상이 오게 된 것으로 보인다.

숙종은 여러 번의 환국으로 조정 대신들을 교체하면서 중심을 지키려 했고, 강력한 왕권을 이루려고 부단히 노력했다. 경신환국, 기사환국, 갑술환국을 통해 붕당 사이의 견제와 균형이 무너진 상황에서 숙종은 서인과 남인 사이에서 절대적인 권력을 휘두르기 위해 인현왕후와 장희빈까지 희생시켰으며, 결국에는 자신에게도 그 화가 미쳐 간암으로 사망하고 만 것이다.

경종

1688~1724
재위 1720. 6~1724. 8

| 보기와 다르게 열이 많은 임금

경종은 숙종의 장자이며 장희빈이 그의 생모이며, 숙종 14년(1668)에 탄생하였다. 숙종이 죽자 1720년 6월 13일에 32세로 조선 제20대 국왕으로 등극하였으나 4년 2개월 재위 끝에 병을 얻어 경종 4년(1724) 8월 25일 승하하였다. 향년 37세였다.

그는 세자 때부터 갖은 수난을 겪은 비운의 왕이었다. 아버지 숙종이 자신의 어머니 장희빈에게 사약을 내리면서 자진할 것을 명령하자 세자 윤(경종)은 궁궐 문밖에 거적을 깔고 정승들에게 "나의 어머니를 살려 주시오."라며 하소연했다. 하지만 세자를 생각해 장희빈을 죽여서는 안 된다고 주장하는 신하들은 모두 벼슬길에서 쫓겨나거나 유배길에 올랐다. 그리고 장희빈이 죽자, 당시 열네 살이던 세자 윤은 생모를 잃은 비통한 심정과 자신에 대한 공격이 시작될 것이라는 공포에 질려 시름시름 앓았다.

진하 옥제를 보존하소서!

생모인 희빈 장씨가 취선당 서쪽에 신당을 차려놓고 인현왕후를 저주했다는 죄목으로 사사당하는 것을, 그것도 아버지의 명에 따라 죽임을 당하는 광경은 어린 세자에게 엄청난 정신적 충격을 끼치는 일이었다.

노론 세력은 장희빈을 죽인 뒤에 세자 윤을 세자 자리에서 끌어 내리려고 혈안이 되어 있었다. 세자 윤이 왕위에 오를 경우 장희빈을 죽인 자신들이 복수를 당할 것을 염려했기 때문이다. 세자 윤을 폐위하기 위한 노론의 시도는 약 20년 동안 끈질기게 이어졌고, 이런 상황은 세자의 병을 더욱 깊어지게 했다.

세자 윤은 몸이 너무 약하여 대를 이을 후손도 얻지 못할 지경이었다. 심지어 세자의 직무를 제대로 수행할 수 없었고, 그 때문에 숙빈 최씨의 아들 연잉군(영조)이 세자를 대리하여 정치를 배우는 사태가 벌어졌다. 물론 숙종도 동조한 일이었다. 하지만 소론 세력이 세자를 적극적으로 보호하여 세자 윤은 가까스로 부왕이 죽을 때까지 세자 자리를 지킬 수 있었다.

경종이 재위한 기간은 불과 4년 2개월밖에 되지 않는다. 게다가 32세에 왕위에 올라 재위 4년간 병치레만 하다 생을 마감했다. 그의 재위기는 소론과 노론이 세제 책봉을 두고 피의 숙청(1, 2차 신임사화)을 벌인 당쟁의 결정기였다. 자식이 없고 병약해 이복동생 연잉군(영조)을 세제로 책봉했지만, 노론의 압박으로 세제에게 대리청정을 맡기고 물러날 위기에 몰리기도 했다.

실록에 따르면 경종은 '형용하기 어려운 질병'을 앓고 있었다. 실록 곳곳에 경종의 '이상한 질병'에 대해 언급하는 대목이 나온다. 경종 3년

(1723) 8월 경종은 복통과 설사로 고생하다가 기력을 잃고 숨을 거두었다. 영조시대에는 권력을 잃은 소론과 경종의 측근들이 영조가 경종에게 게장과 홍시를 먹여 암살했다며 반란을 일으키다 몰살당했다. 경종의 계비인 선의왕후 어씨 역시 영조를 경종 독살범으로 의심했으며, 반대로 자신은 영조 암살 및 효장세자 암살사건의 배후로 의심받다 영조와 갈등을 빚었고, 영조 6년(1730) 창경궁에서 25세의 나이로 세상을 떴다.

경종의 죽음에 대해 꼬리에 꼬리를 물고 이어진 독살 음모의 수레바퀴를 돌린 원동력은 당쟁이라는 이름의 권력 투쟁이었을 것이다. 어쨌든 경종은 그렇게 아들 하나 남기지 못하고 질병에 시달리다 원인도 모르게 급사하고 만다.

《경종실록》에는 경종은 타고난 성품이 인자하고 인현왕후를 정성껏 섬겼으며 물욕도 없었다고 기록하고 있다. 다만 오랜 지병으로 걸핏하면 화를 잘 냈던 것 같다.

육체적, 정신적 허약함에 성불구까지 온갖 문제를 가진 경종이었지만, 그는 30년간 세자교육을 받고 이후 4년간 조선의 왕으로 살아간 인물이다. 앞서 46년간 나라를 다스린 아버지 숙종, 뒤에서 52년간 나라를 다스린 동생 영조가 있기에 4년이라는 그의 치정기간이 유독 짧게 느껴지기는 하나, 대리청정을 했던 3년까지 포함한다면 실권자로서 그가 나라를 다스린 기간은 총 7년에 이른다.

경종이 자식을 갖지 못했던 이유 중 하나는 그가 상당히 비만이었다는 점이다.

경종은 세자 시절이었던 20대에 이미 비만한 체형이었으며, 왕실 관료

전하 옥체를 모손하소서!

들의 걱정 역시 이만저만이 아니었다. 《승정원일기》는 경종이 26세이던 숙종 39년(1714) 시점에 이미 세자가 '비만태조(肥滿太早)'하다고 기록하고 있다. 아주 일찍부터 살이 쪘다는 뜻이다. 경종 2년(1722) 8월 18일 자 《승정원일기》 기사에도 '성체비만(聖體肥滿, 임금이 살이 쪘다)' 같은 표현이 나온다. 경종은 살이 찐 만큼 더위를 많이 느끼고 땀이 많이 나는 체질을 가졌고 그것과 관련된 질환을 앓았다.

비만은 정자의 활동력을 저하시키고 호르몬 불균형을 유발하며 성욕 감퇴 및 성 기능 장애를 유발해 남성의 생식력을 떨어뜨리는 주요 요인이 된다.

경종은 죽을 때까지 후사가 없었다. 이복동생 영조에게 왕위를 물려주게 된 것도 그 때문이다. 폐비된 장옥정이 사약을 받기 전 아들(경종)의 고환을 잡아당겨 고자로 만들었다는 야사의 설이 그래서 그럴듯하게 전해지고 있는 것이다.

| 경종의 '형용하기 어려운 질병'

많은 사람은 경종의 질병에 대해 그의 어머니인 장희빈의 비극적 죽음과 건강 간의 상관관계를 제일 먼저 거론하고 있다. 숙종 27년(1701) 당시 경종은 열네 살이었다. 아버지의 명에 따라 생모가 죽임을 당하는 광경은 엄청난 정신적 충격을 끼치는 일이 틀림없다. 자연사나 병사라고 할지라도 부모를 잃는다는 것은 쉬운 일이 아니다. 그런데 그 엄청난 정치적인 소용돌이 속에서 생모가 극렬히 저항하다 사약을 받고 사망했다면 어린 소년이 어찌 아무렇지도 않을 수 있겠는가. 이 사건은 이후 경종의 정신적, 신체적인 건강에 상당한 영향을 끼쳤던 것으로 보인다.

그러나 경종의 질병 기록만 봤을 때는 꼭 그렇다고 할 수도 없다. 어머니를 잃고 나서 곧바로 큰 질병으로 이어지지는 않았기 때문이다. 《승정원일기》는 단지 그다음 날인 10월 10일 저녁부터 왕세자의 등과 배에 홍반이 일어나서 청기산이라는 두드러기 치료 처방을 해 좋아졌다는 보고와, 슬픔과 탄식으로 울음을 그치지 않았다는 기록만 건조하게 남겨 놓고 있다.

경종의 질환 치료에서는 조선 후기 명의로 알려진 이공윤이 주도권을 쥐었다. 그가 바로 경종을 독살했다는 자다. 경종 3년(1723) 경종의 병이 위급해진 기사에는 "임금의 겉모습은 왕성하나 비위 등 내장이 허했고, 음식을 싫어하며 말수가 오래도록 없어 마침내 한열(寒熱, 오한과 발열)의 증세가 발생했다며 '도인승기탕(桃仁承氣湯)'을 자주 복용하여 위를 깨끗이 씻어내면 임금의 병환이 금방 나을 수 있다."며 백수비첩을 올렸다.

그러나 경종의 병이 나아지지 않자 경종 4년(1724) 사헌부는 이공윤을 벼슬아치 명부에서 삭제할 것을 강력히 주청했다. "이공윤은 괴벽하고 미련한 데다가 행동과 모습마저 대체로 해괴한 데가 많습니다. 내의원에서 약을 논의할 즈음에 이르러 그를 회의에 동참하라고 하였으나 날마다 병을 핑계로 나오지 않다가 누차 부른 뒤에야 느릿느릿 들어와서 다만 다른 여러 의관의 입만 쳐다보다가 묻는 말에만 마지못해 대답할 뿐 정성 들여 깊이 연구해 보려는 뜻이 없고 괴로워하고 소홀한 태도가 현저히 보였습니다."

그럼에도 경종이 세상을 등질 때까지 진료를 담당한 것은 이공윤이었다. 그의 처방은 계속되었다. 8월 19일 경종의 식욕이 줄어들고 원기가 떨어지자 비위를 보하는 육군자탕(六君子湯)을 처방했다. 20일에는 게장

전하 옥체를 보존하소서!

과 생감을 먹었다. 문제는 여기서 터졌다. 게장과 생감을 먹은 경종이 밤에 갑자기 가슴과 배가 조이듯이 아프다는 통증을 호소한 것이다. 복통과 설사가 계속되자 곽향정기산(藿香正氣散), 황금탕 등을 처방했지만 차도가 없었다. 이 상황에서도 이공윤의 호언장담은 계속되었다.

그는 경종의 설사를 그칠 수 있다고 하면서 8월 24일 계지마황탕(桂枝麻黃湯)을 처방한다. 계지마황탕 속의 마황은 허약한 사람에게는 결코 투여할 수 없는 약물이다. 계지마황탕을 먹은 후 경종의 환후는 더욱 위태로워졌고 맥까지 약해졌다. 왕세제(후일 영조)가 나서서 인삼과 부자로 위장의 온기를 올리는 처방을 해야 한다고 주장한다. 이공윤은 이때도 다시 한번 조목조목 따지며 반대 의견을 피력한다. "삼다를 많이 쓰지 마라. 내가 처방한 약을 진어하고 다시 삼다를 올리게 되면 기를 능히 움직여 돌리지 못할 것이다."라고 못 박는다. 하지만 인삼을 마시고 난 경종의 눈빛은 좋아졌고 콧등도 따뜻해지면서 반정의 기색을 보였다. 그러자 흥분한 왕세제가 "지금이 어느 때인데 꼭 자기의 의견만 내세우고 인삼 약재를 쓰지 못하게 하느냐."고 강하게 힐책한다.

그러나 그 반전은 얼마 가지 못한다. 결국, 8월 25일 경종이 승하하고 만다. 경종이 죽자 시중에서는 독살설이 확산되었다. 독살설의 주범은 경종에게 계장과 감을 올린 세제(영조)에게 쏠렸다.

한의학적으로 게의 성질은 차다. 이것은 옻독을 해독할 때 쓰는 약성으로 알 수 있다. 옻은 잎이 떨어지는 가을이면 줄기가 빨갛게 된다. 붉은 것은 뜨거운 성질을 가지고 있다. 속이 찬 사람이 옻닭을 고아 먹으면 설사가 멈출 정도로 성질이 뜨겁다. 옻을 먹고 피부염이나 두드러기가 생길 때 계장을 바르면 사라진다. 게는 겉은 딱딱하고 내부는 부드러우며

배 부위가 달(月)의 크기에 따라 커졌다 줄어들었다 하므로 달처럼 차가운 성질을 갖추고 있다. 하지만 게장과 감을 함께 먹는 게 멀쩡한 사람을 죽게 할 정도로 치명적이거나 위독한 것은 아니다. 물론 평소에 지병이 있거나 특히 소화기 계통이 약한 사람에게는 치명상을 입힐 수 있다. 따라서 게장과 생감 때문에 경종이 죽은 것은 아니라고 추측된다.

경종의 질병 중에 주목해야 할 병이 하나 있다. 실록에 따르면 경종은 "형용하기 어려운 질병"을 앓고 있었다고 한다. 실록 곳곳에 경종의 '이상한 질병'에 대해 언급하는 대목이 나온다.

"나는 말을 떠듬거리는 병이 있어서 유신들이 친히 제사 지내기를 청할 때에는 다릿병이 있어서 억지로 행하기가 어렵다."

- 경종 1년 7월 20일

경종 1년(1721) 10월 10일 임금은 이렇게 말한다. "내가 이상한 병이 있어 10여 년 이래로 조금도 회복될 기약이 없다."

경종 2년(1722) 3월 17일의 기록은 이렇다. "입진이 끝나자 도승지 김시환이 공사를 가지고 와서 있는데 잠시 후에 임금의 화가 오르고 심기가 폭발했으므로 여러 신하들이 놀라 두려워하며 물러갔다."

경종 4년(1724) 8월 2일 자 기사에는 이런 기록도 나온다.

"임금이 동궁에 있을 때부터 걱정과 두려움이 싸여 마침내 형용하기 어려운 질병을 앓았고 해를 지낼수록 고질이 되었으며 더운 열기가 위로 올라와서 때로는 혼미한 증상도 있었다. 그래서 계속 내의원에서 올린 약제를 복

진히 옥체를 보존히소서!

용했으나 아무런 효험이 없었다."

형용하기 어렵고 치료하기도 어려웠던 이 이상한 질병의 정체는 무엇일까? 이 이상한 병을 유추할 수 있는 유일한 증거는 경종이 왕위에 오른 후 집중적으로 복용한 약물이다. 바로 가미조중탕(加味調中湯)이었다. 경종 즉위년부터 복용하기 시작했고 경종 2년(1722)과 3년(1733)에도 각각 150첩 이상 복용한 것으로 추정된다. 어떤 일에도 잘 나서지 않고 적극성을 보이지 않던 경종이 작심한 듯 계속 의관들에게 약을 지어 올리라고 주문한다. 그만큼 약효가 좋았다는 것이다.

한의학에서는 가미조중탕은 일반적으로 대조중탕(大調中湯)과 소조중탕(小調中湯)으로 나누는데, 고종의 어의를 지내고 우리나라 최초의 근대적 한의학교육 기관인 동제 의학교 교수를 역임한 청강 김영훈의 기록에 따르면 경종이 먹었다는 가미조중탕은 소조중탕(小調中湯)으로 추정된다. 《승정원일기》 전체에 나타나는 가미조중탕의 처방 기록은 총 50회 정도로 정조와 순조에게도 투여한 기록이 나온다. 경종에게는 42회 정도 집중적으로 처방되었다.

《동의보감》은 대·소중탕을 열담(熱痰) 조문에서 이렇게 설명하고 있다. "열담이란 곧 화담(火痰)이다. 번열이 몹시 나서 담이 말라 뭉치고 머리와 얼굴이 화끈화끈 달아오른다. 혹 눈시울이 짓무르면서 목이 메어 전광(癲狂)이 생기는 증상에는 대·소조중탕이 좋다." 《동의보감》은 또한 경종에게 쓰인 또 다른 처방인 곤담환에 대해서도 설명하고 있다.

"습열(濕熱, 머리가 무겁고 눅눅한 열기가 나는 것)과 담음(痰飮, 기침 가래와 위액)이 몰려서 생긴 여러 가지 병을 치료한다. 속을 쓰고 소원이 풀리지 않아서 전광이 생기는데 하루 100알씩 먹는다."

경종을 위해 조제된 소조중탕과 곤담환 처방의 공통적 치료 목적은 전광 또는 전간(癲癎)이었다는 것이다. 지금으로 말하면 간질이다. 숙종의 계비 인현왕후의 둘째 오빠 민진원이 궁중에서 일어난 사건들을 기록한 《단암만록》에 경종의 광증에 대한 기록이 있다. "숙종 승하 시 곡읍을 하는 대신 까닭 없이 웃으며, 툭하면 오줌을 싸고 머리를 빗지 않아 머리카락에 때가 가득 끼어 있었다."

경종의 간질 증상을 유추할 수 있는 또 다른 기록은 《숙종실록》 숙종 15년(1689) 11월 8일 자 기사다. 그 기사에는 경휵(驚搐)이라는 단어가 나온다. "이때 원자에게 경휵의 증세가 있어 약방의 여러 신하가 청대하여 조양하는 방법을 갖추어 진달했다." 여기서 경(驚)은 놀란다는 뜻이고 휵(搐)은 경련이 일거나 쥐가 난다는 뜻이다. 즉 발작성 경련과 간질을 가리키는 말이다.

경종에게 있어 간질은 직접적인 사망원인은 아니지만, 정신적으로 많은 고통을 주었을 것이다. 또한, 비만과 종기 역시 사망을 부추기는 역할을 했지만, 사망의 원인은 아니었다. 경종의 직접적인 사인은 며칠 동안 계속된 가슴과 배의 통증으로 인한 복통과 설사였다. 당대 제일의 의사였던 이공윤의 반대를 무릅쓰고 올린 게장과 생감, 그리고 자신의 처방과 상극이라고 진단한 의원을 윽박질러 가며 올린 인삼차는 대비와 연잉군(영조)의 과거와 관련되어 무수한 뒷말을 낳기에 충분한 의심이었다.

한의학에서 해(蟹, 게)는 열을 내리고 기가 뭉친 것을 풀어주는 효능이 있으며, 천연소화제로 사용하고 있다. 또 키토산이 풍부하여 혈중 콜레스테롤을 억제함으로써 고혈압, 고지혈, 동맥경화 등을 예방한다. 당시 영조가 세제 시절 경종에게 올린 게장과 감은 좋은 뜻에서 올렸을 것으로 보인다. 다만 감의 경우 소화 기능 개선 및 감기 예방 등에 효과가 있으나 반대로 위궤양과 설사를 동반할 수도 있었다.

권력 투쟁의 수레바퀴는 조선왕들의 마음과 육체를 유린했으며 그로 인해 너덜너덜해진 왕의 몸은 질병을 감당하지 못했을 것이다. 그렇게 경종은 37살의 젊은 나이로 안타까운 죽음을 맞이하였다.

영조가 정말 경종을 죽게 했나

우선 영조가 게장과 생감을 경종에게 먹도록 하여 사망하게 만들었다는 독살설을 살펴보기 위해서는 경종의 직접적인 사인으로 알려진 복통과 설사에 대해 살펴볼 필요가 있다. 현대를 살아가는 사람들 대부분은 게장과 생감이 서로 상극이라는 사실을 잘 알지 못한다. 비단 게장과 생감뿐만 아니라 상극적인 음식들은 얼마든지 있다.

비록 경종은 간질에다 비만성 질환까지 달고 살았지만, 서로 상극인 게장과 감이 그의 생명에 치명타를 줄 정도였을지는 여전히 의문이다.

우선 경종이 죽기 전 복통을 심하게 앓았는데 이를 살펴볼 필요가 있다. 일반적으로 통증은 통증신경이 자극을 받을 때 그 자극이 뇌로 전달되어 느끼는 감정이다. 그래서 뇌가 없으면 통증도 없고, 통증신경이 없으면 역시 통증을 느끼지 못한다.

복부에는 내장신경섬유와 체신경섬유 두 종류의 통증 신경섬유가 있다. 내장신경섬유는 내장을 둘러싸는 막(capsule)에 존재하며, 미주신경을 따라 뇌로 전달된다. 이 신경을 따라 전달되는 통증은 인체의 중앙에서 발생하는 것으로 느끼기 때문에 통증을 느끼는 부위와 실제 병이 발생하는 부위가 일치하지 않는다. 예를 들어 오른쪽 하복부에 있는 충수에 염증이 생기는 충수염 초기에는 가운데 배가 아픈 것처럼 느낀다.

　반면 체신경섬유는 피부신경과 같은 것으로, 실제로 병이 생긴 곳에서 통증을 느낀다. 복막(peritoneum)은 복부 장기를 감싸서 보호하는 얇은 막인데, 여기에는 피부신경과 동일한 체신경이 존재하므로 자극이 있는 곳에서 아프다고 느낀다. 충수염을 예로 들면 초기에는 내장신경만 자극하기 때문에 복부 중앙에서 통증을 느끼지만, 염증이 진행되어 복막을 자극하면 충수가 자리하는 오른쪽 하복부에서 통증을 느낀다. 이때가 되어야 비로소 진단도 가능하다.

　내장이 주기적으로 수축할 때 느끼는 통증을 산통(疝痛)이라고 하는데, 내장근육이 발달된 부위에서 많이 느낀다. 위장관이 좁아진 경우에 이 좁아진 부위로 음식물이 통과하려는 힘이 커져 좁아진 위장관의 상부가 늘어나면서 동시에 수축 활동이 증가한다. 그럴 때마다 통증이 발생하기 때문에 일단 통증이 생기면 점점 심해졌다가 갑자기 멈추는 주기적인 아픔을 느낀다. 위장관이 좁아지거나 막혀서 생기는 통증은 내장통이므로 복부 중앙에서 느낀다. 위에서 발생하는 통증은 복부 중앙 윗부분에서 느끼고, 소장에서 발생하면 정중앙에서 느끼며, 대장에서 발생하면 하복부 중앙에서 느끼지만, 이 세 가지가 딱 구분되지는 않는다.

전하 옥체를 보존하소서

사람은 복부에 큰 손상을 입어 장이 밖으로 나온다고 하더라도 통증을 느끼지 못한다. 물론 피부 상처나 주변 근육에서 통증을 느끼지만, 창자 자체로는 통증이 없다. 내장에서 통증을 느끼는 경우는 장이 부풀어 팽창하거나 길이가 늘어나거나 심하게 수축할 때이다. 그렇다면 경종의 복통은 서로 상극인 게장과 생감으로 인한 단순한 복통과는 거리가 먼 것으로 보인다. 경종의 복통은 심했다가 멈춘 것이 아니라 계속해서 심해진 것으로 보아 경종의 복통은 담석이나 결석 혹은 고환이나 음낭이 커지면서 아픈 통증이 같이 온 것으로 보인다. 사실 실록에서 말하는 산증은 바로 이 부분을 말하는 것이기도 하기 때문이다.

또 한 가지 주목할 것은 경종이 간장게장과 생감을 먹고 설사를 계속했다는 것이다. 이는 장에 문제가 생겨서 음식을 흡수하지 못하는 경우에 발생한다. 설사가 대부분 식후에 바로 나타난다면 아마도 오염된 음식 때문일 것이다. 세균 그 자체에 의해서가 아니라 부패한 음식에 분비된 독소에 중독된 것이다. 만약 먹은 음식과 장의 증상 사이에 아무런 연관성을 찾지 못한다면 바이러스성 위장염에 걸렸을 수 있다.

그러나 설사를 한다고 사망에 이르는 경우는 매우 희박하므로 아마 경종은 복합적인 질병이 겹쳐 사망한 것으로 보인다. 즉 간질에다 비만성 질환까지 달고 살았으니 게장과 감으로 인해 설사와 복통은 허약한 경종에게는 치명타를 주었을 것이 틀림없다. 다음으로 경종의 직접적인 사망과는 관련이 없지만, 경종의 성불구와 정신병적 행동에 대해 살펴볼 필요가 있다.

간장게장

단감

경종이 장희빈에 의해 성불구가 되었다는 이야기가 시작된 책은 《수문록(隨聞錄)》이다. 《수문록》은 《농수수문록(農叟隨聞錄)》이라고도 불리는데, 농수 이문정이 숙종·경종대에 있었던 역사, 특히 당쟁과 관련된 내용을 기록한 책이다. 이문정은 사촌 동생 이진유가 소론과 손을 잡고 신임사화(辛壬士禍)를 일으키자 그와 절교하고 관직을 관둔 인물로 《수문록》에서도 그가 노론을 변호하는 모습을 볼 수 있다.

경종의 성불구 및 정신 문제에 대해 기록한 또 다른 책은 《단암만록(丹巖漫錄)》과 《대사편년(大事編年)》이다. 《단암만록》의 저자는 단암 민원진으로, 인현왕후 민씨의 동생이다. 그는 신임사화 당시 유배되었다가 영조의 즉위로 노론이 집권하게 되자 우의정 자리에 오른 노론 측 주요 인사이다. 《대사편년》은 편저자가 알려져 있지 않으나, 경종의 정신적 문제를 다룬 본문 내용에 대해서는 '단암의 기사를 참고하였다'는 기록이 남아 있다.

경종이 세자였던 숙종년간, 그리고 경종이 치정했던 경종년간은 모두 노론과 소론 간의 당쟁이 심화되었던 시기이다. 경종은 소론의 지지를 받는 왕이었으며, 특히 왕위에 오른 이후 한 차례의 사화를 통해 집권당 노론에서 소론으로 뒤바꾼 인물이었다. 집권 세력이었던 노론은 신임사

전하 옥체를 보존하소서!

화로 노론 4대신 및 대다수의 인사들이 화를 입게 된 것이다.《수문록》과《단암만록》은 모두 이처럼 경종을 향한 복수의 마음이 담긴 이들이 남긴 글이었다.

사실 여부를 떠나 경종은 비만이었고 비만이 남성 불임의 원인으로 손꼽힌 것은 어제오늘의 일이 아니다. 비만은 정자의 활동력을 저하시키고 호르몬 불균형을 유발하여 성욕감퇴 및 성 기능 장애를 유발시켜 남성의 생식능력을 떨어뜨리는 주요 요인이다. 비만으로 인해 아이를 갖지 못하는 경우를 난임이라고 하는데 비만했던 왕 경종도 난임에서 자유롭지 못했다.

비록 노론 측에서 주장하듯 경종이 장희빈에 의해서 생식기능을 완전히 상실한 생물학적 불구는 아니었으나, 비만으로 인한 난임 상태는 그의 생식능력에 대한 이 같은 루머를 만들어내기에 충분했을 것으로 보인다.

┃음식은 궁합에 따라 먹어야 한다

경종은 영조가 올린 게장과 생감을 먹은 후 밤에 갑자기 가슴과 배가 조이듯이 아프다는 통증을 호소하고 복통과 설사가 계속되면서 갑자기 사망했다. 이를 두고 서로 음양오행설에서 상극인 게장과 감 때문에 경종의 독살설을 주장하는 학자들이 있다. 그렇다면 음식에 있어 음양오행설은 무엇이고 상극이라는 뜻은 무엇인지 살펴볼 필요가 있다.

음양오행설은 우주는 음양의 조화와 상생 및 상극의 원칙이 결합해 무한한 유전을 거듭한다는 것이 음양오행설의 핵심이다. 종류가 많아 모두 비교할 수는 없고 음식을 만드는 식품의 각기 고유한 성질, 즉 기(氣)에 대하여 살펴보면 도표와 같다.

한(寒, 찬 식품)	녹두, 메밀, 밀, 청소두, 참깨, 참기름, 버터, 치자, 고사리, 다시마, 오이, 가지, 아욱, 근대, 버섯, 표고버섯, 박, 참외, 잣, 배, 감, 감자, 차, 우렁이, 바지락, 잉어, 게, 꿩, 돼지고기 등
양(凉, 서늘한 식품)	찹쌀, 장, 상추, 시금치, 귤, 우유, 대합, 오리 등
평(平, 평범한 식품)	멥쌀, 팥, 대두, 무청, 당근, 순무, 미나리, 매실, 자두, 뱅어, 농어, 청어, 자라, 닭, 소고기 등
온(溫, 따뜻한 식품)	보리, 후추, 소금. 초, 오미자, 연지, 꿀, 마늘, 쑥, 도라지, 부추, 인삼, 잣, 파, 무, 연근, 산약(마), 배추, 밤, 모과, 사과, 붕어, 오골계, 개고기 등
열(熱, 더운 식품)	천초, 생강, 건강, 고추 등

조선시대 음식 중 가장 음양오행설에 근거해 만든 음식은 바로 궁중음식이었다. 위 도표에 나와 있듯이 찬 음식끼리는 피하고 덥거나 열이 나는 음식끼리는 삼가며, 상호 조화롭게 식자재를 사용해 음식을 만들어야 한다. 아울러 비록 찬 식품이라도 더운 열이 나는 양념을 사용하여 조화를 이루면서 조리를 해야 한다. 이것을 음양조화(陰陽調和)라고 한다.

또한, 각 식품은 고유한 산(酸, 신맛)·고(苦, 쓴맛)·감(甘, 단맛)·신(辛, 매운맛)·함(鹹, 짠맛)은 콩팥(수)에 관계된다. 물론 이들 각각은 적당한 양을 섭취해야지 무엇이든 정도가 지나치면 병에 걸린다. 이것을 오미상생이라고 한다. 지나치게 시게 먹으면 간장병, 지나치게 짜게 먹으면 신장병, 지나치게 달게 먹으면 당뇨병 등이 걸린다는 것이다. 이것을 소의소기(所宜所忌, 정도를 지나치지 말 것)라 하며, 청·적·황·백·흑 등 식품의 색깔에도 적용된다.

그리고 이류보류(以類補類, 무리로서 무리를 보한다)란 체내에 부족한 것을 다른 동물의 같은 것으로 보충한다는 뜻이다. 예컨대 폐를 튼튼히 하려

전하 옥체를 보존하소서!

면 소의 허파나 돼지의 허파를, 간을 튼튼히 하려면 소의 간이나 돼지의 간을, 무릎을 튼튼히 하려면 소의 도가니를 먹는 식이다.

결론적으로 음식을 약으로 먹기 위해서는 음양조화, 오미상생, 오색상생, 소의소기, 이류보류가 이루어져야 한다.[17]

음양조화	·식물성과 동물성을 균등하게 섭취할 것 ·항상 평(平)이 되도록 식품을 조리할 것 ·지나치게 뜨겁거나 찬 것을 먹지 말 것
오미상생	·신맛과 쓴맛, 쓴맛과 단맛, 단맛과 매운맛, 매운맛과 짠맛, 짠맛과 신맛을 알맞게 섞어서 섭취할 것
오색상생	·청색과 적색, 적색과 황색, 황색과 백색, 백색과 흑색, 흑색과 청색의 식품을 알맞게 섞어서 섭취할 것
소의소기	·무엇이든 적당히 골고루 섭취할 것
이류보류	·아픈 부위에 따라 가축의 해당 부위를 먹을 것

우리가 매일 매일 먹는 밥은 봄처럼 따뜻하게, 국은 여름과 같이 뜨겁게, 또 젓갈과 김치는 가을처럼 시원하게, 술은 겨울처럼 차게 하여 마심으로써, 하루 세끼의 식사마다 사계절이 갖추어진 1년의 시간을 먹는 셈이다. 하지만 밥과 국을 차게, 젓갈·김치·술을 따뜻하게 먹을 경우, 이것은 자연의 이치를 벗어나는 식생활이므로 자연히 질병이 발생한다.

경종의 죽음이 차가운 게장과 감을 복용하여 설사 끝에 사망했는지는 모르지만, 세상의 이치에는 음과 양이 있듯 우리가 알 수 없는 신비한 비밀이 음식에도 숨겨져 있는 것이다.

17) 허준 《동의보감》: 홀사혜, 《음선정요》, 1330

영조

1694~1776
재위 1724. 8~1776. 3

| 조선 최장수 왕의 허약한 어린 시절

영조는 비록 83세까지 장수했지만, 어릴 때부터 죽을 때까지 한약을 달고 산 '약골'이었다. 조금만 찬 음식을 먹어도 배탈이 났고 소화불량에 시달렸으며 하복통 때문에 소변을 보기 어려워했다.

사실 영조의 건강과 관련된 연구는 매우 중요하다. 영조는 조선시대에는 상상도 할 수 없을 만큼 오래 살았기 때문이다. 당시 조선의 백성들의 평균 수명이 40이 조금 넘는 정도인데 영조가 숨진 나이는 83세이므로 거의 두 배가 넘는 삶을 살았다. 그가 천수를 누렸다는 건 그야말로 미스터리에 가깝다.

영조는 태어날 때부터 왕위에 오르던 서른한 살까지 줄곧 주변의 숱한 견제를 받으며 가시방석 생활을 했다. 그가 태어났을 때, 생모 최씨는 세자 윤(경종)의 생모 장씨(장희빈)와 심한 세력 다툼을 벌이고 있었다. 그러다 인현왕후가 복위되고 장씨가 중궁에서 물러나 빈으로 강등되었는데,

전하 옥체를 보존하소서!

최씨는 이 사건의 핵심 역할을 하였다. 이후 희빈 장씨는 소론 세력과 함께 세자 윤(경종)을 지키기 위해 숙빈 최씨와 철저히 대립했고, 덩달아 왕자 금(영조)도 그들 세력의 감시를 받았다.

희빈 장씨와 숙빈 최씨의 대립은 인현왕후가 죽던 1701년에 절정에 달했고, 결국 그 대립은 희빈 장씨의 죽음으로 끝이 났다. 희빈 장씨와의 대결에서 숙빈 최씨가 승리한 것이다.

그런데 왕자 금을 후원하던 부왕 숙종이 죽고, 이복형 윤이 왕위에 오르면서 그는 졸지에 생명의 위협을 느끼는 상황에 닥쳤다. 그나마 다행인 것은 경종의 뒤를 이을 왕자가 없었다는 것이었다. 경종은 당시 서른 살이 넘었는데도 자식이 없었고 건강도 매우 나빴다. 그래서 노론은 연잉군 금을 왕세제로 삼아야 한다고 주장하여 관철시켰다. 또 경종의 건강 악화를 빌미로 세제 금이 왕을 대신하여 섭정해야 한다고 주장하여 이 역시 관철됐다.

하지만 경종을 대신하여 섭정한 것이 화근이 되어 금은 궁지로 내몰렸다. 경종의 호위 세력을 자처하던 소론의 극심한 반발에 밀려 노론이 조정에서 대거 쫓겨나는 '신임사화'가 일어난 것이다. 이 사건 이후 조정은 소론이 독점하였고, 세제 금은 동궁에 연금되는 신세가 되었다. 결국, 신변에 위협을 느낀 그는 숙종의 세 번째 왕비이자 대비였던 인원왕후 김씨를 찾아가 자신은 왕위를 탐낸 적이 없다며 결백을 주장하여 가까스로 위기를 넘겼다. 이때 그는 왕세제 자리를 내놓는 것도 불사하겠다며 승부수를 던졌다. 그렇게 가까스로 목숨을 부지하던 중에 경종이 죽었다. 오랫동안 앓고 있는 병마를 이기지 못한 것이다. 경종의 죽음은, 곧 영조의 가시방석 생활이 끝났음을 의미했다.

무려 52년 동안 왕좌를 지키며 83세까지 장수한 조선 21대 임금 영조 이금(李昑), 그는 탕평책을 통해 조선 최고의 번영기를 구가한 왕이자 자식을 뒤주에 가둬 죽인 비정한 아버지라는 '두 얼굴'의 군주로 알려져 있다. 한평생 비천한 무수리(숙빈 최씨)의 자식이라는 콤플렉스를 안고 산 불행한 임금이기도 했다.

경종의 승하로 1724년에 30세의 나이로 즉위하여 51년 6개월이라는 이씨 왕조 중 가장 오랜 재위와 81세 6개월의 최장의 천수를 마치고 영조 52년 3월 5일(1776) 승하하였다.

영조는 의심이 많고 한번 의심한 인물은 절대로 믿지 않는 성품이었다. 또 과거에 자신을 공격한 자들은 철저하게 응징해야 직성이 풀렸다. 그의 이런 성품은 왕위에 오르기 전에 겪은 숱한 풍파의 산물이다. 그래서 그는 누구에게도 쉽게 속내를 드러내지 않았고, 정사를 처리할 때도 강경하게 밀어붙이기보다는 타협을 유도하는 경우가 많았다. 하지만 일단 한번 결심한 일은 아무리 시간이 걸려도 기어코 해내는 끈질긴 면도 있었고, 복수할 때는 전혀 망설이지 않는 과감한 구석도 있었다.

그렇지만 숙종처럼 타인을 대놓고 공격하지는 않았다. 오히려 상대에게 자신은 약한 사람이라는 인식을 심어주면서 실제로는 자신이 원하는 것을 얻어내곤 했다.

영조는 생모에 대한 효성이 지극했다. 생모 최씨는 천한 서민의 딸로 생전에는 빈의 대우도 받지 못했다. 죽은 뒤에는 양주 고령산 기슭에 묻혔으나, 대신들의 묘에 비해도 초라한 무덤이었다. 최씨는 숙종보다 먼저 세상을 떠났기 때문에 숙종이 보위에 있을 때도 그 묘를 원으로 봉하지

전하 옥체를 보존하소서!

못했다. 영조가 보위에 오른 후에도 생모의 신분으로 인한 반란까지 일어났을 정도로 예민한 사안이라서, 환갑이 되도록 성묘조차 못 했다.

> "죽기 전에 어머니 묘소를 능으로 봉하고 성묘를 해야 하는데, 완고한 신하들의 반대 때문에 인륜의 도리도 못 하는구나!."

영조는 늘 한탄했고 신하들과 여러 번 충돌도 불사했으나 뜻을 이루지는 못했다.

그리고 마침내 영조는 어머니 숙빈의 묘를 소령원으로 승격시키고 곧 성묘에 나섰다. 그리고 묘를 아름답게 정비하였다. 신분이 비천했다는 이유로 인품이 훌륭했던 어머니가 살았을 때도 죽었을 때도 대접을 받지 못한 것을 마음 아프게 생각하여, 30년이나 신하들과 싸워 원으로 승격시켰던 것이다. 철저한 계획으로 자신이 마음먹은 일은 이루고야 마는 영조의 성격이 잘 반영된 일이라고 할 수 있다.

그러나 영조의 이런 냉정하고 결단력 있는 성격은 자식의 죽음에도 영향을 미친다. 세자가 정신병이 들어 후궁을 죽이고 그의 아들 이산(정조)마저 죽이려 하자 영조는 바로 세자를 불러 뒤주에 들어가게 한 뒤, 직접 뚜껑을 닫고 자물쇠로 잠갔다. 그리고 널빤지를 가져오라고 한 뒤 그 위에 대못을 쳤다. 세자는 그 속에 갇혀 있다가 7일 만에 굶어 죽었다. 이 사건을 일러 '임오화변'이라고 한다.

이런 성격에도 불구하고 영조가 83세까지 장수한 것은 유명한 인삼 마니아였기 때문이다. 자신이 냉기에 민감하다는 사실을 잘 알았던 영조는 평생 차가운 자리에 앉지 않고 찬 음식을 멀리하는 등 온기 보존에 신경 썼다. 결론적으로 영조의 건강 비결은 강한 의지를 가지고 건강을 지키기 위해 끊임없이 노력했다는 것이다. 즉 자기관리와 결심을 몸소 실천으로 옮기는 정신력이 강한 임금이었다.

| 60년에 걸친 크고 작은 질환

영조가 기름진 음식이나 술을 멀리한 것은 잘 알려진 사실이다. 술을 워낙 멀리해 오히려 처방에 술이 들어가지 않아서 효과가 떨어진다고 신하들이 걱정할 정도였다. 음식도 마찬가지였다. 많은 사람은 영조가 금주령을 내리고 감선이나 철선을 철저하게 지키며 검소한 생활을 한 것으로 알고 있다. 그러나 좋아하는 반찬에는 돈을 아끼지 않았다. 송이버섯, 생선복, 새끼 꿩고기, 고초장(苦椒醬, 고추장)이 바로 그것이다.

특히 영조가 좋아한 것은 사슴 꼬리였다. 79세 때에도 "반찬 중에서 사슴 꼬리만 손을 댈 수 있다."라고 할 정도였다. 그가 특히 즐긴 것 중 하나는 죽은 효장세자의 부인인 현빈(후일 효순왕후로 추존)이 준비한 밤이었다. 반면 그가 싫어한 것은 생선회나 기름진 음식으로 자신의 소화력으로는 감당하기 힘든 것이었다. 자신의 체질에 맞게 잘 먹은 것이 영조의 건강의 비결이었던 셈이다.

영조는 또 약차를 즐겨 먹었는데 약차는 요즘 기호 음료로 많이 먹는다. 그러나 조선시대에는 치료의 보조 수단으로 쓰인 처방의 하나였다. 영조가 다리 힘이 모자라면서 즐겨 먹은 것이 송절차(松節茶)다. 송절은 솔뿌리로 근육과 뼈를 튼튼하게 하고 어혈을 없애는 약재다. 《승정원일기》에서는 황토에서 자란 어린 소나무의 동쪽으로 난 뿌리를 주재료로 해서 오가피와 우슬을 넣어 만든 것이라고 밝히고 있다.

이렇듯 자기 건강에 최선을 다했던 덕에 영조는 83세까지 장수해 마지막 죽는 날까지 하교를 하는 등 업무를 보았다. 노망도 들지 않고 벽에다 똥칠도 하지 않은 채 호상으로 영면한 것이다. 이는 복 중의 복이었다.

실록에 기록된 영조의 질병과 의료기록을 살펴보면, 왕자로 있을 때(숙종 37년, 17세) 마마를 앓았다는 기록이 있다. 경종 1년(28세) 8월에 왕세제 임명을 받았는데, 12월에 환관에게 죽임을 당할 뻔한 일이 있었다. 재위 초기에는 주로 감기, 안질, 화기, 상기, 현훈 등의 증세로 침구치료를 받은 기록이 보인다. 영조 5년 6월이 되는 36세 때에 안질을 앓았고 현훈증이 있었다. 37세 때는 심한 슬픔으로 마음이 타서 화가 올라 해수(咳嗽, 기침을 심하게 하는 병)가 나오므로, 깊은 밤에도 문을 열어 화기가 내린 뒤에야 비로소 취침한다고 하였다. 40세 때는 복부에 편안치 못한 증세가 있었고, 풍한의 외감으로 산기(疝氣)가 발작하기도 하였으며 벽적(癖積)의 증세가 있었다. 당시 영조는 뜸을 100번 뜨고 나서 뜨거운 자극이 고통스러웠는지 낙형(烙刑, 인두로 지져 죽이는 형벌)을 영구히 없애라고 명하였다.

44세 2월에는 비통(臂痛, 팔이 아픈 증상)을 앓았는데 견부(肩部, 어깨가 마비)되고 왼쪽의 담핵(痰核, 몸에 일정한 크기로 생기는 병울)이 갑자기 통증을 일으키는 증세가 있었다. 5월에도 팔이 아파서 침을 맞았는데 부제조가 고양이 가죽을 약으로 권했으나 허락하지 않았다. 7월에도 현기증이 있고 팔이 아프다고 했고, 8월에는 영조가 "인삼과 창출을 먹어도 속이 편치 못하여 수라를 들 수가 없다."고 하여 속이 많이 불편함을 말하고 있다. 49세인 영조 18년에는 약원에 문의나 입진을 하지 말라고 하고 있는데, 28일에는 피로와 심기허약을 이유로 입진을 허락하였다. 3월에는 임금의 현기증은 세상을 개탄스럽게 여기는 데서 오는 것이라고 하였다. 9월에는 기상이변으로 인한 백성의 피해를 걱정하는 모습을 보였다. 11월에는 현기증을 앓았다.

영조는 담병(痰病, 담이 몸 안에 머물러 생긴 병증)을 자주 앓았다. 50세 때는 담증(痰症)으로 몸이 편치 못하고 근육이 땅기는 증상이 있었다. 51세 때는 현후(眩候, 어지럼증)가 있었다. 당시 건강이 좋지 못한 증상이 있었는데 이에 대해 영조는 말하길, 자신의 병은 곽란도 아니고 회충도 아니며 바로 기(氣)와 담(痰)인데 이로 인해 산기(疝氣)가 발생한다고 했다.

53세에는 안질이 있었다. 54세 때에는 과로로 몸이 좋지 못했다. 한편으로 영조는 자신은 평소 비박(菲薄)한 것을 좋아하는 까닭에 비록 추운 날씨에 옷을 얇게 입어도 괜찮다면서 건강을 자신하였다. 56세가 되던 영조 25년 1월에는 제조가 영양 있고 맛있는 반찬을 드시기를 청하였는데, 임금은 백성의 굶주림을 생각하면 그럴 수 없다고 하였다. 지난 기록들을 보면 자주 소선(素膳)과 감선(減膳)을 했다는 내용이 자주 보인다.

65세 때는 한동안 건강이 좋지 못하여 행사를 자주 섭행(攝行, 임금 대신 일을 행함)하도록 했고, 자리에 누워 지내기도 했다.

68세가 되던 해인 영조 37년 3월에는 날씨가 안 좋아 담이 일어나서 3일 동안 거의 먹지 못하였는데도 제조가 그 중한을 알지 못 하였다 하여 파직하였다. 그리고 담(痰)이 좀처럼 낫지 않아 음식을 잘 들지 못한다고 했고 한동안 건강이 좋지 못하여 의약청을 설치하였으며, 복부가 불편한 증상이 계속되었다. 69세 때는 과로로 복부에 산기(疝氣)가 왕래하는 증상과 담체(痰滯)의 징후가 있었으며 가슴에 담이 응결되어 얽힌 것 같은 증상이 있었다.

영조는 마음을 수고롭게 하는 일이 있으면 심화(心火, 마음속의 화)가 따라서 올라간다고 말했는데, 평소 정신적인 압박감이 자신의 건강을 해

전하 옥체를 보존하소서

친다고 생각했던 것 같다. 70세 때도 내의원에서 하루에 여섯 번 입진할 정도로 한동안 건강이 좋지 않았다. 영조 40년 71세가 되는 4월에는 담은증(痰凝症, 궤양성 대장염)이 있어 의원들이 고양이 가죽을 양약이라고 권하였으나 고양이가 멸종될 것을 우려하여 쓰지 말라고 한 것을 볼 수 있다.

이때 영조가 말하기를, "전에 동평위(東平尉)에서 정재윤(鄭載崙)이 도요새를 나에게 보내 왔으나, 나는 놓아 보냈다. 사슴 꼬리나 메추리 고기도 내가 전에 즐겼던 것들이나, 올리라고 하지 않은 것도 역시 민폐를 끼칠까 두려워해서이다."라고 하여 백성을 아끼는 마음을 나타내고 있다. 5월에는 임금이 탕제 들기를 청하고 있다. 영조는 이전부터 그리고 이후에도 자주 탕제를 거부하는 모습을 보이고 있다.

이것은 복잡한 정치적인 현안에 부딪혔을 때 대신들을 견제하고 정신적인 위안을 찾는 방법으로 사용한 것으로 생각한다. 당시 대신들은 영조가 탕약을 거부할 때마다 밤을 새워가며 뜰에서 사죄하고 다시 탕약 올리기를 권하고 있는데, 영조는 마음에 들 때까지 시간을 끌다 나중에 겨우 받아들여서 복용하곤 하였다. 때로는 유생들이 모인 곳에 가거나, 도성에 나가 백성들 앞에서도 본인이 탕약을 복용해야 하겠는가, 물어보는 때도 있었다.

72세가 되는 영조 41년 10월에는 생강차로 술을 대신하게 한 기록이 나타난다. 고량후미(膏粱珍味, 기름진 고기와 밥)를 억제한 것과 술을 즐기지 않았던 것이 영조가 장수했던 비결 중 하나라고 생각된다. 때로는 건강 상태가 좋아서 약방의 제조가 영조의 얼굴을 보고 말하길, 나이가 들어도 "수염과 머리카락이 조금도 쇠하지 않았다."라고 말할 정도였다. 73세 때는 담후(痰候)가 있었고 정신이 혼미하기도 하였는데, 한편으로는 검은 머리가 다시 나서 두어 치가량 되기도 하였다. 또한, 곽란(癨亂, 토하고 머리가 띵한 증상)이 있었고 담결(痰結, 담이 엉기고 있는 증상)과 혼현(昏眩, 눈앞이 흐릿하고 어지러움)의 증상으로 식사를 하지 못하기도 하였다.

74세 때는 더위와 설사로 건강이 좋지 않았다. 75세 때는 대신들이 용안이 훨씬 좋아졌고 그의 피부가 청년 시절과 다름이 없다고 말했는데, 영조는 노령에도 불구하고 검정털이 있을 정도로 건강 상태가 좋았다고 한다. 당시 그는 미각도 노쇠하지 않고 여전했다. 단지 영조는 스스로 자신의 병은 "첫째도 심기(心氣)이고, 둘째도 심기이다."라고 말했다.

76세 때도 백발이 다시 검어지고 빠진 이가 다시 난다고 하였고 장수의 징조라고 하는 귀 안의 긴 털이 났다고 한다. 78세 때는 오한이 심하여 몸을 떠는 증상이 있었다.

81세 때는 곽란(癨亂)을 앓았고, 한편으로는 건강하여 빠진 이가 새로 났다고 한다. 82세 때는 한기(寒氣)가 있기도 했고, 밤중에 담증(痰症)이 더해 참기름을 들기도 했다.

83세가 되던 해인 영조 52년 1월에는 약방의 입진기록이 나타날 뿐 별다른 질병 관련 기록이 보이지 않는다. 영조 3월 5일 서거하게 되는데, 사망 이틀 전인 3월 3일만 해도 낮에 하교도 하고 의식이 있었는데 저녁부터 상황이 악화되었다. 3일 약방에서 계교차(桂僑茶) 한 첩을 처방한 것을 보면, 가래가 있었던 것으로 보인다. 이후 임금이 집경당(集慶堂)에 나아가니, 약방에서 입진하였고, 계교차에 부자(附子) 한 돈을 더하여 달여 들였다. 또 건공탕(建功湯)에 부자 한 돈을 더하여 달여 들였는데, 또 건공탕에 부자 한 돈을 더하여 달여 들이라고 명하였다. 몇 가지 사무를 처리하기도 하던 중 임금이 어지러운 증후가 또 일어나 마치 잠든 듯하였고, 한참 지나자 목구멍에서 가래 소리가 작게 나고 숨을 가쁘니, 왕세손(정조)이 울며 이은(李溵)에게 말하길,

> "근일 임금의 몸 상태는 가래와 어지러움이 더 심한데, 천식(喘息)이 또 나타나시고 헛소리 등의 증후가 있어, 아주 어쩔 줄 모르겠다. 헛소리의 증후가 조금 그치면 마치 잠드신 듯했던 때가 혹 한나절 또는 두어 시각을 지나는데, 이러한 때는 차와 음식을 권하기 어렵다. 오늘은 경들이 입시하였으니 의관을 시켜 진찰하라."

하였으며, 이은이 진료를 청하였으나 임금이 답하지 않았다고 기록하고 있다.

평소 노령의 나이에도 비교적 건강했던 영조는 83세가 되던 해 영조 52년 3월 5일 가래, 어지럼증, 천식, 헛소리, 손발이 차가운 증상으로 병세가 악화되어 사망했다. 사실 병세가 악화했다기보다 흔히 나이가 들면 찾아오는 노환의 증세로 천수를 누리다 사망한 것이다.

| 영조를 괴롭힌 골칫거리, 산증과 기생충

영조가 앓은 질병은 대부분 소화력 부진이나 목통을 느끼는 한랭성 질환이었다. '골골백세'라는 말이 딱 어울린다. 궁궐 밖에서 생활했던 18세에 두창을 크게 앓은 것을 제외하면 평생 큰 병에 걸리지 않았기 때문에 딱히 사망에 이르게 한 질병이 없다고 할 수 있다.

다만 영조를 괴롭힌 질환을 찾으라고 한다면 그것은 산증이었다. 왕세제 시절에는 산증이 심해서 경연을 자주 쉬어야 할 정도로 통증이 심했다. 아랫배에 병이 생겨서 배가 아프고 대소변이 잘 나오지 않는 것을 산증이라고 하는데 이 산증은 현대의학으로는 설명하기 어려운 하복부 냉통 증후군을 가리킨다.

지금으로 말하면 남성의 경우 소화불량과 전립선이 복합된 질환이며, 여성의 경우 생리통 질환이나 냉대하로 인한 자궁 아래 복통 질환이다. 《동의보감》은 "산증은 전음(前陰)에 속한다. 전음은 종근(宗筋)이 모이는 곳이며 종근이란 음부의 털이 나는 곳에 가로놓인 뼈의 위아래에 있는 힘줄이다."라고 설명하고 있다. 즉 양쪽 가랑이 사이에 있는 굵은 힘줄을 말한다. 중국 송나라 때 명의 양사영이 지은 《직지방》에도 구체적인 묘사가 실려 있다.

"오한과 발열이 생기다가 대소변을 보지 못하거나 설사가 나기도 하는데 적취가 생겨 술잔 같거나 팔뚝 같거나 쟁반 같기도 하다."

《승정원일기》 영조 즉위년 10월 12일 자 기사를 보면 영조 자신이 산증이 생긴 원인을 자세히 설명하고 있다. "18세 때 잠자리에서 걸린 두창 이후에 처음에는 산기가 있음을 알지 못하고, 체기가 있어서 청열소도지약(淸熱疏導之藥)을 많이 복용하여 하부가 차갑고 해역(咳逆, 기침)이 병발해서 독음(獨陰, 양기 부족)에 뜸을 뜨고 방풍산(防風散)을 써서 효과를 봤으나 그 찬 약이 문제"였다는 요지의 말을 한다.

그로부터 50년이 지난 영조 50년 5월 8일에도 이 문제를 다시 언급하는데 18세 때 잠저(潛邸)에서 두창에 걸렸을 때 쓴 우황과 찬 약이 산증

전하 옥체를 보존하시소서!

을 유발했다고 회고한다. 사실 아버지 숙종도 소변 문제로 고생했다. 영조는 찬 약물이나 생활습관에서 산증의 원인을 찾았지만 《동의보감》은 이 병의 원인을 화병에서 찾는다. "대체로 성을 몹시 내면 간에 화가 생긴다. 화가 몰린 지 오래되면 내부가 습기로 차가워지며 통증이 심해진다." 화병을 산증의 원인으로 꼽는 것이다.

영조는 숙종만큼이나 불같은 성격이었다. 성격 급하고 감정적이고 눈물도 많았다. 심지어 신하들에게 대놓고 욕을 퍼붓기도 했다. 종묘보다 어머니 숙빈 최씨 사당을 먼저 가서는 안 된다고 신하들이 간하자 뛰쳐나가 한겨울에 연못에 발을 담그고 이대로 빠져 죽겠다고 울었다고 한다. 찬 음식, 찬 약을 먹어 그렇다는 자가 진단과 달리 영조 역시 각종 스트레스로 인한 화병에 시달렸던 것이다.

어린 시절 언제 죽을지 모르는 긴장 속에 밤잠도 제대로 자지 못했을 영조에게 산증과 같은 질병은 아무것도 아니었을 것이다. 바람 앞의 등불 같은 목숨이 눈앞에서 왔다 갔다 하는데 그 어떤 질병도 이런 긴장감을 뚫을 수는 없었을 것이다.

그뿐만이 아니었다. 왕이 되고 나서는 경종의 죽음을 둘러싼 독살 의혹은 한껏 증폭됐다. 특히 영조로 인해 권력을 잃은 소론 강경파와 남인들은 영조를 경종의 독살자이자 왕위 찬탈자로 봤다. 이것은 결국 이인좌의 난[18]이라고도 하는 영조 4년의 무신란(戊申亂, 1728), 영조 31년의 나

---

18) 영조 즉위 후 정치적 위협을 느낀 소론은 영조가 숙종의 아들이 아니며 경종의 죽음에 관계되었다고 주장하면서 영조와 노론을 제거하고 밀풍군(密豊君) 이탄(李坦)을 왕으로 추대하고자 한 사건. 이인좌는 3월 15일 청주성을 함락하고 경종의 원수를 갚는다는 명분을 퍼뜨리면서 서울로 북상하였으나 24일에 경기도 안성과 죽산에서 관군에 격파되었고, 죽산 일대로 도피한 이인좌는 체포되어 한양으로 압송되어 능지처참 되었다.

주 괘서사건[19] 등으로 이어졌다. 영조 31년 5월 20일 국문을 받던 신치운은 스스로 "신은 갑진년(영조 즉위년)부터 게장을 먹지 않았으니 이것이 바로 신의 역심입니다."라고 영조를 비꼬아 말하다 죽임을 당했다. 경종 독살설의 의혹이 영조가 재위하고 31년이 지나도록 사라지지 않은 셈이다. 이 무시무시한 스트레스들은 영조의 화병을 키웠을 것이다.

영조의 질병 중에 유독 눈에 띄는 질병이 있다. 그것은 기생충 때문에 고생했다는 것이다. 회충 때문에 생기는 증세 즉, 위로 치밀어 오르는 듯한 느낌과 구역감을 회기(蛔氣)라고 하는데 이 증상은 최초로 영조 18년(1742년) 3월 23일 나타난다. 영의정 김재로는 여느 때와 다름없이 영조에게 문안 인사를 드렸다. 영조는 당시 지속적인 어지러움이 있었기 때문에 대신들은 문안할 때 어지럼증의 상태를 가장 먼저 확인하였다. 그런데 영조는 그동안 한 번도 이야기하지 않았던 뜻밖의 대답을 한다.

"특별히 더 어지럽지는 않았다. 그것보다도 최근에 소화기가 약해진 것 같아 여러 번 담(痰)을 토했는데 이전에 토했던 것과 달리 꿈틀거리는 것이 있어 살펴보니 회충이 있었다."

생전 처음으로 회충을 토한 영조는 회충이 올라올 때마다 사군자(四君

---

19) 을해옥사(乙亥獄事)라고도 한다. 숙종 때 과거에 급제한 윤지는 1722년(경종 2) 임인무옥(壬寅誣獄)을 일으킨 김일경(金一鏡)의 옥사에 연좌되어 1724년 나주로 귀양갔다. 그는 오랜 귀양살이 끝에 노론을 제거할 목적으로 아들 광철(光哲)과 나주목사 이하징(李夏徵), 이효식(李孝植) 등과 모의하여 1755년 나라를 비방하는 글을 나주객사에 붙였는데, 이것이 윤지의 소행임이 발각되어 거사(擧事)하기 전에 붙잡혀 서울로 압송되었다.

접하 옥체를 보존하소서!

￼)라는 약재를 달여 먹기로 하였다. 사군자의 효과 덕분인지 영조가 회충을 토한 사건은 한 번의 해프닝으로 마무리되는 듯싶었지만, 2년이 지난 영조 20년(1774) 4월 14일 영조는 다시 회충을 토한다. 이때는 생강차를 달여 먹으며 회충을 다스렸는데 그 효과도 4년 정도밖에 지속되지 않았다. 영조 24년(1748) 6월 15일 다시 회충을 토하고 싶은 느낌을 이야기했고, 마침내 영조 25년(1749) 5월 12일 회충을 토하게 된다. 그리고 영조 29년 5월 15일 영조는 급히 신하들을 불러 모아 이야기한다.

> "회충의 기운이 너무 심해서 그저께 회충을 토하고 초경(저녁 7시~9시) 후에 또 다시 회충을 토하고 콧구멍 밖으로 나오는 지경에 이르렀다."

영조 35년(1759년) 1월 21일 내의원 제조 이창수가 여느 때와 같이 회충의 증상에 대해 문안하자 영조가 대답한다.

> "회충이 나오지 않았는데 목구멍에 걸려 있는 느낌이다. 회충을 사람 안의 용이라고 하지 않느냐?"

라고 이야기하며 몸속에 있는 회충을 인정하기 시작한다. 영조는 이후 배 속 가득히 회충이 있음을 느끼며 수차례 더 회충을 토하였다. 처음 회충을 토할 때는 많이 놀랐던 영조가 이 시기쯤에는 회충을 토하면 가슴 속이 뻥 뚫린 것 같다고 좋아하기도 하고, 회충이 목구멍에 걸려 있을 때 내관에게 빼내게 하면 내관이 놀라서 물러나는 것을 보며 웃기도 한다.

영조 37년(1761년) 12월 14일 영조가 회충을 토하면서 말하길, "방금 목구멍이 가려워 회충이 나오니 가슴이 뚫린 것 같다, 회충은 사람과 함께 사는 인룡이니 천하게 여겨서는 안 된다."라고 하였다.

당시 조선에서는 영조만 회충으로 고생한 것은 아니었다. 한 예로 영조 25년(1749년) 12월 23일 판부사(判府事) 민응수는 밤에 추위를 많이 타는 증상과 기침이 심한 병에 더해 회충을 토하는 증상으로 영조에게 사직(辭職)을 청하였지만 받아들여지지 않았다. 한 달 뒤인 영조 26년(1750년) 1월 23일 다시 한번 사직을 청한 민응수는 사직한 지 반 년 만인 영조 26년 7월 26일에 죽게 된다.

또 영조 26년 7월 29일 수찬(修撰) 김선행은 어머니가 회충을 토하는 증상이 심해져 간호를 위해 사직을 청했다. 또한 부교리(副校理) 이준휘 역시 영조 30년(1754년) 9월 15일, 11월 9일 두 차례에 걸쳐 어머니의 회충으로 인한 병을 간호하기 위해 사직을 청하였다. 이후에도 영조 재위 기간 내내 신하 본인 또는 신하 어머니의 회충 병으로 사직을 요청하는 상소가 끊이지 않는다. 회충은 당시 임금의 몸에만 있었던 것이 아니라 신하와 백성에 이르기까지 조선 전체에 매우 보편적으로 퍼져 있는 병이었고 증세 역시 결렬하고 치명적이었다.

한의학에서는 회충으로 인해 생기는 질환을 회궐(蛔厥)이라고 하는데, 이것이 위가 차서 생긴다고 봤다. 그래서 회충을 치료하는 약물은 모두 매운맛이다. 위장의 온기가 떨어지면 회충이 살기 좋아지니 위 속을 따뜻하게 해 회충을 몰아내려 한 것이다.

영조는 회충을 물리치기 위해 이중탕(理中湯)에 산초와 빈랑을 달인 물로 오매환(오매, 황련, 당귀, 산초, 세신, 부자, 계피, 인삼을 넣어 제조한 환약)을 먹었다.

전하 옥체를 보존하소서!

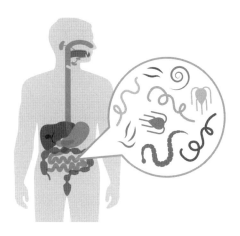

그리고 어의들은 위장의 온기를 보태기 위해 뜸치료를 적극적으로 권한다. 영조도 자신의 건강상 약점이 소화기 내증에 있음을 잘 알고 있었기 때문에 연제법(煉臍法)으로 이것을 극복하고자 애썼다. 연제법은 배꼽을 뜸질하는 것인데, 쑥뜸과 피부 표면 사이에 소금이나 약재를 넣어 열기가 피부에 직접 닿아 상처를 내거나 고통을 주지 않도록 하는 것이다.

그러나 이러한 치료법도 영조에게는 큰 효험이 없었던 것으로 보인다. 그 뒤에도 계속해서 회충이 입으로 나오는 기록이 있으니 말이다. 어쨌든 영조는 그런 잔병에도 불구하고 당시에는 누구도 예상할 수 없는 천수를 누리다 죽었다.

영조의 장수 비결: 철저한 자기관리

영조가 장수한 것은 자기관찰을 통한 철저한 몸 관리에서 그 원인을 찾을 수 있는데, 영조의 건강 비결은 현대인도 반드시 숙지해야 할 내용 중 하나이다.

영조의 건강 비결 첫째는 자기의 몸 상태를 정확히 파악하고 있었다는 것이다. 자기 몸의 약점이 무엇인지 자기만큼 잘 알고 있는 사람은 없다. 그래서인지, 영조는 자기 몸의 상태를 파악하고 몸에 무리가 가지 않도록 철저히 대비했다.

몸의 24시간 변화를 자세하게 관찰하면서 무리와 무리가 아닌 것의 경계를 관찰하는 데는 자기 자신만 한 전문가가 있을 수 없다. 실록을 보면 자신의 병에 대한 영조의 꼼꼼한 자가 진단을 쉽게 찾아볼 수 있다. 예를 들어 영조는 평생 복통과 소화불량 등 냉기에 민감한 질병에 시달렸다. 영조는 자신이 냉기에 민감하다는 사실을 잘 알았고 평생 차가운 자리에 앉지 않고 찬 음식을 멀리하는 등 늘 몸을 따뜻하게 했다. 이것은 자기관찰을 통해 자신의 약점을 미리 보완해 질병에 대비한 결과다.

영조의 건강 비결 둘째는 자신에게 어떤 처방이 맞는지 정확하게 알았다는 것이다. 자기 몸을 냉정하게 응시하면 병이 자기 몸에서 가까이 있는지 멀리 떨어져 있는지 파악할 수 있다. 그렇게 자기 자신에게 관심을 가지고 주의 깊게 살핀다면, 어떻게 자신의 몸을 돌볼지 방법론도 찾을 수 있다. 예를 들어 냉면이나 차가운 음료만 먹으면 설사를 하거나 화장실로 가야 한다. 차가운 음식으로 인해 항상 아랫배가 냉하면서 아프기 때문이다. 그런 사람은 그런 고통을 벗어나고자 음식을 자동으로 조절한다.

그러나 제삼자는 아픈 사람의 그런 고통을 알 수가 없다. 그래서 영조는 자신의 냉한 몸을 보호하기 위해 인삼을 복용했다. 한마디로 영조는 유명한 인삼 마니아였다. 여러 번 처방을 실험한 후에 인삼을 대량으로 넣은 건공탕(建功湯)을 꾸준히 복용함으로써 건강을 유지했다.

오죽 많이 먹었으면 영조 41년 12월 29일에는 임금의 얼굴이 건공탕의 효과로 화창하다는 약방 제조의 말에, 영조 스스로 답하기를 '인삼의 정기를 얻었기 때문'이라고 하였다. 이때 의원의 말이 지난 1년간 진어한 인삼이 거의 20여 근 정도 된다고 언급한다. 1년간 매일 인삼을 복용한 셈이 되니, 실로 엄청난 양이 아닐 수 없다. 또 영조 42년(73세)이 되던 해 10월 11일에 임금이 인삼을 얼마나 먹었는가 궁금해하니, 의관들이, 말하기를 임신년(1752년)부터 백여 근이 넘었다고 하였다.

그러나 인삼이 영조에게 좋았다고 모든 사람에게 효과적인 것은 아니다. 분명 영조의 장수에는 인삼의 역할은 컸을 것이다. 그러나 그의 손자 정조는 평생 인삼을 피했다. 결국, 절체절명의 순간에 인삼을 잘못 먹고 몸을 망쳤다. 인삼은 귀한 약재이지만 체질이 맞지 않으면 열이 나게 하거나 혈압을 상승시키는 등 문제가 생길 수 있기 때문이다. 자신의 체질과 약성을 잘 살펴 자기의 몸에 무엇이 맞는지 정확히 확인하는 것이 중요하다.

영조의 건강 비결 셋째는 강한 의지로 건강을 지키기 위해 노력하고 실천하는 것이다. 자신의 몸을 알면 뭐하고 처방을 알면 뭐하겠는가, 실천이 없다면 다 소용없는 일이다. 비만인 사람이 살을 빼야 한다는 생각은 언제나 한다. 그러나 마음만 있을 뿐 살을 빼기 위해 운동을 하고, 식단 조절을 할 수 있는 의지는 부족하다. 당장 입안에 들어오는 식음료에 대한 유혹을 물리칠 수 없고 움직이기도 싫어하는데 운동은 하늘의 별 따기다.

가장 일반적인 건강의 지혜는 누구나 알고 있듯이 일찍 자고 일찍 일어나며 모자란 듯 음식을 먹는 것이다. 새로울 것도 없고 신기할 것도 없다. 대부분의 사람들은 작은 노력으로 큰 건강을 얻고자 게으름을 피운다. 그러나 영조는 건강의 지혜를 실천하기 위해 의식적으로 평생 노력했다.

조선왕들의 일과는 바쁘기 그지없었다. 새벽 5시에 일어나 왕실 어른들을 문안하는 것으로 하루를 시작해 초조반, 조수라(아침식사), 낮것상(점심식사), 참 석수라(저녁식사), 야참 하는 식으로 다섯 차례 식사를 하고, 조강, 주강, 석강의 성리학 공부, 조회, 윤대 등의 대소 신료 접견 및 업무 처리를 마치고 나면 어느새 자정이 다 되었다. 업무가 조금만 늘어나거나 무슨 일이 생기기라도 하면 식사는 거르기 일쑤였다. 국상을 치를 때면 극단적인 절식을 해야 했고 심지어 인종처럼 거식증에 걸려 죽기도 했다. 건강의 기본인 먹고 자는 것이 엉망이니 운동할 엄두도 내지 못했던 것이다.

그러나 영조는 달랐다. 국가적 위기 상황이 벌어지거나 신하들과 갈등할 때면 종종 반찬을 간장 한 종지만 내놓게 하는 식으로 반찬 가짓수를 줄이거나 단식 투쟁을 하기도 했지만, 시간과 방법을 정해 놓고 지나치는 법이 없었다. 그리고 제때 식사를 챙겨 먹었다. 심지어 신하들과 한창 논쟁을 하다가도 식사 때가 띠면 신하들은 굶게 놔두고 식사하러 가기도 했고, 아들 사도세자를 굶겨 죽일 때도 자신의 식사는 챙길 정도였다.

또 소식(小食)을 했다. 보통 역대 왕들이 다섯 차례 먹던 것을 세 차례로 줄였다. 너무 적게 먹는 것도 너무 많이 먹는 것도 피했던 것이다. 자신의 건강에 도움이 된다면 어떻게든 반드시 구해 먹었다. 그는 정치문제와 자신의 건강 문제를 구분할 줄 알았던 현명한 왕이었다. 스스로 체질을 알고 평생 찬 음식을 멀리하고 기름진 음식이나 술을 멀리하는 등

전히 옥체를 보존히소서!

건강을 지키기 위해 끊임없이 노력했다. 그래서인지 대부분 살이 많이 쪄서 비대한 모습인 다른 왕의 어진과 달리 영조의 어진은 호리호리한 체형에 갸름한 얼굴로 그려져 있다.

그 외에 영조가 장수한 비결은 무엇이었을까? 바로 '강한 정신력'이라 할 수 있다. 어쩔 수 없이 자식 사도세자를 뒤주에 넣어 죽였지만, 자신의 후계자로 지목한 어린 이산(정조)이 성장할 때까지 건강을 지켜야 한다는 강한 정신력으로 버틴 것이 장수의 비결이었을 것이다.

때론 강한 정신력은 일반적인 상식을 초월하기도 한다. 하지만 대부분의 의사들은 그렇게 말하지 않는다. 그들이 말하는 장수의 비결이란 꾸준히 건강을 체크하고 정기적인 진료와 검사를 받으며, 과식과 성욕을 억제하고 잘 먹고 충분한 휴식을 취하며 비만을 조심하고 일정한 운동을 하라고 말한다. 즉 성인(聖人)처럼 살아야 함을 강조한다. 이렇게 사는 사람이 몇이나 있을까?

세계 3대 장수촌으로 꼽히는 에콰도르의 '빌카밤바'라는 장수촌의 자칭 126세라는 한 노인은 장수의 비결을 '열심히 일하는 것, 많이 걷는 것, 그리고 남을 사랑하는 것'이라고 답했다.

이 노인이 말한 '남을 사랑하는 것'에는 매우 중요한 의미가 있다. 남을 미워하고 질투하는 것은 속을 썩이는 일이다. 극렬한 저주의 마음을 품고 있다면 마음속은 화병을 앓듯 괴로움이 가득 차게 된다. 상대방을 이해하고 감싸주고 다정하게 대할 때에 마음은 온유해지고 평안해진다. 편안해지려면 따뜻한 인간애가 넘쳐야 한다.

일반적으로 빌카밤바 사람들이 장수하는 이유는 공기가 맑고 자연환경이 좋다는 것과 나트륨, 칼슘 등 무기질이 풍부한 물을 마신다는 것, 곡류를 주로 한 자연식을 하면서 지방질을 별로 먹지 않는다는 것, 산길을 많이 걸으면서 몸을 튼튼히 키운다는 것, 문명사회에서와 같은 스트레스의 중압을 받지 않고 조용하고 쾌활한 생활을 누린다는 데 있다고 한다.

열심히 일하면 일하는 재미 속에서 권태는 전혀 느낄 수 없게 된다. '일을 하지 않고 있는 것과 존재하지 않는다는 것은 결국 같은 것이다. (중략) 게으른 자를 제외하고는 모든 인간은 선하다.'라는 말이 있다. 열심히 일한다는 것은 자기 존재의 의미를 확인하는 것이며, 또 선한 것이기에 이것은 장수의 비결이 되는 것이다(장준근, 2009).

그러나 어디 인간사가 그들 말처럼 내가 생각하는 대로 살아갈 수 있는가? 매일 매일 쌓여가는 스트레스와 하루에도 서너 번씩의 선택과 결정을 해야 하는 이 세상은 가족을 위해 혹은 미래를 위해 죽지 못해 산다는 말 그대로 지옥이나 다름없다.

하루하루 지옥 속에서 일상을 살아가는 우리에게 장수의 비결은 스트레스를 효과적으로 풀 수 있는 비법을 전수해 주는 것이다. 그러나 스트레스의 발생 원인에 따라 그 치료법이 다를 수밖에 없으니, 각자 그 원인을 이완시키는 수밖에 없다. 이완이란 스트레스의 반대개념인데 스트레스로 우리 뇌의 시상하부의 일부가 자극받을 때 스트레스 반응이 촉발되듯 어떤 이완반응은 시상하부의 다른 부분이 자극받을 때 촉발된다. 그 방법이란 바로 자기 마음을 스스로 조절하는 것이다.

이완반응을 유도해내는 4가지 기본요소는 첫째, 조용한 환경, 둘째, 말이나 소리, 기도를 이용한 반복적인 문구 같은 정신적인 도구, 셋째,

　　　　　　　　　　　전하 옥체를 보존하소서

수동적이며 판단하지 않는 태도, 넷째, 편안한 자세이다. 예를 들어 부부싸움에서 받는 스트레스를 푸는 방법은 같이 싸우는 것이 아니라 그곳을 피해 조용한 카페나 정원을 거닐면서 마음을 안정시키면서 싸움의 발단이 무엇인지, 그리고 가정의 행복을 위해 싸움이 결과적으로 이득이 없다는 방향으로 마음가짐이 바뀐다면 평정심을 유지할 수 있을 것이다.

직장에서 상사로부터 또는 힘든 일을 통해 스트레스를 받을 경우에도 마찬가지다. 가족을 위해 미래를 위해 그런 스트레스는 하나의 과정이라고 스스로 인정한다면 마음이 편해진다. 결국, 자신이 스트레스를 다스리는 것만큼 훌륭한 보약은 없는 것이다. 따라서 장수하려면 자기 자신을 다스릴 줄 알아야 한다.

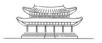

정조

1752~1800
재위 1776. 3~1800. 6

| 아버지의 죽음에서 시작된 살벌한 일생

정조는 영조 28년(1752년) 9월 22일에 장조(장헌, 사도세자)와 현경왕후 홍씨(혜경궁) 사이에서 태어났으며, 이름은 산(祘)이다. 정조는 효의왕후 외 4명의 빈을 두었으며 효의왕후와는 자식이 없었다. 의빈 성씨 사이에는 문효세자와 옹주가 있었고 수빈 박씨로부터는 순조가 되는 왕세자 이공과 숙선옹주가 있었을 뿐 원빈 홍씨(홍국영의 여동생)와 화빈 윤씨에게는 자식이 없었다. 정조가 태어나던 날, 장헌세자의 아들이 태어났다는 소식을 들은 영조는 직접 경춘전으로 거동하여 아이를 보고 매우 기뻐하며 혜빈(혜경궁 홍씨)에게 이렇게 말했다.

"이 애는 나를 무척 닮았다. 이런 애를 얻었으니 종사에 근심이 없게 되지 않았느냐?"

영조는 그날로 산을 원손으로 부르게 했다. 세손 이산은 이렇게 할아

선하 옥제를 보손하소서!

버지 영조의 귀여움을 받고 자랐지만, 삶이 결코 평탄하지는 않았다. 아버지 장헌세자와 할아버지 영조 사이에 불화가 있었는데, 이산의 나이 열한 살 무렵에 그 불화는 폭발하고 만다. 아버지의 광기를 참지 못한 할아버지는 아버지를 죽이려고 잡아갔고, 아버지는 할아버지에게 붙잡혀 갔다는 소리를 들은 어린 이산은 어떻게 해서든 아버지를 구해야 한다는 일념으로 달려갔다.

임오화변 당시 승정원 주서였던 이광현의 기록을 '임오일기'라고도 부르는데 이 기록은 임오년(영조 38년, 1762년) 윤5월 13일에 일어난 임오화변, 즉 사도세자가 아버지 영조의 명에 따라 뒤주에 들어가 죽은 사건을 여과 없이 시간대별로 기록하고 있다. 사도세자가 영조를 '아버지'라고 부르며 부자의 정을 호소하는 장면은 물론이고, 영조가 이 호소를 매정하게 무시하고 자결을 강요하는 모습과 사도세자가 스스로 뒤주 안에 들어가자 영조는 직접 뒤주의 뚜껑을 자물쇠로 채운 사실, 그리고 아버지를 할아버지로부터 구하기 위해 땅을 기어가며 울부짖는 정조의 모습과 뒤주에 들어간 아버지가 결국 8일 만인 윤5월 21일 숨을 거두기까지 소년 이산은 할아버지가 아버지를 죽이려는 모습을 낱낱이 지켜보았다. 이후 이산은 더는 아버지를 아버지라고 부를 수 없었다.

그렇게 아버지 사도세자가 죽고 나서 할아버지 영조는 죽은 첫째아들 효장세자의 양자로 세손 이산을 입적시켰다. 아버지 이선을 죽이기 위해 혈안이 됐던 노론 세력은 '죄인지자 불위군왕(罪人之子 不爲君王)', 즉 '죄인의 아들은 임금이 될 수 없다.'는 말로 이산을 왕위 계승자로 인정하지 않았기 때문이다. 그러나 효장세자의 양자가 된 뒤에도 이산에게는 미치광이 세자의 아들이라는 꼬리표가 따라다녔다. 아버지가 정신병으로 인해 내시와 궁녀들을 수도 없이 죽였기 때문이다.

그뿐만 아니라 아버지를 죽인 세력들은 끈질기게 이산을 죽이려고 했다. 그중에는 고모와 사촌도 포함되어 있었다. 설상가상으로 유일한 버팀목인 할아버지마저 병으로 쓰러졌다. 사방에서 목숨을 위협하는 상황에서도 이산은 하루가 다르게 성장했다. 이산의 성장은 아버지를 죽인 세력에게는 몹시 두려운 일이었다. 그래서 그들은 이산 죽이기에 혈안이 되어 있었다. 언젠가 이산이 왕이 되면 반드시 아비의 복수를 할 것임을 알고 있었기 때문이다.

이런 위기의 이산을 지켜준 것은 어머니 혜경궁 홍씨였다. 세자의 장인이자 세손의 외할아버지 홍봉한은 세자의 죽음에 결정적인 역할을 하였기 때문에 세자의 아들 세손의 즉위를 찬성할 리가 없었다. 그러나 자신의 딸인 혜경궁 홍씨가 부친과 숙부의 이런 정치관을 적극 반대하고 나섬에 따라 이산을 지킬 수 있었다.

영조가 숨을 거두기 1년 전 영조가 82세가 되던 해 병이 악화되자 영조는 세손 이산에게 대리청정할 것을 천명한다. 만약 세손이 대리청정하던 시기에 자신이 죽는다면 대리청정하던 세자나 세손이 즉위하는 것이 조선의 국법이었으니 세손이 왕이 되는 것은 문제가 없을 것으로 보았기 때문이다.

그러나 만약 그렇게 된다면 세손의 아비인 사도세자를 죽음으로 몰고 간 노론은 큰일 날 일이었다. 이에 노론에서는 정순왕후(定順王后, 영조의 비)를 움직여 세손을 폐위시키고 다른 종친을 즉위시킬 기회를 보고 있었다. 정순왕후는 15세의 나이로 66세의 영조와 혼인한 노론 김한구(金漢耉)의 딸로서 세손의 즉위를 극렬하게 반대했다.

전하 옥체를 보존하소서

영조는 시종일관 세손을 옹호했다. 그리고 세손이 스물다섯 살 장성할 때까지 굳건히 살아서 마침내 그에게 왕위를 물려주고 죽었다. 이산은 무려 14년 동안 죽음의 공포에 시달리며 자신을 지켜내 왕좌에 올랐다. 그가 왕위에 올랐다는 것은 곧 아비에 대한 복수가 시작됨을 예고하는 일이었다.

정조는 즉위식이 열리던 1776년 3월 10일 가정 먼저 이렇게 외쳤다. "과인은 사도세자의 아들이다." 이 말은 아비를 죽인 노론 세력들에게 하는 선전포고였다. 또 죄인의 아들은 군왕이 될 수 없다고 한 아비의 원수들에게 대놓고 칼을 겨눈 것이었다. 정조가 가장 먼저 제거한 세력은 그의 즉위에 반대한 자들, 즉 자신의 외가인 남양 홍씨 홍인한, 홍계능 등이었다. 이어 영조가 정조에게 아비의 원수라고 지목한 김상로와 조카 정조를 죽이기에 혈안이 됐던 고모 화완옹주와 그의 양자 정후겸, 화완옹주와 결탁하여 세손 시절 정조를 모함했던 영조의 후궁 숙의 문씨 등을 축출했다. 정조는 그들을 유배 보내거나 죽었다.

아버지를 죽게 한 사람들에게 보복을 감행한 정조는 곧이어 아버지의 명예회복을 시도했다. 미치광이 세자가 아니라 정치적 모략으로 희생된 가련한 세자로 부활시키려는 것이었다. 그래서 '사도'라는 시호 대신 '장헌'이라는 시호를 올렸다. 그리고 재위 기간 여러 차례 아버지를 왕으로 추존하려고 했다. 왕권을 강화하기 위해 장용영을 설치하여 2만여 명의 군사를 거느리는가 하면, 국왕의 위엄을 보이고 백성들과 직접 대면하는 행사인 정조의 능행은 그야말로 국왕의 권력을 정점까지 끌어올린 대대적인 개혁이었다. 정조는 이처럼 규장각과 장용성, 사도세자와 현륭원, 그리고 능행을 적절히 한 고리에 묶음으로써 노론 강경파를 무력화시켰다.

태조와 태종을 제외하고 조선의 왕 중에 신하들을 꼼짝 못 하게 하는 국왕은 없었다. 하지만 정조는 약해져 가는 왕권을 강화하고 백성을 사랑하는 솔선수범하는 바른 왕이었다.

정조의 생활습관에 대해서는 딱히 흠잡을 곳이 없을 정도로 바른 사나이였다. 아침 일찍 일어나 학문에 정진하고 정순대비와 혜경궁 홍씨를 보살피는 데 한 치도 빈틈이 없었다. 그 덕분에 정조 사후에도 정조의 정적이었던 정순대비와 자신의 비인 효의왕후 그리고 어머니 혜경궁 홍씨가 좋은 관계를 유지할 수 있었다.

식생활과 관련해서는 정조가 깍두기와 담배 애호가였다는 게 유명하다. 《조선요리학》을 지은 홍선표는 그의 저서에서 "200년 전에 정조의 사위인 영명위 홍현주의 부인(숙선옹주)이 임금에게 처음으로 깍두기를 담가 올려 칭찬을 받았다고 한다. 당시에는 각독기(刻毒氣)라 불렀으며, 그 후 여염집에도 퍼졌다. 고춧가루 대신 붉은 날고추를 갈아서 쓰면 빛깔이 곱고 맛도 더욱 좋다."라고 깍두기의 기원을 설명하고 있다. 무의 해독능력을 활용한 요리가 깍두기라는 것이다.

무가 독을 없앤다는 각독기설은 《본초강목》에도 언급돼 있다. 두부를 즐겨 먹어 중독에 이른 두부 상인이 무즙을 먹고 두부 독을 없앴다는 이야기가 나온다. 아내가 두부 만드는 냄비에 실수로 무를 넣었는데 끝내 두부가 되지 않았다는 말을 기억하고 실제 무를 먹었더니 두부 독이 사라졌다는 것, 또한 난을 피해 석굴에 들어간 사람이 적이 피워 넣은 연기에 질식해 죽게 됐는데 무를 씹어 즙을 삼키자 소생했다는 이야기도 덤으로 들어 있다. 정조가 지독한 골초였다는 점을 감안하면 숙선옹주가 아버지의 담배 중독을 치료하려고 깍두기를 만들지 않았을까 하는 생각도 든다.

정조는 진정한 애연가였다. 정조의 문집 《홍재전서》에는 담배의 별칭인 남령초(南靈草)에 대한 예찬이 나온다. "화기(火氣)로 한담(寒痰)을 공격하니 가슴에 막혔던 것이 자연히 없어졌고, 연기의 진액이 폐장을 윤택하게 하여 밤잠을 편안하게 잘 수 있었다. 정치의 득과 실을 깊이 생각할 때 뒤엉켜서 요란한 마음을 맑은 거울로 비추어 요령을 잡게 하는 것도 그 힘이며, 갑이냐, 을이냐를 교정하여 퇴고할 때에 생각을 짜내느라 고심하는 번뇌를 공평하게 저울질하게 하는 것도 그 힘이다."

엄청난 격무 속에서도 담배 한 대를 물고서 느긋하게 휴식을 즐긴 왕이었지만, 담배의 화기는 결국 그의 건강에는 엄청난 악영향을 끼쳤다. 평생 화증을 경계하며 두려워했던 그가 담배의 화기는 입에 물고 살았던 것이다.

| 조선의 운명을 가른 종기

실록에 기록된 정조의 질병은 의외로 많지 않다. 실록을 살펴보면 정조는 세손 시절인 10세 때 두창을 앓았고, 14세가 되던 영조 41년 11월과 12월에는 한동안 건강이 좋지 않았다고 했다. 15세와 23세 때는 병세가 심해 혼미한 증상이 있었다고만 기록하고 있을 뿐 정확한 병명은 기록하지 않고 있다.

28세 때는 각혈이 있었고, 30세 때는 격체(膈滯, 소화되지 않고 막혀 체한 증상)로 건강이 좋지 못했다. 33세 때도 체한 증세가 있었다. 43세 때는 머리에 부스럼이 났고 한동안 불면증이 있었으며, 두통과 진독이 뻗친 데다 이질 증상도 있다고 했다. 46세 때는 가슴에 불편한 증상이 있다고 기록하고 있다. 47세 때는 화성(華城)행궁(行宮)에 갔다가 건강이 좋지 못했는데, 매년 이 행차 때마다 무병(無病, 병이 없었던 적이 없음)하게 왕래한 적이 없었다고 했다.

49세가 되던, 정조 24년 6월에는 종기가 났는데, 자신은 가슴에 해묵은 화기(火氣)가 있다고 말했다. 종기 증상은 고름이 나오고 등골뼈 아래쪽부터 목 뒤 머리가 난 곳까지 여기저기 부어올랐는데, 그 크기가 어떤 것은 연적(硯滴)만큼이나 크며, 병이 오래되어 원기가 점점 약해졌으며 종기 부위가 당기고 아프며 입맛이 없고 열기가 오르는 증상이 심해졌다. 잠깐 잠을 잘 때, 속적삼과 잠자리에 몇 되나 되는 피고름이 저절로 흘러 나오기도 했다. 그러다가 정조는 마침내 종기가 악화되어 사망하였다고 실록은 기록하고 있다.

결국 정조의 사망원인은 종기였다는 뜻이다. 이에 대한 기록을 좀 더 상세하게 살펴볼 필요가 있다.

정조의 얼굴에는 작은 종기들이 곧잘 생겼다. 즉위한 해인 1776년 6월 코 근처에 작은 종기가 생기더니 정조 3년 5월에 또 코에 종기가 생겼다. 2년 후인 정조 5년에도 얼굴에 다시 종기가 났고, 이듬해 4월과 7월에는 눈꺼풀과 미간에 작은 종기가 생겼다.

세월이 흘러 정조 14년 6월 얼굴 여기저기에 크기가 작은 종기가 여럿 생겼고, 17년 5월 사이에는 눈썹, 머리, 귀밑머리, 턱 부위까지 종기가 나서 상당 기간 고생했다. 18년 6월부터 8월 사이에도 머리와 이마 그리고 귀밑머리 부위에 작은 종기들이 생겼다.

이렇게 정조는 즉위 초부터 종기로 크고 작은 고생을 했는데, 정조의

전하 옥체를 보존하시소서!

종기에는 공통점이 두 가지 있다. 첫째는 대부분 얼굴 부위에 생겼다는 점이고, 둘째는 주로 여름에 생겼다는 것이다. 정조는 체질적으로 여름의 무더위를 힘들어했다. 또한, 붕당 정치에 희생되어 억울하게 죽어야 했던 아버지에 대한 사무친 마음, 그리고 여전히 당쟁을 일삼는 신하들에 대한 분노, 이런 것들을 삭히면서 탕평책을 추구했던 정조의 가슴속에는 언제나 화가 끓어오르고 있었다. 그래서 정조는 유독 여름에, 그리고 얼굴 부위에 종기가 잘 생겼던 것으로 보인다.

　운명의 시간은 정조 24년(1800)에 찾아왔다. 6월 14일, 실록에 다시 정조의 종기에 관한 기록이 등장하기 시작한다. 10일 전부터 머리와 등에 생긴 종기에 붙이는 약을 계속 썼으나 효험이 없으니 내의원 제조를 불러들이라는 명이 내려졌다. 이날부터 《승정원일기》는 하루하루 임금의 긴박한 상황을 세세하게 전한다.

　6월 15일과 16일 왕에게 심한 열이 올랐다. 이에 정조는 약원(藥院)의 여러 신하를 불러 접견했다. 도제조 이시수(李時秀)가 아뢰기를 "의관의 말을 들으니 머리와 등 쪽에 또 종기 비슷한 증세가 있다 하므로 애타는 마음이 그지없습니다." 하니, 상이 이르기를 "머리 부분은 대단치 않으나 등 쪽은 지금 고름이 잡히려 하고 게다가 열기가 올라와 후끈후끈하다."

　6월 20일 어깨에서 뒷목까지 모두 당기고 통증이 느껴졌다. 6월 21일 환부가 심하게 부어올라 통증이 느껴지고, 몸이 오슬오슬 춥고 떨리며 열이 나고, 정신도 뚜렷하지 못했다. 고름이 나오고 갈증도 느껴졌다. 종기의 염증으로 인해 고열이 발생하고 그로 인해 갈증이 동반한 것이다.

　6월 23일, 이제 등에 난 종기는 그 크기가 벼룻물을 담아두는 연적만하게 되었다. 열은 계속되었다.

6월 24일, 여름철의 푹푹 찌는 무더운 날씨가 임금을 더욱 괴롭혔다. 열은 여전했고 얼굴에 마치 땀띠 같은 발진이 생겼다. 6월 25일, 피고름이 몇 되 쏟아졌다. 6월 26일, 통증도 여전했고 고름도 계속되었다. 이번에 생긴 종기가 지금까지와 다른 점은 머리나 얼굴뿐 아니라 등에도 생겼고, 또 예전보다 훨씬 심한 발열 증세가 이어진 셈이다.

이 무렵 정조와 신하들은 한 가지 사안을 놓고 대립각을 세우고 있었다. 정조는 스스로 의학에 상당한 식견을 가지고 있었다. 그래서 늘 자신의 증상을 말하고 어떤 처방을 쓸지 신하들과 토론하곤 했다. 이번에도 정조는 자신의 증상이 이러저러하니 어떤 처방을 쓰면 좋을지 신하들과 토론을 거쳐 결정을 내렸다.

임금의 환부에서 고름이 계속 쏟아지니 의관들과 신하들은 의논 끝에 팔물탕(八物湯, 기와 혈이 허해 생긴 전신 쇠약증 등을 치료), 생맥산(生脈散, 여름철 더윗병과 갈증, 원기 부족과 맥이 약한 것을 치료)과 경옥고(瓊玉膏, 뼈와 근골을 튼튼하게 하여 온갖 병을 예방)를 드실 것을 추천했다. 그러나 정조는 반대 의견을 피력했다. 왜냐하면 이 처방들에는 모두 인삼이 공통으로 들어가는데 자신은 인삼을 먹으면 안 되는 체질이라고 보았기 때문이다.

《수민묘전壽民妙詮》이라는 의서를 저술할 만큼 정조는 의술에도 조예가 깊어 이를 반대한 것이었다. 그러나 신하들은 이렇게 며칠 동안 대량으로 고름을 쏟아내는 상황에는 인삼을 꼭 복용해야 한다고 주장했다. 인삼이 기력을 회복하는 데 약효가 있는 건 사실이다.

6월 26일, 임금의 반대를 무릅쓰고 인삼이 들어간 경옥고가 결국 올라왔다. 그리고 6월 27일, 이시수가 밤사이 병세에 대해 묻자, 정조는

전하 옥체를 보존하쇼서!

"어젯밤을 지새운 일은 누구이 다 말하기 어렵다."고 답한다. 다시 악화된 것이다. 의원들의 진맥 결과 "열은 조금 내려갔으나, 맥박이 부족하다."는 데 의견이 같았다. 그러나 이날부터 임금의 정신이 혼미해지는 증상이 나타났다. 그날 인삼이 다량으로 들어간 팔물탕이 올려졌고, 혼미한 증세가 심해졌으나 인삼이 거듭 올려졌다.

6월 28일, 좌의정 심환지 등이 와서 밤사이 병세를 묻자 정조는 "새벽이 돼서야 조금 잤다."고 했다. 또 전혀 먹은 것이 없다고 하자 인삼차를 들여와 한잔했다. 낮에는 지방에서 차출된 의원들이 진찰한 결과를 바탕으로 지어 올린 탕약을 먹었다. 인삼이 3돈이나 들어간 가감내탁산(加減內托散, 악성 종기가 터지고 나서 원기가 허약한 사람의 부스럼을 치료한다)이었다. 한편 조금 움직일 만하다고 판단한 정조는 창경궁 내 영춘헌으로 거동하여 좌부승지 김조순(金祖淳), 전 직제학 서정수, 서용보, 이만수 등을 불러 접견하기도 했다. 그러나 접견 도중 병세가 위독해지면서 정조는 쓰러졌다. 쓰러지기 직전 뭐라고 말을 하려 해 잘 들어보니 '수정전(修政殿)' 석 자였다. 왕대비가 거처하는 곳이다. 그것이 정조의 마지막 음성이었다.

정조의 어머니 혜경궁 홍씨도 이 소식을 듣고 세자(훗날의 순조)를 데리고 정조가 있는 곳으로 달려왔다. 이시수가 급히 성향정기산을 숟가락으로 떠 넣어보려고 하였으나 의식을 잃은 정조는 토해낼 뿐이었다. 의원이 맥을 짚은 뒤 "맥도로 보아 이미 가망이 없습니다."라고 말했다. 영춘헌에서는 울음소리가 진동하기 시작했다. 저녁 7시 무렵이었다. 정조는 종기가 생긴 지 겨우 24일 만에 너무나 황망하게 세상을 떠나고 말았다.

| 인삼도 잘못 먹으면 독이 된다

우선 정조가 인삼을 먹어 죽었다는 근거를 찾기 위해서는 할아버지 영조와 아버지 사도세자의 건강 상태부터 잠깐 살펴볼 필요가 있다. 모든 질병에는 유전적인 요인이 작든 많든 작용하기 때문이다.

정조의 할아버지 영조가 83세까지 장수한 것은 인삼의 역할이 컸다. 영조는 지독한 인삼 마니아였다. 영조는 자신이 냉기에 민감하다는 사실을 잘 알고 있었고 평생 차가운 자리에 앉지 않고 찬 음식을 멀리하는 등 온기 보존에 신경 썼다.

정조의 아버지 사도세자는 골격이 크고 몸이 비대했다. 영조가 42세라는 늦은 나이에 얻은 귀한 세자였기 때문에 사도세자의 비만에 대해 걱정하는 기록들이 보이고 있다. 기록에 나타난 사도세자는 대체로 먹을 것을 너무 좋아해서 자리에 앉으면 한 자리에서 앵두를 2접시나 먹어 치웠을 만큼 식사량이 너무 많고 식탐을 억제하지 못해 배가 많이 나온 비대한 몸집을 가진 것으로 기록하고 있다. 그리고 비만 외에도 정신병과 우울증을 앓아 증상이 심해진 후 아버지 영조에 의해 뒤주 안에서 힘겨워하다가 갇힌 지 8일째 되는 날에 죽음을 맞이한다.

조선왕들은 무장인 이성계의 혈통을 이어받아서 그런지 대개 성격이 불꽃 같거나 화병을 앓았다. 심지어는 화가 내부에서 부글부글 끓어 오르다 못해 피부로 솟아오르는 종기 질환을 앓다가 죽는 경우가 대부분이다. 그래서 몸에 열기를 보태는 인삼을 약재로 잘 쓰지 않았다. 영조의 아버지 숙종도 예외가 아니었다. 경종도 마찬가지다.

그러나 영조는 달랐다. 그는 평생 화열을 돋우는 인삼을 복용했다. 또한, 영조는 소식을 즐기고 기름진 음식과 술을 피하는 등 절제된 식생활을 이어갔다. 이것은 소화 기능이 선천적으로 약한 소음인(少陰人)의 체질이 아니고는 실천하기 힘든 식습관이다.

그렇다면 할아버지 영조나 아버지 사도세자와 달리 화병에 안 좋은 인삼이 들어간 경옥고를 먹고 정조가 죽은 것이 사실일까? 어느 여름 정조는 인삼 소량이 들어간 처방을 받았는데 이 약을 복용하자 바로 코가 막히면서 종기가 생기는 부작용이 나타났다. 이때 정조는 자신의 체질과 인삼이 맞지 않는다는 것을 몸소 느꼈던 것이다. 정조 24년 6월 《승정원일기》에는 임금이 이르기를,

"내가 일전에 여름철 더윗병으로 인하여 육화탕 3첩을 복용한 적이 있었는데 여기에는 인삼 5푼이 들어가 있었다. 한 첩을 복용하자 바로 코가 막히기 시작했고, 두 첩을 복용하자 코에 종기가 생겨났다. 그 후에는 가슴과 등으로 종기가 퍼져버렸다."

인삼의 성질은 따뜻해서 혈류를 촉진하는 작용을 한다. 감염균이 득세하고 있는 상황에서 투여된 인삼은 혈류를 촉진해 감염균을 더욱 퍼지게 해서 감염 부위를 확산시키는 결과를 가져왔을 것이다. 그래서 감염이 급속도로로 심해지면서 어쩌면 온몸으로, 그리고 심장으로 퍼졌고, 그로 말미암아 갑작스러운 혼수상태를 일으킨 것으로 추측할 수 있다. 사실 인삼이 정조를 직접 죽인 것은 아니다. 하지만 많은 열을 동반하는 급성 농양에 인삼은 불난 데 기름을 붓는 꼴이 되었을 것이다. 다시 말해 시간을 더 두고 종기를 치료할 기회를 빼앗아버렸다고 볼 수 있다.

실제 종기의 합병증으로 사망한 왕은 많다. 종기의 범위가 넓어지거나 증세가 심해지면서 그 합병증으로 패혈증이 발생하기도 한다. 이 패혈증의 증상은 발열, 오한, 구토, 무소변, 복부 팽만감, 잦은 맥박, 빠른 호흡, 설사 등이다. 그런데 정조는 발열이나 오한과 같은 증상이 있었기에 세균에 감염되었을 가능성은 있지만, 전신 패혈증(염증성 면역반응으로 일어나는 증상)이 상당히 진행된 증상은 아직 나타나지 않았다. 그 때문에 정조가 종기로 사망했다는 사실을 받아들이지 않는 학자들도 있다.

그런데도 정조는 종기로 인해 바로 혼수상태에 빠져 버렸다. 감염으로 인한 합병증 중에 곧장 의식을 잃게 할 만한 것으로 뇌경색을 의심해볼 수 있다. 정조의 종기가 생긴 부위는 심장과 가까운 등 쪽이었다. 심장 가까이에서 생긴 종기로 인한 세균 감염이 심장까지 파급되면 감염성 심내막염이 생길 수 있다.

심장이란 혈액이 통과하는 장부이기에 심내막염이 생기면 혈전, 곧 피떡이 만들어지기 쉽다. 혈전이 혈류를 타고 뇌로 올라가 뇌혈관을 막아

버리면 뇌경색이 일어날 수 있다. 정조는 이렇게 생긴 뇌경색으로 갑작스러운 의식 혼수에 빠져 바로 사망에 이르렀을 가능성이 있다. 다만 심장마비나 뇌경색을 유발한 종기가 무엇 때문에 발생했느냐는 별개이다.

정조의 경우 갑자기 종기가 나타난 것이 아니라 어릴 적부터 계속해서 발생했다. 당시 궁궐의 환경이나 의료보건성의 문제도 있었지만, 정조의 종기는 생활습관 때문은 아닌지 의심이 간다.

정조는 학문을 좋아하여 온종일 독서에 빠진 대표적인 인물이다. 신하에게 잘 보이기 위해 또는 아침저녁으로 열리는 경연에서 신하들에게 가르칠 주제에 대하여 많은 서적을 탐독했다. 종기는 자연 환풍이 되지 않고 피가 통하지 않는 부위에 잘 발달한다. 대표적인 것이 엉덩이다. 이런 종기는 열기를 타고 온몸에 퍼지는데 특히 등 뒤에 난 종기는 그 크기가 크고 고통이 심해진다. 오늘날에도 내과 의사들이 종괴 및 덩이 또는 상세 불명의 피부 및 피하조직의 국소감염이라고 병명을 말하고 바로 대학병원에서 수술해야 한다고 말할 정도로 심각하게 보는 질병이다.

당시 정조의 등에 난 종기는 그 굵기가 연적만 하다고 실록은 기록하고 있는데 연적이라면 적어도 가로, 세로 15㎝ 이상의 크기라는 것인데, 이는 사람의 생명을 앗아갈 수 있는 심각한 정도였다. 당시에는 내과 수술도 발달하지 않았고 강한 항생제도 없는 상황에서 몸에 열만 내는 인삼만 계속 먹었으니 사망하는 건 당연하다.

정조는 의식을 잃고 갑자기 죽었는데 이를 현대의학에서는 돌연사라고 한다. 보통 심장이 갑자기 뛰지 않을 때 심장마비라고 하지만 현대의학에서는 사용하지 않는 표현이고 심장사(cardiac death) 또는 돌연사가 이에 해당하는 의학 용어다. 돌연사란 자살이나 사고가 아니면서 갑자기 사망하는 경우인데, 의학적 정의로는 사망을 전혀 예측하지 못하는 상태에서 어떤 증상이 발생하고 한 시간 이내에 사망한 경우를 말한다. 가슴 통증이 시작된 지 30분 내에 사망하거나 갑작스러운 호흡 곤란에 이어 매우 어지러워하다가 정신을 잃고 수분 후에 사망하는 경우가 대표적인 예다. 정신을 잃고 24시간 이내에 맞는 갑작스러운 죽음도 돌연사라고 한다.

원인은 심폐기능을 조절하는 뇌의 기능 이상으로 생각되며, 주로 깊은 밤부터 아침 9시 사이에 일어난다.

정조는 열이 끓고 이부자리에 피고름이 쏟아져 나오는 와중에도 백성과 나라의 일을 처리하지 못하는 것을 안타까워했다. 자신이 죽기 5일 전 정조 24년 6월 23일 정조는 이렇게 말한다.

> "이러한 와중에 국사를 처결하기가 어렵지만, 호남 수령들에 대한 포폄(襃貶, 옳고 그름이나 선하고 악함을 판단하여 결정함)의 장계는 당장 뜯어보지 않을 수 없으니, 당장 승지로 하여금 와서 기다리게 하라."

자신이 아무리 아프더라도 수령들의 횡포로 인한 백성의 고통을 덜어주고자 했던 마음이 엿보이는 대목이다. 이런 임금을 종기가 앗아 간 것이다.

풀리지 않은 독살 의혹

조선왕의 독살사건은 여전히 밝혀진 게 아무것도 없다. 다만 추측만할 뿐이다. 실록에는 독살이라는 말을 절대 사용하지 않는다. 왜냐면 실

진하 옥세를 보쯘하소서!

록 자체의 기록이 후대 왕에 의해 작성되기 때문에 사관이 목숨을 걸고 현재의 왕이 전왕을 독살했다고 할 수 없기 때문이다. 하지만 일부 역사가들은 흥미를 유발하기 위해 혹은 진실을 밝히기 위해 독살설을 주장하고 있고 일반인에게도 조선왕 독살설은 흥미진진한 이야깃거리가 되어버렸다.

조선왕 27명 중 독살이 의심되는 국왕은 약 10여 명(문종, 단종, 예종, 연산군, 인종, 선조, 효종, 경종, 정조, 고종) 정도이다. '동방예의지국'이니 충효의 나라라고 떠들던 조선은 3명 중 1명의 국왕이 신하들에 의해 독살되는 그야말로 무서운 나라였던 셈이다.

이에 대해 군왕의 질병을 연구하는 일부 한의학자들은 인간의 생로병사는 정치적 권력 관계나 사회 경제적 구조만으로 설명이 되지 않는다고 주장한다. 역사도 사상도 마음도 속일 수 없는 몸을 갖고 살아가는데 왕의 죽음을 당시의 정치적 권력 관계와 시대 상황만으로 환원시켜 독살이라고 추론하는 것은 무리가 있다는 것이다.

과연 그럴까? 실록에서 문종의 사망원인은 종기였다. 문종의 종기를 치료한 사람은 전순의였다. 그런데 문종의 치료는 수양대군(세조)이 주도했고 전순의는 수양대군의 사람이었다. 이는 명백한 국법 위반이었다. 조선의 국법은 대군을 포함한 종친들의 정사개입을 허용하지 않았다. 대군과 종친은 언제든 왕위를 계승할 지위에 있었기에 자신들의 왕위 계승을 위해 언제든 현왕을 독살할 수도 있었기 때문이다. 그 결과 전순위가 종기 치료를 하는 동안 종기 환자가 절대 먹어서는 안 되는 꿩고기를 먹여 문종을 숨지게 했다.

이외에도 선조는 광해군의 측근 궁녀인 김개시가 올린 독 든 찹쌀밥(약밥이나 떡이라고 하는 기록도 있다)을 먹고 죽었다는 설이 있으며, 효종의 경우는 즉위 초부터 당뇨병을 앓아왔기에 피의 지혈 능력이 떨어진 상태에서 침을 이용한 사혈요법은 치명적인 과다출혈로 이어짐에도 어의 신가귀가 침을 놓았고 결국 효종은 숨졌다.

경종 역시 영조(당시 세자)가 상극인 게장과 감을 올렸는데 원래 지병이 있던 경종이 먹고 죽었다. 실제로 중국에서 구한 독을 경종에게 먹여 속이 안 좋아 누런 담수만 거의 반 대야 정도 토해내고 살아남았다는 이야기가 있듯이 경종의 죽음이 독살에 있다는 설도 있다.

정조의 경우도 이와 비슷하다. 수은이 든 연훈방(煙薰方)과 인삼이 든 경옥고로 정조가 독살당했다는 주장이 있다. 연훈방과 경옥고는 이시수가 여러 차례 올렸는데 이런 처방도 정순왕후가 내린 것이었다. 아버지 사도세자의 비극적인 죽음으로 평생 화증을 앓은 정조는 스스로 말하길, "가슴속의 열기로 황련이라는 약을 물 마시듯 했고, 젊은 날 우황과 금은화 먹는 것을 일과로 삼았다." 즉 몸에 열이 나는 인삼은 평생 먹지 않았던 정조에게 인삼이 든 경옥고를 처방하고 정신이 혼미해지는 연훈방을 처방하도록 시킨 것도 모두 정순왕후였다.

또한, 정조가 마지막 숨을 거둘 당시 정적이었던 정순왕후가 대신들을 물리고 정조가 있던 방 안으로 들어가 정조와 단둘이 있었다는 것 또한 독살설을 뒷받침하고 있다. '지극히 엄중한' '국가의 예법'이란 비록 대비나 왕비라 하더라도 국왕의 임종을 지킬 수 없게 한 조선의 예법을 무시하고 정조의 병석을 지킨 것은 정조의 최대 정적인 정순왕후 김씨였다.

조선의 왕실에서 특히 왕족이나 대군 그리고 왕비나 황후와 같은 왕족

진하 옥체를 모존하소서!

의 경우 그 상대방을 죽이는 일이 그리 어려운 일은 아니었다. 어의에 대한 처방도 얼마든지 명령으로 바꿀 수 있고, 사람을 시켜 독극물을 만들어 환자에게 먹이는 일 또한 식은 죽 먹기보다 쉬웠다. 궁중에서 일하는 궁녀와 내시는 물론이고 궁궐을 지키는 병사들 또한 얼마든지 매수할 수 있었다. 결국, 권력을 가진 자들이 죽이겠다는 대상을 찾으면 얼마든지 죽일 수 있다는 것이다.

'사기를 치고자 하는 사람에게는 사기를 당할 수밖에 없고, 자신을 죽이고자 하는 사람을 옆에 두고 있으면 언젠가는 죽고 만다.'는 말처럼 작심하고 달려드는데 이를 막을 사람은 없다. 그래서 '평생 살면서 적을 만들지 말라.'는 그 흔한 진리는 현세를 살아가는 우리가 명심해야 할 말이다.

순조

1790~1834
재위 1800. 7~1834. 11

| 세도정치에 휩쓸린 허울뿐인 왕

조선 제23대 임금인 순조 이공은 1834년에 부왕인 정조가 세상을 떠나자, 그해 7월에 보위에 올랐다. 아직 너무 어린 11세였다.

정조는 죽기 전 자신이 죽으면 당쟁에 의해 권력의 축이 한쪽으로 기울 것을 걱정해 안동 김씨 김조순의 딸을 세자빈으로 간택해 두었다. 정조가 정조 24년 정월 초하루부터 그렇게 서둘렀음에도 불구하고 결국 2월 26일 첫 번째 간택과 윤4월 9일 두 번째 간택을 통해 김조순의 딸을 세자빈으로 확정만 지어 놓은 채 가례를 치르지는 못한 상황에서 세상을 떠났다.

김조순은 노론 시파였다. 정권은 노론 벽파에 있었다. 노론 벽파로서는 얼마든지 간택을 무효로 하고 자기파의 딸을 골라 새롭게 가례를 추진할 수 있었다. 실제로 그런 움직임이 있었다. 그런데도 정순왕후는 자기 집안을 견제할 수 있는 가장 강력한 잠재 세력이 김조순 집안이었음

진하 옥제를 보쯘하소서!

에도 불구하고, 김조순에 대한 배려를 아끼지 않았으며 정조의 뜻에 따라 국혼을 원칙대로 강행했다. 오히려 이를 말린 노론 벽파 권유를 대역죄로 다스렸다. 정조에 의해 아버지 김한구와 오빠 김귀주까지 사도세자의 죽음에 관여했다는 이유로 비참하게 귀향 가거나 죽임을 당했음에도 정순왕후는 정조의 아들에 대해서는 원칙을 지켰다.

그러나 정순왕후가 5년 동안의 수렴청정을 거두고 1년 만인 순조 5년 세상을 떠나자 권력이 바로 김조순에게 쏠리면서 세도정치가 시작되었고 인사권과 과거제도, 삼정(三政: 전정, 군정, 환곡)의 문란으로 이어졌다. 안동 김씨의 일문이 요직에 앉아 한 가문의 영달을 위해 갖가지 전횡과 뇌물 수수를 일삼으니 공평한 인사의 기본인 과거제도가 문란해지고 매관매직이 이루어졌다. 민심이 흉흉해지면서 마침내 관서지방에서 홍경래의 반란이 일어났다. 부패한 관권에 대하여 민권을 주장하는 일종의 혁명운동이었다. 반란군은 파죽지세로 서북지방을 휩쓸었고 충청도 일대에까지 휩쓸었다. 이 반란은 2년간을 끌었다.

세도정치는 나라의 수명만이 아니라 왕 노릇도 제대로 못한 순조의 명줄도 줄였다. 순조는 정순왕후 섭정으로 주눅이 든 데다가 다시 여우를 피하다 만난 호랑이처럼 처가 쪽 김조순의 세도정치로 기를 펴지 못했다.

순조는 34년간 임금으로 나라를 다스린 후 1834년 11월 45세를 일기로 세상을 떠났다. 그는 순원왕후 김씨에게서 1남 4녀를 두었으나 효명세자가 22세의 젊은 나이로 죽자, 손자 환(헌종)으로 하여금 보위를 이어받도록 하였다.

기록에 나타난 순조는 어릴 적부터 허약하여, 허약한 소아가 복용하는 당귀와 녹용 같은 약재가 들어간 귀용탕을 복용했다. 그도 그럴 것이 순조는 왕비 권력에 의해 가장 많이 흔들린 나약한 군주였다. 아버지 정조의 갑작스러운 죽음으로 겨우 11세 때 왕위에 올랐지만, 왕실의 어른인 영조의 계비 정순왕후의 수렴청정으로 5년 동안 꼭두각시 왕 노릇을 하다가 정순왕후가 죽자 이번에는 자신의 비의 아버지 즉 장인에 의해 세도정치가 시작되면서 또 한 번의 허수아비와 같은 신세에 처했다.

　순조가 자신의 마음 상태를 솔직히 털어놓는 기록이 나오는데 "내 마음을 내가 도리어 알지 못하는 때가 있다." 하는가 하면 "평상시에도 시끄럽게 떠드는 것을 좋아하지 않지만 걸어 다니는 소리 같은 것도 역시 모두 듣기가 싫다." 하는 말이 그것이다. 순조가 예민하고 내향적인 사람이라는 의미다.

　예민한 사람은 식욕이 없으며 신경이 쓰이는 일, 긴장되는 일이 생기면 밥맛도 없어지고 소화가 안 되며, 정서가 불안해지고 깜짝깜짝 잘 놀란다. 꿈을 많이 꾸고 무서움을 잘 타면서 쉽게 어지럽고 구역감이 발생한다는 특징이 있다.

　순조는 조정 회의에도 참석하고 온갖 제사도 다 챙겨 지내는 등 부지런하게 일하고 있기는 하지만 한번 시작한 일을 제대로 끝내지도 못하고 몸가짐도 불안정하기 이를 데 없으며 앉아서 가만히 있지 못하며 전전긍긍하는 불안 증세를 보였다.

　순조 19년에 자신의 원자(효명세자)가 22세라는 젊은 나이에 요절하면서 왕권은 약해지고 안동 김씨의 세도정치는 전성기를 맞는다. 그리고

　　　　　　　　　　　　진하 옥제를 보존하소서!

순조 21년 나라 전체에 퍼진 콜레라는 순조의 목을 죄어 왔다. 또한, 순조는 재위 기간을 통틀어 왕비 권력에서 한 번도 자유로운 적이 없었다.

그러나 순조는 선왕의 여러 정책을 모범으로 국정을 주도하려고 노력하였다. 암행어사 파견, 《만기요람》 편찬, 국왕 친위부대 강화, 하급 친위부대 육성 등의 아버지 정조의 정치철학을 계승하는 방식으로 국정을 파악하고 국왕의 권한을 강화하려 노력했다.

예민한 성정이 부른 병

순조는 12세가 되던 해인 순조 1년에 수두(水痘)로 발진이 생겼다. 의관들은 홍역과 같으나 홍역은 아니라고 진단하면서 언제부터 발진했는지 묻는다. 순조는 "발과 다리 부분에서 발진했는데 몸에도 많이 나 있다."라고 말한다. 그러나 같은 해 11월 29일 완치되었음을 선포한다.

순조 10년 해인 22세에는 걸을 때 땀이 나고 숨이 차며 입맛이 없어 식사를 잘 들지 못하고, 정신이 어지럽고 일을 잘 잊어버리며 잠을 잘 자지 못하고 놀라는 증상이 있다고 하였다. 당시 약방에서 처방한 약물들을 살펴보면 순조의 여성적 체질과 성품이 분명하게 드러난다. 귀비탕(歸脾湯)과 감맥대조탕(甘麥大棗湯), 가미소요산(加味逍遙散)을 각각 처방하는데 이는 여성의 우울증이나 히스테리 처방에 사용되는 대표적인 약물들이다.

귀비탕은 송나라 엄용화가 개발한 건망증 치료 약물로 "일에 대한 근심이 지나쳐 심장과 비장이 과로하여 건망증이나 가슴이 두근거리는 증상이 병이 된 것"을 치료하는 처방이다. 몸이 실하고 병이 양적인 것일 때에는 사용하지 말 것을 경고한 대표적인 음적 처방이다. 감맥대조탕(甘

麥大棗湯)도 마찬가지다. 감초와 밀, 대추 세 가지로 구성된 처방으로《금 궤요략(金匱要略)》에 기재되어 있다. 치료 목표는 "부인이 히스테리로 울거 나 웃거나 하며 귀신에 홀린 것처럼 되어 빈번히 하품을 하는 경우에 사 용한다." 일종의 여성용 안정제인 셈이다.

24세 되는 순조 12년 때는 귀 왼쪽 언저리에 당기는 증세가 있었다. 결 국, 23세 때와 24세 때는 한동안 건강이 좋지 않았다. 25세 때는 식사를 하기 싫어하고, 습담(濕痰)[20]이 경락(經絡)에 흘러 들어가서 다리에 부기(浮 氣)가 생기는 증상이 있었다. 이 해에는 여러 가지 약을 자주 복용했다. 유의(儒醫) 홍욱호(洪旭浩)는 다리의 증상이 위기(胃氣, 위의 운동 기운)의 부 족 때문에 보고 각종 탕제와 식사에 힘쓰도록 권했다. 자세한 증상기록 은 없지만, 순조의 종기가 저절로 곪아 터졌다는 이후의 기록으로 볼 때, 다리의 증상은 종기였을 것이다. 그는 변비로도 고생하기도 했다. 44세 때는 더위가 가실 약재를 복용하고자 했다.

27세가 되는 순조 12년 12월에는 웅주환(雄朱丸)과 인삼석창포차(人蔘 石菖蒲茶)를 복용한다. 웅주환은 가위눌린 것을 치료하는 처방이다. 가위 눌림을 한의학에서는 귀염(鬼魘)이라고 하는데, 한자 그대로 귀신이 압박 해서 생기는 병이라고 본 것이다. 《동의보감》은 좀 더 '논리적으로' 이렇 게 설명한다. "잠들었을 때는 혼백이 밖으로 나가는데 그 틈을 타서 귀 사(鬼邪)가 침입하여 정신을 굴복시키는 것이다."

한의학에서는 꿈을 꾸고 불안해지는 것의 원인을 혈기가 부족한 데서 찾는다. 혈기 부족의 원인은 피로와 스트레스다. 가위눌림을 현대의학에

---

20) 속에 오랫동안 머물러 있어서 생긴 담증(痰證)

서는 수면 마비라고 하는데, 이것은 일종의 수면 장애로 잠자고 있는 동안 긴장이 풀린 근육이 회복되지 않은 상태에서 의식만 깨어나 몸을 못 움직이는 것이라고 해석하는 것이다.

순조를 죽음으로 몰고 간 직접적인 사인은 다리 부위의 종기였다. 다리 부위에 생긴 염창(鹽瘡)으로 짐작된다. 《동의보감》은 염창을 이렇게 설명하고 있다. "양쪽 다리가 짓물러서 나쁜 냄새가 나고 걸어 다니기도 힘든데 정강이뼈 위에 생기는 위험한 질병으로 많이 걷지 말아야 한다."

순조는 20대 때도 염창을 앓은 적이 있었다. 순조 14년 11월 2일 왕은 다리에서 약을 붙인 결과 수포와 붉은 반점이 생기고 열이 올라온다고 고통을 호소한다. 1월 20일 다리 부위의 종기가 손가락 크기로 부풀어 올라 고약을 바를 것을 의논한다. 이후 3개월 넘게 22종이나 되는 많은 고약을 붙이면서 종기를 치료한다.

45세가 되는 순조 34년, 똑같은 증상이 발생한다. 10월 28일 왕에게 가벼운 두통과 대소변이 순조롭지 못한 증세가 있어 가미정기산(加味正氣散)을 처방한다. 11월 1일 종기가 재발해 메밀병으로 만든 고약을 종기에 붙인다. 메밀병은 순조 14년 9월에 사용한 바 있던 고약의 종류이다. 13일까지 소담병(消痰餅), 촉농고(燭膿膏), 투농산(透膿散) 등의 고약을 계속 붙이면서 치료했지만, 종기 증세는 나아지지 않았다. 결국, 13일 해시(오후 9~11시)에 순조는 승하하고 말았다.

특이한 점은 종기가 진행되고 있었음에도 불구하고 가미군자탕(加味君子湯)이나 인삼과 계피가 들어간 가감양위탕(加減養胃湯), 이공산(異功散) 등 위장의 기력을 돋우는 탕약 처방이 계속되었다는 점이다. 순조 사망

의 직접적인 원인은 종기지만, 종기 때문에 심장사한 것은 아닌지 의심이
간다.

│ 부왕의 뜻을 잇지 못했다는 자책감

순조의 사인은 종기였지만 사인에 기여한 질병은 우울증으로 인한 불
면증과 식욕부진, 사지무력, 피로, 황홀, 현기증이라고 할 수 있다. 우리
몸은 먹고 자고 마시기를 제대로 하지 않을 경우, 모든 질병이 찾아오는
것은 가장 기본적인 상식이다. 아마 순조는 자신도 어쩔 수 없는 어머니
에 대한 수렴청정과 장인 김조순에 의한 세도정치로 기를 펴지 못하여
마음뿐만 아니라 몸도 쇠진했던 것으로 보인다.

순조 11년 8월 기록을 보면, "조동(躁動)과 황홀(恍惚)하는 징후"가 가끔
있다가 곧바로 그치기도 하고 "정신이 간혹 앞뒤의 일을 잊어버리는 때"
가 있었던 같다. 조동은 심장이 급하게 뛰면서 마음도 불안해지는 것을
말하고 황홀은 어지럼증을 뜻한다. 또 순조는 이렇게 말한다.

> "어머니께 문안할 때면 번번이 걸어서 나갔지만 땀이 나는 경우가 없었는데
> 지금의 경우는 걸어서 절반도 못 가고, 이미 몸에 땀이 나고 숨이 차며 수라
> 는 입맛이 달지 않아 잘 먹지 못하며 정신이 황홀하다. 잠이 드는 것을 하룻
> 밤으로 견준다면 거의 3, 4경쯤이며 수라는 평상시와 비교한다면 10분의 1
> 정도다."

이런 증세는 심장에 문제가 있었던 것으로도 보인다. 심장이 약한 사

전하 옥체를 보존하소서!

람의 경우는 숨이 차서 몇 걸음 걷지도 못한다. 이를 무시하고 계속하여 운동하거나 걸으면 심장에 압박이 오고 땀이 비 오듯 쏟아진다. 이런 증상은 대부분 살이 많이 찐 사람들이 겪는 공통적인 현상인데, 순조 역시 상당히 비만했을 것으로 추측된다.

순조의 질병 치료 과정에서 보여주는 특징은 약물 위주였다는 점이다. 처방의 종류도 아주 다양해서 100여 가지나 된다. 허약하고 피로한 증세인 허로(虛勞)가 지속되자 의관들은 극단의 처방을 구사한다. 대조지황탕(大造地黃湯)과 혼원삼중고(混元三重膏, 혼원단)라는 처방이 그것이다. 대조지황탕은 대조환(大造丸)이나 보천대조환(補天大造丸)에서 만들어진 처방으로 맥이 약하고 기혈이 쇠약한 것을 치료하는데 허약한 사람이 성생활을 지나치게 해서 가슴과 손바닥에 번열이 나는 데 먹으면 효험이 좋다.

혼원단(混元丹)은 몸이 몹시 여위고 기침과 가래가 있으면서 귀주병(鬼疰病)을 앓는 사람을 치료하는 처방이다. 이 두 처방에는 공통적으로 태반이 들어간다.

태반은 임산부의 자궁 안에서 태아와 모체 사이의 영양공급, 호흡배설을 주관하는 조직이다. 고대에서는 태반을 인간이 최초로 몸에 걸치는 가장 좋은 옷이라고 여겨 신선의(神仙衣)라고도 했다. 한약재로서의 정식 명칭은 자하거(紫河車)다.

자하거의 자(紫)는 보라색을 뜻한다. 보라색은 검은색과 붉은색의 혼합이다. 바로 해가 뜨는 여명을 상징하는 색이며 생명의 시작을 알리는 색깔이다. 본래 자궁은 생명이 시작되지만, 아직 세상에 나오지 않은 미명(未明)의 장소이기 때문에 보라색이 자궁을 상징하는 것이다. 하(河)는 북쪽, 물, 그리고 겨울을 상징한다. 겨울은 한 해의 끝인 동시에 시작이다. 생명력을 응축해 새싹처럼 튀어 오를 힘을 간직하는 시기라는 뜻을 담고 있다. 거(車)는 수레를 뜻한다. 즉 태반은 자궁에서 생명의 힘을 충분히 축적한 아기가 타고 나오는 리무진이라는 이야기다.

그런데 힘이 나는 한약만으로 정신적으로 병든 순조를 치료할 수는 없었다. 옛날이나 지금이나 우울증과 같은 치료제는 대부분 항우울제를 사용하는데 성분은 대부분 우울한 기분을 되살리기 위해 도파민을 방출케 하는 것이다. 이는 사람을 차분하고 자신의 문제에 무관심해지도록 만들 수는 있지만, 대개 기분을 좋게 하거나 낙관적으로 만들지는 못한다. 원인이 되는 직접적인 요인을 찾아 물리적이든 정신적인 치료가 필요하다. 육체적, 정신적으로 나약한 순조의 죽음을 재촉한 사건은 아무래도 자신의 유일한 자식 효명세자의 갑작스러운 죽음이었을 것이다.

순조는 부왕 정조의 뜻을 잇지 못했다는 자책감을 갖고 있었다. 대리청정과 세도정치로 인해 '허수아비 같은 존재'인 자신이 할 수 있는 일은 아무것도 없었다. 이런 자책감을 상쇄시켜 줄 인물이 세자였다. 그래서 순조는 세자에게 일찍 제왕 수업을 시켰다. 재위 21년(1821) 열세 살짜리 세자에게 음력 초하루에 지내는 제사였던 효희전(孝僖殿)의 삭제(朔祭, 왕실에서 음력 초하룻날마다 조상에게 지내는 제사)를 주관하게 했으며 재위 23년(1823) 9월에는 종묘의 겨울 제사를 세자에게 대신 행하도록 하게 하면서 백관은 전례대로 모두 참석하라고 명했다. 이 해 겨울부터는 모든 국가 제사를 세자가 섭정하게 했다.

그리고 이날 효명세자에게 대리청정이라는 칼을 빼든 것이다. 대신들은 간과하고 있었지만, 대리청정은 순조의 절묘한 패였다. 세자는 자신처

진하 옥체를 보존하소서!

럼 호락호락하지 않은 인물이었다. 이렇게 대리청정을 한 지 2년 만에 똑똑한 세자는 조정의 분위기를 일신해 놓았다. 세자는 대리청정 기간에 다양한 방법을 사용해서 안동 김씨의 세력을 약화시켰다. 불과 2년 만에 삼사의 분위기를 바꾸어 놓았으니 앞으로 세월만 더 흐르면 더욱 막강한 친정 체제를 구축할 수 있을 것이었다. 순조 30년(1830년) 세자 나이 겨우 스물두 살, 미래는 누가 보아도 효명세자의 것이었다. 사람들은 순조에게 서는 찾지 못했던 정조의 모습을 세자에게서 보았다.

그러나 그 순간 세자는 갑자기 병석에 누웠다. 그리고 순조 30년 윤4월 22일 병석에 누운 지 14일 만에 세상을 떠나고 말았다. 허망한 죽음이었다. 어린 자식의 죽음에 대한 슬픔으로 밥맛도 없고 잠도 제대로 자지 못했던 순조는 4년 후 순조 34년 45세가 되던 해 승하하고 만다. 특별히 위급한 질병도 없이 그렇게 황망하게 세상을 하직한 것은 종기보다는 마음에서 자리 잡은 자식에 대한 그리움과 아버지 정조의 대업을 이루지 못한 죄의식, 그리고 어쩌지도 못하고 지켜봐야 하는 자신의 장인 김조순의 세력에 굴복한 것에 대한 허망함 때문으로 보인다.

병을 선고받은 환자는 낙담한 나머지 몸을 돌보지 않기 때문에 나쁜 상태에 빠진다고 주장하는 사람들도 있다. 이런 환자들은 우울증에 걸릴 수도 있다. 자식의 갑작스러운 죽음으로 아버지 정조의 꿈을 이루어질 수 있다는 희망이 사라지고 어쩌지도 못하는 안동 김씨들의 세력에 자신도 언젠가 자식과 같은 죽음을 맞이할 거라는 비관적인 마음을 먹는 순간 순조의 뇌는 이를 위협으로 인식했을 것이다. 뇌의 관점에서는 사자가 달려드는 것과 같으므로 싸우거나 도망쳐야 한다.

인체의 스트레스 반응이 활성화되면 인체는 세포 재생, 자가회복, 노화지연 같은 장기적인 문제들에 신경 쓸 겨를이 없어진다. 사자에게 도망치기 바쁘기 때문이다. 언제 잡아먹힐지 모르는 상황에서 면역세포가 떠도는 암세포를 죽이거나 새로운 세포를 생성할 여력이 없는 것이 당연하다. 시간이 흐르면서 계속해서 스트레스 반응을 촉발하는 이런 부정적인 믿음은 혹독한 결과를 초래한다. 세포환경이 스트레스 호르몬에 중독되는 것이다. 그리고 놀랄 것도 없이 온몸이 시름시름 아프기 시작한다.

마음이 무너진 사람에게 보약이 그 무슨 의미가 있고 도움이 되겠는가? 그때부터는 사는 게 사는 게 아닌 것이다. 그래서 마음이 무너진 사람은 그 어떤 좋은 약도 약효가 없는 것이다. 순조 역시 그런 마음에서 우울증과 식욕 저하, 그리고 불면증을 비롯하여 온갖 질병들이 찾아온 것은 아닌지 조심스럽게 예측해 본다.

| 마음의 병은 몸의 병을 키운다

순조의 사망원인은 자식에 대한 슬픔으로 마음이 무너진 것에서부터 출발한다.

셰익스피어는 "슬픔은 1시간을 10시간으로 만든다."라고 말했다. 오스카 와일드 역시 《옥중기》에서 이렇게 말했다. "고통은 아주 긴 한순간이다." 큰 슬픔에 빠진 사람들에게 시간은 다른 속도로 지나간다. 계절, 하루, 1시간, 1분이 마치 지구가 천천히 돌고 있는 양 느려진다. 특히 사별은 존재의 국면을 기울인다. 그것은 혼란을 안기는 경험으로, 사랑하던 사람이 떠난 나머지 인생을 헤쳐나가는 데 필요한 기준 방위를 뒤흔들 수 있는 감정적인 지진 같은 것이다(프라체토, 2016).

슬픔에 빠진 사람들은 세상을 떠난 그 사람과 함께한 순간들에 대한 기억을 되살린다. 처음에는 아무리 즐거웠던 기억이라도 마음에 거슬리고 극심한 고통을 안길 수 있다. 고대의 극작가 아이스킬로스는 이렇게 말했다. "슬플 때는 즐거웠던 기억만큼 큰 고통도 없다." 기억은 성사될 수 없는 재회에 대한 갈망과 바람을 일으킨다. 그럴 때 사람들은 기껏해야 잃어버린 사람을 생각나게 하는 상황이나 장소, 활동을 피하려 한다. 하지만 시간이 지나면서 현실을 받아들이면 사별에 더 잘 대처하는 데 도움이 되며, 기억은 떠난 사람들을 가깝게 하는 데 가장 많은 도움을 준다. 일반적으로 시간은 비애와 슬픔을 치료해 준다. 병이 들어 아프지만 현실을 받아들인다면 그렇다는 것이다. 그러나 슬픔으로 인해 병들고 자리에 눕게 되면 그 슬픔은 죽음으로 대체된다.

순조는 아들 효명세자의 죽음으로 식음을 전폐하고 시름시름 앓다가 죽었다. 사인은 종기라고 하지만 문종이나 효종처럼 그렇게 심하지 않은 다리 종기로 죽음까지 몰고 갈 정도는 아니었다. 그것은 끝도 없이 다가오는 슬픔으로 인한 것이었다.

슬픔은 사슬을 푸는 매듭처럼, 다른 감정들을 이끄는 하나의 과정이나 경로로도 여겨지는 격렬한 감정이다. 하지만 슬픔도 나이를 먹는다. 처음에 슬픔은 덜 성숙되고 끈질기다가 점점 더 차분해지고 신중해진다. 미리 정해진 듯한 반응 같은 것은 없지만, 사별을 당한 많은 이들은 몇 가지 공통적인 단계를 경험한다(Küble – Ross & Kessler, 2007).

먼저 그들은 부인(否認)한다. 자신에게 일어난 일을 믿지도 못하고, 받아들이지도 못한다. 자신이 사랑하던 사람이 사라졌다는 사실을 인정할 수 없는 것이다. 사별은 견딜 수 없을 만큼 충격적이고, 부인은 자신이

처리할 수 있는 것만 들어오게 하는 편리한 필터로 작용한다. 그리고 나면 충분히 조치하지 못했다고, 그 죽음을 막지 못했다고 자기 자신이나 다른 사람들에게 화를 낸다. 스스로에게 내는 화는 종종 죄책감으로 바뀌기도 한다. 그런 후에는 마지막으로, 이별을 감수하고 살아가는 법을 배우고, 조금 더 냉정한 관점에서 이별을 규정한다. 이제는 수용의 단계에 도달하면서 기억을 처리하는 법을 배운다. 하지만 오랜 시간이 걸려 마지막 지점에 이르기 전에 더디고 가장 고통스러우면서 쉽게 부서질 수 있는 단계를 거쳐야 하는데, 그것이 바로 슬픔이다.

사별로 인한 슬픔을 비롯하여 여러 감정적 고통은 때때로 신체의 고통을 설명하는 말로 표현된다. 실망했거나 거부당했을 때 또는 관계가 어그러져 타격을 입으면 상처를 입었다고 말한다. 또한, 어떤 사람이나 사물이 얕든 깊든 상처를 안기면, 그 바람에 아팠다고 말한다. 두들겨 맞거나, 느낌이 들고 상처가 남는다. 이러한 신체적 비유의 근거는 슬픔이나 비애가 몸으로 나타난다는 사실에서 찾을 수 있다. 누군가가 발길질이라도 한 것처럼 배에 짜릿한 통증을 느끼고 내장에 경련이 일어난다. 순조도 효명세자를 잃고 식음을 전폐하면서 비슷한 고통을 호소했다.

신체적 통증과 감정적 통증의 관계는 의미론의 범주를 넘어선다. 사회적 감정적 유대관계가 무너졌을 때 감정적 통증과 신체적 통증을 동시

전하 옥체를 보존하소서!

에 느끼는 것은 기본적인 신경 메커니즘을 일부 공유하기 때문일 것이다 (Eisenberger & Liebeman, 2005). 진화론적 관점에서 보면, 이 얘기는 타당하다. 신체적 통증 경험을 조장하는 시스템은 그 기원이 더 오래되었고, 감정적 통증을 위한 시스템은 그 기원 위에서 발달했을 가능성이 있다.

인간은 해로운 경험을 피하기 위해 신체적 통증을 경험한다. 슬픔은 감정의 빚 때문에 내는 이자 같은 것이다. 다른 사람에게 애착을 갖는 대신 불가피하게 지불하는 값비싼 대가다. 신체적 통증과 슬픔의 원인은 다르지만, 적어도 뇌세포 뉴런 차원에서는 비슷한 효과를 지닌다. 감정은 어떤 사건이나 그 사건을 생각나게 하는 이미지 또는 생각 때문에 생긴다. 모든 경우에 무언가가 피부 아래에서 움직이고, 우리 몸은 그 변화를 처리한다.

정강이를 차이거나 벽에 부딪혔을 때 느끼는 신체적 통증은 세포에 손상을 주는 충돌 때문에 생긴다. 반면, 사별이나 감정적인 유대관계의 단절로 인한 통증은 분리 때문에 생긴다. 무언가가 자신의 주변 환경과 삶에서 멀어졌기 때문이다. 이때도 벽에 부딪힌 경우와 똑같이 통증이 생긴다. 사랑하는 사람을 잃으면 정강이에 멍이 들었을 때보다 더 아프고, 낫는 데 훨씬 더 힘이 들며 시간도 더 걸린다.

신체적 통증과 감정적 통증의 영향이 신경적으로 공통점이 있다는 사실은 몇 가지 근거를 통해 단서를 얻을 수 있다. 일시적인 처방약에 대한 연구가 그러한 근거에 속한다. 모르핀 같은 오피에이트(opiate, 아편제로 뇌의 오피오이드 수용체를 자극한다)는 극심한 통증을 가라앉히고, 줄여주는 효과가 있다. 예를 들어 어미와 떨어지는 어린 새끼 포유류는 눈물을 흘리거나 괴성을 지르는데, 이런 포유류의 어린 동물에 오피에이트를 줄 경우, 항의성 괴성이나 괴로움이 줄어든다는 사실이 입증된 바 있다 (Panksepp, 1998).

슬픔은 사람을 어리둥절하게 하고 때로는 심신을 지치게 하지만, 직관적으로 질병으로 인식되지는 않는다. 하지만 이러한 슬픔이 우울증과 연결될 경우에는 심각해진다. 우울증은 이미 앞에서 언급했지만 모든 정신적인 병들을 동반한다. 우리는 주변에서 배우자를 잃고 슬픔에 빠진 사람들이 심한 우울증으로 자살을 하거나 갑자기 사망한 경우를 목격하곤 한다.

프로이트는 자신의 영향력 있는 논문인 〈애도와 멜랑콜리아(Mouring and Melancholia)〉에서 오늘날 비애와 우울증으로 불리는 두 상태의 공통점을 설명했다. 바로 자신이 관심과 사랑을 쏟은 어떤 사람이나 사물과 자신으로부터 강제로 분리되었다고 느끼는 것이다. 비애는 무언가가 없어서 생기고, 우울증은 내면으로부터 생긴다. 하지만 두 경우 모두 그러한 분리가 고통을 초래하고, 당사자는 현실로부터 물러나서 움츠러들고 외부 세계에 대한 관심을 잃는다.

사랑하는 사람으로부터 이별하거나 자신을 돌보던 주인 잃은 강아지의 슬픔은 당해보지 않는 사람은 모른다. 그 고통은 살아있어도 살아있는 게 아니다.

아버지 정조나 그의 아들 순조는 조선의 부흥이라는 원대한 꿈을 이루지 못한 채 쓸쓸히 죽어갔다.

헌종

1827~1849
재위 1834. 11~1849. 6

| 어린 나이에 왕위에 올라 단명한 왕

헌종은 순조 27년(1827) 7월 18일, 뒤에 익종으로 추존된 순조의 아들 효명세자와 신정왕후 사이에 왕세손으로 태어났다. 순조가 승하한 순조 34년 11월 18일(1834) 8세의 유년으로 보위에 올라 14년 6개월의 치적을 남기고 향년 21세 11개월의 일생을 마쳤다.

헌종은 보위에 올랐지만, 너무 나이가 어려 친정이 불가능했기 때문에 순조의 비인 대왕대비 순원왕후가 수렴청정을 하게 되었다. 헌종이 열 살이 되자 대왕대비는 왕비 간택을 서둘렀다. 영흥부원군 김조근의 딸을 왕비로 맞이하고 4년 뒤에 가례를 올렸다. 그러나 몸이 약했던 왕비가 병에 걸려 갑자기 세상을 떠나자, 익풍부원군 홍재룡의 딸을 계비로 맞이하였다. 그녀가 효정왕후다.

헌종이 성장하여 15세가 되자 대왕대비는 "이제 주상이 직접 친정을 해도 될 나이가 되었소. 나는 그만 물러날까 합니다."라며 수렴청정을 거두었다.

14년의 재위 기간 중 6년의 수렴청정 기간을 제하면 9년여의 짧은 친정을 펼친 헌종은 그나마 이 기간에도 세도정치의 그늘에서 벗어나지 못했다. 정권을 잡기 위한 안동 김씨와 풍양 조씨 일문의 권력 투쟁에 휘말리다가 적절한 민생 안정책도 세우지 못한 채 스물넷의 짧은 삶을 마감하게 되었다. 또한 급변하는 국내외 정세를 읽지 못하는 정치력의 부족과 거기에 적절하게 대응하거나 대비하는 모습을 보이지 못했다.

헌종은 23세를 일기로 후사 없이 승하한다. 행장은 당시 상황을 이렇게 설명한다.

"봄부터 병환이 들어 점점 시일이 갈수록 피곤함을 보이셨으나 오히려 만기를 수작하여 조금도 게을리하지 않으셨다. 태묘(太廟)에 전기(展機)하는 일과 기예(技藝)를 시험하고 선비를 시험하는 일 같은 데에 이르러서도 괜찮다 하여 행하지 않음이 없었으니, 대개 절제하여 고요히 조섭(調攝, 건강이 회복되도록 몸을 보살피고 다스림)하시는 방도를 또한 잃은 바가 많았다."

헌종은 조선시대를 통틀어 가장 미남이었다. 훤칠한 키에 수려한 이목구비를 갖고 있어서 궁 안에서도 흠모하는 궁녀들이 많았다. 당시 궁녀치고 임금의 승은을 입지 않은 여인이 드물 정도로 여성 편력이 자유분방하였다고 한다. 그가 그렇게 여자를 탐닉한 데는 당시 판을 치는 외척의 세도정치 때문에 무력한 왕이 할 일이 없었던 이유도 있었다. 이런 헌종의 행동에 역사가들은 '종마로 살아야 했던 조선왕들의 단면을 보여주는 예'라고 표현한다.

헌종은 나라 안에서 일어나는 반란 사실조차도 모르고. 오직 여러 비

전하 옥체를 보존하소서!

빈과 무수한 궁녀들의 치마폭에 싸여 청춘을 탕진했지만, 세자가 될 아들도 딸도 낳지 못했다. 그게 헌종을 괴롭혔다. 자신에게 문제가 있음을 깨닫지 못하면서 마음만 바빴다.

강박증으로 인해 젊은 왕의 청춘은 쇠진되어 갔다. 그리고 마침내 자식을 본 게 아니라 지나친 방사로 인해 폐병에 걸리고 말았다. 마지막 2, 3년 동안은 식사도 제대로 못 하고 깊은 잠도 자지 못했다. 피골이 상접하고 혈액순환이 잘되지 않아 몸도 차가웠다. 젊은 여인들을 품에 안고 자면 몸이 따뜻해질까 해서 밤마다 후궁들을 번갈아 안고 잤다. 그러나 후궁들도 불안을 느낄 만큼 몸에 온기가 없었다.

현종은 자기의 몸 상태가 얼마나 심각한지 알지도 못한 채 양갓집의 딸을 자꾸만 후궁으로 끌어들였다. 그런 과욕이 젊은 임금을 죽음의 길로 내몰았다.

❘ 죽음으로 이어진 체기

실록에 나타난 헌종의 질병 기록은 자세하게 나타나 있지 않다. 헌종 9년(1843) 9월, 헌종이 17세 때 두후(痘候, 천연두를 앓은 후 기침이 자주 나는 병)가 있었다. 23세가 되는 헌종 15년 4월에는 안색이 초췌하고 윤기가 없었다는 기술이 당시 도제조(都提調)였던 권돈인(權敦仁)의 기록이 있고, 헌종 자신은 체기가 있을 뿐 별 탈이 없다고 하였으나, 그 후 안면에 부종이 있다는 소견만이 전의의 보고인데, 이로부터 며칠 경과 후 갑자기 사망하여 사인의 단정이 어려우나, 심근경색 부정맥에 의한 돌연사 또는 심장병환(心臟病患), 뇌졸중 등이 사인이 아닌가 추정된다.

위 기록에 나타난 바와 같이 헌종의 질병 기록은 17세 되던 해에 두창

(痘瘡, 천연두)을 앓았다는 것이 유일하다. 이후 큰 병을 앓았다는 기록은 거의 찾아볼 수 없다. 사실 조선 후기 왕실 내의원에서는 두창을 거의 일정한 패턴으로 치료하고 있었다. 두창에 대한 치료 경험이 어느 정도 축적되어 민간과는 달리 처방이 먹히고 있었다는 이야기다. 처방의 방식과 순서도 거의 일정하다. 헌종의 경우 할아버지였던 순조의 진료방식을 거의 그대로 따라 하고 있었다.

《승정원일기》에는 두창이 시작된 다음 날인 헌종 9년(1843) 9월 28일 가미활혈탕(加味活血湯)을 투여하고 10월 1일에는 가미귀용탕(佳味歸茸湯)을, 10월 2일에는 귀용보원탕(歸茸保元湯)을, 10월 3일에는 귀용보원탕을 녹용과 계피를 가미하고, 10월 4일에는 계피를 빼고 녹용과 인삼을 가미하여 각각 처방한다. 10월 6일에는 감로회천음(甘露回天飮)이라는 처방으로 마무리하여 두창을 완치한다.

그리고 헌종 15년(1849) 23세가 되는 4월 10일, 갑자기 헌종의 목숨을 위협하는 질병이 기록 사이에서 나타난다. 실록은 약방 도제조 권돈인이 헌종과 나눈 대화를 기록하고 있다. 이 대화를 통해 헌종이 요절한 이유를 어느 정도 밝힐 실마리를 확인할 수 있다. 먼저 권돈인의 말이다.

"옥색이 여위고 색택(色澤)이 꺼칠하시니 아랫사람의 심정이 불안하기 그지없습니다."

이어 임금이 말하기를,

"이번에 괴로운 것은 처음부터 체기(滯氣)가 빌미가 되었고 별로 다른 증세는

진하 옥제를 보존하소서!

없었다. 근일 이래로 체기가 자못 줄었고 잠도 조금 나아졌다."

소화기 질환 탓인지 헌종이 체하기 시작한 것이다.

다음 날인 헌종 15년(1849) 4월 11일 배에서 끄르륵 소리가 나면서 복통이 계속되고 체증과 설사도 이어져 다섯 차례나 반복되었다. 헌종이 가장 고통스러워한 것은 소변을 보기 힘든 것이었다. 심지어 오령산(五苓散)을 복용하고 싶다고 말할 정도였다. 가미이공산(加味異功散)이라는 처방으로 치료하다가 13일은 계강군자탕(桂薑君子湯)이라는 속을 데우는 약으로 바꿔서 투여했다. 결과는 성공적이었다. 네 차례나 반복되던 설사가 그쳤고 소변도 순조로워지면서 맑아졌다.

4월 18일, 증상은 없어졌지만, 저녁을 먹고 나면 피로하면서 힘이 빠진다고 식곤증을 호소하고, 25일에는 잠자기가 쉽지 않아 귀비탕(歸脾湯)이라는 불면증에 쓰는 처방을 헌종 자신이 추천한다.

윤4월이 되어도 체기가 이어졌다. 불환금정기산(不換金正氣散)이라는 감기와 소화불량 증상을 동시에 치료하는 약물을 복용하고 밥맛이 없어 밥을 물에 말아 겨우 먹는다. 식욕 저하와 소화불량 증세가 이어지고 대변도 무른 연변만 보며 속이 찬 증후가 계속된다. 《승정원일기》는 처방을 왕에게 올린 일정만 기록하고 구체적인 증상과 진맥 과정은 생략하고 하고 있다.

5월 14일이 되면서 헌종의 증상은 다시 악화일로를 걷는다. 얼굴과 발이 붓고, 소변 보기가 곤란해진다. 결국, 이뇨제를 복용한 후에 밤사이에 요강을 반이나 채울 만큼 많은 소변을 본다. 발의 붓기를 없애기 위해 안마받으라고 신하들이 권유하지만 실제로 했는지는 알 수 없다. 이후의 진료 기록은 구체적인 내용이 전혀 없다. 6월 5일 가미군자탕을 3첩 복용했으며 6월 6일에는 계부자이중탕(桂附子理中湯)과 가미이중탕을 각각 한 첩씩 투여했다. 그리고 이날 현종은 죽었다.

죽음에 이르게 한 외부 요인이나 별다른 질병 없이 갑자기 죽었을 때 의사들은 심장마비를 의심한다. 그래서 한의사들도 대부분 현종을 죽음으로 몰고 간 질병을 심장사라고 추측한다.

그러나 심장사를 일으킨 주원인은 욕정을 다스리지 못해 정기를 낭비하여 정기누설로 원기가 약해지면서 오장육부가 작동을 못 할 정도로 기력이 쇠함에도 인삼을 과하게 복용했기 때문으로 보인다.

과한 여성 편력으로 쇠한 기력

헌종이 죽기 전 질병의 증세는 얼굴과 발이 붓고 소변보기가 곤란해 이뇨제를 복용한 것과 녹용이 들어간 약재를 수천 첩 복용했다는 것이 기록의 전부다. 설사가 지속되고 이를 치료하는 평진탕(平陳湯)이라는 처방을 복용하는 가운데서 녹용이 약방에 들어갔다는 기록이 있다. 그런데 장에 탈이 나서 배가 아프고 설사를 하고 있는데 뜨거운 녹용이 들어간 처방을 계속하면 어떻게 되는 것일까? 그리고 헌종은 왜 이렇게 귀용군자탕, 아니 정확하게 말하면 녹용에 집착했을까?

《본경소증(本經疏證)》은 녹용의 효능을 이렇게 설명한다. "묵은 뿔이 떨어진 자리에서 피가 쌓여서 솟아오른 것으로 피를 빨아 당기는 힘이 가장 왕성하다. 녹용은 피를 강력하게 밀어 보내는 힘으로 줄어들고 위축된 것을 왕성하고 힘찬 것으로 변화시킨다."

진하 옥제를 보존하소서!

《본초강목》의 저자 이시진도 녹용의 효능을 인정하면서 "사슴은 성질이 매우 음탕하다."라고 설명을 달았다. 《포박자(抱朴子)》에도 "종남산에 사슴이 많은데 항상 한 마리의 수컷이 백수십의 암컷과 교미한다."는 내용이 있다. 다시 말해 헌종은 녹용이 가진 정력 강화 효과에 관심을 가졌던 것이다. 궁 안에 있는 모든 궁녀를 취했던 헌종은 정력이 떨어질 것을 걱정하여 녹용을 입에 달고 살았을 가능성이 크다. 그러나 《동의보감》은 녹용을 지나치게 많이 복용하면 입맛이 없어지거나 설사를 할 수 있다고 경고한다.

"대체로 신기가 허약해지면 진양이 허해져서 비위로 더운 기운을 보내지 못하고 비위에 허해지고 차가워지면서 소화기가 잘 되지 않거나, 음식을 잘 먹지 못하게 되는데 혹 헛배가 부르며 토하거나 설사가 난다."

헌종은 20대 초반이었다. 특별히 큰 병을 앓은 적도 없다. 그렇다면 기운이 부족한 것은 무엇 때문이었을까? 그것은 지나친 성생활로 정기를 누설한 탓이다. 실록이나 《승정원일기》나 《일성록》에 기록된 것은 없지만 야사에 따르면 헌종은 여자를 좋아했다고 전해진다. 대한제국 말기의 문신 윤효정은 1931년 동아일보에 〈한말비사〉라는 글을 연재했는데, 첫 회에 헌종과 관련된 이야기를 쓴다. 헌종이 창덕궁 내 건양재 동쪽 으슥한 곳에 술집을 짓고 궁 밖 미녀를 뽑아 반월이라 하고 미복 차림으로 유흥을 즐겼다는 것이다.

그러나 일부 학자들은 조선의 왕들이 유흥을 즐기기보다는 후사를 보는 게 중요해서 그랬다고 주장한다. 헌종 사후 정조 직계의 적자 왕손이 끊기고 사도세자의 서자인 은언군의 손자가 철종으로 대를 이었다는 사실은 왕실의 왕위 계승 문제가 얼마나 절박했는지 잘 보여준다는 것이다.

헌종이 어릴 때부터 꾸준히 복용한 녹용, 인삼, 귀용군자탕 등은 일종의 정력제이기도 했다. 헌종이 죽을병에 걸려서도 녹용에 집착한 것은 그만큼 헌종의 병을 키운 스트레스가 후사 문제에 있었음을 알려준다.

그럼 헌종의 직접적인 사인은 도대체 무엇이었을까? 헌종은 죽음 직전에 설사가 지속되었고, 얼굴과 발이 붓는 증세가 나타났다. 설사는 사망하기 전 23살이 되던 4월 갑자기 발병하여 6월 6일 갑자기 사망하였기 때문에 오랜 기간 지속되지 않은 것으로 보아 과민성 혹은 염증성 장 질환으로는 보이지 않는다. 여자를 좋아하고 서화를 수집하는 그의 행동을 살펴볼 때 성질이 날카롭지 않고 유한 사람으로 보인다.

장 질환의 경우 대변에 섞인 맑은 점액이나 농에 대한 기록이 없는 것으로 보아 결장의 종양도 아니고 기침이나 설사 그리고 간헐적인 피부 홍종을 일으키는 호르몬을 분비하는 '유암종(carcinoidtumors)'이라는 종양도 아닌 것으로 보인다.

헌종은 설사가 날 때 설사를 멈추기 위해 이뇨제를 계속하여 사용했다. 그리고 녹용과 인삼이 들은 귀용군자탕을 계속 복용했다. 즉 2~3주 이상 설사가 지속된 것인데 이는 다양한 원인으로 일어날 수 있다. 그 원인 목록의 꼭대기에는 염증성 장 질환, 세균감염, 복용 중인 약물, 기생충이나 아메바 혹은 또 다른 기생충일 수도 있다.

또 다른 사망원인으로 학자들이 주장하

전하 옥체를 보존하쇼서!

는 돌연사 즉 심장마비를 의심해 볼 수 있다. 원인은 심폐 기능을 조절하는 뇌의 기능 이상인데 주로 깊은 밤부터 아침 9시 사이에 일어난다. 헌종이 사망한 시간은 오시(午時, 11시부터 13시)로 이론과 맞지 않지만, 사람의 죽음이 반드시 그 시간에 오라는 법은 없다. 심정지를 유발하는 직접적인 원인은 부정맥인데, 이 부정맥을 유발하는 원인의 80%는 관상동맥 질환이다. 그다음 원인의 20%는 드문 병들인데, 이 중 젊은 나이에 많은 질환이 심근병증 특히 비후성심근병증이다. 비후성심근병증이란 심근이 비정상적으로 두꺼워지는 병이다. 평상시에는 아무런 증상이 없지만, 운동경기처럼 전력을 다해야 하는 상황이나 군대에서 혹독한 훈련을 받을 때 종종 증상이 나타나고 심하면 사망한다.

돌연사 중에 복상사라는 것이 있다. 복상사(腹上死)란 배 위에서 죽는다는 말인데, 보통 남성이 여성과 성교를 하다가 발생하는 죽음을 의미한다. 이 경우도 다른 돌연사와 마찬가지로 대부분 심장병이 원인이다. 성교 시에는 심한 운동을 할 때와 마찬가지로 심장박동이 증가하고 혈압이 상승해서 심혈관에 부담을 준다.

헌종이 설사가 나고 소변을 제대로 볼 수 없는 상황에서도 인삼과 녹용을 계속 복용한 것은 죽기 전까지 여자들과 관계를 했기 때문이라 추측할 수 있다. 녹용과 인삼으로 뜨거워진 신장에 욕정으로 심장과 신장에 불을 붙인 것이다.

마지막으로 '소변을 보지 못해 얼굴의 색이 여위고 색택(色澤)이 꺼칠하다'는 기록이 나온다. 이는 현대의학에서 신부전(renal failure)이라고 하는데, 이는 신장의 정상적인 기능이 실패한 상태를 의미한다. 노폐물이 정상적으로 배출되지 못하는 요독증(uremia)과 같은 것이다.

이러한 증상으로 보건대 신부전이 헌종의 질병에 가장 근접하다고 할 수 있다. 그로 인해 약해진 성기능장애를 극복하기 위해 계속해서 녹용과 인삼을 복용했고 이로 인해 심장 질환이 발생하여 심장마비로 사망한 것으로 추측된다.

| 섹스는 통제할 수 없는 중독이다

얼마 전 잘생긴 젊은 남자 연예인이 헌종 역을 맡아 사랑을 다룬 드라마가 방영된 적이 있다. 실제로 헌종은 조선왕들 중 가장 미남이었다. 드라마에서는 대부분 장점만 부각하다 보니, 조선의 모든 왕은 대단히 훌륭하고 멋있게만 묘사되고 있다. 하지만 사실은 그렇지 않다. 헌종 역시 인물은 잘생겼는지 몰라도 여자 치마 속만 탐하다 요절했다. 수많은 여자들과 성관계를 하기 위해 평생 정력에 좋다는 녹용만 먹다 오줌도 제대로 싸지 못할 만큼 신장과 방광은 망가졌고 죽음 또한 갑자기 사망하여 심장사 혹은 복상사로 의심받고 있다.

500명이 넘는 궁녀들이 모두 왕의 여자들인데 속도를 조절해 가면서 즐기면 될 일인데 왜 그렇게 하루가 멀다고 성욕을 억제하지 못해 사망했는지 의문을 갖는 사람들이 있다. 하지만 인간의 세 가지 본성, 탐욕과 식욕, 그리고 성욕은 참는다고 참아지는 것이 아니다.

게다가 진화심리학적으로 남성은 여성에게 수정시킬 수백만 개의 정자를 늘 가지고 우월한 존재로 살아왔다. 그러다 보니 마음에 드는 여자가 있으면 수단 방법을 가리지 않고 여성을 정복하고 만다. 어떤 사람은 달

전하 옥체를 보존하소서!

콤한 말로 또 어떤 사람은 강제로 자신의 욕심을 채우고 마는 것이다.

남자는 여성과 성관계를 하는 순간 여자가 아이를 가질 가능성이 있다는 것을 알고 있다. 그럼에도 그 순간만은 쾌락을 위해 뒷일을 생각하지 않는다. 남자의 이기적인 유전자가 번식한 것이다.

강간범들이나 일부 성욕을 탐구하던 조선의 국왕들은 모두 성도착증환자에 가깝다. 그들은 매일 여자와 섹스를 통해 관념적 기쁨을 얻고자 점점 변태적 성욕을 드러내며 더 큰 자극을 추구한다. '여자란 내가 마음대로 취할 수 있는 존재'로 생각하고, 강제로 하는 성관계를 즐기며, 성적 환상을 강간을 통해 실현하는 왜곡된 신념을 가지고 있다. 이런 잘못된 신념은 비단 강간범이나 조선의 국왕들뿐만 아니라 여자와 성관계 횟수가 많은 남성들에게 보이는 일반적인 현상이다.

이런 인간들의 뇌는 즐거움만 전담하는 '보상체계'가 발달해 있다. 특히 권력과 부를 가진 자들은 이런 행위를 서슴지 않는다. 과연 그런지 우리 주변을 살펴보면 금방 알 수 있는 일이다.

이런 증세는 주로 사이코패스들이 가지고 있는 분열성 인격장애와 비슷하다. 남이 하지 못하는 대담한 행동을 하는 사람들은 심장 박동수가 낮다. 그 이유는 두려움에 대한 결핍 때문이라고 한다. 잘 알다시피 남이 못하는 나쁜 짓을 하기 위해서는 두려움이 없어야 한다. 이들의 특징은 공감 능력이 부족하다는 것이다(Zhan - Waxler 외, 1995).

그리고 이들은 적당한 흥분에는 만족하지 못하고 흥분을 최적의 수준까지 증가시키려 한다(Eysenck, 1997). 그들은 극악무도한 행동들을 정당화하기 위해 '응보(just desert)'의 원리를 적용한다. 이런 그들의 심리상태는 그들이 하는 모든 행위를 거침없고 자유롭게 만든다. 그들은 절제가 없다. 또한, 다른 사람은 그들에게 절제하라고 말할 수도 없다. 강력한 왕권을 가진 자에게 자중하라는 말은 목숨을 걸고 해야 할 일이다.

그들은 즐거움과 흥분으로 가득 찬 삶을 즐긴다. 두려움이 없고, 사고방식은 냉담하고, 감정을 드러내지 않으며, 비정하고 냉혹하며, 무슨 일이든 서슴지 않는다.

그리고 자신의 행동을 정당화하기 위해 다른 사람을 비난한다. 태종이나 성종 그리고 헌종이나 철종 그리고 대부분의 조선왕들은 지나친 방사에 대하여 '자손을 보기 위해' 혹은 '왕권의 계승'이라는 구실로 그 같은 행동을 서슴지 않았다. 이러한 행동은 두려움 없는 자극 추구에 의해 행해진다.

이런 인간들의 치료 방법은 도덕적 양심을 키우는 일인데 사실은 불가능하다. 도덕적 양심이라는 말만 꺼내도 자신의 목이 달아날 텐데 누가 감히 그와 같은 말을 할 수 있단 말인가. 조선시대 국왕들에게 "자중하옵서소."라는 말은 "내 목을 쳐 주옵서소."와 같았을 것이다.

권력과 부를 가진 헌종이 추구한 것은 정조처럼 수신제가 치국평천하와 같은 조선의 개혁이 아니라 궁녀들의 치마 속 탐닉이었으니 어쩌면 그의 운명은 이미 단명으로 정해져 있었을 것이다.

선하 복제를 보손하소서!

고종

1852~1919
재위 1863. 12~1907. 7

| 가족과 나라를 지키지 못한 불행한 왕

철종의 뒤를 이어 흥선군 이하응과 여흥부대부인 민씨의 둘째 아들로 태어난 고종 이희(李熙)는 1863년 12세의 나이로 조선 26대 왕으로 보위에 올랐다. 흥선군의 아버지 남연군은 사도세자의 서자 은신군(恩信君 李禛)의 양자로 들어갔다. 실제 남연군은 인조의 셋째 아들 인평대군의 5대손 이병원의 아들이었다. 그렇기 때문에 혈통을 따지자면 고종은 도저히 즉위할 수 없는 인물이었다. 그러나 철종에게 후사가 없다 보니 뜻밖의 기회를 잡은 것이다.

고종은 조선의 왕이자 대한제국의 초대 황제였다. 12세에 궁중에 들어온 어린 임금은 외로웠다. 외롭던 고종의 마음을 사로잡은 것은 예쁜 궁녀들이었다. 그중에서 한 궁녀에게 마음을 빼앗겼는데 그녀가 바로 이상궁이다. 그녀는 고종보다 나이가 많았다. 처음에는 시녀로서 고종을 섬겼지만, 시간이 흘러 친밀해지면서 서로 사랑하게 되었다.

그러나 고종의 아버지 대원군과 부인 민씨는 민치록의 딸을 마음에 두고 있었는데 그녀가 바로 우리가 알고 있는 명성황후 민씨다.

당시 고종이 15세였고, 명성황후 민씨는 임금보다 한 살 위인 16세였다. 타고난 천성이 영특한 민씨는 글도 배워 여러 면에서 고종보다 훨씬 나았다. 그러나 마음 설레며 혼인날을 기다리던 신부는 첫날밤부터 신랑에게 소박을 맞고 말았다.

고종이 첫날밤 신부 민씨를 소박한 것은 이상궁에게 깊이 빠져 있었기 때문이었다. 그러나 처음 들어온 어린 왕비로서 궁녀를 질투하지 못하고 겉으로는 기품 있는 왕비 역할을 감당했다. 아직도 처녀인 민씨는 남편의 애정에 굶주린 서글픔을 책 읽는 일로 달랬다.

그렇게 고종이 그녀를 냉대했던 3년 동안 그녀는 독서에 매진하여 뒷날 여걸 정치가로서의 해박한 실력을 갖추게 되었다.

그러던 차에 이상궁의 몸에 태기가 있다는 소문이 궁중에 돌기 시작했다. 게다가 남편의 아버지 즉 시아버지인 대원군은 이상궁에게 보약을 구해다 주는 일까지 벌어졌지만, 영리한 민씨는 조금도 그 문제로 고종이나 시아버지에게 감정을 드러내지 않았다. 그리고 굶주린 애정을 차츰 정권에 대한 욕망으로 채워 나갔다. 시아버지 섭정에서 하루빨리 남편을 독립시켜 자신이 권력을 잡아보고 싶은 충동을 느꼈다.

그리고 마침내 그러한 의사를 남편에게 고하고 아버지로부터 독립하여 진정한 임금이 되기를 조언한다. 이에 고종은 박식한 민씨를 다시 보게 되었고, 그날 밤부터 민씨를 자주 찾아왔다.

고종 8년 11월 4일 명성황후는 원자를 낳는다. 하지만 겨우 닷새 만인 11월 8일 항문이 막혀 죽고 만다. 실록에는 "오늘 해시에 원자가 대변이

전하 옥체를 보손하소서!

통하지 않는 증상으로 불행을 당하고 말았다. 산실청을 철수시키도록 하라."라는 고종의 지시만 기록되어 있다. 호사가들은 흥선대원군이 임신 중인 명성황후에게 산삼을 먹여 원자가 죽게 되었다고 이야기한다. 어떤 사람은 명성황후가 이 사건을 계기로 흥선대원군을 미워하게 되었다고도 한다.

민씨는 비상한 솜씨로 조정을 움직였고 차츰 고종의 친정과 대원군 축출을 계획해 나갔다. 그리고 마침내 대원군을 정치 일선에서 물러나게 만들었다.

그 뒤 대원군과 민씨는 정략에 따라 청나라와 일본과 손을 잡고 세력을 유지하였다. 시아버지와 며느리의 관계에서는 차마 할 수 없는 어리석은 짓들을 반복하면서 정권을 잃기도 하고 잡기도 하는 등 엎치락뒤치락 조선을 혼란스럽게 만들었다. 그사이에 괴로움을 받는 것은 백성들이었다.

우여곡절 끝에 대원군은 거사일을 정하고 새벽에 자기 세력과 일본 군대를 동원하여 경복궁에 쳐들어가서 민비를 제거할 계획을 세웠다. 새벽 동이 트기도 전에 대원군은 이주회(李周會)와 오카모도를 앞세워 광화문으로 향했다. 그곳에는 이미 우범선이 지휘하는 훈련대와 일본 수비대의 병력이 집결해 있었다. 대원군 일행을 맞은 군대는 무서운 기세로 경복궁으로 쳐들어갔다. 군중 경비대가 대항했으나, 상대가 되질 않았다. 대원군은 훈련대와 일본군의 호위를 받으며 경복궁으로 들어갔다. 대궐로 들어간 대원군은 일본의 병력을 배경으로 고종을 겁박해 곧 새로운 내각을 조직하고 발표했다. 그리고 중전 민씨가 왕실과 국사를 망친 장본인이라며 당장 폐하고 서인으로 만들어 궁궐에서 내쫓아야 한다고 다그쳤다. 친아버지가 정권을 잡겠다고 친자식을 겁박하고 며느리를 내쫓으려고 한 것이다.

그러는 사이 일본군과 일본 낭인을 비롯하여 훈련대인 조선군은 민씨를 찾아서 궁궐을 샅샅이 뒤졌다. 민씨는 사태의 위급을 비로소 알고 궁녀의 옷으로 갈아입었다. 그리고 뒷문으로 나가 마당에서 궁녀들 속에 섞여 도망갈 틈을 엿보고 있었다. 그러나 마당에는 이미 일본 군대와 칼을 든 일본 낭인으로 꽉 차 있었다.

왕비를 찾는 낭인의 위협에도 궁녀들은 입을 다물었다. 그때 평소에 민씨에게 귀염을 받던 일본 시녀 오가와가 말없이 황후를 손가락으로 가리켰다.

그 순간 낭인의 칼이 민씨를 향했고 결국 명성황후는 살해되고 말았다. 그리고 군대는 명성황후 시신을 이불에 둘둘 말아서 숲으로 운반한 후 석유를 뿌리고 불을 붙였다. 이때 명성황후의 나이는 45세였다. 이로써 명성황후를 잃은 고종도 주위의 사정에 못 이겨 친러정책을 한때 썼고 그 때문에 러시아 공사관으로 피난하는 서글픈 생활까지 했다. 그 뒤로 바로 한일합병이라는 형식을 거쳐 결국 나라는 망하고 일본의 영토의 일부인 식민지가 되고 말았다.

1904년 러일전쟁에서 승리한 일본은 고종에게 군사적 압력을 가하여 제1차 한일협약을 강요했으며, 1905년에는 일본과 을사보호조약(乙巳保護條約)을 체결하고 말았다. 그러나 고종은 미국공사 헐버트에게 밀서를 보내 조약이 무효라고 주장하며 조선을 보호해 줄 것을 요청했지만, 거절당하고 말았다.

진하 옥제를 노쯘하소서!

이 일을 빌미로 삼은 일본은 황태자 순종에게 양위할 것을 강요하고 결국 고종은 태황제가 되어 덕수궁에서 살았다. 1910년 일제가 대한제국을 무력으로 합방하자 이태왕으로 불리다가 1919년 1월 21일에 세상을 떠났다. 슬하에 아들 6명과 딸 1명 덕혜옹주를 두었다.

고종은 자신이 조선의 주인인 삶을 살 수 없었다. 고종의 죽음을 통해 우리가 명심할 것은 항상 적은 가까이에 있다는 것이다.

｜야식 마니아 고종의 올빼미 생활

《경성일보》 1919년 1월 24일 자 기사에는 덕수궁 촉탁의사였던 가미오카 가즈유키의 인터뷰가 실려 있는데, 우리는 이 기사에서 고종의 평상시 생활습관을 확인할 수 있다. 고종은 평소에 새벽 3시에 침소에 들었고, 오전 11시경 기상해 오후 3시경에 아침 식사를 하고 점심은 과자나 죽을 먹었고, 저녁식사는 밤 11~12시경에 했다고 했다. 키는 153㎝, 몸무게는 70㎏ 정도였으며, 시력은 좋아서 노안이나 근시의 징후 없이 건강했다고 한다.

이런 생활습관에는 이유가 있었다. 사실 고종과 명성황후는 테러와 암살의 위협에 평생 시달려야 했다. 갑신정변 같은 쿠데타와 임오군란 같은 변란, 을미사변 같은 외국 군대의 궁궐 침탈 등으로 그들의 재위기는 잠시도 평안하지 않았다. 하룻밤도 편히 잘 수 없었던 것이다. 고종과 명성황후는 음모에 대비하기 위해 밤에 잠을 자지 않았고 환한 낮이 되어야 안심하고 잤던 것이다. 고종과 명성황후가 친정을 시작한 이후 광화문에서 멀리 떨어진 경복궁 북쪽 끝에 건천궁을 지어 머문 일이나, 명성황후

시해 이후 고종이 외국 공사관으로 둘러싸인 덕수궁에 머물며 외국 선교사들에게 경호를 부탁했다는 사실은 그의 올빼미 생활의 이유를 설명해 준다.

늦게 자고 야식을 즐기는 생활이 반복되자 당연히 소화 능력이 떨어졌고, 평소 소화제를 복용하거나 죽을 즐겨 먹었다. 여기서 죽은 인삼속 미음을 말하는데 인삼속 미음은 보통 인삼과 좁쌀을 물과 함께 끓여서 체에 걸러낸 것으로 죽보다 묽은 유동식이다. 힘든 일을 앞두고 체력을 보충하기 위한 예방식을 복용한 셈이다.

좁쌀은 콩팥의 기운, 즉 신기를 보하는 음식이다. 조(粟)라는 한자를 찬찬히 뜯어보면 서쪽에서 온 곡식이란 뜻을 가지고 있음을 알 수 있다. 조는 가장 작고 단단한 곡식이다. 그래서 가장 음적인 곡식으로 통했다. 자연현상을 음양으로 나눠 볼 때 꽃봉오리를 생각하면 쉽다. 꽃은 햇볕이 들면 활짝 꽃이 피고 저녁이 되면 움츠린다. 활짝 핀 상태를 양이라고 하고 움츠리고 수축한 상태를 음이라 한다. 많이 수축할수록 음기를 많이 품었다고 할 수 있다. 그래서 가장 작고 단단한 조가 음기를 가장 조밀하게 응축하고 있는 곡식이 되는 것이다.

가장 음적인 곡식인 조가 신장을 돕는 것은 당연하다. 인삼은 뜨거운 성질을 가진 양적인 약재이므로 차고 음적인 좁쌀과 음양의 조화를 이룬다. 《동의보감》도 좁쌀이 비(脾)와 위 속에 있는 열을 없애며 기를 보하고 오줌을 잘 나가게 한다고 그 효능을 적고 있다.

고종은 서양문물에 대해서 열린 자세로 받아들였다. 동시대 중국의 최고 실권자였던 서태후가 서양 의학과 약품을 철저히 배제한 반면, 고종

은 일찍부터 선교사 호러스 뉴턴 알렌을 시켜 광혜원을 세웠고 서양인 의사들을 촉탁의 등으로 모셔다가 건강 자문을 받았다. 황실의 재산을 동원해 전기회사, 전차회사 등을 세우고, 선교사들에게 돈을 주어 근대식 교육 기관들을 설립했다. 또 서양 음식에도 거부감이 없어서 고종과 황실 가족들이 커피를 사랑했다는 것이 유명하다.

  고종이 커피를 즐기기 시작한 시기에 관해서는 여러 가지 설이 있지만, 본격적으로 먹기 시작한 것은 1895년 을미사변 이후 러시아 공사관으로 피신했을 때부터라고 한다. 당시 러시아 공사였던 카를 이바노비치 베베르와 이야기를 많이 나누면서 커피를 즐기게 되었고, 그때 커피 시중을 들던 안토니트 존탁에게 덕수궁 근처 황실 소유 부지와 건물을 하사했다는 이야기가 전해진다. 밤낮이 바뀐 삶을 살았던 고종의 생활습관에 커피 역시 일조했던 것이다.

  조선 말기의 왕들이 병과 싸우면서 많은 처방과 치료 기록을 남겼지만, 고종의 경우는 실록이나 《태의원일기(太醫院日記)》 모두 소화불량이나 가벼운 피부염의 기록 정도밖에 없어 고종의 사망원인을 밝히는 데 한계가 있다. 하지만 생활습관 측면에서는 어느 정도 건강 문제를 알 수 있는데 고종은 식생활 습관에서 많은 문제가 있었다.

고종은 유별나다고 할 수 있을 정도로 낮과 밤이 뒤바뀐 생활을 오래했고 야식을 즐겼다. 늦게 자고 야식을 즐기는 생활이 반복되자 당연히 소화 능력이 떨어졌고, 평소 소화제나 수면제 격인 온담탕(溫膽湯)을 복용했다. 건강은 약이 아니라 평소의 생활습관에서 만들어진다. 낮과 밤이 바뀐 이런 습관은 결국 뇌일혈과 중풍을 유발했고 이것은 그에게 죽음을 가져왔다. 고종이 이렇게 낮과 밤이 바뀐 올빼미 생활을 한 데에는 명성황후 민씨의 영향이 컸다. 비록 양오빠였지만 외척 중 가까운 사람인 민승호가 고종 11년 11월 폭탄테러로 사망한 사건 이후로 명성황후는 잘 자지 못했다.

이러한 외부환경은 고종과 명성황후에게 엄청난 스트레스를 가져다 주었을 것이다. 고종과 명성황후를 괴롭힌 불면증은 바로 이 스트레스에서 왔을 것이다.

스트레스는 교감 신경을 흥분시키고 혈압을 올리고, 소화불량의 제반 증상을 동반해 몸이 열을 받는 상황을 말한다. 한의학적으로 만성 스트레스 상태를 몸에 양기가 넘쳐 음기가 줄어든 상태로 본다. 이런 상태는 불면으로 이어진다. 커피, 콜라 같은 음료수도 신경을 흥분시키며 잠이 오지 않게 한다. 갱년기의 여러 신체 변화나 갑상선 질환, 당뇨, 협심증도 음기를 소진시켜 불면증을 야기하는 원흉이 된다.

고종이 평생 불면증으로 고생했음은 그가 승하하던 날 점심때까지 처방된 약물이 온담탕임을 보면 알 수 있다. 온담탕의 중심 약재는 여름 절기의 반이라는 반하(半夏)다. 반하는 보리밭에서 많이 자란다. 속이 더운 까닭에 보리밭 사이에 숨어서 해를 피해 자라며, 보리 농사가 끝나 쟁기질할 때 캐낸다.

전하 옥제를 보손하소서!

반하는 하지까지는 잎을 펼치지만, 하지 이후에는 잎을 반으로 줄인다는 특징이 있다. 그래서 반하라는 이름이 붙었다. 한의학에서는 반하의 이러한 성질을 불타오르는 양을 줄여서 음으로 보내는 반하만의 오묘한 특성으로 해석한다. 이것을 도양입음(導陽入陰)이라고 하는데, 양을 이끌어서 음으로 보낸다는 뜻이다. 현대의학적으로 보면 부교감 신경을 활성화시켜 잠이 오게 하는 것이다.

잠이 잘 오게 하기 위해 온담탕에 가미하는 약재가 반하 말고 또 있다. 바로 산조인(酸棗仁)이다. 산조인은 갈매나뭇과의 일종인 묏대추나무의 열매다. 묏대추나무는 대추나무와 비슷하나 줄기와 가지에 가시가 있고 그 열매 모양 역시 일반 대추보다 둥글게 생겼다. 묏대추나무는 우리나라에서는 잘 자라지 않는다. 산조인은 신맛이 있으면서 간을 보호한다. 《본초강목》은 간을 보해 잠을 잘 오게 하는 원리를 이렇게 설명한다.

"사람이 누우면 피는 간으로 간다. 간은 근육을 주관하기 때문에 사람이 활동을 그치면 피는 간으로 돌아오고 활동하면 근육으로 스민다. 피가 안정되지 못하여 누워도 간으로 돌아가지 않으면 놀란 것처럼 가슴이 두근거리고 잠을 자지 못한다."

공무 2년 음력 1월부터 12월 29일까지 기록을 보면 그날 태의원에서 있었던 문안과 오고 간 대화 내용, 전의들의 입진, 처방 내용 등이 기록되어 있다. 이 기록에 따르면 당시 고종은 담체, 어지럼증인 현훈(眩暈), 체증(滯症)으로 인한 설사인 체설 등의 증상을 보이고 있다. 침구치료 기록은 찾아볼 수 없지만 주로 약물 처방이 이루어졌던 것 같다. 인삼이 든 삼출건비탕(蔘出健脾湯), 이공산(異功散), 가미순기탕(加味順氣湯) 같은 처방이 쓰였는데, 모두 소화기가 허약하면서 소화 능력이 떨어진 경우에 쓰는 보약 계통의 약물들이다.

고종이 죽고 난 후 고종의 갑작스러운 죽음은 독살이라는 주장이 나왔다. 당시 유행했던 독살설의 정황 증거를 구체적으로 기록한 것은 윤치영의 일기에 있는 기록이다. 이것은 고종의 시신을 목격한 명성황후의 사촌 동생 민영달이 중추원 한의 한진창에게 한 말을 듣고 적은 것이라고 한다. 1920년 10월 13일 자 일기를 보면 독살설을 뒷받침하는 몇 가지 정황을 확인할 수 있다.

건강하던 고종황제가 식혜를 마신 지 30분 안 되어 심한 경련을 일으킨 후 죽었다. 고종황제의 팔다리가 1~2일 만에 엄청나게 부어올라서 통 넓은 한복 바지를 찢어서 벗겨냈다.

민영달과 몇몇 인사는 약용 솜으로 고종황제의 입안을 닦아 내다가 황제의 이가 모두 구강 안에 빠져 있고 혀는 닳아 없어졌음을 발견했다. 30㎝나 되는 검은 줄이 목 부위에서 복부까지 길게 나 있었다. 이런 현상은 독극물이 식도를 거쳐 복부까지 관통했다는 것인데 이는 식혜에 청산가리가 들었음을 의미한다. 그리고 고종 황제가 승하한 직후 2명의 궁녀가 의문사했다.

일제는 독살설을 해명하기 위해 《경성일보》와 《매일신보》에 고종을 진찰한 일본인 의사들의 인터뷰는 물론이고, 장문의 해명 기사를 올렸다. 먼저 식혜 독살설은 이렇게 반박했다. 밤 11시경 나인 신응선이 은그릇에 담은 식혜를 바쳤는데 그중 10분의 2를 고종이 마셨다. 나머지는 나인 양춘기, 이완용, 최헌식, 김옥기, 김정완 등이 나눠 마셨는데 다른 나인 등은 다 무사하다는 것이다.

진하 옥제를 보존하소서!

궁녀 의문사 문제에 대해서 박완기라는 나인은 내전 청소와 아궁이 잡역에 종사하다가 폐결핵을 앓아 죽었는데 고종의 음식에 다가갈 자격도 없는 사람이었으며, 다른 한 명의 나인은 창덕궁 침방에서 근무하는 자로서 덕수궁에 출입한 적도 없는 사람이었다는 것이다. 그리고 고종 황제 몸이 붓고 이가 빠진 2번과 3번 현상에 대해서는 시신 부패에 따른 자연스러운 현상이라고 부정했다. 보통 사람이 죽으면 하루 안에 염을 하는데 고종의 경우 아무런 조치를 취하지 않고, 만 나흘 후인, 일본에서 결혼식을 준비하고 있던 왕세자가 도착한 1월 24일에 염을 했고, 이 때문에 부패가 진행되어 이런 현상이 나타났다고 주장했다.

의료기록만 가지고 본다면 고종은 독살되지 않았다. 아마 그를 죽음으로 이끈 뇌일혈의 직접적인 원인은 당시 그의 머리를 짓누르고 있던 여러 스트레스였을 것이다.

고종은 68세 들어 갑자기 병이 깊어져서 사망했다. 그가 사망하기 전날 밤 11시에 받았던 시의(侍醫, 궁중에서 임금과 왕족의 진료를 맡은 의사)들의 진찰에는 아무런 이상이 없었는데, 자정을 넘기고 오전 1시 45분경에 돌연히 뇌일혈(腦溢血)이 발생했다고 한다. 당시 전의(典醫)들의 의료기록에도 고종이 졸중풍(卒中風)으로 매우 위독해져 사망했다고 기록하고 있다. 고종의 죽음에 대해서는 아직도 많은 연구가 이루어지지 않고 있어 안타까울 뿐이다.

| 일본의 농간으로 가려진 고종의 죽음

고종의 갑작스러운 죽음에는 여러 가지 의문점이 많다. 당시 고종의 망명을 준비했던 사람들은 한결같이 망명 정부가 누설되어 일본이 독살한 것이라고 증언하고 있다. 일제가 편찬한 《순종실록》 부록에 태왕(고종)의 와병 기록이 나오는 것은 1919년 1월 20일이다. 그러나 이 기록은 고종의 병명도 없이 그저 태왕의 병이 깊어 그날 동경에 있던 황세자에게 전보로 알렸다고만 되어 있다.

문제는 그날 밤 고종의 병세가 깊어 숙직한 인물이 바로 일본으로부터 자작의 작위를 받은 친일파 이완용과 이기용(李基容)이었다는 점이다. 그리고 다음 날 묘시(오전 6시)에 고종은 덕수궁 함녕전(咸寧殿)에서 승하했다. 그러므로 고종의 임종을 지켜본 인물은 헤이그 밀사 사건 때 고종에게 "일본에 가 일왕에게 사죄하든지 퇴위하라."고 윽박질렀던 이완용과 일제에게 작위를 받은 친일파뿐이었다.

고종이 1월 20일 사망했는지 아니면 《고종실록》의 기록대로 21일에 사망했는지도 불분명하며, 그 사이 이완용과 이기용이 고종에게 어떤 짓을 했는지도 알 수 없다. 더구나 일본은 고종의 사망 사실을 하루 동안 숨겼다가 발표했는데, 신문 호외를 통해 비공식적으로 한 것이었다. 병명은 급서의 경우에 흔히 갖다 붙이는 뇌일혈(腦逸血)이었다.

뇌일혈이란 뇌혈관의 출혈이 원인이 되어 일어나는 뇌혈관 장애를 말한다. 갑작스러운 의식장애·이완성·반신불수 등이 나타나는 뇌졸중을 일으키는 대표적인 질환이다.

뇌일혈 중 75% 이상이 고혈압증이 원인인 뇌출혈이고, 드물게 백혈병이나 재생불량성 빈혈 등의 혈액 질환과 종양·외사·매독 등이 원인이 되지만 사실상 같은 말이다. 고혈압성 뇌출혈의 원인은 고혈압만이 아니라 터지기 쉬운 상태의 혈관에도 있다고 생각되는데, 그 발생병리(發生病

전하 옥체를 보존하소서!

理)는 아직 완전히 해명되지 않았다.

현재 밝혀진 것은 뇌내세소동맥(腦內細小動脈), 특히 분기부(分岐部)[21]의 혈관벽에 변화가 일어나 연약해진 곳이 내압(內壓)을 이겨내지 못하고 팽대하여 터져서 출혈한다고 알고 있을 뿐이다. 고종의 경우 나이도 들고 밤잠을 제대로 자지 못한 것과 서구식 식습관을 갖다 붙이면 뇌일혈로 죽었다고 기록하는 것은 누가 봐도 의심할 여지가 없었기 때문일 것이다.

그러나 일제가 조선총독부 칙령 제9호로 "이태왕이 돌아가셨으므로 오늘부터 3일간 가무음곡(歌舞音曲, 노래와 춤과 음악)을 중지한다."고 결정한 것은 1월 27일이었다. 일주일이 지난 뒤에야 칙령을 내려 뒷북을 치는 것이다. 이 일주일 동안 조선총독부와 일본 정부 사이에 무슨 일이 있었는지는 추측만 가능할 뿐이다. 독립운동가들은 고종을 독살한 장본인으로 두 인물을 지목했다. 이왕직(李王職) 장시국장(掌侍局長)이자 남작 직위를 받은 한창수(韓昌洙)와 시종관(侍從官) 한상학(韓相鶴)이 일제의 하수인으로 고종을 독살했다는 것이다.

이증복(李增馥)은 1958년 12월 16~19일 자 〈연합뉴스〉에 1918년 12월 19일 밤에 두 한씨가 독약이 들어 있는 식혜를 올려 독살했다고 적고 있다. 성신여대의 구양근 교수가 일본 외무성 외교 사료관에서 찾아낸 국민대회 명의의 성명서에는 이 설을 지지하는 기록이 나온다. 고종이 사망한 그달에 열린 국민대회의 성명서가 그것인데, 그 내용 중에 "그들(이

---

21) 기관의 하단에서는 거의 제4 흉추의 높이에서 좌우의 기관지로 갈라지는 부위를 말한다. 기관지경 등으로 이 부위를 보면 한가운데에 반월 모양의 덩어리가 보이고 이것을 기관용골로 이름을 붙이고 있다.(출처: 간호학대사전)

완용·송병준 등 친일파)은 출로가 막히자 후일을 두려워하여 간신배를 사서 시해하기로 하였다. 윤덕영(尹德榮)·한상학 두 역적을 시켜 식사 당번을 하는 두 궁녀로 하여금 받침에 독약을 타서 올려" 시해했다는 것이다.

이처럼 고종 독살설은 단순한 설이 아니라 고종의 마지막 임종을 지켜본 이완용과 이기용, 그리고 독살의 혐의를 받고 있는 한창수·윤덕용·한상학 등의 이름이 실명으로 거론될 만큼 구체성을 띠고 있다. 고종 독살설이 시중에 널리 유포되고 이를 사실로 확신하게 된 것은 이런 구체적인 정황 때문이었다. 게다가 일제가 비밀을 지키기 위해 두 궁녀를 살해했다는 사실에 이르면 믿지 않을 사람이 없었을 것이다. 이외에도 고종 독살설은 당시 여러 사람이 기록으로 남기기도 했다. 그렇기에 일본인에 의해 편찬되어 단순히 숨이 막혀 갑자기 뇌일혈로 죽었다는 《고종실록》은 신빙성이 낮다.

| 놀라운 뇌의 발견

고종의 죽음은 뇌일혈로 기록되어 있다. 뇌의 약해진 곳이 내압(內壓)을 이겨내지 못하고 팽대하여 터져서 출혈로 사망했다는 것이다. 우리 인체의 여러 장기와 달리 뇌에 이상이 생길 경우, 사실상 사망선고를 받는 것과 다름없다. 최소한에 그치더라도 반신불구는 기본이고 정상적인 삶을 살아갈 수 없다.

이렇게 뇌는 우리 인체에서 가장 중요한 부분이지만 우리는 문제가 생겼을 경우를 빼고는 뇌에 대하여 잘 모른다.

전하 옥체를 보존하소서!

뇌와 관련된 신기한 사실들이 많이 있지만, 뇌가 모든 신체기관 중 가장 깨끗하다는 사실 또한 새로운 이야기일 것이다. 사실 우리 몸에서 가장 면적이 큰 기관인 피부와 비교한다면, 뇌는 거의 항균 상태에 가깝다고 할 수 있다.

뇌는 스스로 '세척'함으로써 최상의 상태를 지속적으로 유지하고 있다. 기능을 저하시킬 수 있는 약간의 오염된 불순물조차도 없도록 하는 것이다. 우리의 뇌는 성인기 초기에 가장 크기가 크며, 이때 뇌세포(뉴런)는 약 천억 개에 이르게 된다. 대부분의 과학자들은 하루에 만 개에서 10만 개 정도의 뇌세포가 손실된다는 것에 동의하고 있다. 이러한 현상은 추정컨대 아직도 뇌는 진화하고 있다고 할 수 있다.

뉴런이 노화, 질병, 손상 등으로 인해 죽게 되면 뉴런에 붙어있는 신경교 세포(Glial Cell)들이 이를 빠르게 흡수하여 조화시키게 된다. 아마도 이들을 뇌 속의 작고 신기한 청소부라고 불러도 될 것 같다. 신경교 세포는 청소부 역할뿐 아니라, 건강한 뉴런에 영양분을 공급하는 간호사 역할도 담당하고 있다.

이 같은 세척 과정은 천억 개 이상의 뉴런에 천억 개 이상의 정보들이 저장되는 뇌의 정보저장을 돕게 된다. 이렇게 뇌에 저장된 정보량은 백과사전이 담고 있는 정보량의 500배에 달하는 것이다. 또한, 신경교 세포는 사망 후 37시간까지도 뇌가 전기적으로 신호를 보낼 수 있다는 사실을 밝혀내는 데 도움을 주기도 한다.

고종의 사망원인인 뇌일혈(뇌졸중)은 혈액이 뇌에 제대로 공급되지 않아 뇌 일부가 손상되는 질환이다. 원인은 뇌동맥 차단(허혈반사), 동맥 파열로 뇌 속에 있는 혈액이 유입(출혈성 뇌졸중), 뇌 속에 있는 혈관으로부터 혈액이 유출되는 현상(동맥류가 파열되는 등), 뇌의 거미막 아랫부분에서 발생한 출혈 등이다. 뇌졸중 위험인자로는 연령, 고혈압, 죽상동맥 경화증, 흡연, 당뇨병, 심장 판막 손상, 과거나 최근에 심장발작 병력이 있는 경우, 특정 부정맥, 겸상 적혈구 빈혈 등이 있다.

가장 위험한 뇌종양의 경우는 먼저 뇌 자체에서 원발 종양(primary cancer)이 형성된 후 이것이 악성이 되거나 양성이 된다. 원발 종양은 다양한 종류의 뇌세포에서부터 발생하며, 발생 부위도 다양하지만, 성인의 경우 대뇌 정면에서부터 2/3 지점에서 가장 많이 발생한다. 이차 종양은 체내 어딘가에서 생긴 악성 암세포가 확산되면서(전이) 발생한다. 폐, 피부, 신장, 유방, 대장에서 전이되는 경우가 가장 많다. 일부 경우에는 이차 종양이 자연적으로 발생하는데 그 대부분은 원인이 불명확하다(카터, 2010).

어쨌든 뇌에 문제가 생긴다면 인간은 적어도 불구가 되거나, 심하게는 사망할 만큼 위중한 병으로 이어진다. 하지만 뇌에 이상이 생긴다는 것은 이미 오래전부터 우리에게 이상 신호를 보낸 후에 일어나기 때문에 그 신호에 경계해야 한다. 예를 들어 두통이 오거나, 어지럼증이나 현기증이 발생하거나, 토하는 경우 등이다.

건강한 삶을 통해 죽는 날까지 천수를 다하고 죽고 싶다면 평상시 건강을 챙기는 습관을 지녀야 한다. 하지만 어리석은 인간은 항상 병치레하고 난 뒤에야 자신의 건강을 돌본다.

진하 옥체를 보존하소서!

참고문헌

[참고도서]

강영민, 《조선왕들의 생로병사》, 태학사, 2022.

기호철, 〈조선후기 한양 도성 내 토양매개성 기생충 감염 원인에 대한 역사 문헌적 고찰〉, 의사학회, 22(43), 2013.

김경은, 《한 중 일 밥상문화》, 이가, 2012.

김상보, 《조선왕조의궤음식문화》, 수학사, 1995.

_____, 《음양오행사상으로 본 조선왕조의 제사음식문화》, 수학사, 1996.

_____, 수원시의 식생활문화, 수원사: 《시의전서》, 19세기 말경 작성, 1997.

_____, 《한국의 음식생활문화사》, 광문각, 1997.

_____, 〈21세기 조선왕조 궁중연향 음식문화〉, 《조선후기 궁중연향문화》(권3), 민속원, 2005.

_____, 《조선왕조 궁중음식》, 수학사, 2005.

_____, 《조선시대의 음식문화》, 가람기획, 2008.

김정선, 〈조선시대 왕들의 질병치료를 통해 본 의학의 변천〉, 서울대학교 대학원 의학박사논문, 2005

김훈 · 맹웅재, 〈조선전기 군왕의 질병에 관한 연구〉, 대한원전의사학회지, 10(2), 1997.

방성혜, 《조선, 종기와 사투를 벌이다》, 시대의 창, 2012.

백산학회, 〈문종 의문사에 관한 연구〉, 《백산학보》 67호, 2003.

변석미 · 탁명림 · 강나루 · 윤화정 · 고우신, 〈조선 역대 왕의 피부병에 대한 고찰-《조선왕조실록》을 중심으로〉, 한방인 이비인후과 피부과학회, 23(3), 2010.

서민, 〈기생충 질환의 최신지견〉, 대한내과학회지, 85(5), 2013.

윤한용 · 윤창열, 〈조선왕조실록에 나타난 조선중기제왕들의 질병과 사인에 관한 연구〉, 한국의사학회, 14(1), 2001.

이덕일, 《조선왕 독살사건》, 다산초당, 2008.

_____, 《조선왕조실록(혁명의 대업을 이루다)》, 다산초당, 2018.

이상곤, 《낮은 한의학》, 사이언스북스, 2011.

이상권, 《왕의 한의학》, 사이언스북스, 2014.

이익(최석기 옮김), 《성호사설》, 한길사, 1999.

이종호 · 안덕균, 〈문종의 문사에 관한 연구〉, 백산학보, 2003.

이한우, 《태종 조선의 길을 열다》, 2005.

이해웅 · 김훈, 〈조선시대 선조의 질병에 관한 고찰〉, 대한한의학원전학회, 15(2), 2002.

장준근, 《몸에 좋은 산야초》, 넥서스, 2003.

정승호 · 김수진, 〈음식과 질병을 통해 본 조선왕들의 생로병사에 관한 연구〉, 한국외식산업학회, 12(3), 2016.
_____, 《조선의 왕은 어떻게 죽었을까》, 인물과 사상, 2021.
최승희, 《조선초기정치사연구》, 지식산업사, 2002.
최현석, 《우리 몸 사전》, 서해문집, 2017.
한국역사연구회, 《조선시대 사람들은 어떻게 살았을까》, 청년사, 1996.
한복진, 《조선시대 궁중의 식생활문화》, 서울대학교출판부, 2005.
한식재단, 《조선왕실의 식탁》, 한림출판사, 2014.
한의학대사전 편찬위원회, 《한의학대사전》, 정담, 2010.
홍성범, 〈조선왕 역대왕의 수명과 그 사인〉, 한국인구학회 15(1), 1991.
후단(이성희 옮김), 명나라 후궁비사, 홀리데이북스, 2019.

랭킨, 리사, 《치유혁명》, 이문영 옮김, 시공사, 2014.
로이젠, 마이클, 《내몸 사용설명서》, 유태우 옮김, 김영사, 2014.
로젠펠트, 이사도르, 《내몸증상백과》, 김동일 · 배재익 · 황태현 옮김, ㈜ 한문화멀티미디어, 2014.
모리슨, 제임스, 《정신장애 진단》, 신인섭 외 8인 옮김, 시그마프레스, 2015.
벤슨, 허버트, 《마음으로 몸을 다스려라》, 정경호 옮김, 동도원, 1975.
카터, 리타, 《뇌》, 21세기북스, 2010.
프로체토, 조반니, 《감정의 재발견》, 이현주 옮김, 프린티어, 2013.
후안, 스티브, 《뇌의 기막힌 발견》, 배도희 옮김, 네모북스, 2006.
Küble-Ross, E. and Kessler, D., On Grief and Grieving, Scribner, 2007.
Panksepp, J., Affective Neuroscience, Oxford University Press, 1998.

[외국논문]
Beard, G. M.(with Rockwell, A. D)(1889), "Nervous exhaustion(neurasthenia), Chapter I in A Practical Treayise on Nervous Exhaustion: Its Symptoms", Nature, Sequences, Treatment, E. B. Treat.
Binder. H. J. 외, "Cimetidine in the Treatmentn of Duodenal Ulcer: A Multicenter Double Blind Study", Gastroenterology 74 (February 1978): 380-88.
Cacioppo, J. T. 외, "Loneliness and Health: Potential Mechanisms", Psychasomatic Medicine 64, no. 3(May/June 2002):407-17.

Darwin, C.(2006), The Expression of the Emotions in Man and Animals(orginally published 1872), in Wilson, E. O.(ED), From So Simple a Beginning: The Four Great Books of Charles Dawin, Norton, p.1432.

Diener, E. and Chan, M., "Happy People Live Longer: Subjective Well-Being Contributes to Health and Longevity", Applied Psychology: Health and Well-Being 3, no. 1 (March 2011): 1-43.

Dienstbier, R. A., "Arousal and Physioloical Toughness: Implications for Mental and Physical Health", Psychological Review 96, no. 1(January 1989): 84-100; Frankenhaeuser, M., "The Psychophysiology of Workload, Stress, and Health Comparison Between the Sexes", Annals of Behavioral Medicine 13, no. 4(1991): 197-204; Taylor, S. E., Health Psychology(New York: McGraw-Hill, 1999), 168-201.

Eisenberger, I., and Liebeman, M. D.(2005), "Why it hurts to be left out, The neurocognitive overlap between physical and social pain", in Williams, K. D., Forgas, J. P., and von Hippel, W. (eds), The social Outcast: Ostracism, Social Exclusion, Rejection, and Bullying, Cambridge University Press, pp.109-27.

Giltay, E. 외, "Dispositional Optimism and All-Cause and Cardiovascular Mortality in a Prospective Cohort of Elderly Dutch Men and Women", Archives of General Psychiatry 61, no 11 (November 2004): 1126~35.

Eysenck, H. J.(1997), "Personality and the biosocial model of antisocial and criminnal behavior", In Raine et al. Biosocial Bases of Violence, pp.21-38.

Fiorino, F., Coury, A., and Phillips, A. G.(1997), "Dynamic changes in nucleus accumbens dopamine efflux during the Coolidge effect in male rats", Journal of neuroscience, 17, p.48-55.

Groot, F. M. d., 외 "Headache: The Placebo Effects in the Groups in Randomized Clinical Trials: An Analysis of Systematic Review", Journal of Manipulative and Physiological Therapeutics 34, no. 5 (June 2011): 297-0305.

Hammer, M.(1993), "An identified neuron mediates the unconditioned stimulus in associative olfactory learming in honeybees", Nature, 366, p.59-63.

Herlitz, J. 외, "The Feeling of Loneliness prior to Coronary Arteryb Bypass Grafting Might Be a Predictor of Short- and Long- Term Postoperative Mortality", European Journal of Vascular and Endovascular Surgery 16, no. 2(August 1998): 120-25.

Hrobjartsson, A. and Gotzsche, P. C., "Is the Placebo Powerless? An Analysis of Clinical Trials Comparing Placebo with No Treatment", New England Journal of Medicine 344, no. 21 (May 24, 2001):1594-1602.

Lemonick, M.(2005), "The Biology of Joy", Time, January 9.

LeShan, L., "Cancer Mortality Rate: Some Statistical Evidence of the Effect of Psychological Factors", Archives of General Psychiatry 6, no. 5 (May 1962): 333-35.

Lyyra, T. M.(2006), "Predictors of Mortality in Old Age; Contribution of Self rated Health, Physical Functions, Life Satisfaction and Social Support on Survial amoong Older People", University of Jyvakyla: Studies in Sport, Physical Education and Health 119.

Ohio State University, "Marriage Is Good for Physical and Mental Health, Study Finds", Science Daily, January 28, 2011, http://www.sciencedaily.com/releases/2011/01/110127205853, htm

Peterson, C., Seligman, M. E. and Vailant, G. E., "Pessimistic Explanatory Style Is a Risk Factor for Physical Illness: A Thiryy- Five-Year Longitudinal Study", Journal of Personality and Social Psychology 55, no. 1 (July 1988): 23~27.

Rilke, R. M.(1993), Letters to a Young Poet, W, W, Norton.

Sorkin, D., Rook, K. S. and Lu, J. L., "lONELINESS, Lack Emotional Support, Lake of Companionship, and the Likelihood of Having a Heart Condition in an Elderly Sample", Annals of Behavioral Medicine 24, no. 4 (Fall 2002): 290-98.

Steptoe, A. 외, "Loneliness and Neuroendocrine, Cardiovascular", Psychoneuroendacrinology 29, no 5(June 2004): 593-611.

Talbot, M.(2000), "The Placebo Prescription", Times.

Zahn-Waxler, C., Cole, P., Welsh, J. d. & Fox, N. A.(1995), Psychophysiological correlates of empathy and prosocial behaviors in preschool children with behavior problems, Development and psychopathology 7, 27-48.

[고문헌]
《국조오례의(國朝五禮儀)》, 신숙주 정적, 조선 전기
《경국대전(經國大典)》, 태조 1년(1392), 보물 제1521호
《고려사(高麗史)》, 세종 31년(1449)~문종 1년(1451), 유형문화재 제104호
《공자가어(孔子家語)》, 왕숙(王肅, 195~256)
《광해군일기》, 광해군 재위(1608~1623)
《단계심법(丹溪心法)》: 원나라 주진형(朱振亨)이 짓고, 명나라 정충(程充)이 바로잡아 1481년에 고침
《동각잡기(東閣雜記)》, 이전형(조선시대 문신)
《동의보감(東醫寶鑑)》, 허준(許浚, 1546~1615), 국보 제319호
《동의사상신편(東醫四象新編)》, 원덕필, 이제마의 《동의수세보원(東醫壽世保元)》의 내용을 응용한 책
《명사(明史)》, 건륭 40년(1775)

《미암일기(眉巖日記)》, 유희춘, 병자년(1576)

《본초강목(本草綱目)》, 이시진(1760~1910)

《부계기문(涪溪記聞)》, 하담(荷潭) 김시양(1611)

《사상의학(四象醫學)》, 이제마(1837~1900)

《선조실록(宣祖實錄)》권104, 31년 9월 22일 갑진조(甲辰條)

《석담일기(石潭日記)》, 이이(1565~1581)

《성호사설》, 한국사상대전집 제24권, 동화출판공사(1977)

《세종실록(世宗實錄)》, 세종 즉위(1418) 8월~세종 32년(1450) 2월, 국보 제151호

《식료찬요(食療纂要)》 전순의, 세조 6년(1460)

《승정원일기(承政院日記)》, 국보 제303호

《오산설림초고(五山說林草藁)》, 차천로, 1556~1610

《인조실록》 인조 11년(1633)

《일성록(日省錄)》, 국보 제153호

《영접도감의궤(迎接都監儀軌)》, 광해군 1년(1609)

《영조실록(英祖實錄)》, 정조 2년(1778), 1781년

《원행을묘정리의궤(園幸乙卯整理儀軌)》, 정조 21년(1797)

《용비어천가》, 조선 세종 27년(1445)에 정인지, 안지, 권제 등이 지어 세종 29년(1447)에 간행한 악장

《의학입문》 명(明)나라 이천(李梴)이 역, 1575

《중종실록》 중종 1년(1506)

《탁지정례》, 예규

《조선왕조실록(朝鮮王朝實錄)》, 조선 태조~철종 연간

《직지방(直指方)》: 중국 송(宋)나라의 양사영(陽士瀛)이 지은 의학서적(醫學書籍), 원래의 이름은 《인재직지방(仁齋直指方)》, 1264.

《청사고(淸史稿)》, 건륭 40년(1775)

《진찬의궤(進饌儀軌)》, 박문수ㆍ이언형(李彦衡) 등, 영조 25년(1749)

《해동제국기(海東諸國記)》(1471)

《황제내경》, 중국진한시대, 가장 오래된 중국의 의학서

[의학정보]
서울대학교병원 의학정보(http//www.snuh.org/)

391

조선시대 왕의 생활 습관과 생로병사

전하, 옥체를 보존하소서!

초판 1쇄	2023년 4월 25일
지은이	정승호, 김수진
발행인	김재홍
교정/교열	김혜린
디자인	박효은
마케팅	이연실
발행처	도서출판 지식공감
등록번호	제2019-000164호
주소	서울특별시 영등포구 경인로82길 3-4 센터플러스 1117호 (문래동1가)
전화	02-3141-2700
팩스	02-322-3089
홈페이지	www.bookdaum.com
이메일	jisikwon@naver.com
가격	17,000원
ISBN	979-11-5622-785-4 93910